Neuregelungen des deutschen Internationalen Insolvenzverfahrensrechts

Studien zum vergleichenden und internationalen Recht -
Comparative and International Law Studies

Herausgeber: Bernd von Hoffmann, Erik Jayme
und Heinz-Peter Mansel

Band 95

PETER LANG
Frankfurt am Main · Berlin · Bern · Bruxelles · New York · Oxford · Wien

Daniel Ludwig

Neuregelungen des deutschen Internationalen Insolvenzverfahrensrechts

Eine Untersuchung unter vergleichender Heranziehung der Europäischen Insolvenzverordnung

PETER LANG
Europäischer Verlag der Wissenschaften

Bibliografische Information Der Deutschen Bibliothek
Die Deutsche Bibliothek verzeichnet diese Publikation in der Deutschen Nationalbibliografie; detaillierte bibliografische Daten sind im Internet über <http://dnb.ddb.de> abrufbar.

Zugl.: Köln, Univ., Diss., 2004

D 38
ISSN 0930-4746
ISBN 3-631-52694-6

www.peterlang.de

Meinen Eltern

VORWORT

Diese Arbeit lag der Rechtswissenschaftlichen Fakultät der Universität zu Köln im Wintersemester 2003/04 als Dissertation vor.
Die Arbeit wurde im Herbst 2003 abgeschlossen. Bis Februar 2004 ergangene Rechtsprechung und erschienene Literatur fanden noch Eingang in das Manuskript.
Ich danke an dieser Stelle meinem Doktorvater Herrn Prof. Dr. Mansel für die hervorragende Betreuung während der Anfertigung dieser Arbeit und die Aufnahme in diese Schriftenreihe. Danken möchte ich außerdem Herrn Prof. Dr. Katzenmeier für die zügige Erstellung des Zweitgutachtens.
Besonderer Dank gilt meinen Eltern, die mir die schöne Studien- und Promotionszeit erst ermöglicht haben und mich auch sonst stets liebevoll unterstützt haben. Annabel danke ich für ihre Liebe und ihr Verständnis.

Köln, Februar 2004 Daniel Ludwig

INHALT

A. Einleitung

Das Internationale Insolvenzrecht (IIR) regelt die Rechtsfolgen bei insolvenzrechtlichen Sachverhalten mit grenzüberschreitenden Bezügen[1]. Es ist bei der Gesamtreform des Insolvenzrechts im Jahre 1994 nicht ausführlich kodifiziert worden. Bereits der Regierungsentwurf zur Insolvenzordnung enthielt zwar in einem Neunten Teil eine umfassende Neuregelung des IIR[2], mit Rücksicht auf die laufenden Beratungen zum Europäischen Insolvenzübereinkommen hatte der Rechtsausschuss des Deutschen Bundestages im Gesetzgebungsverfahren jedoch beschlossen, mit einer umfassenden Neuregelung des Deutschen Internationalen Insolvenzrechts bis zur Fertigstellung des Übereinkommens zu warten[3]. Es wurde beabsichtigt, das autonome deutsche IIR so auszugestalten, dass in das Zustimmungsgesetz zum Übereinkommen eine Vorschrift eingestellt wird, nach der die Bestimmungen des EuInsÜ im Wesentlichen unverändert auch im Verhältnis zu Drittstaaten Anwendung finden[4]. In der Zwischenzeit sollte der in den Beratungen des Ausschusses neu konzipierte Art. 102 EGInsO als eine Art „Platzhalter"[5] die wesentlichen Leitlinien des deutschen IIR festlegen.

Das Insolvenzübereinkommen war zwar von den Justizministern der Mitgliedstaaten verabschiedet und von 14 der 15 Mitgliedstaaten auch gezeichnet worden, Großbritannien ließ die Zeichnungsfrist jedoch aus politischen Gründen ungenutzt verstreichen. Nach Inkrafttreten des Amsterdamer Vertrages vom 2. Oktober 1997 kam eine Zeichnung und Ratifikation des EuInsÜ nicht mehr in Betracht, weil der juristische Dienst des Rates die Auffassung vertrat, dass Übereinkommen, die jetzt unter Art. 65 EGV (neu) fallen, nur solange ratifiziert werden könnten, bis die Kommission oder ein Mitgliedstaat einen Vorschlag auf der Basis von Art. 65 EGV vorlegt. Dies haben Deutschland und Finnland getan, indem sie einen Verordnungsvorschlag vorstellten, der das EuInsÜ nahezu identisch in eine Verordnung transformierte.

Am 31. Mai 2002 ist nunmehr die Verordnung (EG) Nr. 1346/2000 über Insolvenzverfahren in Kraft getreten (EuInsVO). Sie wird auf Art. 61 c), 65, 67 Abs. 1 EGV[6] gestützt und ist auf nach dem 31. Mai 2002 eröffnete Insolvenzverfahren anzuwenden[7]. In ihrem Anwendungsbereich schafft sie einen in den Mitgliedstaaten unmittelbar geltenden[8] und bestehende Übereinkünfte zwischen diesen ersetzenden[9] Rechtsrahmen für die Abwicklung grenzüberschreitender Insolvenzen. In sachlicher Hinsicht schließt Art. 1 Abs. 2 Eu-

---

[1] Eine grenzüberschreitende Insolvenz liegt beispielsweise dann vor, wenn der Schuldner Vermögen oder Gläubiger in mehreren Staaten hat.

[2] §§ 379 ff.; BT – Drs. 12/2443, S. 68 f.

[3] BT – Drs. 12/7303, S. 117.

[4] BT – Drs. 12/7303, S. 117 – Diese Konzeption wurde allerdings im Endeffekt nicht verwirklicht.

[5] Wimmer in FK, Art. 102 EGInsO, Rn. 256; Flessner, IPRax 1997, S. 1.

[6] „Maßnahmen im Bereich der justiziellen Zusammenarbeit in Zivilsachen".

[7] Art. 43 S. 1 EuInsVO.

[8] Art. 249 Abs. 2 EGV.

[9] Art. 44 Abs. 1 EuInsVO.

InsVO allerdings Insolvenzverfahren aus, die über das Vermögen von Versicherungsunternehmen, Kreditinstituten, Wertpapierfirmen etc. eröffnet werden[10]. In räumlicher Hinsicht beansprucht die Verordnung Geltung für den gesamten Bereich der Mitgliedsländer der Europäischen Union mit Ausnahme Dänemarks[11]. Der zeitliche Geltungsbereich der EuInsVO ist in Art. 43 geregelt. Danach ist die EuInsVO nur auf solche Insolvenzverfahren anzuwenden, die nach ihrem Inkrafttreten eröffnet worden sind.
Inhaltlich entspricht die Verordnung weitgehend dem „Europäischen Übereinkommen über Insolvenzverfahren" vom 23. 11. 1995.
Dank der Initiative Deutschlands und Finnlands hat Europa somit nach dreißigjährigem Bemühen[12] eine Insolvenzregelung erhalten, welche die Lücke schließt, die daraus resultierte, dass die neue europäische „Verordnung über die gerichtliche Zuständigkeit und die Anerkennung und Vollstreckung von Entscheidungen in Zivil – und Handelssachen" (EuGVVO)[13], wie auch das Brüsseler Übereinkommen und das Lugano Übereinkommen, nicht für „Konkurse, Vergleiche und ähnliche Verfahren" gelten[14].
Ein Verordnungserlass war darüber hinaus auch dringend erforderlich, da das Fehlen einer insolvenzrechtlichen Regelung im Rahmen der Gemeinschaft als Manko bei der Vollendung des Binnenmarktes empfunden wurde[15]. So erschien es nur schwer nachvollziehbar, dass die unternehmerische Tätigkeit in zunehmenden Maße durch das Gemeinschaftsrecht geregelt wurde, jedoch bei Zahlungsunfähigkeit eines Unternehmens weiterhin allein das nationale Recht Anwendung finden sollte. Die Verordnung dient damit dem Ziel, effiziente und wirksame grenzüberschreitende Insolvenzverfahren zu ermöglichen, um hierdurch die Funktionstüchtigkeit des Binnenmarktes als Rechtsraum sicherzustellen[16]. Ferner bezweckt sie eine einheitliche und gleichmäßige Befriedigung aller Gläubiger eines Schuldners zu erreichen[17]. Zudem verhindert die EuInsVO die für die Parteien unter Umständen vorteilhafte Möglichkeit, Vermögensgegenstände oder Rechtsstreitigkeiten von einem Mitgliedstaat in einen anderen zu verlagern, um auf diese Weise eine verbesserte Rechtsstellung anzustreben (sog. „forum shopping")[18].
Inhaltlich verfolgt die Verordnung im Einklang mit dem früheren Insolvenzübereinkom-

---

[10] Die Ausnahmen beruhen auf der Erwägung, dass die Einrichtungen in den Mitgliedstaaten der Aufsicht durch nationale Behörden unterliegen, denen besondere Kontrollbefugnisse eingeräumt sind, was zu einer Minimierung des Insolvenzrisikos der betreffenden Branchen führe:
vgl. Erwägungsgrund Nr. 9 der EuInsVO – die in Art. 1 Abs. 2 EuInsVO vorgesehenen Ausnahmen wurden in der Lehre stark kritisiert: s. Duursma-Kepplinger/Duursma/Chalupsky, Art. 1, Rn. 47.

[11] Zum räumlich-persönlichen Anwendungsbereich der EuInsVO vgl. auch E. IV. 1. b..

[12] Zur Entwicklung vgl. Paulus, NZI 2001, S. 505 (505); Leible/Staudinger, KTS 2000, S. 533 (535).

[13] Verordnung (EG) Nr. 44/2001 vom 22. Dezember 2000.

[14] Art. 1 Abs. 2 b) EuGVVO; Art. 1 Abs. 2 Nr. 2 EuGVÜ; Art. 1 Abs. 2 Nr. 2 LugÜ.

[15] Virgos/Schmit in Stoll, Vorschläge und Gutachten, Nr. 1; Duursma-Kepplinger/Duursma/Chalupsky, Teil 1, Rn. 1.

[16] Vgl. Erwägungsgrund Nr. 2.

[17] Vgl. Erwägungsgrund Nr. 21.

[18] Vgl. Erwägungsgrund Nr. 4.

men kein strenges Einheitsmodell, sondern ist pluralistisch ausgestaltet. Sie basiert grundsätzlich auf dem Universalitätsprinzip[19], das heißt auf einem Verfahrenstyp, der den Anspruch erhebt, die Insolvenz des Schuldners weltweit einheitlich nach einem einzigen Insolvenzrecht in einem einzigen Verfahren zu behandeln. Daneben ermöglicht die Verordnung jedoch unter bestimmten Voraussetzungen ein Abweichen von diesem Grundsatz, indem neben dem Hauptinsolvenzverfahren oder an dessen Stelle territorial beschränkte Partikularverfahren (isolierte Partikularverfahren bzw. Sekundärinsolvenzverfahren)[20] möglich sind. Diese erfassen nur dasjenige Vermögen des Schuldners, das sich im Staat des Partikularverfahrens befindet[21]. Dem Grundsatz der Universalität entspricht die EuInsVO durch folgende drei Regelungskomplexe:

- Zunächst legt die Verordnung allgemein verbindlich die internationale Zuständigkeit zur Eröffnung eines Verfahrens fest[22].
- Ferner werden die Entscheidungen des eröffnenden Gerichts im gesamten Gebiet der Verordnung ipso iure anerkannt[23].
- Letztlich ist die lex fori concursus maßgeblich, wonach für das Insolvenzverfahren und seine Wirkungen das Insolvenzrecht des Mitgliedstaates gilt, in dem das Verfahren eröffnet wird[24].

In Anbetracht der umfassenden Regelung durch die EuInsVO bleibt zu fragen, wieso es der Schaffung eines autonomen Internationalen Insolvenzrechts überhaupt noch bedurfte. Hierfür lassen sich allerdings eine Vielzahl von Gründen vorbringen. Trotz der unmittelbaren Geltung der EuInsVO in den Mitgliedstaaten der EU ist die Schaffung eines autonomen deutschen Internationalen Insolvenzrechts schon deshalb unerlässlich, weil

---

[19] S. zu diesem Begriff Lüke, ZZP 111, S. 275 (279); Taupitz, ZZP 111, S. 315 (324).

[20] Hier soll die Terminologie der EuInsVO und der InsO verwendet werden. Gemäß Art. 3 Abs. 2 EuInsVO wirkt das allein aufgrund einer Niederlassung des Gemeinschuldners in einem Vertragsstaat eröffnete Insolvenzverfahren territorial beschränkt. Art. 3 Abs. 4 EuInsVO benennt es mit dem Oberbegriff „Partikularinsolvenz". Wird es jedoch erst nach dem Hauptverfahren eröffnet, ist es besonderen Koordinationspflichten unterworfen und die Art. 3 Abs. 3 und Art. 27 EuInsVO bezeichnen es dann als „Sekundärinsolvenz". Ebenso spricht § 354 InsO von einem Partikularverfahren und § 356 InsO von einem Sekundärinsolvenzverfahren; zur unterschiedlichen Begriffsverwendung in der Literatur vgl. ausführlich hinten E. IV. 4. a..

[21] Dieses System wird auch als „eingeschränkte", „kontrollierte" oder „kupierte" Universalität bezeichnet. Vgl. dazu Taupitz, ZZP 111, S. 315 (325), der von einer „kupierten Universalität" spricht, sowie Lüer in Uhlenbruck, Art. 102 EGInsO, Rn. 63 oder Liersch, NZI 2003, S. 302 (303), die von „eingeschränkter Universalität" sprechen. Duursma-Kepplinger/Duursma/Chalupsky, Teil 4, Rn. 13 sprechen von einem System der kontrollierten Universalität, da die gemeinschaftsweite Einheitsinsolvenz aufgrund der Zulässigkeit von territorial beschränkten Insolvenzverfahren und der Möglichkeit von Sonderanknüpfungen (Art. 5 – 15 EuInsVO) durchbrochen wird. Als Alternative zu diesem System werden regelmäßig die Hilfsverfahren der Schweiz und die ancillary proceedings des US Rechts genannt: vgl. hierzu Wimmer, ZIP 1998, S. 982 (984).

[22] Art. 3 Abs. 1 EuInsVO.

[23] Art. 16 Abs. 1 EuInsVO.

[24] Art. 4 EuInsVO.

auch für Insolvenzen mit Drittstaatenbezug eine international insolvenzrechtliche Regelung zur Verfügung stehen muss[25]. Zudem werden gemäß Art. 1 Abs. 2 EuInsVO Insolvenzverfahren über das Vermögen von Versicherungsunternehmen, Kreditinstituten und von Wertpapierfirmen vom sachlichen Anwendungsbereich der Verordnung nicht erfasst. Auch in dieser Hinsicht muss aber eine Rechtsgrundlage zur Abwicklung grenzüberschreitender Insolvenzen zur Verfügung stehen. Ferner könnte es der Rechtsklarheit dienen, wenn die wesentlichen Rechtsgrundsätze für grenzüberschreitende Insolvenzen in einem eigenständigen Teil der Insolvenzordnung niedergelegt sind.

Grundsätzlich erfordert das für den internationalen Verkehr unverzichtbare Maß an Rechtssicherheit, dass die Gerichte zur Entscheidungsfindung auf ein klares, in sich schlüssiges Geflecht von Grundsätzen, Wertungen und Einzelnormen zurückgreifen können[26]. Fraglich ist allerdings, ob nicht ein globaler Verweis auf die Verordnung (EG) Nr. 1346/2000 auch in Bezug auf Drittstaaten genügt hätte. Grundsätzlich ließe sich dem entgegenhalten, dass die EuInsVO für einen eng verflochtenen Wirtschaftsraum mit einem transparenten Rechtssystem konzipiert wurde und eine weltweite Anwendung insofern nicht gerechtfertigt wäre[27]. Andererseits wäre es möglicherweise ausreichend gewesen, geringfügige Modifikationen am Regelungswerk der EuInsVO vorzunehmen, um diese dann auch gegenüber Drittstaaten anzuwenden. Diese Frage soll hier jedoch nicht abschließend beantwortet werden. Sie ist Gegenstand einer eingehenden Untersuchung am Ende dieser Arbeit[28].

Durch das Gesetz zur Neuregelung des Internationalen Insolvenzrechts vom 14.3.2003[29] wurde nunmehr das Internationale Insolvenzrecht im Elften Teil der Insolvenzordnung geregelt. Die Neuregelung entspricht dabei im Wesentlichen den Vorschriften des ursprünglichen Regierungsentwurfs zur Insolvenzordnung aus dem Jahre 1992, die damals nicht Gesetz wurden.

Dass ein dringendes Bedürfnis nach einer ausdifferenzierten und sachgerechten Regelung des Internationalen Insolvenzrechts in Deutschland bestand, verdeutlichen auch die neuen Zahlen des Statistischen Bundesamtes. Danach war das Jahr 2002 von einer gravierenden Zunahme der Insolvenzen gegenüber 2001 geprägt[30]. Sieben der zehn größten europäischen und damit auch grenzüberschreitenden Unternehmenszusammenbrüche haben sich in Deutschland vollzogen[31].

---

[25] Zur Befürchtung, dass der EuInsVO bei der Abwicklung internationaler Insolvenzen nur geringe Bedeutung beschieden sein wird, vgl. Niggemann/Blenske, NZI 2003, S. 471 (479 f.).

[26] So schon die Begründung zum Vorentwurf eines IIR vom 1.3.1989, abgedruckt in Stoll, Stellungnahmen und Gutachten zur Reform des deutschen Internationalen Insolvenzrechts, S. 14 ff., dort Rn. 37.

[27] Vgl. Wimmer in FK, Art. 102 EGInsO, Rn. 256.

[28] Vgl. E. V..

[29] In Kraft getreten am 20.3.2003, abgedruckt im Bundesgesetzblatt I 2003, S. 345 ff..

[30] Vgl. die Pressemitteilung Nr. 115 des Statistischen Bundesamtes vom 21.3.2003, www.destatis.de/presse. Demnach waren 84.428 Insolvenzen im Jahr 2002 zu verzeichnen, davon 37.579 Unternehmensinsolvenzen.

[31] Bspw.: Philip Holzmann, Kirch Media, Babcock Borsig.

B. Gang der Untersuchung

Nach einer knappen Darstellung der bisherigen Entwicklung des autonomen deutschen Internationalen Insolvenzrechts erfolgt eine kritische Auseinandersetzung mit den getroffenen verfahrensrechtlichen Neuregelungen. Hierbei sind zunächst die in Art. 102 EGInsO kodifizierten Ausführungsvorschriften zur EuInsVO zu untersuchen. Anschließend wird auf die Neuregelung des Internationalen Insolvenzrechts im Elften Teil der Insolvenzordnung eingegangen. Dies erfolgt unter vergleichender Heranziehung des englischen, französischen und italienischen Rechts sowie der EuInsVO.

C. Bisherige Regelung des IIR

I. §§ 237, 238 KO

In der Konkursordnung war das Internationale Insolvenzrecht in den §§ 237, 238 KO kodifiziert. § 237 Abs. 1 KO regelte, dass auch im Falle der Eröffnung eines ausländischen Konkursverfahrens die Zwangsvollstreckung in das inländische Vermögen zulässig sei. Dies wurde von der Rechtsprechung als Ausdruck des Territorialitätsprinzip gewertet[32].

In § 238 Abs. 1 KO wurde die Zulässigkeit von Territorialverfahren festgelegt, das heißt von Verfahren, die nur das im Inland belegene Vermögen des Schuldners erfassen. Die internationale Zuständigkeit zur Eröffnung eines solchen Verfahrens war dann gegeben, wenn der Schuldner im Inland zwar nicht seinen allgemeinen Gerichtsstand, aber eine gewerbliche Niederlassung hatte.

Die Rechtsprechung hatte aus den §§ 237, 238 KO lange Zeit abgeleitet, dass zwar ein inländischer Konkurs Auslandswirkung beansprucht, ein ausländischer Konkurs im Inland aber nicht anerkannt wird[33]. Mit Urteil vom 11.7.1985 hat der Bundesgerichtshof diesen Widerspruch aufgehoben[34]. Seitdem erkannte das deutsche Recht ausländische Insolvenzverfahren an, erstreckte also ihre Wirkungen in das Inland und akzeptierte damit auch die Verfügungsmacht des ausländischen Insolvenzverwalters, sofern das ausländische Gericht international zuständig war und das ausländische Verfahren nicht ge-

---

[32] RGZ 14, S. 405 (406, 410); RGZ 100, S. 241 (242).
Obgleich sich aus dem historischen Material eindeutig hätte herleiten lassen, dass § 237 KO lediglich als eng zu interpretierende Ausnahmevorschrift zum Universalitätsprinzip zu erklären ist, vgl. Wimmer in FK, Art. 102 EGInsO, Rn. 43; Reinhart in MüKo, InsO, vor Art. 102 EGInsO, Rn. 10 f.; vgl. zu § 237 KO: Thieme, RabelsZ 37, 1973, S. 682 ff..

[33] BGH, NJW 1960, S. 774; Gottwald, S. 11.

[34] BGHZ 95, S. 256 (263 f.): „Der erkennende Senat gibt die bisherige Rechtsprechung des Bundesgerichtshofes auf. Er ist der Auffassung, dass die Konkurseröffnung im Ausland auch das im Inland belegene Vermögen des Gemeinschuldners erfasst. [...] Damit geht das deutsche Konkursrecht vom Universalitätsprinzip aus. [...] Dem widerspricht die generelle Nichtanerkennung des Auslandskonkurses für das Inlandsvermögen des Gemeinschuldners, die sich durchaus zu Recht dem Vorwurf unbegründeten Misstrauens gegen ausländische Rechtsordnungen ausgesetzt sieht".= NJW 1985, S. 2897; ZIP 1985, S. 944.

gen den deutschen ordre public verstieß[35].

II. Art. 102 EGInsO

Wie bereits ausgeführt wurde das Internationale Insolvenzrecht in der am 1.1.1999 in Kraft getretenen Insolvenzordnung nicht geregelt. Als Übergangslösung[36] diente seit dem 1.1.1999 Art. 102 EGInsO a.F.[37]. Dieser enthielt folgende Bestimmungen: Nach Absatz 1 galt auch zugunsten ausländischer Insolvenzverfahren das Universalitätsprinzip. Absatz 2 regelte das Statut der internationalen Insolvenzanfechtung. Nach Absatz 3 war ein besonderes, auf das Inlandsvermögen beschränktes, Insolvenzverfahren nicht ausgeschlossen.

Die Vorschrift wurde in der Literatur überwiegend als zu fragmentarisch und unpräzise kritisiert[38]. Insbesondere die Regelung in Art. 102 Abs. 1 EGInsO a.F. sei zu undifferenziert gewesen, weil nicht von der Anerkennung ausländischer Insolvenzverfahren die Rede gewesen sei, sondern lediglich apodiktisch festgelegt wurde, dass das ausländische Verfahren auch das im Inland befindliche Vermögen des Schuldners umfasse. Die Vorschrift hätte somit vom Wortlaut auch ausländische Insolvenzverfahren einbezogen, die für sich selbst überhaupt nicht den Anspruch universeller Geltung erhoben hatten[39]. Zudem wurde kritisiert, dass die internationale Zuständigkeit für Partikularinsolvenzverfahren nach Art. 102 Abs. 3 EGInsO nicht eindeutig geklärt gewesen sei[40]. Ferner schwieg Art. 102 EGInsO zu den Wirkungen eines deutschen Insolvenzverfahrens im Ausland. Der universelle Geltungsanspruch des deutschen Insolvenzrechts musste insoweit aus § 35 InsO gefolgert werden, wonach das Insolvenzverfahren das gesamte Vermögen des Schuldners erfasst. Darüber hinaus widersprach Art. 102 EGInsO a.F. zum Teil den Regelungen der EuInsVO, so dass sie auch in dieser Hinsicht auf den Prüfstand zu stellen war. So sollte beispielsweise nach der Lesart des BGH[41] eine inter-

---

[35] BGHZ 95, S. 256 (270); Gottwald in Gottwald, § 127, Rn. 40; Lüer in Uhlenbruck, Art. 102 EGInsO, Rn. 19.

[36] BT – Drs. 12/7303, S. 117.

[37] Der Rechtsausschuss nahm sich § 22 der in den neuen Bundesländern geltenden Gesamtvollstreckungsordnung (GesO) zum Vorbild. Diese Regelung war 1990 noch vor der Herstellung der deutschen Einheit, aber bereits im Zusammenwirken mit den damaligen beiden deutschen Justizministern erstellt worden.

[38] Leipold in FS Henckel, S. 533 (535); Prütting, ZIP 1996, S. 1277 (1279); Gottwald in Gottwald, § 127, Rn. 36; Wimmer in Stoll, Vorschläge und Gutachten, S. 179; Lüer, Kölner Schrift, S. 297 (298), ders. in Uhlenbruck, Art. 102 EGInsO, Rn. 5; Reinhart in MüKo, InsO, vor Art. 102 EGInsO, Rn. 25.

[39] Leipold in FS Henckel, S. 533 (536).

[40] Leipold in FS Henckel, S. 533 (538); Lüer in Uhlenbruck, Art. 102 EGInsO, Rn. 192; Wimmer in FK, Art. 102 EGInsO, Rn. 377 – umstritten war ferner, ob Art. 102 Abs. 3 InsO neben dem Sekundärinsolvenzverfahren auch das isolierte Partikularverfahren regelte, vgl. Lüer in Uhlenbruck, Art. 102 EGInsO, Rn. 201; Smid, Art. 102 EGInsO, Rn. 20.

[41] BGH, ZIP 1998, S. 659 (662): „mit Wirkung ab 1. Januar 1999 entspricht der Prozessgerichtsstand des § 23 ZPO uneingeschränkt auch einem Insolvenzgerichtsstand".

nationale Zuständigkeit zur Eröffnung eines Partikularverfahrens bereits bei im Inland belegenen Vermögen des Schuldners und nicht erst bei Vorhandensein einer Niederlassung[42] begründet werden[43].
Aus all diesen Gründen konnte die Vorschrift in ihrer bisherigen Form keinen Bestand haben.
Art. 102 EGInsO a.F. wurde nunmehr durch das Gesetz zur Neuregelung des Internationalen Insolvenzrechts vom 14.3.2003[44] neu gefasst. Die Neufassung enthält jetzt Durchführungsvorschriften zur EuInsVO. Das deutsche Internationale Insolvenzrecht wurde im Elften Teil der Insolvenzordnung[45] kodifiziert.

D. Neufassung von Art. 102 EGInsO

Obwohl die Verordnung (EG) Nr. 1346/2000 des Rates vom 29. Mai 2000 über Insolvenzverfahren allgemein und unmittelbar in jedem Mitgliedstaat[46] gilt, waren für eine der Verordnung entsprechende Abwicklung grenzüberschreitender Insolvenzverfahren im deutschen Recht gewisse Anpassungen erforderlich. Mit der Neufassung von Art. 102 EGInsO soll diesem Anpassungsbedarf Rechnung getragen werden.

I. Örtliche Zuständigkeit gemäß § 1

1. Internationale Zuständigkeit gemäß Art. 3 Abs. 1 EuInsVO

Die EuInsVO legt in Art. 3 lediglich die internationale Zuständigkeit fest, während sich die innerstaatliche Zuständigkeit nach dem Recht des betreffenden Mitgliedstaates richtet.
Nach Art. 3 Abs. 1 S. 1 EuInsVO ist das Hauptinsolvenzverfahren in dem Mitgliedstaat zu eröffnen, „in dem der Schuldner den Mittelpunkt seiner hauptsächlichen Interessen hat". Dies soll der Ort sein, an dem der Schuldner üblicherweise – und für Dritte erkennbar – der Verwaltung seiner Interessen nachgeht[47].
Für die örtliche Zuständigkeit stellt § 3 Abs. 1 S. 1 InsO auf den allgemeinen Gerichtsstand und § 3 Abs. 1 S. 2 InsO auf den „Mittelpunkt einer selbständigen wirtschaftlichen Tätigkeit des Schuldners" ab. Im Gegensatz dazu war in § 71 Abs. 1 KO zunächst der Ort der gewerblichen Niederlassung und nur in Ermangelung einer solchen der allgemeine Gerichtsstand als maßgebendes Anknüpfungskriterium normiert. Trotz der erfolgten Umstellung wollte der Gesetzgeber keine Veränderungen gegenüber der alten Rechtslage herbeiführen, so dass es auch nach Maßgabe der Insolvenzordnung primär auf den Mittelpunkt der selbständigen wirtschaftlichen Tätigkeit des Schuldners an-

[42] Art. 3 Abs. 2 EuInsVO.
[43] Obgleich § 354 Abs. 1 InsO nunmehr auch an die Inlandsbelegenheit von Schuldnervermögen anknüpft.
[44] Bundesgesetzblatt I 2003, S. 345 ff..
[45] §§ 335 – 358 InsO.
[46] Art. 249 EGV.
[47] Erwägungsgrund Nr. 13 zur EuInsVO; Duursma-Kepplinger/Duursma/Chalupsky, Art. 3, Rn. 12.

kommt[48]. Demnach ist der allgemeine Gerichtsstand nur dann von Bedeutung, wenn zum Zeitpunkt der Antragstellung keine wirtschaftlichen Tätigkeiten mehr ausgeübt werden.
Da laut Gesetzesbegründung[49] nicht ausgeschlossen werden kann, dass in gewissen Fällen der deutschen Gerichtsbarkeit die internationale Zuständigkeit zukommt, ohne dass die örtliche Zuständigkeit nach § 3 InsO hinreichend bestimmt wäre, soll sich in diesen Fällen die örtliche Zuständigkeit nach Art. 102 § 1 Abs. 1 EGInsO bemessen. Danach ist das Insolvenzgericht örtlich zuständig, „in dessen Bezirk der Schuldner den Mittelpunkt seiner hauptsächlichen Interessen hat". Der Gesetzgeber hat sich somit dazu entschieden, die örtliche Zuständigkeit in den Fällen, in denen ein Gerichtsstand nach § 3 InsO nicht begründet werden kann, nach dem Kriterium des Art. 3 Abs. 1 S. 1 der EuInsVO zu bestimmen.

a. Notwendigkeit der Regelung

Es stellt sich jedoch die Frage, ob es einer derartigen Regelung überhaupt bedurfte. Fälle, in denen die örtliche Zuständigkeit nach § 3 InsO nicht begründet werden kann, sind nur dann denkbar, wenn der Schuldner weder einen allgemeinen Gerichtsstand[50] in Deutschland hat, noch eine selbständige wirtschaftliche Tätigkeit dort ausübt. Zu unterscheiden ist dabei zwischen natürlichen Personen einerseits und Gesellschaften und juristischen Personen andererseits.

(1) Natürliche Personen als Schuldner

Für natürliche Personen ist es durchaus denkbar, dass sich die örtliche Zuständigkeit nicht nach § 3 InsO bestimmen lässt. Dies ist etwa der Fall, wenn sich eine Person ständig in Deutschland aufhält und dort verschiedene Interessen verfolgt, ohne dass diese selbständiger wirtschaftlicher Natur sind oder ein Wohnsitz begründet wurde.
An der Erforderlichkeit einer derartigen Regelung könnte lediglich dann gezweifelt werden, wenn davon auszugehen ist, dass der Mittelpunkt der selbständigen wirtschaftlichen Tätigkeit des Schuldners gleichzusetzen ist mit dem Mittelpunkt seiner hauptsächlichen Interessen im Sinne von Art. 3 EuInsVO. Dann müsste in den Fällen, in denen den deutschen Gerichten die internationale Zuständigkeit zukommt, stets auch die örtliche Zuständigkeit gemäß § 3 InsO bestimmbar sein. Mit dem Begriff „Mittelpunkt einer selbständigen wirtschaftlichen Tätigkeit" wurde die in § 71 Abs. 1 KO formulierte „gewerbliche Niederlassung" konkretisiert. Daraus und aus dem insoweit auch eindeutigem Wortlaut folgt, dass ein wirtschaftliche Betätigung des Schuldners erforderlich ist. Der „Mittel-

---

[48] OLG Köln, ZIP 2000, S. 672 (673); OLG Düsseldorf, NZI 2000, S. 601; Frege/Keller/Riedel, Rn. 265; Prütting in Kübler/Prütting, § 3, Rn. 2; Ganter in MüKo, InsO, § 3, Rn. 4; Schmerbach in FK, § 3, Rn. 2; Uhlenbruck in Uhlenbruck, § 3, Rn. 4.
[49] Regierungsentwurf vom 25. 10. 2002, Begründung zu § 1, BT – Drs. 15/16, S. 14.
[50] § 4 InsO iVm §§ 12 – 17 ZPO.

punkt des hauptsächlichen Interesses des Schuldners" dagegen kann zwar durchaus am Ort einer wirtschaftlichen Betätigung liegen, eine solche wird von Art. 3 Abs. 1 S. 1 EuInsVO aber nicht zwingend vorausgesetzt[51]. Die zentralen Anknüpfungskriterien der EuInsVO und der InsO weichen somit voneinander ab, so dass eine identische Auslegung ausscheidet.
Eine Regelung der örtlichen Zuständigkeit für die Fälle, in denen § 3 InsO nicht weiterhilft, war somit bezüglich natürlicher Personen erforderlich.

(2) Gesellschaften und juristische Personen als Schuldner

Fraglich ist, ob es eines Rückgriffs auf Art. 102 § 1 Abs. 1 EGInsO auch in den Fällen Bedarf, in denen der Schuldner eine Gesellschaft oder juristische Person ist.
Für die Bestimmung des Mittelpunktes des hauptsächlichen Interesses und somit der internationalen Zuständigkeit nach der EuInsVO für Gesellschaften und juristischen Personen stellt Art. 3 Abs. 2 EuInsVO eine Vermutungsregel auf. Danach wird bis zum Beweis des Gegenteils vermutet, dass der Mittelpunkt der hauptsächlichen Interessen der Ort des satzungsmäßigen Sitzes ist. Die Verordnung verweist somit auf die Gründungstheorie. Diese Anknüpfung ist nicht bedenkenlos, da der satzungsmäßige Sitz im Sinne der Gründungstheorie im Gegensatz zum effektiven Verwaltungssitz im Sinne der Sitztheorie äußerlich nicht wahrnehmbar ist und daher einen Vertrauenstatbestand für die Gläubiger nicht begründen kann[52]. Ausweislich des Erwägungsgrundes Nr. 13 soll als Mittelpunkt der hauptsächlichen Interessen jedoch gerade der Ort gelten, der für Dritte feststellbar ist. Ferner bereitet die Anknüpfung an den satzungsmäßigen Sitz in den Fällen Schwierigkeiten, in denen es einen solchen gar nicht gibt, etwa wenn über das Vermögen einer BGB Gesellschaft ein Insolvenzverfahren eröffnet werden soll[53].
Trotz der grundsätzlichen Kritik ist dem Verordnungsgeber jedoch zugute zu halten, dass er durch die Schaffung einer Vermutungsregel wenigstens jene Konkretisierung vorgenommen hat, die für die Bestimmung des Mittelpunktes des hauptsächlichen Interesses von natürlichen Personen fehlt und die Regelung dementsprechend zu Auslegungsschwierigkeiten geführt hat[54]. Da es sich bei Art. 3 Abs. 1 S. 2 EuInsVO um eine bloße Vermutungsregel handelt, ist das Gericht nicht von seiner Pflicht befreit, den tatsächlichen Interessenmittelpunkt des Schuldners von Amts wegen zu ermitteln. Dieser wird in

---

[51] So auch Duursma-Kepplinger/Duursma/Chalupsky, Art. 3, Rn. 13.

[52] Kritisch: Lüke, ZZP 111, S. 275 (288); Leible/Staudinger, KTS 2000, S. 533 (544); Duursma-Kepplinger/Duursma/Chalupsky, Art. 3, Rn. 23; vgl. auch Paulus, ZIP 2003, S. 1725 (1727). Bemerkenswert ist allerdings, dass der EuGH am 5.11.2002 in der Rechtssache Überseering BV ./. NCC über die Gemeinschaftsrechtswidrigkeit der Sitztheorie im deutschen internationalen Gesellschaftsrecht entschieden hat.

[53] Lüke, ZZP 111, S. 275 (288).

[54] So spricht Leipold von einem Formulierungs- und Klarheitsdefizit: Leipold in Stoll, Vorschläge und Gutachten, S. 185 (190).

der Regel mit dem effektiven Verwaltungssitz im Sinne der Sitztheorie identisch sein[55]. Sofern der Verwaltungssitz in einem anderen Staat liegt als der satzungsmäßige Sitz, ist die Vermutung des Art. 3 Abs. 1 S. 2 EuInsVO widerlegt. Praktische Bedeutung wird die Vermutungsregel somit nur in den Fällen haben, in denen sich der tatsächliche Interessenmittelpunkt nicht mit Sicherheit feststellen lässt. Die Vermutungsregel ist mithin auf eine bloße Zweifelsregel reduziert[56].

Sofern nunmehr § 3 InsO sowohl den Verwaltungssitz als auch den satzungsmäßigen Sitz erfassen würde, ließe sich die örtliche Zuständigkeit stets auch nach § 3 InsO begründen. Als allgemeiner Gerichtsstand von juristischen Personen, Gesellschaften, Vereinen und Vermögensmassen, die als solche verklagt werden können, gilt gem. § 17 Abs. 1 ZPO deren Sitz zum Zeitpunkt der Antragstellung. § 17 Abs. 1 S. 2 ZPO stellt insofern klar, dass dies der Ort ist, an dem die Verwaltung geführt wird, wenn sich nichts anderes ergibt. „Etwas anderes" kann sich nach h.M. insbesondere aus der Satzung einer juristischen Person oder aus einem Gesellschaftsvertrag ergeben[57]. § 17 ZPO stellt daher primär auf den satzungsmäßigen Sitz ab. In dem Fall, in dem der deutschen Gerichtsbarkeit die internationale Zuständigkeit aufgrund des satzungsmäßigen Sitzes im Inland zukommt, vermag § 3 InsO daher die örtliche Zuständigkeit zu begründen.

Als Mittelpunkt einer wirtschaftlichen Tätigkeit im Sinne von § 3 Abs. 1 S. 2 InsO gilt der Ort, an dem die tatsächliche Willensbildung innerhalb eines Unternehmens oder einer Gesellschaft stattfindet, wo also die Entscheidungen der Unternehmensleitung getroffen werden[58]. Dies ist der Ort des effektiven Verwaltungssitzes[59]. Durch die Regelung wollte der Gesetzgeber neben der Erfassung jeder wirtschaftlichen Tätigkeit, wie auch der freiberuflichen, zum Ausdruck bringen, dass es bei mehreren ortsverschiedenen geschäftlichen Niederlassungen auf den Ort der Verwaltungstätigkeit, also regelmäßig der Hauptniederlassung, ankommt[60]. Lediglich in Zweifelsfällen liegt die Hauptniederlassung am Ort des satzungsmäßigen Sitzes[61]. Daraus folgt, dass sich die örtliche Zuständigkeit auch dann nach § 3 InsO bestimmen lässt, wenn den deutschen Gerichten die internationale Zuständigkeit aufgrund des in Deutschland belegenen Verwaltungssitzes zukommt. Wenn eine Gesellschaft oder juristische Person Schuldnerin ist und Deutschland die internationale Zuständigkeit zukommt, ist mithin die Regelung der örtlichen Zuständigkeit in § 3 InsO abschließend. Ein Rückgriff auf Art. 102 § 1 Abs. 1 EGInsO ist in diesem Fall nicht erforderlich.

---

[55] Huber, ZZP 114, S. 133 (141); Duursma-Kepplinger/Duursma/Chalupsky, Art. 3, Rn. 24; Smid, DZWIR 2003, S. 397 (399 f.).

[56] Kolmann, S. 285; differenzierend: Duursma-Kepplinger/Duursma/Chalupsky, Art. 3, Rn. 25.

[57] BayObLG, ZIP 2003, S. 676 (677); Vollkommer in Zöller, § 17, Rn. 9; Putzo in Putzo/Thomas, § 17, Rn. 3; Lüer in Uhlenbruck, Art. 102 EGInsO, Rn. 65.

[58] Uhlenbruck in Uhlenbruck, § 3, Rn. 4; Frege/Keller/Riedel, Rn. 272.

[59] Ganter in MüKo, InsO, § 3, Rn. 10; Schmerbach in FK, § 3, Rn. 5.

[60] Uhlenbruck in Uhlenbruck, § 3, Rn. 4; Frege/Keller/Riedel, Rn. 272.

[61] Prütting in Kübler/Prütting, § 3, Rn. 7.

b. Bestimmtheit der Regelung

(1) Natürliche Personen als Schuldner

Fraglich allerdings ist, ob nicht eine weitergehende Präzisierung dahingehend wünschenswert gewesen wäre, wie sich der Mittelpunkt der hauptsächlichen Interessen bei natürlichen Personen bestimmt.

Dies wird in der Literatur bereits für die Bestimmung der internationalen Zuständigkeit nach Maßgabe der EuInsVO kontrovers beurteilt. Zum einen besteht die Möglichkeit an den Wohnsitz der natürlichen Person anzuknüpfen[62], zum anderen an deren gewöhnlichen Aufenthaltsort[63].

Unabhängig davon, welche Ansicht vorzugswürdig ist, ist zu konstatieren, dass der Verordnungsgeber die Auslegung von Art. 3 Abs. 1 EuInsVO dem Rechtsanwender überlassen hat. Daher kann nicht ausgeschlossen werden, dass die Gerichte den Mittelpunkt des hauptsächlichen Interesses und damit die internationale Zuständigkeit unterschiedlich, dass heißt einmal nach dem Wohnsitz des Schuldners und ein anderes Mal nach dessen gewöhnlichem Aufenthaltsort, bestimmen.

Die Regelung des Art. 102 § 1 Abs. 1 EGInsO kann jedenfalls nur dann zur Anwendung gelangen, wenn der Mittelpunkt der hauptsächlichen Interessen im Sinne von § 1 Abs. 1 nicht nach dem Wohnsitz bestimmt wird, da ansonsten eine Begründung der örtlichen Zuständigkeit bereits nach § 3 InsO erfolgt wäre. Dementsprechend erklärt der Wortlaut von § 1 Abs. 1 selbst die Norm nur dann für anwendbar, wenn den deutschen Gerichten die internationale Zuständigkeit zukommt, „ohne dass nach § 3 der Insolvenzordnung ein inländischer Gerichtsstand begründet wäre“. Eine Anknüpfung an den Wohnsitz im Rahmen von § 1 Abs. 1 würde somit nicht dessen Zweck entsprechen, Zuständigkeitslücken zu schließen. § 1 Abs. 1 ist mithin gegenüber § 3 InsO subsidiär. Lediglich in den Fällen, in denen die internationale Zuständigkeit durch den gewöhnlichen Aufenthalt begründet wird, kann ein Rückgriff auf § 1 Abs. 1 in Betracht kommen.

Demnach bestimmt sich die örtliche Zuständigkeit nach § 3 InsO sofern den deutschen Gerichten die internationale Zuständigkeit aufgrund des Wohnsitzes des Schuldners zukommt. Sofern der gewöhnliche Aufenthalt des Schuldners ausschlaggebend ist, bestimmt sich die örtliche Zuständigkeit nach § 1 Abs. 1. Zu beachten ist aber stets, ob am gewöhnlichen Aufenthaltsort nicht auch einer selbständigen wirtschaftlichen Betätigung im Sinne von § 3 Abs. 1 InsO nachgegangen wird. In diesem Fall wäre § 3 InsO wiederum vorrangig.

Die in § 1 Abs. 1 getroffene Regelung ist mithin insofern hinreichend bestimmt, als sie subsidiär alle Fälle erfasst, die nicht unter § 3 InsO fallen. Dies dürften in der Regel jene

---

[62] Balz, ZIP 1996, S. 948 (949); Virgos/Schmit in Stoll, Vorschläge und Gutachten, Nr. 75; Lüke, ZZP 111, S. 275 (289); Eidenmüller, IPRax 2001, S. 2 (12); Kemper, ZIP 2001, S. 1609 (1612); Deipenbrock, EWS 2001, S. 113 (116); Wimmer in FK, Art. 102 EGInsO, Rn. 76.

[63] Huber, ZZP 114, S. 133 (140); Leible/Staudinger, KTS 2000, S. 533 (543); Taupitz, ZZP 111, S. 315 (326); Paulus, NZI 2001, S. 505 (509); Kolmann, S. 286; Duursma-Kepplinger/Duursma/Chalupsky, Art. 3, Rn. 21.

sein, in denen den deutschen Gerichten die internationale Zuständigkeit aufgrund des gewöhnlichen Aufenthaltes des Schuldners im Inland zukommt.

(2) Gesellschaften und juristische Personen als Schuldner

Fraglich ist, ob die Regelung auch im Hinblick auf Gesellschaften und juristische Personen hinreichend bestimmt ist. Wie bereits ausgeführt kann die örtliche Zuständigkeit für Gesellschaften und juristische Personen stets nach § 3 Abs. 1 InsO bestimmt werden. Ein Rückgriff auf § 1 Abs. 1 wird daher nicht erforderlich sein. Für Gesellschaften und juristische Personen stellt sich die Frage nach der Bestimmtheit der Regelung somit gar nicht.

2. Internationale Zuständigkeit gemäß Art. 3 Abs. 2 EuInsVO

Art. 102 § 1 Abs. 2 EGInsO regelt die örtliche Zuständigkeit für die Fälle, in denen den deutschen Gerichten die internationale Zuständigkeit gemäß Art. 3 Abs. 2 EuInsVO zukommt. Gemäß Art. 3 Abs. 2 EuInsVO sind die Gerichte eines Mitgliedstaates zur Eröffnung eines Partikularinsolvenzverfahrens auch dann befugt, wenn der Schuldner seinen Interessenmittelpunkt zwar in einem anderen Mitgliedstaat, im Gerichtsstaat aber eine Niederlassung hat. Als Ort der Niederlassung gilt entsprechend der Legaldefinition in Art. 2 h) EuInsVO jeder Ort, an dem der Schuldner einer nicht nur vorübergehenden Aktivität nachgeht, für die der Einsatz von Personal und Vermögenswerten erforderlich ist[64]. Dieser Niederlassungsbegriff ist deutlich weiter als jener in Art. 5 Nr. 5 EuGVVO. Die Abweichung ist jedoch beabsichtigt. Sie beruht auf einem politischen Kompromiss zwischen denjenigen Staaten, die ein Partikularinsolvenzverfahren bereits bei bloßer Belegenheit von Vermögen im Inland befürworten wollten und denjenigen Staaten, die auf einen engen Niederlassungsbegriff abstellen wollten[65]. Der Umstand, dass EuInsVO und EuGV-VO nunmehr ein unterschiedliches Verständnis des Niederlassungsbegriffs zugrunde liegt, wird zum Teil als der Rechtseinheit abträglich kritisiert[66]. Dementsprechend haben sich bei der Subsumtion unter den Niederlassungsbegriff der EuInsVO bereits einige Unklarheiten herauskristallisiert. Genannt sei hier nur, dass umstritten ist, ob die bloße Einrichtung eines Verkaufslagers zur Annahme einer Niederlassung genügt[67] oder ob ein ausländisches Tochterunternehmen des Insolvenzschuldners als Niederlassung betrachtet werden kann[68].
Gemäß Art. 102 § 1 Abs. 2 EGInsO soll ausschließlich das Insolvenzgericht örtlich zuständig sein, in dessen Bezirk die Niederlassung des Schuldners liegt. Die inländische

---

[64] Vgl. zum Niederlassungsbegriff auch hinten E. IV. 4. e. (1) (b).

[65] Lüke, ZZP 111, S. 275 (299).

[66] Lüke, ZZP 111, S. 275 (299); vgl. auch Kolmann, S. 327 ff..

[67] Leible/Staudinger, KTS 2000, S. 533 (547).

[68] S. dazu Huber, ZZP 114, S. 133 (143); Paulus, NZI 2001, S. 505 (510); Duursma-Kepplinger/Duursma/Chalupsky, Art. 1, Rn. 50, Art. 27, Rn. 25; Gottwald, S. 21 f..

Niederlassung, die nach Art. 3 Abs. 2 EuInsVO im Rahmen der internationalen Zuständigkeit zuständigkeitsbegründend wirkt, soll demnach auch für die Bestimmung der örtlichen Zuständigkeit in diesem Verfahren maßgebend sein[69].

a. Notwendigkeit der Regelung

Fraglich ist wiederum, ob es einer derartigen Regelung überhaupt bedurfte. § 3 InsO regelt grundsätzlich die örtliche Zuständigkeit für Insolvenzverfahren. Aus der Natur der Sache folgt, dass im deutschen Recht jedes Insolvenzverfahren zugleich auch ein territorial beschränktes Verfahren ist und eine Unterscheidung zwischen Hauptinsolvenz und Partikularinsolvenz mithin nicht möglich ist. Indem aber jedes Insolvenzverfahren in Deutschland zugleich auch ein territorial beschränktes Insolvenzverfahren ist, ließe sich die Anwendbarkeit von § 3 InsO zur Bestimmung der örtlichen Zuständigkeit auch für Partikularverfahren im Sinne der EuInsVO durchaus begründen. Dem ist der Gesetzgeber jedoch nicht gefolgt. Art. 102 § 1 Abs. 2 EGInsO enthält eine eigene Regelung der örtlichen Zuständigkeit für die Fälle, in denen der deutschen Gerichtsbarkeit die internationale Zuständigkeit nach Art. 3 Abs. 2 EuInsVO zukommt. Dies folgt daraus, dass § 1 Abs. 2 im Unterschied zu § 1 Abs. 1 keine Subsidiaritätsregelung enthält und § 1 Abs. 2 S. 2 den § 3 Abs. 2 InsO für lediglich entsprechend anwendbar erklärt.
Möglicherweise hätte aber der bloße klarstellende Verweis auf § 3 InsO zur Bestimmung der örtlichen Zuständigkeit auch für Partikularverfahren genügt. Mit dem Mittelpunkt einer selbständigen wirtschaftlichen Tätigkeit knüpft § 3 Abs. 1 InsO an den Ort an, an dem die tatsächliche Willensbildung stattfindet und die Entscheidungen der Unternehmensleitung getroffen werden[70]. Dabei ist primär auf den Verwaltungssitz abzustellen. Dieser ist wiederum nicht zwangsläufig im Inland belegen und auch nicht zwangsläufig mit dem Ort der Niederlassung identisch. Mithin ist § 3 InsO nicht geeignet, stets die örtliche Zuständigkeit zu bestimmen, wenn in Deutschland ein Partikularverfahren eröffnet werden soll. Daher bedurfte es einer ergänzenden Regelung.

b. Bestimmtheit der Regelung

Um sicherzustellen, dass die örtliche Zuständigkeit stets bestimmt werden kann, darf der Niederlassungsbegriff in § 1 Abs. 2 keiner autonomen Auslegung zugänglich sein, sondern muss sich streng an dem Niederlassungsbegriff der EuInsVO orientieren. Das heißt, sofern die deutsche Gerichtsbarkeit für die Eröffnung eines Partikularverfahrens international zuständig ist, soll die zuständigkeitsbegründende Niederlassung stets auch die örtliche Zuständigkeit begründen. Um Zuständigkeitslücken zu vermeiden, ist eine andere Auslegung des Niederlassungsbegriffs unzulässig. Insofern ist § 1 Abs. 2 hinreichend bestimmt.

---

[69] Regierungsentwurf vom 25. 10. 2002, Begründung zu § 1, BT – Drs. 15/16, S.14.
[70] Schmerbach in FK, § 3 Rn. 5; Uhlenbruck in Uhlenbruck, § 3, Rn. 4.

c. Verweis auf § 3 Abs. 2 InsO

Für den Fall, dass der ausländische Schuldner im Inland mehrere Niederlassungen betreibt, verweist Art. 102 § 1 Abs. 2 S. 2 EGInsO auf § 3 Abs. 2 InsO. Danach ist das Insolvenzgericht örtlich zuständig, bei dem die Eröffnung des Verfahrens zuerst beantragt worden ist. Durch diesen sinnvollen Verweis auf § 3 Abs. 2 InsO wird einerseits eine eindeutige Bestimmung der örtlichen Zuständigkeit ermöglicht und andererseits etwaigen innerstaatlichen Kompetenzkonflikten vorgebeugt.

3. Örtliche Zuständigkeit für Entscheidungen oder sonstige Maßnahmen nach der EuInsVO

Gemäß Art. 102 § 1 Abs. 3 EGInsO ist unbeschadet der Zuständigkeit nach den Absätzen 1 und 2 für Entscheidungen oder sonstige Maßnahmen nach der Verordnung (EG) 1346/2000 jedes inländische Insolvenzgericht zuständig, in dessen Bezirk Vermögen des Schuldners belegen ist. Bei dieser Regelung handelt es sich nicht etwa – wie der Wortlaut zunächst vermuten lassen könnte – um eine weitere Regelung der örtlichen Zuständigkeit am Ort des belegenen Vermögens, sondern um die Festlegung der örtlichen Zuständigkeit in den Fällen, in denen Deutschland nach der EuInsVO die internationale Zuständigkeit gerade nicht zukommt und auch ein Partikularverfahren im Inland nicht eröffnet werden kann[71]. Die EuInsVO schreibt nämlich für gewisse Fälle Mitwirkungshandlungen inländischer Insolvenzgerichte vor. So sieht beispielsweise Art. 21 EuInsVO vor, „dass auf Antrag des Verwalters in jedem anderen Mitgliedstaat der wesentliche Inhalt über die Verfahrenseröffnung und gegebenenfalls der Entscheidung über eine Bestellung entsprechend den Bestimmungen des jeweiligen Staates für öffentliche Bekanntmachungen zu veröffentlichen sind". Ferner sieht Art. 22 EuInsVO vor, „dass auf Antrag des Verwalters die Eröffnung eines Hauptinsolvenzverfahrens in das Grundbuch, das Handelsregister und alle sonstigen öffentlichen Register in den übrigen Mitgliedstaaten einzutragen ist". Für diese Fälle muss die örtliche Zuständigkeit des Insolvenzgerichts ebenfalls kodifiziert sein.
Die Zuständigkeit des Insolvenzgerichts in den Bezirken, in denen Vermögen des Schuldners belegen ist, ist hierbei zweckmäßig, da dadurch den Gläubigern am Ort des Vermögens die Kenntnisnahme der Eröffnung des Insolvenzverfahrens ermöglicht wird.

4. Gesetzessystematik

Fraglich ist, ob rechtssystematisch die Ausführungsvorschriften zur örtlichen Zuständigkeit besser im Kontext der einschlägigen Sachvorschriften des deutschen nationalen Insolvenzrechts aufgehoben gewesen wären. So hätte der Gesetzgeber die Chance nutzen können, § 3 InsO dahingehend neu zu fassen, dass die Norm für sämtliche territoria-

---

[71] Regierungsentwurf vom 25.10.2002, Begründung zu § 1, BT – Drs. 15/16, S. 14.

len wie internationalen Insolvenzverfahren gleichermaßen gilt. Hierfür hätte es sich angeboten die Mittelpunktformulierung in § 3 Abs. 1 S. 2 InsO an die in der EuInsVO getroffene Formulierung des Mittelpunktes des hauptsächlichen Interesses anzupassen[72]. Dies hätte den Vorteil gehabt, dass die unter Umständen komplexe zweischrittige Prüfung von zunächst § 3 InsO und anschließend Art. 102 EGInsO zur Bestimmung der örtlichen Zuständigkeit nicht erforderlich wäre.
Zur Bestimmung der örtlichen Zuständigkeit für Partikularverfahren hätte § 3 InsO ferner um die in Art. 102 EGInsO getroffene Regelung[73] ergänzt werden können.
Für die erfolgte Normierung sämtlicher Ausführungsvorschriften zur EuInsVO in Art. 102 EGInsO spricht jedoch, dass sie in erheblichen Maße der Rechtsklarheit dient. Da dieser gegenüber rechtssystematischen Gründen der Vorrang einzuräumen ist, wäre eine Einstellung der Vorschriften in das nationale Insolvenzrecht nicht von Vorteil gewesen. Zudem ist bislang im Anwendungsbereich der EUInsVO nicht abschließend geklärt, wo der Mittelpunkt der hauptsächlichen Interessen liegt. Dieser kann am Ort des Wohnsitzes, des gewöhnlichen Aufenthaltes oder auch am Ort einer wirtschaftlichen Betätigung liegen. Demgegenüber ist die in § 3 InsO getroffene differenzierte Regelung der örtlichen Zuständigkeit bestimmter. Es ist daher auch aus diesem Grund sachgerecht auf den Mittelpunkt der hauptsächlichen Interessen zur Bestimmung der örtlichen Zuständigkeit nur dann abzustellen, wenn § 3 InsO nicht weiterhilft.

II. Begründung des Eröffnungsbeschlusses gem. Art. 102 § 2 EGInsO

In den Fällen, in denen zu vermuten ist, dass sich Vermögen des Schuldners in einem anderen Mitgliedstaat der Europäischen Union befindet, sollen gemäß Art. 102 § 2 EGInsO im Eröffnungsbeschluss des Insolvenzgerichts die tatsächlichen Feststellungen und rechtlichen Erwägungen kurz dargestellt werden, aus denen sich eine Zuständigkeit nach Art. 3 EuInsVO für die deutschen Gerichte ergibt. Hierdurch soll den Gerichten in den anderen Mitgliedstaaten verdeutlicht werden, welche Maßstäbe für das deutsche Insolvenzgericht maßgeblich waren[74]. Eine derartige Regelung war bereits in § 2 DöKVAG[75] enthalten und soll sicherstellen, dass die Gerichte bei der Prüfung der eigenen internationalen Zuständigkeit den Grundsatz des gemeinschaftlichen Vertrauens beachten. Dies ist insbesondere deshalb von Bedeutung, weil die EuInsVO keine Bestimmungen enthält, wie Kompetenzkonflikte zwischen den Gerichten zweier Mitgliedstaaten gelöst werden sollen.

---

[72] Eidenmüller, IPRax 2001, S. 2 (9); Trunk in Stoll, Vorschläge und Gutachten, S. 232 (235); Aufgrund eines Formulierungs- und Klarheitsdefizit von Art. 3 EuInsVO gegenüber § 3 InsO hält es Leipold nicht für empfehlenswert, auch im Rahmen von § 3 InsO an den Mittelpunkt der hauptsächlichen Interessen anzuknüpfen: Leipold in Stoll, Vorschläge und Gutachten, S. 185 (191); ebenso Kemper in Kübler/Prütting, Art. 102 EGInsO, Rn. 82.

[73] § 1 Abs. 2.

[74] Regierungsentwurf vom 25.10.2002, Begründung zu § 2, BT – Drs. 15/16, S. 15.

[75] Ausführungsgesetz zum deutsch-österreichischen Konkursvertrag.

III. Vermeidung von Kompetenzkonflikten gem. Art. 102 § 3 EGInsO

Art. 102 § 3 EGInsO enthält in seinen Absätzen 1 und 2 Regelungen zur Vermeidung von Kompetenzkonflikten. Hierdurch hat der deutsche Gesetzgeber in Anlehnung an Art. 3 DöKV[76] eine Regelung getroffen, die in der EuInsVO fehlt.

1. Die Lösung von Kompetenzkonflikten nach der EuInsVO

Die EuInsVO enthält keine ausdrückliche Vorschrift über die Behandlung von positiven und negativen Kompetenzkonflikten zwischen den Gerichten zweier Mitgliedstaaten. Im Anwendungsbereich der EuInsVO ist zwar grundsätzlich nur ein Hauptinsolvenzverfahren zulässig[77], dennoch ist es durchaus möglich, dass verschiedene Gerichte in verschiedenen Mitgliedstaaten ein Hauptinsolvenzverfahren eröffnen wollen[78]. Fraglich ist somit, welches der konkurrierenden Gerichte sich in einem solchen Fall durchsetzt.
Einzig sinnvoll ist es, in einem solchen Fall nach dem Prioritätsprinzip zu entscheiden. Fraglich ist diesbezüglich jedoch, auf welchen Zeitpunkt abzustellen ist. Zum einen besteht die Möglichkeit auf den Zeitpunkt der Antragstellung bei Gericht abzustellen[79], zum anderen könnte auf den Zeitpunkt der ersten wirksamen Verfahrenseröffnung abgestellt werden.
Die Tatsache, dass jeder Eröffnungsbeschluss mit universalistischem Anspruch ergeht und es mit der Eröffnung des Verfahrens auch zu einem Vermögensbeschlag im Ausland kommt, so dass sämtliche Vermögenswerte einem zweiten universalistischen Verfahren entzogen sind, spricht dafür, dasjenige Verfahren als Hauptinsolvenzverfahren anzuerkennen, das als erstes wirksam eröffnet wurde[80]. Der spätere Eröffnungsbeschluss ist dann schwebend unwirksam und kann allenfalls bei Aufhebung des ersten Eröffnungsbeschlusses Wirksamkeit entfalten[81]. Die bloße Antragstellung entfaltet hingegen noch keinerlei Wirkungen, die der Eröffnung eines weiteren Insolvenzverfahrens in einem anderen Staat entgegen stehen könnte[82]. Insofern spricht auch Art. 16 Abs. 1

---

[76] Deutsch-österreichische Konkursvertrag vom 25. Mai 1979. Nach Art. 44 Abs. 1 d) EuInsVO ersetzt die Verordnung in ihrem sachlichen Anwendungsbereich den DöKV.

[77] Virgos/Schmit in Stoll, Vorschläge und Gutachten, Nr. 73; Duursma-Kepplinger/Duursma/Chalupsky, Art. 3, Rn. 26.

[78] Dies ist dann denkbar, wenn die Gerichte verschiedener Staaten der Ansicht sind, der Interessenmittelpunkt des Schuldners liege auf seinem Gebiet. Eine derartige Konstellation ist angesichts der Unbestimmtheit des Interessenmittelpunktes nicht unwahrscheinlich.

[79] Dies entspricht der in § 3 Abs. 2 InsO getroffenen Regelung für Kompetenzkonflikte im Hinblick auf die örtliche Zuständigkeit.

[80] Huber, ZZP 114, S. 133 (144); Balz, ZIP 1996, S. 948 (949); Lüke, ZZP 111, S. 275 (290); Leible/Staudinger, KTS 2000, S. 533 (545); Kolmann, S. 287.

[81] Huber, ZZP 114, S. 133 (144); Lüke, ZZP 111, S. 275 (290).

[82] Für den unwahrscheinlichen Fall der gleichzeitigen Verfahrenseröffnung hilft das Prioritätsprinzip im Hinblick auf die erste wirksame Verfahrenseröffnung nicht weiter. Hier bietet es sich an, hilfsweise auf den Zeitpunkt der ersten Antragstellung abzustellen.

EuInsVO von der Anerkennung der Insolvenzeröffnung, sobald die Entscheidung im Staat der Verfahrenseröffnung wirksam ist. Ferner folgt auch aus dem Erwägungsgrund Nr. 22 der EuInsVO selbst, dass das Prioritätsprinzip im Hinblick auf die erste wirksame Verfahrenseröffnung anzuwenden ist. Danach sollen Zuständigkeitskonflikte zwischen Gerichten zweier Mitgliedstaaten nach dem Grundsatz des „gegenseitigen Vertrauens" gelöst werden. Dieser verlangt, „dass die Entscheidung des zuerst eröffnenden Gerichts in den anderen Mitgliedstaaten anerkannt werden sollte, ohne die Entscheidung dieses Gerichts einer Überprüfung zu unterziehen"[83].
Zu bedenken bleibt allerdings, dass somit letztlich der Zufall einer früheren Verfahrenseröffnung mit bindender Kraft für andere Gerichte über die internationale Zuständigkeit entscheiden kann und die Gläubiger an dem Verfahren, in dem über die Zuständigkeit entschieden wird, nicht hinreichend beteiligt sind. Dem ist jedoch zu entgegnen, dass die Anwendung des Prioritätsprinzips unter den gegebenen Umständen die einzig praktikable Lösung ist[84]. Zudem ist die Beteiligung von Gläubigern nicht zwingend erforderlich, weil sie durch die Möglichkeit, ein Sekundärinsolvenzverfahren einzuleiten, hinreichend geschützt sind[85].
Somit ist im Fall von positiven Kompetenzkonflikten auf die erste wirksame Verfahrenseröffnung abzustellen[86]. Die Gerichte in den übrigen Mitgliedstaaten sind an die Beurteilung des zuerst eröffnenden Gerichts gebunden[87] und können allenfalls ein Sekundärinsolvenzverfahren nach Art. 3 Abs. 2 EuInsVO eröffnen.

2. Die Regelung in § 3

Der deutsche Gesetzgeber hat bei der Neuregelung von Art. 102 § 3 EGInsO die zuvor gemachten Überlegungen zugrunde gelegt. Dementsprechend bestimmt § 3 Abs. 1 nunmehr, dass die deutschen Gerichte den Eröffnungsbeschluss des Gerichts eines anderen Mitgliedstaates zu beachten haben, ohne diesen selbst einer Überprüfung unterziehen zu dürfen. Mithin gilt im Fall von positiven Kompetenzkonflikten, dass das Gericht international zuständig ist, bei dem das Insolvenzverfahren zuerst wirksam eröffnet

---

[83] So auch schon zum Insolvenzübereinkommen Virgos/Schmit in Stoll, Vorschläge und Gutachten, Nr. 79.
[84] Lüke, ZZP 111, S. 275 (291).
[85] Lüke, ZZP 111, S. 275 (291).
[86] Duursma-Kepplinger/Duursma/Chalupsky, Art. 3, Rn. 29; Balz, ZIP 1996, S. 948 (949); Lüke, ZZP 111, S. 275 (290); Huber, ZZP 114, S. 133 (144); Smid, DZWIR 2003, S. 397 (401); Herchen, ZInsO 2004, S. 61 (64).
[87] Dies hat das AG Düsseldorf, Beschluss vom 6.6.2003 – 502 IN 126/03, (ZIP 2003, S. 1363), allerdings fehlerhaft nicht berücksichtigt. Dieses eröffnete gleichfalls neben einem englischen Verfahren das Hauptinsolvenzverfahren mit der Begründung, dass das englische Gericht die Bestimmungen der EuInsVO missachtet habe und der Eröffnungsbeschluss daher keine Rechtswirkungen entfalte. Vgl. dazu Duursma/Duursma-Kepplinger, DZWIR 2003, S. 447 (449); Smid, DZWIR 2003, S. 397 (400); Herchen, ZInsO 2004, S. 61 ff.; Paulus, ZIP 2003, S. 1725 ff., der Bedenken hinsichtlich der Anerkennungsfähigkeit des englischen Insolvenzverfahrens hat.

wurde. Wurde in Unkenntnis der ausländischen Verfahrenseröffnung im Inland ein Insolvenzverfahren über das ausländische Vermögen eröffnet, so ist dieses nach Art. 102 § 4 EGInsO einzustellen. Da die Einstellung trotz der Möglichkeit ein Sekundärinsolvenzverfahren zu eröffnen, in die Rechte der Gläubiger eingreifen kann, wird ihnen durch Abs. 1 S. 3 die Beschwerdebefugnis eingeräumt.
§ 3 Abs. 2 soll negative Kompetenzkonflikte vermeiden. Sofern in einem Mitgliedstaat die Eröffnung des Verfahrens mit der Begründung abgelehnt wird, den dortigen Gerichten fehle die internationale Zuständigkeit, so ist es einem deutschen Insolvenzgericht verwehrt, seine Zuständigkeit mit der Begründung zu verneinen, die internationale Zuständigkeit läge doch bei diesem Mitgliedstaat.

IV. Einstellung des Verfahrens gem. Art. 102 § 4 EGInsO

Sofern ein deutsches Insolvenzgericht ein Hauptinsolvenzverfahren eröffnet hat, obwohl in einem anderen Mitgliedstaat bereits ein solches Verfahren über das Vermögen des Schuldners anhängig ist, darf dieses Verfahren gemäß § 3 Abs. 1 nicht fortgesetzt werden. Das Verfahren ist dann nach Maßgabe des § 4 einzustellen. Die Einstellung beendet das Verfahren ex nunc und nicht mit rückwirkender Kraft. Daher bedarf es einer Regelung des Verhältnisses der Wirkungen des ausländischen Verfahrens zu jenen des aufgehobenen inländischen Verfahrens, insbesondere zu den vom Insolvenzverwalter bereits vorgenommenen Rechtshandlungen. § 4 Abs. 2 erklärt, dass Wirkungen des Insolvenzverfahrens, die vor dessen Einstellung bereits eingetreten und nicht auf die Dauer dieses Verfahrens beschränkt sind, auch dann bestehen bleiben, wenn sie Wirkungen eines in einem anderen Mitgliedstaat der Union eröffneten Insolvenzverfahren widersprechen. Gleiches gilt für Rechtshandlungen des Insolvenzverwalters. Hat dieser somit einen Gegenstand aus der Insolvenzmasse veräußert oder belastet, so bleiben diese Verfügungen auch nach Aufhebung des deutschen Insolvenzverfahrens wirksam.
Gegen diese Regelung ließe sich vorbringen, dass sie das wirksam eröffnete Hauptinsolvenzverfahren des anderen Mitgliedstaates konterkariert. Das Internationale Insolvenzrecht sämtlicher Mitgliedstaaten der EU folgt dem Universalitätsprinzip, wonach das Insolvenzverfahren das gesamte Vermögen des Schuldners umfasst und sich nach dem Recht der lex fori concursus richtet. Mit diesem Grundsatz ist es jedoch nicht zu vereinbaren, wenn die Wirkungen eines unzulässigen inländischen Hauptinsolvenzverfahrens bestehen bleiben, obwohl sie den Wirkungen eines in einem anderen Mitgliedstaat eröffneten Hauptinsolvenzverfahrens widersprechen. Allerdings kann dieses Argument angesichts der Möglichkeit im Inland ein Sekundärinsolvenzverfahren zu eröffnen nicht überzeugen. Die Situationen sind miteinander vergleichbar. Auch im Fall der Eröffnung eines Sekundärinsolvenzverfahrens bestimmen sich die Wirkungen nach der lex fori particularis und können damit den Wirkungen nach der lex fori concursus entgegen stehen. Zudem gewährleistet die getroffene Regelung ein großes Maß an Rechtssicherheit. Eine Rückabwicklung sämtlicher vom Insolvenzverwalter vorgenommener Rechtsakte wäre unter Umständen äußerst umfangreich und daher kaum praktikabel. Somit ist die getrof-

fene Regelung durchaus als zweckmäßig zu erachten. Bemerkenswert ist, dass Deutschland durch die Einstellung von Verfahren zugunsten jener in anderen Mitgliedstaaten in erheblichen Maße dem Grundsatz des gemeinschaftlichen Vertrauens entsprochen hat. Es bleibt abzuwarten, ob dem sämtliche Mitgliedsländer nachkommen werden.

Indem § 4 Abs. 3 den § 215 Abs. 2 InsO für nicht anwendbar erklärt, wird klargestellt, dass der Schuldner durch die Einstellung des inländischen Verfahrens nicht die Verfügungsbefugnis über sein in Deutschland belegenes Vermögen zurückerhält[88]. Anderenfalls würde die mit der Anerkennung der ausländischen Insolvenzeröffnung eintretende Vermögensbeschlagwirkung leer laufen.

V. Vollstreckung aus der Eröffnungsentscheidung, Art. 102 § 8 EGInsO

Gemäß Art. 18 EuInsVO kann der Verwalter im Gebiet eines anderen Mitgliedstaates alle Befugnisse ausüben, die ihm nach dem Recht des Staates der Verfahrenseröffnung zustehen.

Im deutschen Recht hat gemäß § 148 Abs. 1 InsO der Insolvenzverwalter unmittelbar nach Verfahrenseröffnung die Gegenstände der Insolvenzmasse in Besitz zu nehmen. Sofern der Schuldner nicht freiwillig bereit ist, die betreffenden Gegenstände herauszugeben, kann der Verwalter aufgrund einer vollstreckbaren Ausfertigung des Eröffnungsbeschlusses gegen den Schuldner vorgehen. Für den Fall, dass das Heimatrecht eines ausländischen Verwalters diesem ebenfalls die Befugnis erteilt, wie im deutschen Recht aus dem Eröffnungsbeschluss gegen den Schuldner zu vollstrecken, ordnet § 8 an, dass die Vollstreckbarkeit ebenfalls im Wege des vereinfachten Exequaturverfahrens nach Art. 25 EuInsVO[89] erreicht werden soll[90]. Dies folgt allerdings bereits aus der EuInsVO selbst[91], so dass die Regelung lediglich klarstellenden Charakter hat. Gleiches gilt für § 8 S. 2. Danach soll das erleichterte Exequaturverfahren auch dann eingreifen, wenn der ausländische Verwalter entsprechend § 165 InsO Bestandteile der Masse im Wege der Zwangsvollstreckung verwerten will.

VI. Anerkennung insolvenzrechtlicher Entscheidungen anderer EU - Staaten

Die EuInsVO regelt in Art. 25 Abs. 1 Unterabs. 2 ausdrücklich die Anerkennung und Vollstreckung von Entscheidungen, die unmittelbar aufgrund eines Insolvenzverfahrens

---

[88] Regierungsentwurf vom 25.10.2002, Begründung zu § 4, BT – Drs. 15/16, S. 15.

[89] Art. 25 Abs. 1 Uabs. 1 S. 2 EuInsVO verweist auf die Regeln des EuGVÜ. Gemäß Art. 68 Abs. 2 EuGVVO sind solche Verweise mit Inkrafttreten der EuGVVO umzudeuten in Verweise auf die EuGVVO. Die Vollstreckbarerklärung von Entscheidungen aus Insolvenzverfahren richtet sich also nach Art. 38 ff. EuGVVO.

[90] Auch der Erläuternde Bericht zum Insolvenzübereinkommen ging bereits davon aus, dass Art. 25 auch die Vollstreckbarerklärung der Eröffnungsentscheidung in Bezug auf alle Rechtsfolgen, die über die Eröffnung selbst hinausgehen regelt. Vgl. Virgos/Schmit in Stoll, Vorschläge und Gutachten, Nr. 189.

[91] Art. 25 Abs. 1 Unterabs. 1 EuInsVO.

ergehen, auch wenn sie von einem anderen Gericht, als dem Insolvenzeröffnungsgericht getroffen wurden. Es stellt sich daher die Frage, ob hiervon auch solche insolvenzrechtlichen Annexverfahren umfasst sind, die in einem anderen Mitgliedstaat als jenem der Insolvenzeröffnung ergangen sind. Zu denken ist etwa an Herausgabeklagen hinsichtlich solcher Gegenstände, die nach der Eröffnung des Insolvenzverfahrens in das Ausland verbracht wurden, oder an insolvenzrechtliche Anfechtungsklagen. Sofern derartige Entscheidungen von Art. 25 Abs. 1 Unterabs. 2 EuInsVO nicht umfasst wären, hätte es einer gesonderten Regelung der Anerkennung und Vollstreckbarerklärung dieser Entscheidungen in den Ausführungsvorschriften zur EuInsVO bedurft.

Die Frage, ob Art. 25 Abs. 1 Unterabs. 2 EuInsVO auch Entscheidungen aus anderen Mitgliedstaaten als jenem der Insolvenzeröffnung umfasst, wird in der Literatur nicht einheitlich beantwortet. Nach einer Auffassung bezieht sich Art. 25 Abs. 1 Unterabs. 2 EuInsVO lediglich auf Entscheidungen, die im Staat der Insolvenzeröffnung ergangen sind[92]. Dies wird mit systematischen Erwägungen begründet. Danach beziehe sich Art. 25 Abs. 1 Unterabs. 2 EuInsVO auf Art. 25 Abs. 1 Unterabs. 1 EuInsVO, der die Anerkennung ipso iure und die Vollstreckbarerklärung von Entscheidungen regele, die das Gericht getroffen hat, dessen Eröffnungsentscheidung nach Art. 16 EuInsVO anerkannt wird. Daher liege es näher auch den Unterabs. 2 nur auf Entscheidungen von Gerichten des Verfahrenseröffnungsstaates zu beziehen. Zudem regele auch Art. 25 Abs. 1 Unterabs. 3 EuInsVO nur die Anerkennung von Entscheidungen des Verfahrensstaates[93]. Diesen systematischen Erwägungen lassen sich jedoch eine Vielzahl von Argumenten entgegenhalten, die dafür sprechen, dass von Unterabsatz 2 durchaus auch Entscheidungen aus anderen Mitgliedstaaten erfasst sind. Zunächst spricht der Wortlaut von Art. 25 Abs. 1 Unterabs. 2 lediglich von Entscheidungen eines anderen Gerichts. Eine Begrenzung auf Entscheidungen von Gerichten des Insolvenzeröffnungsstaates ist gerade nicht erfolgt. Sofern der Verordnungsgeber eine derartige Begrenzung gewollt hätte, hätte er in Unterabs. 2 eine solche offene Formulierung nicht getroffen. Ferner folgt aus Art. 18 Abs. 2 EuInsVO die Befugnis des Insolvenzverwalters, in jedem anderen Staat gerichtlich geltend zu machen, dass ein Gegenstand nach der Eröffnung des Insolvenzverfahrens aus dem Gebiet des Insolvenzeröffnungsstaates in einen anderen verbracht worden ist. Des Weiteren soll es ihm gestattet sein, eine im Interesse der Gläubiger dienenden Anfechtungsklage zu erheben[94]. Wenn die EuInsVO somit selbst die Möglichkeit von Annexverfahren außerhalb des Staates der Insolvenzeröffnung vorsieht, so ist es nur folgerichtig, wenn die EuInsVO die Anerkennung und Vollstreckbarerklärung dieser Entscheidungen auch selbst regelt. Dies ist in Art. 25 Abs. 1 Unterabs. 2 EuInsVO erfolgt. Anderenfalls würde die EuInsVO für die Anerkennung und Vollstreckbarerklärung dieser Entscheidungen eine Regelungslücke enthalten. Hiergegen wird zwar eingewen-

---

[92] Duursma-Kepplinger/Duursma/Chalupsky, Art. 25, Rn. 43; offenbar auch Trunk in Stoll, Vorschläge und Gutachten, S. 232 (236), der von einer Regelungslücke für derartige Entscheidungen ausgeht.

[93] Duursma-Kepplinger/Duursma/Chalupsky, Art. 25, Rn. 43.

[94] Art. 18 Abs. 2 S. 2 EuInsVO.

det, dass eine solche Lücke nicht bestehe, weil Art. 25 Abs. 2 EuInsVO alle nicht als Annexverfahren im Sinne von Art. 25 Abs. 1 Unterabs. 2 EuInsVO zu qualifizierenden Verfahren der EuGVVO zuweise[95]. Allerdings wird hierbei übersehen, dass Art. 25 Abs. 2 EuInsVO selbst bestimmt, dass nur solche Entscheidungen der Anerkennung und Vollstreckbarerklärung der EuGVVO unterliegen, soweit diese anwendbar ist. Zwar soll Art. 25 Abs. 2 EuInsVO sicherstellen, dass die Insolvenzverordnung und die EuGVVO lückenlos ineinander greifen[96]. Da jedoch nach Maßgabe von Art. 1 Abs. 2 b) EuGVVO insolvenzrechtliche Entscheidungen – und um solche handelt es sich bei insolvenzrechtlichen Anfechtungs- und Herausgabeklagen nach der hier vertretenen Auffassung unzweifelhaft[97] – vom Anwendungsbereich der EuGVVO ausgenommen sind, werden diese auch nicht vom Verweis in Art. 25 Abs. 2 EuInsVO erfasst.
Daher sollte im Ergebnis die in Art. 25 Abs. 1 Unterabs. 2 EuInsVO getroffene Formulierung „Entscheidungen von einem anderen Gericht" dahingehend verstanden werden, dass sämtliche gerichtlichen Entscheidungen aus allen Mitgliedstaaten erfasst werden. Folglich bedurfte es in den Ausführungsvorschriften zur EuInsVO auch keiner gesonderten Regelung[98]. Die Vorschriften der EuInsVO sind insofern abschließend.

VII. Zusammenfassung und Ergebnis

Die Ausführungsvorschriften zur Verordnung (EG) Nr. 1346/2000 sind schon deshalb unerlässlich, weil die EuInsVO einige Aspekte den nationalen Rechten zur Regelung überlassen hat. Daher sind die getroffenen verfahrensrechtlichen Neuregelungen in Art. 102 EGInsO grundsätzlich zu begrüßen.
Wie dargelegt sind durchaus Konstellationen denkbar, in denen § 3 InsO zur Bestimmung der örtlichen Zuständigkeit bei natürlichen Personen als Schuldner nicht weiterführt. Um Zuständigkeitslücken zu vermeiden, ist die Regelung in § 1 Abs. 1 erforderlich, obgleich ihr Anwendungsbereich als gering zu erachten sein dürfte. Inwieweit in der Praxis auf § 1 Abs. 1 zurückgegriffen werden muss, wird sich erst noch herausstellen.
Ferner bedurfte es der in § 1 Abs. 2 getroffenen Normierung der örtlichen Zuständigkeit für die Fälle, in denen in Deutschland ein Partikularinsolvenzverfahren eröffnet wird. § 3 InsO hilft insoweit nicht weiter.
Die Regelung sämtlicher Ausführungsvorschriften zur EuInsVO und mithin auch jene zur örtlichen Zuständigkeit in § 102 EGInsO dient in erheblichen Maße der Rechtsklarheit und ist aus diesem Grunde trotz rechtssystematischer Bedenken zweckmäßig.
Durch die in den §§ 3 und 4 getroffenen Regelungen zur Vermeidung von Kompetenzkonflikten und zur Einstellung von Verfahren zugunsten der Gerichte eines anderen Mit-

---

[95] Duursma-Kepplinger/Duursma/Chalupsky, Art. 25, Rn. 43.
[96] Virgos/Schmit in Stoll, Vorschläge und Gutachten, Nr. 197.
[97] Vgl. hinten. E. IV. 2. f. (1).
[98] Zu denken wäre beispielweise an einen Verweis auf die EuGVVO, so der Vorschlag von Trunk in Stoll, Vorschläge und Gutachten, S. 232 (236).

gliedstaates hat Deutschland den Grundsatz des gemeinschaftlichen Vertrauens in erfreulichem Maße präzisiert.

E. EINFÜHRUNG DER §§ 335 – 358 INSO

Im Elften Teil der Insolvenzordnung wurde durch das Gesetz zur Neuregelung des Internationalen Insolvenzrechts vom 14.3.2003[99] das autonome deutsche Internationale Insolvenzrecht kodifiziert. Eine Neuregelung war insbesondere deshalb erforderlich, weil die EuInsVO keine Regelungen im Hinblick auf grenzüberschreitende Insolvenzen für das Verhältnis von Mitgliedstaaten zu Drittstaaten trifft[100] und gewisse Insolvenzverfahren vom sachlichen Anwendungsbereich der Verordnung ausgenommen sind[101]. Dementsprechend verfügte der deutsche Gesetzgeber außerhalb des sachlichen Anwendungsbereich der EuInsVO über einen wesentlich weiteren Handlungsspielraum als innerhalb dieses Anwendungsbereichs.

I. Handlungsalternativen

Zur Ausfüllung des bestehenden Handlungsspielraumes für autonome Regelungen im Verhältnis zu Drittstaaten standen dem deutschen Gesetzgeber eine Vielzahl unterschiedlicher Handlungsalternativen zur Verfügung. Zum einen war denkbar, dass es bei der in Art. 102 EGInsO a.F. getroffenen Regelung verblieb.

Eine grundsätzliche Neukodifikation konnte sich wiederum an die in der EuInsVO getroffenen Regelungen, an die Vorschriften des UNCITRAL - Modellgesetzes[102] oder an die §§ 379 ff. RegE InsO[103], die aufgrund einer Beschlussempfehlung des Rechtsausschusses letztlich nicht Gesetz wurden[104], anlehnen. Der deutsche Gesetzgeber hat sich für die zuletzt genannte Möglichkeit entschieden.

Die Aufrechterhaltung von Art. 102 EGInsO a.F. stellte zugleich die unwahrscheinlichste Lösung dar, weil Art. 102 EGInsO aus den bereits genannten Gründen[105] missglückt war. Die Vorschrift enthielt nur eine äußerst fragmentarische Regelung des Internationalen Insolvenzrechts, deren Fortgeltung ein erhebliches Maß an Rechtsunsicherheit er-

---

[99] Bundesgesetzblatt I 2003, S. 345 ff..

[100] Virgos/Schmit in Stoll, Vorschläge und Gutachten, Nr. 11.

[101] Vgl. Art. 1 Abs. 2 EuInsVO.

[102] Am 15. Dezember 1997 hat die UN – Vollversammlung Modellbestimmungen zur grenzüberschreitenden Insolvenz gebilligt. Vorgelegt wurde das Regelungswerk von der UNCITRAL (United Nations Commission on International Trade Law), die das „UNCITRAL Model Law on Cross-border Insolvency" auf ihrer Generalversammlung im Mai 1997 verabschiedet hatte. Der Text der Modellbestimmungen ist in der maßgeblichen englischen Fassung abgedruckt in ZIP 1997, S. 2224 ff.; s. auch www.uncitral.org; vgl. auch Lüer in Uhlenbruck, Art. 102 EGInsO, Rn. 26 f..

[103] BT – Drs. 12/2443, S. 68 ff..

[104] BT – Drs. 12/7302, S. 143 ff.; BT – Drs. 12/7303, S. 100, 117 f..

[105] Vgl. C. II..

zeugt hätte[106]. Fraglich ist jedoch, ob die erfolgte Orientierung an den §§ 379 ff. RegE InsO als zweckmäßig zu erachten ist. Eine Orientierung am UNCITRAL – Modellgesetz hätte den Vorteil gehabt, dass das Internationale Insolvenzrecht Deutschlands mit jenen wichtiger außereuropäischer Handelspartner, insbesondere mit demjenigen der USA, übereingestimmt hätte[107]. Zwei gewichtige Argumente sprechen jedoch dafür, dass keine Orientierung an dem UNCITRAL – Modellgesetz erfolgte. Zum einen wird dadurch eine größere Homogenität im für Deutschland relevanten Internationalen Insolvenzrecht gewährleistet, als bei einer Geltung der EuInsVO im Verhältnis zu den Mitgliedstaaten und einer Geltung des UNCITRAL – Modellgesetzes im Verhältnis zu Drittstaaten[108]. Zum anderen wird das UNCITRAL – Modellgesetz stark vom anglo – amerikanischen Rechtsgedanken und -verständnis geprägt[109]. So enthält das Gesetz lediglich Vorschriften über die Anerkennung ausländischer Insolvenzverfahren, die Rechte ausländischer Verwalter und Gläubiger im Inland sowie die Koordination von Parallelverfahren. Kollisionsrechtliche Regelungen enthält das Gesetz dagegen nicht. Dies steht in einem starken Kontrast zu dem ausgereiften Regelsystem der EuInsVO[110]. Mithin war eine Orientierung an der EuInsVO zu bevorzugen. Dem hat der deutsche Gesetzgeber durch die erfolgte Neuregelung entsprochen, da die §§ 379 ff. des RegE zur InsO sich in starkem Maße an den Regelungen des Europäischen Insolvenzübereinkommens[111] orientierten, das wiederum der EuInsVO zugrunde lag.

Fraglich ist jedoch, ob es nicht ausgereicht hätte, die Regelungen der EuInsVO – gegebenenfalls mit geringen Anpassungen – auch gegenüber Drittstaaten für entsprechend anwendbar zu erklären[112]. Gegen eine solche Verallseitigung der EuInsVO werden allerdings beachtliche Argumente vorgebracht. Zum einen sei das Vertrauen in die Rechtsstaatlichkeit und Funktionsfähigkeit der Justiz in den anderen Mitgliedstaaten im Verhältnis zu Drittstaaten nicht in gleichem Maße gerechtfertigt[113]. Zum anderen würden Maßnahmen der Vollstreckbarerklärung, die nach der EuInsVO gemäß der EuGVVO abgewickelt werden sollen, ungeregelt bleiben[114]. Letztlich setze die der EuInsVO zugrundeliegende enge Koordinierung zwischen Haupt- und Sekundärinsolvenzverfahren voraus,

---

106 Flessner in Stoll, Vorschläge und Gutachten, S. 219 (220); Eidenmüller, IPRax 2001, S. 2 (10).

107 Die USA haben ihr autonomes Internationales Insolvenzrecht an den Regeln des Modellgesetzes ausgerichtet. Durch den „Bankruptcy Reform Act 2000" wurde ein neues Chapter 15 in den Banruptcy Code eingefügt, welches das Modellgesetz abgesehen von gewissen Modifikationen übernimmt.

108 Eidenmüller, IPRax 2001, S. 2 (11).

109 Wimmer, ZIP 1997, S.2220 (2224).

110 Eidenmüller, IPRax 2001, S. 2 (11).

111 BT – Drs. 12/2443, S. 235.

112 Hierfür wohl Lüer in Uhlenbruck, Art. 102 EGInsO, Rn. 49.

113 Allgemeine Begründung zum Regierungsentwurf vom 25.10.2002, BT – Drs. 15/16, S. 13; Wimmer in Stoll, Vorschläge und Gutachten, S. 179 (180); Trunk in Stoll, Vorschläge und Gutachten, S. 232 (234).

114 Freilich ließen sich auch für die Vollstreckbarerklärung von Entscheidungen aus Drittstaaten die Vorschriften der EuGVVO entsprechend anwenden.

dass die Verordnung in den Staaten beider Insolvenzverfahren gelte[115]. Eine Auseinandersetzung mit diesen Argumenten soll erst zu einem späteren Zeitpunkt erfolgen. Zuvor ist zu untersuchen, in welchem Umfang sich die Neuregelungen von dem der EuInsVO zugrundeliegenden Regelungssystem unterscheiden. Ein Vergleich kann in dieser Arbeit lediglich in Bezug auf die verfahrensrechtlichen Regelungen erfolgen. Sofern jedoch die diesbezüglichen Unterschiede der beiden Regelungswerke als gering zu erachten sind, wäre eine entsprechende Anwendung der EuInsVO auch gegenüber Drittstaaten möglicherweise eine sinnvolle und sachgerechte Handlungsalternative gewesen. Auf diese Problematik wird am Schluss dieser Arbeit zurück zu kommen sein.
Grundsätzlich ist zu konstatieren, dass der deutsche Gesetzgeber durch die Einführung der §§ 335 – 358 InsO eine Wahl getroffen hat, durch die die Homogenität des für Deutschland maßgeblichen Internationalen Insolvenzrechts in großem Maße gewährleistet wird.

II. Mögliche Grundkonzeptionen bei grenzüberschreitenden Insolvenzen

Damit im Falle der Zahlungsunfähigkeit des Schuldners kein Wettlauf unter den Gläubigern stattfindet, tritt an die Stelle der Einzelrechtsverfolgung das Insolvenzverfahren. Dieses beruht wesentlich auf dem Grundgedanken der Gläubigergleichbehandlung (par conditio creditorum). Die Aufgabe des Internationalen Insolvenzrechts ist es, diese Grundidee auch dann zu verwirklichen, wenn mehrere Staaten durch eine Insolvenz betroffen sind.
Hierfür stehen sich verschiedene Grundkonzeptionen gegenüber, die durch die Gegensatzpaare Universalität und Territorialität sowie Einheit und Mehrheit von Insolvenzen gekennzeichnet werden.
Nach dem Universalitätsprinzip sind gewisse Wirkungen eines Insolvenzverfahrens auch im Ausland beachtlich, während das Territorialitätsprinzip die Wirksamkeit eines Insolvenzverfahrens auf das Gebiet des Eröffnungsstaates begrenzt[116]. Aus dem Territorialitätsprinzip folgt, dass nur ein einziges Verfahren stattfindet, das auf das im Eröffnungsstaat belegene Vermögen beschränkt ist. Das Vermögen, das sich im Ausland befindet unterliegt daher zunächst keinen insolvenzrechtlichen Einschränkungen. Einzelne Gläubiger können sich daher im Wege der Einzelvollstreckung befriedigen und dadurch dem Zweck der par conditio creditorum zuwiderlaufen. Daher ist das Territorialitätsprinzip grundsätzlich abzulehnen[117].

---

[115] Wimmer in Stoll, Vorschläge und Gutachten, S. 179 (180).
[116] Vgl. hierzu Wimmer in FK, Art. 102 EGInsO, Rn. 22 ff.; Reinhart in MüKo, InsO, vor Art. 102 EGInsO, Rn. 20 ff.
[117] BGHZ 95, S. 256 ff.; Weis in Hess/Weis/Wienberg, Art. 102 EGInsO, Rn. 15; Gottwald in Gottwald, § 130, Rn. 3.

Eine moderne Insolvenzabwicklung, die den Anforderungen des heutigen Wirtschaftsverkehrs entsprechen will, muss das gesamte Vermögen des Schuldners erfassen und alle Gläubiger in die Verteilung des Vermögens einbeziehen[118].
Dies lässt sich theoretisch am wirkungsvollsten durch ein einziges Verfahrens, dass sich nach einer einzigen Rechtsordnung richtet, realisieren (sog. Einheitsprinzip). Dies würde jedoch ein erhebliches Maß an Kooperationsbereitschaft unter den Staaten erfordern. Insbesondere müssten sämtliche Länder auf die Durchsetzung ihre eigenen Vorstellungen über die Insolvenzabwicklung verzichten. Daher hat sich das Einheitsmodell in der Praxis bislang nicht durchgesetzt. Stattdessen überwiegen Kombinationsmodelle, wonach die Abwicklung einer grenzüberschreitenden Insolvenz in einem Modell mit mehreren Verfahren möglich ist. Ein universales Haupt- oder Universalverfahren kann durch die Zulässigkeit von nationalen Partikularverfahren begrenzt werden. Im Interesse einer effektiven Insolvenzbewältigung können die parallelen Verfahren miteinander kooperieren und koordiniert werden.
Die Neuregelung des Internationalen Insolvenzrechts ist – wie die vorherige Regelung in Art. 102 EGInsO auch – dem Universalitätsprinzip verhaftet[119]. Dies kommt dadurch zum Ausdruck, dass das Insolvenzverfahren dem Recht der lex fori concursus unterliegt (§ 335 InsO) und die Eröffnung des Insolvenzverfahrens sowie sonstige insolvenzbezogene Entscheidungen im Inland ipso iure anerkannt werden (§ 343 InsO). Neben dem ausländischen Hauptinsolvenzverfahren ist im Inland jedoch auch die Eröffnung eines Partikularverfahrens möglich (§§ 354 ff.), so dass das deutsche Recht dem reinen Einheitsprinzip jedenfalls nicht folgt[120].

III. Formale und inhaltliche Grundstruktur der Neuregelung

Der Elfte Teil der Insolvenzordnung gliedert sich in „Allgemeine Vorschriften" (§§ 335 – 342 InsO), „Ausländisches Insolvenzverfahren" (§§ 343 – 353 InsO) und „Partikularverfahren über das Inlandsvermögen" (§§ 354 – 358 InsO).
Inhaltlich führen die §§ 335 – 358 InsO im Wesentlichen die bisherigen teilweise ungeschriebenen Grundsätze des deutschen Internationalen Insolvenzrechts fort. Die Eröffnung eines ausländischen Insolvenzverfahrens und die jeweiligen Einzelentscheidungen können unter Umständen im Inland anerkannt werden, mit der Folge, dass das Insolvenzverfahren und seine Wirkungen dem Recht des Staates (lex fori concursus) unterliegen, in dem das Verfahren eröffnet worden ist. Die grundsätzlich aufgeschlossene Haltung gegenüber ausländischen Insolvenzverfahren wird jedoch durch kollisionsrecht-

---

118 Kolmann, S. 10.
119 Regierungsentwurf vom 25.10.2002, Begründung zu § 354, BT – Drs. 15/16, S. 25.
120 Vgl. hierzu eingehend E. IV. 4. d. dieser Arbeit.

liche Sonderregeln[121], sowie die Möglichkeit im Inland ein Partikularverfahren[122] durchzuführen, eingeschränkt.

IV. Internationales Insolvenzverfahrensrecht

Im Folgenden sollen nunmehr die Neuregelungen des Internationalen Insolvenzverfahrensrechts näher beleuchtet werden.

1. Internationale Zuständigkeit

a. Doppelfunktionalität der Gerichtsstandsnormen

Eine Normierung der internationalen Zuständigkeit der deutschen Gerichte in Insolvenzsachen ist durch die Neuregelung nicht erfolgt[123]. Ebenso enthielt Art. 102 EGInsO a.F. keine derartige Regelung. Lediglich der Vorentwurf zum RegEInsO enthielt eine eigene Regelung der internationalen Zuständigkeit[124]. Es muss daher bei der bisherigen Praxis verbleiben, dass sich die internationale Zuständigkeit der deutschen Gerichtsbarkeit aus der Doppelfunktionalität der Gerichtsstandsnormen ergibt. Sie folgt daher aus der örtlichen Zuständigkeit[125]. Die Anknüpfung an die örtliche Zuständigkeit soll gewährleisten, dass das Gericht mit der größten Sachnähe berufen wird[126]. § 3 Abs. 1 S. 2 InsO stellt insofern primär auf den Ort ab, an dem der Schuldner den Mittelpunkt seiner selbständigen wirtschaftlichen Tätigkeit hat. In § 3 Abs. 1 S. 1 InsO wird auf den allgemeinen Gerichtsstand des Schuldner verwiesen.

b. Räumlich – persönlicher Anwendungsbereich der EuInsVO

Die Zuständigkeitsordnung der InsO ist jedoch zu jener der EuInsVO abzugrenzen. Zu berücksichtigen ist, dass sich die internationale Zuständigkeit möglicherweise auch dann

---

[121] So enthalten die allgemeinen Bestimmungen Sonderanknüpfungen für die Wirkung des Insolvenzverfahrens auf Verträge über einen unbeweglichen Gegenstand (§ 336), für Arbeitsverhältnisse (§ 337), für die Insolvenzanfechtung (§ 339) und für organisierte Märkte und Pensionsgeschäfte (§ 340); eine Sonderregelung für die Aufrechnung enthält § 338 InsO.

[122] §§ 354 – 358 InsO.

[123] § 354 Abs. 1 InsO sieht lediglich eine Regelung der internationalen Zuständigkeit für Partikularverfahren vor.

[124] Art. 1 des Vorentwurfes von Vorschriften zur Neuordnung des Internationalen Insolvenzrechts vom 1.3.1989, abgedruckt in Stoll, Stellungnahmen und Gutachten zur Reform des deutschen Internationalen Insolvenzrechts, S. 2.

[125] OLG Köln, EuZW 2001, S. 640; BT – Drs. 12/2443, S. 241; Regierungsentwurf vom 25.10.2002, Begründung zu § 343, BT – Drs. 15/16, S. 21; Gottwald in Gottwald, § 128, Rn. 10, § 130 Rn. 17; Geimer, Rn. 3454; Wimmer in FK, Art. 102 EGInsO, Rn. 266; Weis in Hess/Weis/Wienberg, Art. 102 EGInsO, Rn. 28; Ganter in MüKo, InsO, § 3 Rn. 22; Uhlenbruck in Uhlenbruck, § 3, Rn. 3 u. 20.

[126] Wimmer in FK, Art. 102 EGInsO, Rn. 266; Ganter in MüKo, InsO, § 3, Rn. 22.

nach der EuInsVO richten kann, wenn sich der Interessenmittelpunkt des Schuldners in einem Mitgliedstaat befindet und die weiteren grenzüberschreitenden Bezüge zu Nicht – Mitgliedstaaten bestehen. Es stellt sich daher die Frage, ob Bezugspunkte zu einem Mitgliedstaat für die Anwendbarkeit der EuInsVO genügen.

Eine explizite Regelung des räumlich – persönlichen Anwendungsbereiches ist in der EuInsVO nicht getroffen worden. Dafür, dass der Anwendungsbereich der EuInsVO nur bei einem weiteren innergemeinschaftlichen Auslandsbezug eröffnet ist, spricht zunächst, dass einige Vorschriften der EuInsVO speziell auf die Anwendung innerhalb der Gemeinschaft zugeschnitten sind. So regelt beispielsweise Art. 18 EuInsVO, dass die Verwalter der Haupt- und der Partikularverfahren bestimmte Rechtshandlungen auf dem Gebiet eines anderen Mitgliedstaates ausüben dürfen. Art. 38 EuInsVO bestimmt, dass der vorläufige Verwalter eines Hauptinsolvenzverfahrens berechtigt ist, in jedem Mitgliedstaat zur Sicherung und Erhaltung des Schuldnervermögens Maßnahmen zu beantragen. Gegenüber Drittstaaten können diese Regelungen jedenfalls schon deshalb nicht gelten, weil der Gemeinschaft nicht die Kompetenz zukommt, über die Rechte der Verwalter außerhalb der Gemeinschaft zu entscheiden. Dies spricht jedoch nicht zwingend für das Erfordernis eines weiteren Bezuges zu einem Mitgliedstaat. In Betracht käme ebenso, dass diese Vorschriften im Verhältnis zu Drittstaaten schlicht nicht zur Anwendung gelangen. Gegen das Erfordernis eines weiteren Mitgliedstaatenbezuges spricht dagegen bereits der Wortlaut von Art. 3 EuInsVO. Daraus ergibt sich, dass die EuInsVO auch dann gelten soll, wenn der Schuldner den „Mittelpunkt seiner hauptsächlichen Interessen in einem Mitgliedstaat hat". Auch der Erwägungsgrund Nr. 14 besagt, „dass die Verordnung nur für Verfahren gilt, bei denen der Mittelpunkt der hauptsächlichen Interessen des Schuldners in der Gemeinschaft liegt"[127]. Sofern ein weiterer Mitgliedstaatenbezug gewünscht wäre, hätte der Verordnungsgeber dies durch einen entsprechenden Verweis hinreichend zum Ausdruck gebracht[128]. Ferner würden durch eine einschränkende Auslegung Anreize für die Umgehung der EuInsVO im Wege künstlicher Gesellschaftsgründungen geschaffen[129], vergleichbar dem „forum shopping", welches die EuInsVO gerade verhindern will[130]. Dies alles spricht demnach dagegen, den Anwendungsbereich der Verordnung und des Art. 3 EuInsVO durch die ungeschriebene Voraussetzung eines weiteren Mitgliedstaatenbezuges einzuschränken[131]. In diesem

---

[127] Ebenso besagt dies der Erläuternde Bericht zum EuInsÜ, Virgos/Schmit in Stoll, Vorschläge und Gutachten, Nr. 44: „Das Übereinkommen erstreckt sich nur auf die Fälle, in denen sich der Mittelpunkt der hauptsächlichen Interessen des Schuldners in einem Vertragsstaat befindet".

[128] Viele Kollisionsregeln verweisen ausdrücklich auf das Recht anderer Mitgliedstaaten, so Art. 5, 7-11, 13 und 15 EuInsVO.

[129] Sabel/Schlegel, EWiR 2003, S. 367 (368).

[130] Vgl. Erwägungsgrund Nr. 4 der EuInsVO.

[131] Huber, ZZP 114, S. 133 (138); Haubold, IPRax 2003, S. 34 (35); Sabel/Schlegel, EWiR 2003, S. 367 (368); wohl auch Mankowski, NZI 2003, S. 545 (547);
a.A.: Leible/Staudinger, KTS 2000, S. 533 (539); Eidenmüller, IPRax 2001, S. 2 (5); Duursma-Kepplinger/Duursma/Chalupsky, Teil 4, Rn. 30; Art. 1, Rn. 3, 6 ff.; Smid, DZWIR 2003, S. 397 (402 ff.).

Sinne hat sich nunmehr mit dem englischen High Court of Justice auch erstmals ein bedeutendes Gericht zur Frage der Anwendbarkeit der EuInsVO im Verhältnis zu einem nicht in einem EU-Mitgliedstaat ansässigen Schuldner geäußert[132]. Einen weitergehenden, innergemeinschaftlichen Auslandsbezug fordert der High Court ausdrücklich nicht[133].

Daraus folgt, dass in den Fällen, in denen der Mittelpunkt der hauptsächlichen Interessen des Schuldners in Deutschland liegt, die deutschen Gerichte gemäß Art. 3 Abs. 1 EuInsVO international zuständig sind. Die EuInsVO hat somit Vorrang vor dem autonomen deutschen Internationalen Insolvenzrecht[134]. Nur wenn das deutsche Gericht den Interessenmittelpunkt außerhalb des Gemeinschaftsgebietes sieht, kann es auf die autonomen deutschen Zuständigkeitsregeln zurückgreifen[135]. Für die Eröffnung eines Hauptinsolvenzverfahrens in Deutschland aufgrund von § 3 InsO wird danach aber wenig Raum bleiben, weil sich die Anknüpfungspunkte des Art. 3 EuInsVO und des § 3 InsO sehr ähnlich sind[136].

Über Art. 3 EuInsVO finden jedoch nicht automatisch sämtliche Vorschriften der EuInsVO Anwendung, weil die Verordnung weder die Wirkungen eines europäischen Insolvenzverfahrens in Drittstaaten regeln kann noch die Anerkennung eines in einem Drittstaat eröffneten Verfahrens in ihr geregelt ist[137]. Sofern die EuInsVO eine Regelungslücke enthält, ist ein Rückgriff auf das autonome Recht ohne weiteres möglich[138].

c. Subsidiarität des allgemeinen Gerichtsstandes

Sofern der Mittelpunkt der wirtschaftlichen Tätigkeit des Schuldners im Inland liegt, ist die internationale Zuständigkeit der deutschen Gerichte für ein Hauptinsolvenzverfahren gegen ihn unzweifelhaft gegeben, auch wenn der allgemeine Gerichtsstand im Ausland liegt[139].

Fraglich ist jedoch, wie es sich in der umgekehrten Konstellation verhält, also in den Fällen, in denen der Mittelpunkt der selbständigen wirtschaftlichen Tätigkeit des Schuldners in keinem Mitgliedsstaat der EU liegt und er im Inland einen Wohnsitz hat. Der Gerichtsstand am Mittelpunkt des wirtschaftlichen Interesses könnte ebenso wie auf nationaler Ebene auch auf internationaler Ebene gegenüber dem allgemeinen Gerichtsstand vor-

---

[132] High Court of Justice, Urt. v. 7.2.2003, ZIP 2003, S. 813 ff.; vgl. abweichend Smid, DZWIR 2003, S. 397 (403).

[133] High Court of Justice, Urt. v. 7.2.2003, ZIP 2003, S. 813 (815).

[134] Liersch, NZI 2003, S. 302 (303); Reinhart in MüKo, InsO, Art. 102 EGInsO, Rn. 5; Mankowski, NZI 2003, S. 545 (547).

[135] Vgl. zur Prüfungsreihenfolge für die Eröffnungszuständigkeit Haubold, IPRax 2003, S. 34 (36).

[136] Ebenso Haubold, IPRax 2003, S. 34 (36); Reinhart in MüKo, InsO, Art. 102 EGInsO, Rn. 9 f..

[137] Ebenso Sabel/Schlegel, EWiR 2003, S. 367 (368).

[138] Reinhart in MüKo, InsO, Art. 102 EGInsO, Rn. 6.

[139] Nach der hier vertretenen Ansicht begründet Art. 3 EuInsVO in diesem Fall die Internationale Zuständigkeit.

rangig sein. Wie bereits ausgeführt, ist für die Anwendung der EuInsVO kein Bezug zu einem weiteren Mitgliedstaat erforderlich. Sofern nunmehr der inländische allgemeine Gerichtsstand zugleich der Mittelpunkt des hauptsächlichen Interesses im Sinne von Art. 3 EuInsVO wäre, würde die internationale Zuständigkeit der deutschen Gerichte zweifellos gegeben sein, weil Art. 3 EuInsVO eine Differenzierung zwischen allgemeinen Gerichtsstand und Mittelpunkt einer selbständigen wirtschaftlichen Tätigkeit nicht kennt. In diesem Fall würde sich die Vorrangfrage somit gar nicht mehr stellen. Was unter den Mittelpunkt der hauptsächlichen Interessen von Art. 3 EuInsVO fällt, soll an dieser Stelle nicht ausführlich erörtert werden. In der Literatur wird für natürliche Personen zum einen auf deren Wohnsitz[140] und zum anderen auf deren gewöhnlichen Aufenthaltsort[141] abgestellt. Meines Erachtens sollte auf den gewöhnlichen Aufenthalt abgestellt werden, weil dadurch an einen Ort angeknüpft wird, an dem in der Regel wirtschaftliche und damit für die Gläubiger relevante Handlungen vorgenommen wurden.

Sofern mithin der Mittelpunkt einer selbständigen wirtschaftlichen Tätigkeit in einem Nicht-EU-Staat liegt und in Deutschland lediglich ein allgemeiner Gerichtsstand, kommt Art. 3 EuInsVO jedenfalls nicht zur Anwendung, weil dessen Anwendungsbereich nicht eröffnet ist. Somit hat die Frage, ob der Gerichtsstand am Mittelpunkt des wirtschaftlichen Interesses gegenüber einem allgemeinen Gerichtsstand Vorrang genießt, an Aktualität nichts verloren. Dies gilt auch schon deshalb, weil niemals völlig ausgeschlossen werden kann, dass ein Gericht den Mittelpunkt des hauptsächlichen Interesses ausschließlich nach dem gewöhnlichen Aufenthalt oder gar nach dem Mittelpunkt einer selbständigen wirtschaftlichen Tätigkeit bestimmt und der räumlich persönliche Anwendungsbereich der EuInsVO gar nicht eröffnet ist, solange diese außerhalb des Gemeinschaftsgebietes liegen.

Die Frage, ob die Zuständigkeit am Mittelpunkt der selbständigen wirtschaftlichen Tätigkeit auch bei grenzüberschreitenden Insolvenzen ausschließlich ist, wird kontrovers beurteilt. Nach einer Auffassung kommt in diesen Fällen eine internationale Zuständigkeit der deutschen Gerichte nicht in Betracht[142]. Lediglich in den Fällen, in denen der Schuldner überhaupt keine wirtschaftliche Tätigkeit entfaltet, könne der allgemeine Gerichtsstand die internationale Zuständigkeit begründen[143]. Die Anknüpfung an den allgemeinen Gerichtsstand tritt danach somit nicht alternativ neben die Anknüpfung an den Ort der selbständigen wirtschaftlichen Tätigkeit, sondern ist als Auffangtatbestand subsidiär. Nach anderer Ansicht[144] vermag der allgemeine Gerichtsstand die internationale

---

[140] Balz, ZIP 1996, S. 948 (949); Lüke, ZZP 111, S. 275 (289); Eidenmüller, IPRax 2001, S. 2 (12); Kemper, ZIP 2001, S. 1609 (1612).

[141] Huber, ZZP 114, S. 133 (140); Leible/Staudinger, KTS 2000, S. 533 (543); Taupitz, ZZP 111, S. 315 (326); Paulus, NZI 2001, S. 505 (509); Kolmann, S. 286.

[142] AG Münster, DZWIR 2000, S. 123; Geimer, Rn. 3455; Gottwald in Gottwald, § 128, Rn. 11; Ganter in MüKo, InsO, § 3, Rn. 23; Reinhart in MüKo, InsO, Art. 102 EGInsO, Rn. 39 ff.; wohl auch Wimmer in FK, Art. 102 EGInsO, Rn. 266.

[143] Geimer, Rn. 3455.

[144] Trunk, S. 99 f.; Kolmann, S. 139.

Zuständigkeit auch dann begründen, wenn der Mittelpunkt der selbständigen wirtschaftlichen Tätigkeit im Ausland liegt. Die beiden Zuständigkeitsgründe stehen danach in einem Alternativitätsverhältnis.

(1) Wortlaut

Der Wortlaut von § 3 Abs. 1 InsO könnte für die Auffassung sprechen, dass der allgemeine Gerichtsstand die internationale Zuständigkeit nicht begründen kann, wenn der Mittelpunkt einer selbständigen wirtschaftlichen Tätigkeit im Ausland liegt. Dies folgt daraus, dass § 3 Abs. 1 S. 2 InsO davon spricht, dass das Insolvenzgericht im Bezirk der selbständigen wirtschaftlichen Tätigkeit ausschließlich zuständig ist, wenn dieser an einem anderen Ort liegt. „An einem anderen Ort" bezieht sich dabei auf den allgemeinen Gerichtsstand. Es ließe sich nunmehr argumentieren, dass „an einem anderen Ort" ebenso auch einen anderen ausländischen Ort erfasst und damit der Vorrang des Tätigkeitsmittelpunktes ebenfalls auf internationaler Ebene unmittelbar durch § 3 InsO festgelegt werden soll. Zu bedenken ist jedoch, dass die doppelfunktionale Anwendung der Vorschriften über die örtliche Zuständigkeit nichts anderes bedeutet, als dass sich die internationale Zuständigkeit nach Vorschriften bemisst, die reine Inlandssachverhalte regeln. Als „anderer Ort" im Sinne von § 3 InsO kommt somit lediglich ein anderer inländischer Ort in Betracht. Aus dem Wortlaut von § 3 InsO selbst lässt sich somit keine eindeutige Aussage im Hinblick auf den Vorrang des Tätigkeitsmittelpunktes im internationalen Insolvenzverfahrensrecht gewinnen.
Da aber § 3 InsO eine ausschließliche örtliche Zuständigkeit am Tätigkeitsmittelpunkt normiert und die Vorschrift doppelfunktional angewendet wird, ließe sich daraus durchaus auch eine ausschließliche internationale Zuständigkeit ableiten.

(2) Systematik

Andererseits ermöglicht § 354 Abs. 1 InsO die Eröffnung von Partikularverfahren über das inländische Vermögen des Schuldners, wenn dieser im Inland eine Niederlassung oder sonstiges Vermögen hat. Es wäre jedoch wenig verständlich, wenn diese beschränkten Inlandskontakte ein Partikularverfahren ermöglichen und der weitaus stärkere Inlandskontakt des allgemeinen Gerichtsstandes nur deshalb nicht, weil der Mittelpunkt der selbständigen wirtschaftlichen Tätigkeit des Schuldners im Ausland liegt[145]. Diese Betrachtung spricht daher dafür, die beiden Zuständigkeitsanknüpfungen in § 3 InsO auf internationaler Ebene als Alternativzuständigkeiten anzusehen.

(3) Teleologie

Indem § 3 Abs. 1 S. 2 InsO primär auf den Ort der selbständigen wirtschaftlichen Tätig-

---

[145] Trunk, S. 100; Kolmann, S. 139.

keit abstellt, soll gewährleistet werden, dass das Insolvenzverfahren an dem Ort der größten Sachnähe eröffnet wird. In der Tat verhält es sich so, dass an dem Ort der wirtschaftlichen Tätigkeit in der Regel ein Großteil der Masse vorhanden ist und sich dort ebenso ein Großteil der Gläubiger befindet. Diesem Zweck scheint es zunächst zu widersprechen, wenn ein Hauptinsolvenzverfahren im Inland – bei einer Gesellschaft etwa aufgrund deren Satzung (§ 4 InsO i.V.m. § 17 ZPO) – eröffnet werden könnte, obwohl eine Verfahrenseröffnung im Ausland sachnäher wäre. Zu berücksichtigen bleibt allerdings, dass durchaus auch Fälle denkbar sind, in denen es sich gerade anders verhält und der Großteil der Masse und auch der Gläubiger nicht im Land der selbständigen wirtschaftlichen Tätigkeit vorhanden sind. In diesen Fällen würde eine starre ausschließliche Zuständigkeit am Tätigkeitsmittelpunkt im Gegensatz zu einer flexiblen Lösung dem Zweck, das Verfahren am Ort der größten Sachnähe durchzuführen, völlig zuwiderlaufen. Zu bedenken ist ferner, dass es einen Unterschied macht, ob aufgrund des Vorrangs des Tätigkeitsmittelpunktes die Gläubiger auf nationaler Ebene gezwungen sind, mögliche Rechte an einem Ort geltend zu machen, der nicht jener der größten Sachnähe ist oder aber ob auf internationaler Ebene die Gläubiger gezwungen sind, ihre Rechte in einem anderen Staat und möglicherweise sogar auf einem völlig anderen Kontinent zu verfolgen. Bei näherer Betrachtung kann sich daher der mit dem Vorrang des Tätigkeitsmittelpunktes verfolgte Zweck durchaus als nachteilig erweisen, so dass er jedenfalls auf internationaler Ebene nicht zum Tragen kommen sollte.

(4) Stellungnahme und Ergebnis

Der Wortlaut von § 3 Abs. 1 InsO scheint zunächst dafür zu sprechen, dass auf internationaler Ebene dasselbe gilt wie auf nationaler Ebene. § 3 Abs. 1 S. 1 InsO wäre gegenüber § 3 Abs. 1 S. 2 InsO subsidiär und der allgemeine Gerichtsstand im Inland könnte die internationale Zuständigkeit der deutschen Gerichte nicht begründen, wenn der Mittelpunkt einer selbständigen wirtschaftlichen Tätigkeit im Ausland liegt. Bei näherer Betrachtung ist dies aber gerade nicht der Fall. Mit § 3 InsO soll die örtliche Zuständigkeit in Deutschland festgelegt werden. Daher kann der Wortlaut sich auch nur auf Orte in Deutschland beziehen und keine direkte oder indirekte Regelung der internationalen Zuständigkeit beinhalten. Lediglich die schlichte Tatsache, dass die Norm doppelfunktional angewendet wird, spricht für einen Vorrang des Tätigkeitsmittelpunktes. Dagegen sprechen aber gewichtige Argumente. Zunächst überzeugt das systematische Argument. Es scheint nicht einleuchtend, Partikularverfahren im Inland aufgrund einer Niederlassung oder der Belegenheit von Vermögen zuzulassen und ein Hauptinsolvenzverfahren im Falle des stärkeren Inlandskontaktes nicht.

Losgelöst von der herkömmlichen Auslegungsmethodik müssen ferner auch die Konsequenzen der jeweiligen Lösung in die Überlegung mit eingestellt werden. Im Falle einer international ausschließlichen Zuständigkeit am Tätigkeitsmittelpunkt bestünde die Gefahr von Zuständigkeitslücken, wenn Deutschland sich aufgrund einer selbständigen wirtschaftlichen Tätigkeit im Ausland für international nicht zuständig erklärt, der andere

Staat jedoch für die internationale Zuständigkeit wiederum auf den Wohnsitz abstellt und danach die deutschen Gerichte international zuständig wären[146]. Allerdings könnte der Gesetzgeber durch die Schaffung einer dem § 3 Abs. 2 des Art. 102 EGInsO entsprechenden Regelung zur Vermeidung von negativen Kompetenzkonflikten Abhilfe schaffen. Danach könnte ein deutsches Insolvenzgericht die Eröffnung eines Insolvenzverfahrens dann nicht mit der Begründung ablehnen, dass die Gerichte des anderen Staates zuständig seien, wenn zuvor dieser die Eröffnung abgelehnt hat, weil nach seiner Auffassung Deutschland zuständig sei.

Die Bestimmung der internationalen Zuständigkeit hat darüber hinaus auch erheblichen Einfluss auf die Anerkennung ausländischer Insolvenzverfahren im Inland. § 343 Abs. 1 InsO sieht vor, dass eine ausländische Insolvenzeröffnungsentscheidung unter anderem nur dann anerkannt wird, wenn die Gerichtsbarkeit des ausländischen Staates aus deutscher Sicht international zuständig ist[147]. Die Annahme einer international ausschließlichen Zuständigkeit am Tätigkeitsmittelpunkt könnte zu der misslichen Konsequenz führen, dass ausländische Insolvenzverfahren, die im Ausland in Übereinstimmung mit dem dortigen Recht aufgrund des allgemeinen Gerichtstandes eröffnet wurden, von Deutschland nicht anerkannt werden können, weil der Mittelpunkt der selbständigen wirtschaftlichen Tätigkeit in einem anderen Staat liegt. Dies hätte wiederum zur Folge, dass ein Vermögensbeschlag im Inland nicht erfolgt und die Insolvenzgläubiger benachteiligt werden. Sofern der Tätigkeitsmittelpunkt in Deutschland liegen würde, könnte ein Vermögensbeschlag im Inland sogar nur durch die Eröffnung eines deutschen Hauptinsolvenzverfahrens erfolgen, weil nach § 354 Abs. 1 InsO ein Sekundärinsolvenzverfahren in Deutschland nur eröffnet werden kann, wenn keine internationale Zuständigkeit gemäß § 3 InsO vorliegt. Der mögliche universale Geltungsanspruch des ausländischen Insolvenzverfahrens sowie das Postulat der Gläubigergleichbehandlung würden also durch eine solche starre Bestimmung der internationalen Zuständigkeit konterkariert.

Demgegenüber erscheint eine flexible Handhabung der Universalzuständigkeit vorzugswürdig. Sie erlaubt, dem universellen Geltungsanspruch eines ausländischen Insolvenzverfahrens hinreichend Rechnung zu tragen und dem Grundsatz der gleichmäßigen Gläubigerbefriedigung zu entsprechen. Darüber hinaus ist es durchaus denkbar, dass die Beteiligten ein legitimes Interesse daran haben, ein Insolvenzverfahren nicht am Tätigkeitsmittelpunkt durchzuführen, weil der Schwerpunkt des Vermögens ausnahmsweise in dem Staat liegt, in dem der Schuldner seinen allgemeinen Gerichtsstand hat[148]. Diesem Interesse kann nur durch eine flexible Lösung entsprochen werden.

Zusammenfassend ist somit festzuhalten, dass der Mittelpunkt der selbständigen wirtschaftlichen Tätigkeit im Sinne des § 3 Abs. 1 S. 2 InsO im Gegensatz zur örtlichen Zuständigkeit keine ausschließliche internationale Zuständigkeit begründet. Der allgemeine Gerichtsstand und der Tätigkeitsmittelpunkt stehen in einem Alternativverhältnis zuein-

---

[146] Trunk, S. 100.

[147] S. zur Anerkennung E. IV. 2..

[148] So auch Kolmann, S. 137.

ander. Terminologisch handelt es sich demnach im Anschluss an Kolmann[149] um eine „Domizilzuständigkeit".

d. Belegenheit von Vermögen

Die Belegenheit von Vermögen im Inland kann - anders als bei Partikularverfahren[150] - die internationalen Zuständigkeit Deutschlands nicht begründen.
Dies verdient insofern Zustimmung, als ohnehin nicht ersichtlich wäre, wer in einem solchen Fall besonderen Schutz durch die Zulässigkeit eines Hauptinsolvenzverfahrens verdient. Zu berücksichtigen sind auch die Interessen des Schuldners. Mit diesen wäre es nicht vereinbar, wenn ihm die Rechtsverteidigung in Ländern zugemutet wird, in denen er weder seinen Wohnsitz hat, noch sonst irgendeiner wirtschaftlichen Betätigung nachgeht[151]. Es macht Sinn, dass das Hauptinsolvenzverfahren an einem Ort eröffnet wird, zu dem der Schuldner in enger Beziehung steht. An diesem Ort wird sich in der Regel auch ein Großteil der Masse sowie der Gläubiger befinden. Dies wäre aber bei einem Hauptinsolvenzverfahren aufgrund eines bloßen Bankguthabens in Deutschland nicht der Fall. Zudem würde eine solche Anknüpfung positive Kompetenzkonflikte provozieren, weil in verschiedenen Ländern belegenes Vermögen das Charakteristikum einer grenzüberschreitenden Insolvenz ist und sich jedes betroffene Land ohne weiteres für international zuständig erklären könnte. Derartige Kompetenzkonflikte sollten jedoch schon deshalb vermieden werden, weil sie eine zügige Insolvenzabwicklung behindern.

e. Der für die Begründung der internationalen Zuständigkeit relevante Zeitpunkt

Es stellt sich die Frage, zu welchem Zeitpunkt die für die internationale Zuständigkeit maßgeblichen Anknüpfungsmerkmale vorliegen müssen.
Es käme einerseits in Betracht, auf den Zeitpunkt der Antragstellung bei Gericht abzustellen. Andererseits könnte erforderlich sein, dass die maßgeblichen Anknüpfungspunkte auch noch zur Zeit der Eröffnung des Insolvenzverfahrens vorliegen. Dies ist vor allem deshalb von entscheidender Bedeutung, weil zwischen der Antragstellung und der Eröffnung des Insolvenzverfahrens unter Umständen ein nicht unerheblicher Zeitraum liegen kann.
Der BGH hat durch Beschluss vom 27.11.2003[152] die Frage, ob das Gericht des Mitgliedstaates, bei dem der Antrag auf die Eröffnung des Insolvenzverfahrens gestellt worden ist, für die Entscheidung über die Eröffnung des Insolvenzverfahrens zuständig bleibt, wenn der Schuldner nach der Antragstellung, aber vor der Eröffnung den Mittelpunkt seiner hauptsächlichen Interessen in das Gebiet eines anderen Mitgliedstaates

---

[149] Kolmann, S. 521.
[150] Vgl. § 354 Abs. 1 InsO.
[151] Leipold in Stoll, Stellungnahmen und Gutachten, S. 72 (82).
[152] BGH Beschluss IX ZB 418/02 vom 27.11.2003.

verlegt, dem Gerichtshof der Europäischen Gemeinschaften zur Vorabentscheidung[153] vorgelegt.
Freilich geht es bei dieser Vorabentscheidung um die Auslegung von Art. 3 Abs. 1 S. 1 EuInsVO. Jedoch wurde bereits ausgeführt, dass sich die Bestimmung der internationalen Zuständigkeit aus deutscher Sicht auch dann nach der EuInsVO richtet, wenn der Mittelpunkt der hauptsächlichen Interessen des Schuldners in einem Mitgliedstaat erblickt wird. Darüber hinaus ist die hier in Rede stehende Frage auch dann von Bedeutung, wenn Deutschland den Mittelpunkt der hauptsächlichen Interessen des Schuldners außerhalb des Gemeinschaftsgebietes sieht. In diesem Fall wäre die internationale Zuständigkeit anhand von § 3 InsO zu beurteilen[154]. Auch dann ist es aber durchaus möglich, dass zum Zeitpunkt der Antragstellung die nach § 3 InsO relevanten Anküpfungsmerkmale vorlagen, der Schuldner aber anschließend seinen Wohnsitz oder den Mittelpunkt seiner selbständigen wirtschaftlichen Tätigkeit in einen anderen Staat verlegt hat.
Dafür, dass die für die Begründung der internationalen Zuständigkeit relevanten Anknüpfungsmerkmale auch noch zum Zeitpunkt der Eröffnung des Insolvenzverfahrens vorliegen müssen, spricht zunächst, dass es grundsätzlich sinnvoll ist, wenn das Hauptinsolvenzverfahren in dem Staat eröffnet wird, in dem sich der Schuldner aufhält und sich sein gesamtes oder zumindest ein wesentlicher Teil seines Vermögens befindet[155]. Ferner lässt sich für diese Sichtweise anführen, dass das Vermögen des Schuldners ausreichen muss, um die Kosten des Verfahrens zu decken[156]. Sofern der Schuldner aber nach Antragstellung und vor der Eröffnung des Verfahrens sämtliches Vermögen in das Ausland verbracht hat und dieses Vermögen unter Umständen gar nicht in die Masse des Hauptinsolvenzverfahrens fällt, weil im Ausland selbständige Partikularverfahren eröffnet wurden, käme die Eröffnung eines inländischen Verfahrens bereits aus diesem Grunde gar nicht mehr in Betracht.
Gegen die Ansicht, auf den Zeitpunkt der Eröffnung des Insolvenzverfahrens abzustellen spricht, dass hierdurch dem Schuldner die Möglichkeit eröffnet wird, durch die Verlegung des Mittelpunktes der hauptsächlichen Interessen im Sinne von Art. 3 EuInsVO bzw. des allgemeinen Gerichtsstandes oder des Mittelpunktes der selbständigen wirtschaftlichen Tätigkeit im Sinne von § 3 InsO, eine verbesserte Rechtsstellung zu erlangen[157]. Ausweislich des Erwägungsgrundes Nr. 4 zur EuInsVO soll dieses aber im Interesse eines ordnungsgemäßen Funktionieren des Binnenmarktes gerade verhindert werden.
Entscheidendes Argument für die Rekurrierung auf den Zeitpunkt der Antragstellung ist aber im Endeffekt, dass nur hierdurch dem Insolvenzschuldner die Möglichkeit zu Zuständigkeitsmanipulationen genommen werden kann. Ein gewiefter Schuldner könnte ansonsten durch den ständigen Wechsel der maßgeblichen Anknüpfungspunkte die Er-

---

[153] Auf der Grundlage von Art. 68 Abs. 1 S. 1 i.V.m. Art. 234 EG.
[154] Dies ist vor allem für die Anerkennung relevant, vgl. § 343 InsO.
[155] BGH Beschluss IX ZB 418/02 vom 27.11.2003.
[156] Vgl. § 26 InsO.
[157] Indem er beispielsweise in den Genuss einer Restschuldbefreiung kommt.

öffnung eines Hauptinsolvenzverfahrens und damit eine zügige Beschlagnahme seines Vermögens verhindern. Dies ist aber wiederum nicht im Interesse einer umfassenden par conditio creditorum.

Zwar wird ein derartiger Wille des Insolvenzschuldners zur Manipulation nicht die Regel sein. Der Zeitpunkt der Eröffnung des Insolvenzverfahrens ist aber auch schon deshalb nicht zur Bestimmung der internationalen Zuständigkeit geeignet, weil die zügige Insolvenzabwicklung und die par conditio creditorum bereits alleine durch die infolge dieser Ansicht notwendige nochmalige Antragstellung in dem Staat, in den der Schuldner den Anknüpfungspunkt verlegt hat, konterkariert würde.

Auch wenn sich daher ein maßgeblicher Teil des Schuldnervermögens und auch der Schuldner selbst nach der Antragstellung in einem anderen Staat befinden, sollte die Eröffnung des Hauptinsolvenzverfahrens im Inland zulässig bleiben, bzw. die Anerkennung des Hauptinsolvenzverfahrens eines Drittstaates möglich bleiben[158]. Im Übrigen könnte in dem Staat, in dem sich nunmehr das Vermögen des Schuldners befindet unter Umständen zur Vereinfachung der Insolvenzabwicklung ein Partikularverfahren eröffnet werden.

Die Tatsache, dass ein inländisches Verfahren möglicherweise mangels kostendeckender Masse nicht eröffnet werden kann, steht der hier vertretenen Auffassung nicht entgegen. Die Insolvenzabwicklung erfolgt dann eben nur im Rahmen eines oder mehrerer Partikularverfahren im Ausland[159].

f. Zuständigkeitsvereinbarungen und kompetenzbegründende Einlassung

Fraglich ist, ob die internationale Zuständigkeit der deutschen Gerichte in Insolvenzsachen durch Zuständigkeitsvereinbarungen (Prorogation und Derogation) verändert werden kann oder ob die in § 3 InsO normierten Anknüpfungspunkte für die Begründung der internationalen Zuständigkeit abschließend sind. Für einen international abschließenden Charakter spricht, dass das Insolvenzverfahren an einem Ort durchgeführt werden soll, an dem sich die wirtschaftlichen Interessen der Gläubigergesamtheit und des Schuldners kreuzen. Zudem mangelt es bereits an einem zuständigen Vertragspartner, der befugt wäre die Gesamtheit der Gläubiger zu repräsentieren. Daher kommen Zuständig-

---

[158] So ist es durchaus möglich, dass ein Drittstaat ein Hauptinsolvenzverfahren eröffnet hat und dabei für die internationale Zuständigkeit auf den Zeitpunkt der Antragstellung abgestellt hat. Sofern aus deutscher Sicht die internationale Zuständigkeit nur gegeben wäre, wenn die Anknüpfungsmerkmale auch zur Zeit der Eröffnung des Verfahrens noch vorgelegen haben, käme eine Anerkennung des Verfahrens nach § 343 InsO nicht in Betracht.

[159] Sofern in dem Staat, in dem der wesentliche Teil des Schuldnervermögens belegen ist, nicht bereits ein Partikularverfahren eröffnet wurde, wird es kaum zu einer Abweisung der Insolvenzeröffnung mangels Masse kommen, weil dann auch das im Ausland belegene Vermögen in die Masse des Hauptinsolvenzverfahrens fällt.

Ferner ist es auch nicht auszuschließen, dass zeitgleich in dem anderen Staat ein Antrag auf Eröffnung eines Hauptinsolvenzverfahrens gestellt wurde. Dieses Verfahren würde sich dann durchsetzen.

keitsvereinbarungen und kompetenzbegründende Einlassungen im Sinne von § 39 ZPO nicht in Betracht[160]. Die Anknüpfungspunkte zur Begründung der internationalen Zuständigkeit in § 3 InsO sind somit abschließend.

g. Kompetenzkonflikte

Nach der hier vertretenen Auffassung liegt dem deutschen Recht eine weit gefasste internationale Zuständigkeit zugrunde. Der allgemeine Gerichtsstand und der Tätigkeitsmittelpunkt im Sinne von § 3 Abs. 1 S. 2 InsO sind alternative Anknüpfungsmerkmale. Daher ist es durchaus möglich, dass die internationale Zuständigkeit mehrerer Staaten begründet ist. Da die getroffenen Neuregelungen keine Aussage darüber treffen, wie im Fall der Eröffnung mehrerer Hauptinsolvenzverfahren zu entscheiden ist, muss wiederum auf § 3 InsO zurückgegriffen werden[161]. Gemäß dessen Absatz 2 wäre das Gericht zuständig, bei dem zuerst die Eröffnung eines Insolvenzverfahrens beantragt worden ist.

(1) Erste wirksame Verfahrenseröffnung

Fraglich ist allerdings, ob eine Abgrenzung anhand der Antragstellung sachgerecht ist. Wie bereits ausgeführt[162] soll es im Anwendungsbereich der EuInsVO darauf ankommen, welches Gericht das Insolvenzverfahren zuerst wirksam eröffnet hat[163].
Abweichend von § 3 Abs. 2 InsO könnte eine solche Auslegung auch im autonomen deutschen Internationalen Insolvenzrecht in Betracht zu ziehen sein[164].
Für eine solche Auslegung lassen sich dieselben Argumente anführen, wie sie auch zur Lösung von Kompetenzkonflikten im Geltungsbereich der EuInsVO herangezogen werden. Durch die Anknüpfung an die erste wirksame Verfahrenseröffnung kann einem Wettlauf der Antragstellungen vorgebeugt werden und die Abgrenzung würde anhand eines Kriteriums erfolgen, dass eindeutig bestimmbar ist und zudem bekannt gemacht

---

[160] Gottwald in Gottwald, § 128, Rn. 13; Geimer, Rn. 3463; Trunk, S. 102; Kolmann, S. 136; Hausmann in Reithmann/Martiny, Rn. 1793.

[161] Dies ablehnend Reinhart in MüKo, InsO, Art. 102 EGInsO, Rn. 46 f.. Danach solle die Durchführung eines inländischen Verfahrens nicht dadurch gehindert werden, dass im Ausland bereits ein Insolvenzverfahren beantragt oder eröffnet worden ist und aus deutscher Sicht dieses Verfahren ebenfalls zuständig wäre. Diese Auffassung ist jedoch abzulehnen, da zwei Hauptinsolvenzverfahren mit universalem Geltungsanspruch kaum miteinander kooperieren werden und dies im Ergebnis nur zu einer Beeinträchtigung der par conditio creditorum führen würde.

[162] Vgl. D. III. 1..

[163] Huber, ZZP 114, S. 133 (144); Balz, ZIP 1996, S. 948 (949); Lüke, ZZP 111, S. 275 (290); Leible/Staudinger, KTS 2000, S. 533 (545); Kolmann, S. 287.

[164] Leipold in FS Henckel, S. 533 (537); Leipold in Stoll, Vorschläge und Gutachten, S. 185 (191); Wimmer in FK, Art. 102 EGInsO, Rn. 266; Schack, Rn. 1059.

wird[165]. Ferner erfolgt die Vermögensbeschlagnahme erst ab dem Zeitpunkt der Verfahrenseröffnung und nicht jenem der Antragstellung[166]. Somit ist auch im Rahmen der internationalen Zuständigkeit § 3 Abs. 2 InsO dahingehend auszulegen, dass auf die erste wirksame Verfahrenseröffnung abzustellen ist[167].

(2) Vorrang des Verfahrens am Tätigkeitsmittelpunkt ?

Fraglich bleibt allerdings, ob im Fall von Kompetenzkonflikten zwischen Verfahren, die einerseits aufgrund des allgemeinen Gerichtsstandes und andererseits aufgrund der selbständigen wirtschaftlichen Tätigkeit des Schuldners eröffnet wurden, dasselbe gelten soll. Insbesondere die Befürworter einer Alternativzuständigkeit zwischen dem allgemeinen Gerichtsstand und dem Tätigkeitsmittelpunkt wollen im Fall von derartigen Kompetenzkonflikten das Universalverfahren, dass am Ort der selbständigen wirtschaftlichen Tätigkeit eröffnet wurde, stets privilegieren[168]. Ein in Deutschland eröffnetes Verfahren solle dann allerdings wiederum die Wirkungen eines ausländischen Verfahrens am Tätigkeitsmittelpunkt verdrängen[169]. Zur Begründung wird angeführt, dass am Ort des Tätigkeitsmittelpunktes der Schuldner unter normalen Umständen den engsten Bezug zu der Rechtsordnung habe[170]. Dies vermag jedoch nicht zu überzeugen. Die Notwendigkeit einer Alternativzuständigkeit und damit einer flexiblen Handhabe wurde unter anderem gerade damit begründet, dass in gewissen Fällen ein Großteil der Masse und der Gläubiger gerade in dem Staat vorhanden sein kann, in dem der Tätigkeitsmittelpunkt des Schuldners nicht liegt, sondern dessen allgemeiner Gerichtsstand. Durch den Vorrang des Verfahrens am Tätigkeitsmittelpunkt im Fall eines Kompetenzkonfliktes würde dieser Aspekt aber völlig unberücksichtigt bleiben. Es bestünde darüber hinaus sogar die Gefahr, dass nachträglich im Land des Tätigkeitsmittelpunktes ein Insolvenzverfahren eröffnet wird, welches dann Vorrang genießt, obwohl keinerlei Masse und keine Gläubiger in dem Land existieren. Wieso dann lediglich einem deutschen Insolvenzverfahren, das sich auf den allgemeinen Gerichtsstand gründet, der Vorrang zukommen soll, ist nicht recht einzusehen.

Dennoch muss für das deutsche Recht geklärt werden, wie in einem solchen Fall des

---

[165] Wimmer in FK, Art. 102 EGInsO, Rn. 266; Lüer, Kölner Schrift, S. 297 (309); ders. in Uhlenbruck, Art. 102 EGInsO, Rn. 66 f., 138 aber differenzierend: Danach soll es auf die erste wirksame Verfahrenseröffnung nur dann ankommen, wenn der Zeitpunkt der Antragstellung nicht mit Sicherheit festgestellt werden kann oder der Antrag fehlerhaft gestellt wurde.

Nach § 345 Abs. 1 InsO erfolgt die Bekanntmachung auf Antrag des Insolvenzverwalters. Sofern der Schuldner im Inland eine Niederlassung hat, ist die Bekanntmachung obligatorisch, § 345 Abs. 2 InsO.

[166] Lüke, ZZP 111, S. 275 (290).

[167] Eine solche Auslegung ist deshalb hinnehmbar, weil es ohnehin nur um eine entsprechende Anwendung von § 3 InsO geht.

[168] Trunk, S. 439; Kolmann, S. 141.

[169] Kolmann, S. 142.

[170] Kolmann, S. 141.

Kompetenzkonfliktes zu entscheiden ist. Meines Erachtens sollten diese Fälle der Kompetenzkonflikte aus Gründen der Rechtssicherheit ebenso entschieden werden, wie Kompetenzkonflikte aufgrund der Eröffnung von zwei Hauptinsolvenzverfahren an verschiedenen Wohnsitzen des Schuldners. Es bleibt schlicht beim Prioritätsprinzip in Bezug auf die erste wirksame Verfahrenseröffnung.

(3) Vorrang des deutschen Insolvenzverfahrens ?

Ob aus deutscher Sicht die internationale Zuständigkeit des Staates, in dem die Verfahrenseröffnung zuerst wirksam erfolgt ist, auch dann gelten soll, wenn eines der in Konflikt stehenden Verfahren in Deutschland eröffnet wurde, geht aus dem Wortlaut von § 3 Abs. 2 InsO nicht eindeutig hervor. Es wäre denkbar, dass in einem solchen Fall die deutsche Zuständigkeit entgegen dem Prioritätsprinzip stets vorrangig ist. Hierfür könnte sprechen, dass der Wortlaut von § 3 Abs. 3 InsO mit dem von § 71 Abs. 2 KO identisch ist und es der damals überwiegenden Meinung entsprach, dass Deutschland bei einer eigenen Zuständigkeit der Vorrang zukommt[171]. Dies lässt sich jedoch unter der Geltung der Insolvenzordnung und speziell des neuen Elften Teils nicht mehr vertreten. Die Annahme des Vorrangs der deutschen Zuständigkeit würde dem Bestreben, ausländischen Insolvenzverfahren mit größerer Offenheit gegenüber zu stehen zuwiderlaufen und schlicht rückschrittlich sein. Ein Vorrang der deutschen Zuständigkeit ließe sich allenfalls dann rechtfertigen, wenn Deutschland eine größere Sachnähe zukäme. Eine solche ist jedoch bei der Eröffnung des Insolvenzverfahrens aufgrund des allgemeinen Gerichtsstandes oder des Tätigkeitsmittelpunktes wie bereits erörtert nicht zwingend gegeben[172]. Vielmehr würde ein Vorrang der deutschen Zuständigkeit die postulierte weite internationale Zuständigkeit konterkarieren. Ein deutsches Insolvenzverfahren ist somit gegenüber einem ausländischen Verfahren niemals zwingend vorrangig.

h. Rechtsvergleichung

(1) Frankreich

Das französische Internationale Insolvenzrecht ist gesetzlich nicht geregelt. Es wurde von der Rechtsprechung und Lehre entwickelt.
Die internationale Zuständigkeit knüpft das französische Recht, ebenso wie das deutsche Recht, an die interne örtliche Zuständigkeit[173].
Nach Art. 1 Abs. 1 des Dekrets Nr. 94 – 910 vom 29.10.1994 ist für die Eröffnung des gerichtlichen Sanierungs- oder Liquidationsverfahrens das Gericht zuständig, in dessen Zuständigkeitsbereich der Schuldner den Sitz seines Unternehmens (le siège de son

---

[171] Arnold in Gottwald, 1. Auflage, § 122, Rn. 44; Ebenroth, ZZP 101, S. 121 (125).
[172] Homann, S. 94.
[173] Batiffol/Lagarde, Rn. 673; Mayer/Heuzé, Rn. 283 ff.; Audit, Rn. 334; Martin-Serf, JDI 1995, S. 31 (35).

entreprise), oder falls ein Sitz in Frankreich nicht vorhanden ist, den Mittelpunkt seiner Interessen hat (le centre principal de ses intérets en France). Da in dem Dekret nicht zwischen natürlichen und juristischen Personen unterschieden wird, ist der „Unternehmenssitz" für natürliche Personen im Sinne von beruflichem Wohnsitz zu verstehen[174]. Bei einer Gesellschaft ist der satzungsmäßige Sitz entscheidend. Ist dieser jedoch fiktiv oder rechtsmissbräuchlich begründet worden, so ist statt dessen der effektive Verwaltungssitz (siège réel) maßgebend[175].
Darüber hinaus hat die Rechtsprechung weitere Zuständigkeitsregeln entwickelt. Danach kann ein Insolvenzverfahren auch dann in Frankreich eröffnet werden, wenn sich dort lediglich eine Zweigniederlassung des Schuldners befindet[176].
Zu den nicht zu befürwortenden[177] Besonderheiten des französischen Rechts gehört, dass nach diesem allein die Nationalität eines der Beteiligten ohne jegliches weiteres insolvenzspezifische Moment die internationale Zuständigkeit der französischen Gerichte begründen kann. Nach der französischen Rechtsprechung[178] sind nämlich die Art. 14 und 15 C.c.[179] auch im Internationalen Insolvenzrecht beachtlich. Danach kann ein Ausländer wegen der Erfüllung von Verbindlichkeiten, die er in Frankreich oder im Ausland gegenüber einem Franzosen eingegangen ist, in Frankreich verklagt werden. Umgekehrt kann auch ein Franzose wegen im Ausland eingegangener Verbindlichkeiten vor französischen Gerichten verfolgt werden. Übertragen bedeutet dies, dass es einem französischen Gläubiger, der in Geschäftsbeziehungen zu einer ausländischen Gesellschaft steht, die in Frankreich keine Niederlassung hat, möglich ist, die Eröffnung der Insolvenz in Frankreich zu beantragen[180].

(2) England

Auch nach der Reform des englischen Insolvenzrechts durch den Insolvency Act von 1986 ist das englische Internationale Insolvenzrecht weitestgehend case law. Für die Bestimmung der internationalen Zuständigkeit wird von der Rechtsprechung auf die im Insolvency Act enthaltenen Zuständigkeitsregelungen zurückgegriffen.
Die Zuständigkeit englischer Gerichte für den Individualkonkurs (bankruptcy) regelt

---

[174] Rémery, D.P.C.I., 1994, S. 553 (557, 560).
[175] Rémery, D.P.C.I., 1994, S. 553 (560).
[176] Ripert/Roblot, Rn. 2881; Audit, Rn. 342; Mayer/Heuzé, Rn. 666-1.
[177] Ebenso Martin-Serf, JDI 1995, S. 31 (39f.); Mayer/Heuzé, Rn. 666-1; Rémery, D.P.C.I, 1994, S. 553 (576 ff.); vgl. zur Kritik auch Audit, Rn. 351; Heyers, S. 11 ff..
[178] Cour de Cassation, Civ., 12. juillet 1962, JDI 1963, S. 1056; Cour de Cassation, Civ., 7. juin 1962, JDI 1963, S. 106; vgl. Witz/Zierau, RIW 1989, S. 929 (930).
[179] Art. 14 C.c. stellt darauf ab, ob der Antragsteller Franzose ist; Art. 15 C.c., ob der Schuldner Franzose ist.
[180] In diesen Fällen ist das Insolvenzverfahren jedoch ein lokales und auf das in Frankreich belegene Vermögen beschränkt. Die Eröffnung eines lokalen Insolvenzverfahrens setzt voraus, dass die Eröffnung eines ausländischen Insolvenzverfahrens in Frankreich nicht mit einem Exequatur versehen wurde, Mayer/Heuzé, Rn. 666-2; vgl. dazu auch Summ, S. 196 ff..

s. 265 IA 1986. Danach sind englische Gerichte zunächst immer dann zuständig, wenn der Schuldner sein „domicile" in England hat. Dieser wird als die Zugehörigkeit zu einem Rechtsgebiet definiert[181]. Der Gerichtsstand des domicile wird in der Regel dem allgemeinen Gerichtsstand des Wohnsitzes im deutschen Recht entsprechen[182]. Darüber hinaus kennt das englische Recht aber auch weitere Eröffnungszuständigkeiten, die dem deutschen Recht fremd sind. Sämtliche Zuständigkeiten stehen dabei in einem Alternativverhältnis. Gem. s. 265 (1) (b) IA 1986 besteht eine Zuständigkeit für englische Gerichte auch dann, wenn der Schuldner am Tage der Stellung des Antrags persönlich in England anwesend ist[183]. Gemäß s. 265 (1) (c) IA kann vor englischen Gerichten ein Insolvenzantrag auch dann gestellt werden, wenn der Gemeinschuldner innerhalb von drei Jahren zuvor zu einem beliebigen Zeitpunkt in England „ordinarily resident" war oder dort „a place of residence" hatte. Ebenso ist nach dieser Vorschrift eine Zuständigkeit gegeben, wenn der Gemeinschuldner innerhalb von drei Jahren vor Stellung des Insolvenzantrages in England Geschäfte betrieben hat[184].
Für die Gesellschaftsinsolvenz (winding up) ist gemäß s. 117 IA stets eine Gerichtsbarkeit englischer Gerichte für die Durchführung eines winding up Verfahrens gegeben[185]. Die Anknüpfung erfolgt allein aufgrund der Registrierung. S. 221 IA regelt die Eröffnungszuständigkeit englischer Gerichte für ein winding up by the court bei nicht eingetragenen Gesellschaften[186]. Hierunter fallen alle im Ausland gegründeten und eingetragenen Gesellschaften[187].

(3) Italien

Die internationale Zuständigkeit italienischer Gerichte zur Eröffnung eines Insolvenzverfahrens beurteilt sich bislang noch nach art. 9 legge fallim.. Danach ist dasjenige Gericht zuständig, in dessen Bezirk sich der Hauptsitz des insolventen Unternehmens befindet[188]. Als Hauptsitz gilt derjenige Ort, an dem die Verwaltung geführt wird[189].
Allerdings liegt bereits ein Entwurf für eine ausführliche Kodifizierung des Internationalen Insolvenzrechts in Italien vor[190]. Nach dessen Art. 2 wird die internationale Zuständigkeit zur Eröffnung eines Hauptinsolvenzverfahrens wie in der EuInsVO an den Mittelpunkt der hauptsächlichen Interessen des Schuldners geknüpft.

---

[181] North/Fawcett, S. 135; Fletcher, S. 31; Smart, S. 30 f..
[182] Summ, S. 121.
[183] Vgl. Fletcher, S. 33; Smart, S. 38 f..
[184] Vgl. Fletcher, S. 35 ff.; Dicey/Morris, Rn. 31-002 ff.; Smart, S. 39 ff..
[185] Vgl. Fletcher, S. 124 f..
[186] Smart, S. 97 f..
[187] Fletcher, S. 127.
[188] Art. 9 Abs. 1 l.fall.; Das italienische Recht kennt keine Insolvenz von Privatleuten.
[189] Vassalli, S. 113 f.; de Farra, S. 46 ff..
[190] Dieser kann im Internet unter www.giustizia.it/studierapporti/all4_rovelli.htm eingesehen werden.

(4) Zusammenfassung

Der Vergleich zeigt, dass lediglich die italienische Regelung dem deutschen Recht sehr ähnlich ist. Die Zuständigkeitseröffnungsgründe des englischen und auch des französischen Rechts gehen dagegen weit über jene hinaus, die das deutsche Recht vorsieht. Dennoch ist die Beschränkung auf den allgemeinen Gerichtsstand bzw. den Mittelpunkt einer selbständigen wirtschaftlichen Tätigkeit, wie dies im deutschen Recht der Fall ist, sachgerecht. Das Insolvenzverfahren soll an einem Ort stattfinden, zu dem eine große Sachnähe besteht, an dem sich also sowohl ein Großteil der Masse als auch ein Großteil der Schuldner befindet. Dies ist jedoch in all jenen Fällen, in denen ein Insolvenzverfahren allein aufgrund der Nationalität oder aufgrund des momentanen Aufenthalts der Schuldners im Eröffnungsstaat eröffnet wird, keinesfalls gewährleistet. Ein derartiges Insolvenzverfahren wäre dann nicht nur nachteilig für die Gläubiger, die ihre Rechte in einem Staat verfolgen müssten, zu dem keinerlei Bezug besteht, sondern auch für den Schuldner selbst, der sich entsprechend in diesem Staat verteidigen muss. Die Schaffung von zusätzlichen, über das bestehende Maß hinausgehenden Zuständigkeitseröffnungsgründen, wäre daher nicht wünschenswert gewesen.

i. Internationale Zuständigkeit nach Maßgabe der EuInsVO

Zu untersuchen ist, inwieweit sich die deutsche Regelung zur Bestimmung der internationalen Zuständigkeit bei grenzüberschreitenden Insolvenzen von der in der EuInsVO getroffenen Regelung unterscheidet. Dies geschieht vor dem Hintergrund der aufgeworfenen These, dass die EuInsVO auch gegenüber Drittstaaten ein sachgerechtes und praktikables Regelungswerk darstellen könnte.

Im Gegensatz zu der in Art. 3 EuInsVO getroffenen direkten Regelung der internationalen Zuständigkeit, enthält das deutsche Internationale Insolvenzrecht keine Vorschrift über die Internationale Zuständigkeit. Diese ergibt sich im autonomen Recht vielmehr aus der doppelfunktionalen Anwendung der Vorschriften über die örtliche Zuständigkeit[191], das heißt aus § 3 InsO. Mithin sind Art. 3 EuInsVO und § 3 InsO miteinander zu vergleichen.

Gemäß Art. 3 Abs. 1 S. 1 EuInsVO sind für die Eröffnung des Insolvenzverfahrens die Gerichte des Mitgliedstaates zuständig, in dem der Schuldner den Mittelpunkt seiner hauptsächlichen Interessen hat. Art. 3 Abs. 1 S. 2 EuInsVO stellt für Gesellschaften und juristische Personen eine Vermutungsregel auf, wonach der Ort des hauptsächlichen Interesses der Ort des satzungsmäßigen Sitzes ist. § 3 InsO stellt dagegen auf den „Mittelpunkt einer selbständigen wirtschaftlichen Tätigkeit" ab und nach der hier vertretenen Auffassung[192] alternativ dazu auf den allgemeinen Gerichtsstand. Die zentralen Anknüpfungskriterien der EuInsVO und der InsO zur Bestimmung der internationalen Zuständig-

---

[191] Vgl. E. IV. 1. a..

[192] Vgl. E. IV. 1. c..

keit weichen somit voneinander ab. Bei einer näheren Betrachtung ist jedoch festzustellen, dass beide Zuständigkeitsregime in der Regel zu übereinstimmenden Ergebnissen führen.

Zu unterscheiden ist zwischen natürlichen Personen einerseits und Gesellschaften und juristischen Personen andererseits.

Der Mittelpunkt des hauptsächlichen Interesses einer natürlichen Person wird in der Regel an deren Wohnsitz oder an deren gewöhnlichem Aufenthaltsort liegen. Der Wohnsitz einer natürlichen Person begründet nach § 13 ZPO zugleich auch einen allgemeinen Gerichtsstand, der in § 3 InsO zur Bestimmung der Internationalen Zuständigkeit dient. Der gewöhnliche Aufenthaltsort vermag die Internationale Zuständigkeit für sich nach autonomen Recht zwar nicht begründen, sollte am Ort des gewöhnlichen Aufenthaltes aber zugleich auch einer selbständigen wirtschaftlichen Tätigkeit nachgegangen werden, könnte auch nach deutschem Recht die internationale Zuständigkeit bestimmt werden.

Für Gesellschaften und juristische Personen gilt nach Art. 3 Abs. 1 S. 2 EuInsVO die Vermutungsregel, dass der Mittelpunkt des hauptsächlichen Interesses der Ort des satzungsmäßigen Sitzes ist. Das feststellende Gericht ist jedoch nicht von seiner Pflicht befreit, den tatsächlichen Interessenmittelpunkt von Amts wegen zu ermitteln. Dieser wird in der Regel mit dem effektiven Verwaltungssitz im Sinne der Sitztheorie identisch sein[193]. Auch § 3 InsO schließt weder den satzungsmäßigen Sitz noch den effektiven Verwaltungssitz zur Begründung der internationalen Zuständigkeit aus. Der allgemeine Gerichtsstand einer juristischen Person ist nach Maßgabe von § 17 ZPO primär der satzungsmäßige Sitz[194]. Als Mittelpunkt einer selbständigen wirtschaftlichen Tätigkeit gilt der Ort, an dem die tatsächliche Willensbildung innerhalb eines Unternehmens stattfindet[195]. Dies ist der Ort des effektiven Verwaltungssitzes.

Daraus folgt, dass für natürlichen Personen „der Mittelpunkt der hauptsächlichen Interessen" im Sinne von Art. 3 EuInsVO einen geringfügig größeren Eröffnungszuständigkeitsspielraum eröffnet, solange auch der gewöhnliche Aufenthaltsort zuständigkeitsbegründend ist. Ansonsten werden die Anknüpfungspunkte des § 3 InsO von Art. 3 EuInsVO gleichermaßen umfasst. Die in Art. 3 EuInsVO getroffene Formulierung hat gegenüber § 3 InsO lediglich den Charakter einer Generalklausel. Im Hinblick auf Gesellschaften und juristische Personen decken sich Art. 3 EuInsVO und § 3 InsO.

Da somit Art. 3 Abs. 1 EuInsVO der in § 3 InsO getroffenen Regelung sehr nahe kommt, wäre es durchaus sachgerecht gewesen, die Zuständigkeitsregelung der EuInsVO auch zur Bestimmung der internationalen Zuständigkeit gegenüber Drittstaaten für anwendbar zu erklären. Dies hätte zudem den Vorteil gehabt, dass sich die Streitfrage, ob dem Mittelpunkt der selbständigen wirtschaftlichen Tätigkeit gegenüber dem allgemeinen Gerichtsstand auch auf internationaler Ebene der Vorrang einzuräumen ist, erübrigen würde. Die in Art. 3 EuInsVO getroffene Formulierung bietet insofern eine flexiblere und

---

[193] Vgl. hierzu ausführlich schon D. I. 1. a. (2).

[194] Vollkommer in Zöller, § 17, Rn. 9; Putzo in Putzo/Thomas, § 17, Rn. 3.

[195] Frege/Keller/Riedel, Rn. 272.

meines Erachtens auf internationaler Ebene auch vorzugswürdigere Handhabe an[196].

2. Anerkennung von Auslandsinsolvenzen, § 343 InsO

Die Anerkennung von ausländischen Insolvenzverfahren ist in § 343 InsO geregelt. Die Norm entspricht im Wesentlichen dem früheren § 384 RegE InsO[197] aus dem Jahre 1992, der erstmals die vom BGH im Urteil vom 11.7.1985[198] formulierten Anerkennungsvoraussetzungen festschrieb.

a. Gegenstand der Anerkennung

Ein Insolvenzverfahren entfaltet zunächst Wirkungen durch die Entscheidungen, die das Insolvenzgericht trifft. Zu nennen ist hier in erster Linie der Eröffnungsbeschluss, durch den das Insolvenzverfahren in Gang gesetzt wird. Neben dem Eröffnungsbeschluss trifft das Insolvenzgericht im Laufe des Verfahrens unter Umständen noch andere Entscheidungen. Diese Entscheidungen entwickeln ebenso wie der Eröffnungsbeschluss ihre Wirkungen dadurch, dass sie unmittelbar die Rechtsfolgen anordnen. Dementsprechend differenziert § 343 InsO auch zwischen der Anerkennung der Eröffnung des ausländischen Insolvenzverfahrens und der Anerkennung von Entscheidungen, die zur Durchführung oder Beendigung des Verfahrens ergangen sind. Daraus folgt, dass die Anerkennung der Eröffnungsentscheidung keinen Anerkennungsautomatismus zugunsten weiterer Entscheidungen aus diesem Verfahren bewirkt, da es sich um unterschiedliche Anerkennungsgegenstände handelt[199]. Die Unterscheidung des Anerkennungsgegenstandes ist in Anbetracht der Anerkennungsautomatik zwar häufig theoretisch, praktische Bedeutung erlangt sie allerdings im Rahmen der Vollstreckbarerklärung, da für diese auf die jeweilige Entscheidung abzustellen ist[200].
Daneben entfaltet ein Insolvenzverfahren aber auch dadurch Wirkungen, dass eine Vielzahl von Normen Rechtsfolgen an die Eröffnung des Verfahrens knüpfen. Beispielsweise regelt § 80 InsO, dass bei Eröffnung des Insolvenzverfahrens die Verfügungsbefugnis auf den Verwalter übergeht. Derartige Wirkungen ergeben sich mithin direkt aus dem Gesetz. Ihre Verbindung zu dem Insolvenzverfahren ist nur eine mittelbare, so dass sie als Folgewirkungen zu bezeichnen sind[201].

---

[196] Das heißt freilich nicht, dass auch eine Anpassung von § 3 InsO im Hinblick auf die örtliche Zuständigkeit erfolgen müsste. Eine Anknüpfung an den Mittelpunkt der hauptsächlichen Interessen würde auch mit der hier vertretenen Auffassung einer „weiten" internationalen Zuständigkeit = „Domizilzuständigkeit" in Einklang stehen.

[197] Im Gegensatz zur positiven Formulierung in § 343 InsO war § 384 RegEInsO negativ formuliert.

[198] BGHZ 95, S. 256 (261).

[199] Kolmann, S. 107.

[200] Laut, S. 49; Kolmann, S. 111.

[201] Homann, S. 22.

b. Bedeutung und Wirkung der Anerkennung

Außerhalb des Internationalen Insolvenzrechts existieren zwei unterschiedliche Ansätze, die sich mit der Anerkennung von im Ausland ergangener Hoheitsakte befassen[202]. Zum einen kommt eine verfahrensrechtliche Anerkennung in Betracht. Dieser Anerkennungsbegriff entstammt dem internationalen Zivilverfahrensrecht und ist darauf gerichtet, fremden Hoheitsakten Geltung im Inland zu verschaffen. Nach der kollisionsrechtlichen Anerkennung beurteilt sich die Anerkennung demgegenüber nicht nach den inländischen prozessualen Anerkennungsnormen, sondern nach den Normen des für das Rechtsverhältnis maßgeblichen Rechts selbst, der „lex causae“[203]. Sofern es somit um die Anerkennung einer im Staat A ergangenen Entscheidung in Deutschland geht und das deutsche Recht auf das Recht des Staates B als lex causae verweist, bemisst sich die Anerkennung dieser Entscheidung nach dem Anerkennungsrecht des Staates B. Die kollisionsrechtliche Anerkennung (lex causae Theorie) wird immer dann diskutiert, wenn die Anerkennung von Gestaltungswirkungen in Rede steht, da diese materiellrechtlicher Natur sind. Nach der kollisionsrechtlichen Anerkennung kann das Internationale Verfahrensrecht das Internationale Privatrecht mithin nicht überspielen. Sofern allerdings in dem genannten Beispiel auf das deutsche Recht als lex causae verwiesen wird, überschneiden sich der verfahrensrechtliche und der kollisionsrechtliche Ansatz.

Im Elften Teil der InsO wird zwischen der Anerkennung (§ 343) einerseits und dem anwendbaren Recht (§ 335) andererseits unterschieden. Der Neuregelung liegt somit der verfahrensrechtliche Anerkennungsbegriff zugrunde[204]. Hierfür spricht auch, dass § 343 Abs. 1 InsO explizit von der Anerkennung einer ausländischen Insolvenzeröffnung spricht. § 343 InsO wäre darüber hinaus nach dem kollisionsrechtlichen Anerkennungsbegriff überflüssig, da die Norm allenfalls dann zur Anwendung gelangen könnte, wenn die lex causae deutsches Recht wäre. Da sich die lex causae im Internationalen Insolvenzrecht in der Regel aber nach der lex fori concursus richtet, käme § 343 InsO nur dann zum Tragen, wenn das Insolvenzverfahren in Deutschland eröffnet wurde. In diesem Fall bedarf es jedoch keiner Anerkennung desselben in Deutschland. Demnach enthält das deutsche Internationale Insolvenzrecht zweifelsohne Elemente des Internationalen Verfahrensrechts.

Die Geltung des verfahrensrechtlichen Anerkennungsbegriffs im Internationalen Insolvenzrecht ist zu begrüßen[205]. Der kollisionsrechtliche Ansatz ist dogmatisch unsauber. Die meisten Kollisionsnormen im Internationalen Insolvenzrecht werden ebenso wie

---

[202] Vgl. Martiny, Band III/1, Rn. 275 ff..

[203] Süß in FG Rosenberg, S. 229 (252 ff.).

[204] BGH, ZIP 1997, S. 39 (42); Kolmann, S. 110; Lüer in Uhlenbruck, Art. 102 EGInsO, Rn. 124; Reinhart in MüKo, InsO, Art. 102 EGInsO, Rn. 280; Laut, S. 48, der allerdings von einer Kombination der verfahrensrechtlichen- und kollisionsrechtlichen Anerkennung ausgeht; so zur alten Rechtslage auch schon Trunk, S. 263.

[205] BGHZ 125, S. 196 (203); BT – Drs. 12/2443, S. 241; Geimer, Rn. 3366; Hausmann in Reithmann/Martiny, Rn. 1814; Reinhart, S. 127.

§ 335 InsO das Recht der lex fori concursus für anwendbar erklären. Dies resultiert daraus, dass zu diesem Recht die größte Sachnähe besteht. Das Auffinden der lex fori concursus setzt jedoch zunächst die Eröffnung eines Insolvenzverfahrens voraus. Eine Anknüpfung an das Insolvenzverfahren kommt aber wiederum nur dann in Betracht, wenn im Inland ein solches auch existiert[206]. Dafür bedarf es aber eines Anerkennungsaktes, weil die Gestaltung des ausländischen Eröffnungsbeschlusses in ihren Wirkungen auf den Eröffnungsstaat beschränkt bleibt. Die kollisionsrechtliche Anerkennung würde somit die verfahrensrechtliche Anerkennung in die Kollisionsnorm implizieren und dadurch Kollisionsrecht und Zivilverfahrensrecht unsauber vermischen[207].
Ferner bezweckt der kollisionsrechtliche Ansatz zu verhindern, dass die lex causae und das Recht des Staates der Insolvenzeröffnungsentscheidung auseinanderfallen[208]. Diese Gefahr ist im Internationalen Insolvenzrecht jedoch äußerst gering, weil die lex causae in der Regel das Recht des Verfahrensstaates ist und damit zwangsläufig dasselbe, das der Eröffnungsentscheidung zugrunde liegt[209]. Zudem würde die kollisionsrechtliche Anerkennung zu einer radikalen Vereinfachung führen, da Entscheidungen, die im Staate der lex causae ergangen sind, grundsätzlich anzuerkennen wären. Dadurch würde aber das autonome Anerkennungsrecht verdrängt[210]. Letztlich könnten die anzuerkennenden Entscheidungen auch niemals einheitlich beurteilt werden, so dass die kollisionsrechtliche Lösung der inneren Entscheidungsharmonie abträglich wäre und dem Interesse nach Rechtssicherheit und Rechtsklarheit nicht entsprechen würde. Dies ließe sich wiederum durch eine prozessuale Anerkennung gewährleisten.[211].
Demnach ist der kollisionsrechtliche Anerkennungsbegriff für das Internationale Insolvenzrecht nicht zu befürworten. Die Anerkennung erfolgt nach verfahrensrechtlichen Grundsätzen und ist von der kollisionsrechtlichen Frage nach dem anwendbaren Recht zu unterscheiden. Dem folgt auch der Bundesgerichtshof[212], indem er klargestellt hat, dass Gegenstand der Anerkennung der Insolvenzeröffnungsbeschluss sei und im Gegensatz dazu die Folgewirkungen kollisionsrechtlich zu bestimmen sind.

(1) Wirkungserstreckung, Wirkungsgleichstellung oder Kumulation ?

Ebenso wie im Internationalen Zivilverfahrensrecht ist auch im Internationalen Insolvenzrecht ungeklärt, nach welchem Recht sich die Anerkennungswirkungen im Inland bestimmen. Dies hängt maßgeblich von der Beantwortung der Frage ab, auf welche Art und Weise einem anerkannten ausländischen Rechtsakt im Inland Bedeutung beigemessen wird.

---

[206] Homann, S. 29.
[207] Homann, S. 30.
[208] Sog. Gleichlaufgedanke.
[209] Homann, S. 29.
[210] Martiny, Band III/1,Rn. 278 und 279.
[211] Favoccia, S. 70.
[212] „Norsk Data Entscheidung": BGH, ZIP 1997, S. 1734 (1737).

Zum einen kommt eine Wirkungserstreckung der ausländischen Entscheidung in Betracht (sog. Theorie von der Wirkungserstreckung)[213]. Danach entfaltet die ausländische Entscheidung im Inland die Wirkungen, die ihr im Staat ihres Erlasses beigemessen werden[214].
Zum anderen käme in Betracht, nur diejenigen Folgen der ausländischen Entscheidung gelten zu lassen, die vom Anerkennungsstaat für einen entsprechenden inländischen Akt vorgesehen sind (sog. Gleichstellungslehre)[215]. Folge der Gleichstellungslehre ist es somit, dass die Wirkungen der ausländischen Entscheidung der Rechtsordnung des Anerkennungsstaates unterstellt werden[216].
Letztlich kommt auch eine Kumulation der beiden vorgenannten Ansichten in Betracht. Danach ist von einer grundsätzlichen Wirkungserstreckung auszugehen. Allerdings billigt der anerkennende Staat der ausländischen Entscheidung höchstens die Wirkungen eines entsprechenden inländischen Aktes zu. Diese Ansicht lässt sich auch als Theorie von der eingeschränkten Wirkungserstreckung oder als Kumulationstheorie bezeichnen[217]. Das befremdliche an der Kumulationstheorie ist allerdings, dass sie sich bei einer strengen Anwendung gar nicht von der Gleichstellungstheorie unterscheidet. Zwar ist nach dieser im Gegensatz zur Gleichstellungslehre von einer Wirkungserstreckung auszugehen. Sofern allerdings die ausländischen Wirkungen durch die entsprechenden inländischen Wirkungen beschränkt werden, gelangt man letztlich doch zu dem selben Ergebnis wie die Gleichstellungslehre. Es ist dann völlig gleichgültig, ob man die eintretenden Wirkungen als ausländische oder inländische bezeichnet.
Die Neuregelung des autonomen deutschen Internationalen Insolvenzrechts folgt jedenfalls der Theorie von der Wirkungserstreckung. Dies folgt aus der Gesetzesbegründung zu § 343 InsO[218], wonach die Anerkennung bedeute, dass das ausländische Insolvenzverfahren im Inland die Wirkungen entfaltet, die es nach dem maßgeblichen Insolvenzstatut äußert. Von einer Einschränkung der Wirkungen durch einen entsprechenden inländischen Akt ist dabei nicht die Rede. Noch eindeutiger ist diesbezüglich in der Gesetzesbegründung zu § 335 InsO davon die Rede, „dass nach der automatischen Anerkennung eines ausländischen Insolvenzverfahrens eine Wirkungserstreckung dieses Ver-

---

[213] Für die Wirkungserstreckung: BGHZ 125, S. 196 (203); Martiny, Band III/1, Rn. 363 ff.; Roth in Stein/Jonas, § 328, Rn. 7; Musielak in Musielak, § 328, Rn. 33; Spahlinger, S. 104; Hausmann in Reithmann/Martiny, Rn. 1814; Laut, S. 49; Kemper in Kübler/Prütting, Art. 102 EGInsO, Rn. 91; Reinhart, S. 125 ff.; Geimer, Rn. 2776, 3366; Gottwald in Gottwald, § 130, Rn. 5; Wimmer in FK, Art. 102 EGInsO, Rn. 275; Rosenberg/Schwab/Gottwald, S. 946; Gottwald in MüKo, ZPO, § 328, Rn. 3 ff.; Gottwald, ZZP 103, S. 257 (261 f.); Reinhart in MüKo, InsO, Art. 102 EGInsO, Rn. 281.

[214] Martiny, Band III/1, Rn. 285, 363; Geimer, Rn. 46, 2776; Reinhart, S. 125 ff.; Hausmann in Reithmann/Martiny, Rn. 1814; Trunk, KTS 1987, S. 415 (430 f.).

[215] Dafür: Matscher, ZZP 86, S. 404 (408 ff.), jedoch zurückhaltender in ZZP 103, S. 294 (307 ff.).

[216] Martiny, Band III/1, Rn. 365.

[217] Dafür: Schack, IPRax 1989, S. 139 (142); Schack, Rn. 796; Heidecker, ZZP 18, S. 453 (468); Müller, ZZP 79, S. 199 (207, 245).

[218] Regierungsentwurf vom 25.10.2002, BT-Drs. 15/16, S. 21.

fahrens auf das Inland stattfindet“[219]. Es stellt sich somit die Frage, ob die Theorie der Wirkungserstreckung für das autonome Internationale Insolvenzrecht zu befürworten ist.
Gegen die Gleichstellungslehre spricht in entscheidendem Maße, dass durch sie der Charakter eines ausländischen Verfahrens verfälscht wird, wenn seine Wirkungen dem deutschen Recht entnommen würden und infolge einer bloß oberflächlichen Gleichstellung nicht völlig mit den ausländischen Wirkungen übereinstimmen. Sofern die Wirkungen eines ausländischen und eines entsprechenden deutschen Verfahrens erheblich voneinander abweichen, bestünde die Gefahr, dass der hinter dem ausländischen Verfahren stehende Sinn und Zweck möglicherweise völlig unberücksichtigt bliebe[220]. Ferner entwickelt eine Entscheidung ihre Rechtsfolgen dadurch, dass sie sie selbst anordnet. Die Gleichstellungslehre würde aber dazu führen, dass eine Entscheidung einen anderen Inhalt bekäme, der möglicherweise gar nicht beabsichtigt war[221]. International betrachtet könnte dies dazu führen, dass die ausländische Entscheidung in jedem Staat, in dem sie anerkannt wird, andere Wirkungen auslöst[222]. Die Gleichstellungslehre kann somit im Ergebnis allenfalls innerhalb eines Staates zur Gleichheit zwischen in- und ausländischen Entscheidungen führen, im Übrigen aber zur Ungleichheit[223]. Zudem ist es unzweckmäßig, einer Entscheidung später Wirkungen beizumessen, an die man bei der Durchführung des Verfahrens noch nicht dachte und gegen die man sich entsprechend auch nicht verteidigen konnte[224]. Insbesondere der verfassungsrechtliche Anspruch auf rechtliches Gehör könnte hierdurch tangiert werden[225]. Zu berücksichtigen ist auch, dass dem deutschen Recht im Einzelfall nicht bekannte Wirkungen in eine inländische Form „gezwängt“ werden müssten[226]. Es bestünde ferner die Gefahr, dass die Anerkennung scheitert, wenn eine inhaltliche Übereinstimmung nicht möglich ist[227]. Eine einheitliche Wirkungserstreckung ist demgegenüber sachgerechter[228]. Die Gleichstellungslehre ist daher aus den genannten Gründen abzulehnen.
Dieselben Argumente lassen sich auch gegen die Kumulationslösung anführen. Eine Modifikation der Wirkungen der ausländischen Entscheidung durch die Heranziehung des deutschen Rechts als Obergrenze würde ebenfalls dazu führen, dass die ausländische Entscheidung einen Inhalt erhalten würde, der ursprünglich nicht beabsichtigt war. Es bestünde dadurch die Gefahr, dass die Entscheidung eine ganz andere Aussage erhält[229]. Zudem ist es gar nicht möglich, solche Wirkungen, die dem deutschen Recht

---

[219] Regierungsentwurf vom 25.10.2002, BT-Drs. 15/16, S. 18.
[220] Favoccia, S. 74 f..
[221] Homann, S. 32.
[222] Kemper in Kübler/Prütting, Art. 102 EGInsO, Rn. 91; Gottwald in MüKo, ZPO, § 328, Rn. 3.
[223] Martiny, Band III/1, Rn. 367.
[224] Martiny, Band III/1, Rn. 367; Gottwald, ZZP 103, S. 257 (261).
[225] Schack, Rn. 794.
[226] Martiny, Band III/1, Rn. 367.
[227] Kemper in Kübler/Prütting, Art. 102 EGInsO, Rn. 91; Gottwald, ZZP 103, S. 257 (260).
[228] Rosenberg/Schwab/Gottwald, S. 946; Gottwald, ZZP 103, S. 257 (263).
[229] Homann, S. 32.

nicht bekannt sind, auf das inländische Maß zu reduzieren. Auch solche Wirkungen wären nämlich infolge der Wirkungserstreckung im Inland beachtlich[230]. Gegen die Kumulationslösung lässt sich letztlich auch anführen, dass der Versuch die in- und ausländischen Wirkungen in ein Verhältnis von „mehr" und „weniger" zu bringen mit Schwierigkeiten verbunden ist. Die von einer Rechtsordnung angeordneten Wirkungen stehen oftmals nicht beziehungslos nebeneinander sondern sind in ein ausgewogenes Sinngefüge eingebunden. Einzelne Wirkungen können somit durch andere Wirkungen beeinflusst oder ausgeglichen werden. Daher könnte eine Modifizierung der Geltung einer einzelnen Wirkung zu einer nicht erwünschten Disharmonie des inländischen Gesamtkonzepts führen[231]. Das Anliegen der Anhänger der Kumulationstheorie besteht in erster Linie darin, eine Verletzung von wesentlichen Verfahrensprinzipien des Anerkennungsstaates zu verhindern[232]. Demnach bestehe somit ein Bedürfnis für eine restriktive Auslegung der entsprechenden Anerkennungsnorm. Diesem Anliegen kann jedoch hinreichend über den ordre public Vorbehalt Rechnung getragen werden, der als geschriebene Anerkennungsvoraussetzung (§ 343 InsO) stets zu prüfen ist. Einer restriktiven Auslegung im Sinne der Kumulationstheorie bedarf es somit gar nicht. Daher vermag auch die Kumulationstheorie nicht zu überzeugen.

Demgegenüber ist die Theorie von der Wirkungserstreckung vorzugswürdig. Für sie sprechen jene Argumente, die zuvor gegen die Gleichstellungs- und gegen die Kumulationstheorie angeführt wurden. Maßgeblich ist, dass nur sie es vermag, den ursprünglichen Inhalt einer ausländischen Entscheidung nicht zu verfälschen. Der anerkannte Akt behält somit die gleiche rechtliche Bedeutung, die er nach der Rechtsordnung des Entscheidungsstaates hatte. Im Übrigen lässt sich auch aus der Tatsache, dass ebenso solche Wirkungen auf den Anerkennungsstaat erstreckt werden, die in diesem unbekannt sind, kein Argument gegen die Theorie von der Wirkungserstreckung gewinnen. Zum Teil wird vertreten, „dass sich die ausländische Entscheidung in das inländische Rechtssystem einfügen müsse". Demnach sei der Anerkennungsstaat nur bereit, bestimmte Arten von Urteilswirkungen zu übernehmen. Im Übrigen setze sich seine lex fori durch[233]. Dem kann jedoch nicht gefolgt werden. Der ordre public stellt ein hinreichendes Korrektiv dar, solchen Anerkennungswirkungen im Inland die Geltung zu versagen, die mit den hiesigen fundamentalen Rechtsgrundsätzen nicht vereinbar sind. Eine weitere Schranke, die die Geltung von im Inland unbekannten Entscheidungswirkungen a priori ausschließt oder begrenzt, würde mit der aufgeschlossenen und toleranten Grundhaltung der gesamten Neuregelung des Internationalen Insolvenzrechts nicht im Einklang stehen. Zudem kann die Tatsache, dass manche Entscheidungswirkungen des ausländischen Rechts im Detail unbekannt sind schon deshalb kein Argument gegen die Theo-

---

[230] Hausmann in Reithmann/Martiny, Rn. 1814.

[231] Favoccia, S. 76 f.; Schlosser, RIW 1983, S. 473 (480).

[232] Schack, Rn. 796.

[233] Martiny, Band III/1, Rn. 370 – letztlich kommt eine derartige Einschränkung der Kumulationstheorie sehr nahe.

rie von der Wirkungserstreckung sein, weil dies auch im materiellen IPR kein Grund darstellt, dass ausländische Recht trotz aller praktischen Unschärfen nicht anzuwenden[234]. Dass der ordre public dabei wohl vielfach in den Fällen zum Tragen kommen wird, in denen eine entsprechende Urteilswirkung im Inland vollständig unbekannt ist oder erheblich über jene des deutschen Rechts hinausgeht[235], ist dabei nicht auszuschließen, ja sogar naheliegend[236].

Im Ergebnis ist somit die Theorie von der Wirkungserstreckung auch für das Internationale Insolvenzrecht zu befürworten. Die Wirkungen eines ausländischen Insolvenzverfahrens treten mithin nach der lex fori concursus auch im Inland ein. Rechtswirkungen, die mit den fundamentalen Grundsätzen des deutschen Rechts nicht im Einklang stehen, kann über den ordre public die Anerkennung versagt werden.

(2) Reichweite der Wirkungserstreckung als Schnittstelle zwischen Verfahrens- und Kollisionsrecht

Fraglich bleibt jedoch zum einen, welche Wirkungen sich aufgrund der ausländischen Insolvenzeröffnungsentscheidung auf das Inland erstrecken, und zum anderen, ob die Wirkungen unmittelbar Folge der Anerkennung sind oder ob sie mittelbar über einen kollisionsrechtlichen Verweis eintreten[237].

Es stellt sich also die Frage des Verhältnisses von Anerkennungsrecht zu Kollisionsrecht. Dieses soll im Folgenden im Hinblick auf die Insolvenzeröffnungsentscheidung ermittelt werden.

Die Reichweite der Anerkennungswirkung der Insolvenzeröffnungsentscheidung wird in der Literatur nicht einheitlich beurteilt.

Nach einer Auffassung bedeute Wirkungserstreckung lediglich, dass das Auslandsverfahren existiert und im Inland Wirkungen entfalten kann. Die Frage, ob diese Wirkungen der lex fori concursus oder einem anderen Recht zu entnehmen sind, bedürfe danach aber einer gesonderten kollisionsrechtlichen Interessenabwägung[238]. Die Vertreter dieser Ansicht gehen somit von einer gestuften Prüfung aus. Zunächst wird festgestellt, ob das ausländische Insolvenzverfahren anerkennungsfähig ist, anschließend werden kollisionsrechtlich die konkreten Wirkungen der Entscheidung ermittelt.

Nach anderer Auffassung sei nicht auf das Insolvenzverfahren als solches abzustellen,

---

[234] Gottwald, ZZP 103, S. 257 (263).

[235] Müller, ZZP 79, S. 199 (206) nennt insofern als Beispiel eine über die vom deutschen Recht gezogene Grenze hinausgehende Wirkung der Rechtskraft, die eine Beschränkung des rechtlichen Gehörs bedeuten würde. Allerdings will Müller gar nicht erst den ordre public bemühen, sondern § 328 entsprechend anwenden, so dass es gar nicht erst zu Spannungen mit höherwertigen Prinzipien des deutschen Rechts kommt (Kumulationstheorie).

[236] Musielak in Musielak, § 328, Rn. 34; Gottwald in MüKo, ZPO, § 328, Rn. 5.

[237] Auf dieses Problem weist bereits Lüke, ZZP 111, S. 275 (282) hin, ohne eine Lösung anzubieten.

[238] Trunk, S. 411; Spahlinger, S. 58 f.; Laut, S. 48; Schollmeyer, IPRax 1999, S. 26 (27); wohl auch Aderhold, S. 220.

sondern auf die jeweilige hoheitliche Entscheidung. Demnach komme eine Anerkennung insoweit in Betracht, als eine hoheitliche Entscheidung Anerkennungsgegenstand sei. Die prozessualen Wirkungen[239] dieser Entscheidung sollen sich auf das Inland erstrecken. Folgewirkungen der Verfahrenseröffnung seien jedoch grundsätzlich kollisionsrechtlich zu ermitteln[240]. Es wird somit zwischen verschiedenen Anerkennungswirkungen unterschieden. Wirkungen, die nicht Inhalt der Entscheidung selbst und damit auch nicht Anerkennungsgegenstand sind, können auch nicht verfahrensrechtlich anerkannt werden. Beiden Ansätzen ist gemeinsam, dass durch die anerkennungsfähige ausländische Eröffnungsentscheidung die inländische Grundkollisionsnorm regelmäßig überhaupt erst anwendbar wird. Die Anerkennung des Eröffnungsbeschlusses ist daher eine Vorfrage insolvenzrechtlicher Kollisionsnormen[241]. In der Frage, inwieweit der Anerkennung der Eröffnungsentscheidung eine eigenständige Bedeutung zukommt, differieren die verschiedenen Ansätze. Im Gegensatz zu erstgenannten Auffassung sollen sich nach der anderen Auffassung aus der Anerkennung auch ohne einen kollisionsrechtlichen Verweis Wirkungen auf das Inland erstrecken[242]. Es fragt sich, wie eine eindeutige Abgrenzung vorgenommen werden kann.

Die Intention des Gesetzgebers ist in dieser Hinsicht nicht ganz eindeutig. In der Gesetzesbegründung zu § 343 InsO[243] ist davon die Rede, „dass die Anerkennung der Eröffnung des ausländischen Insolvenzverfahrens bedeute, dass dieses unmittelbar, das heißt ohne ein besonderes Anerkennungsverfahren, im Inland die Wirkungen entfaltet, die es nach dem maßgeblichen Insolvenzstatut (§ 335 InsO) äußert". Der Verweis auf die Kollisionsnorm des § 335 InsO könnte somit dafür sprechen, dass sich die insolvenzrechtlichen Wirkungen ausschließlich über den kollisionsrechtlichen Verweis auf das Inland erstrecken. Allerdings ist es ebenso gut möglich, dass mit dieser Formulierung lediglich auf die in der Eröffnungsentscheidung selbst nicht angeordneten Folgewirkungen Bezug genommen wird. Eindeutiger scheint auf dem ersten Blick insofern die Gesetzesbegründung zu § 335 InsO zu sein. Dort ist davon die Rede, „dass *nach* der Anerkennung eines ausländischen Insolvenzverfahrens eine Wirkungserstreckung auf das Inland stattfindet". Hieraus könnte somit geschlossen werden, dass die Anerkennung gerade

---

239 Rechtskraft- , Präklusions- und Gestaltungswirkung. Zur streitigen Frage, ob es sich bei der Gestaltungswirkung um eine prozessuale Wirkung handelt, vgl. Roth in Stein/Jonas, § 328, Rn. 16.

240 BGH, ZIP 1997, S. 39 (42); Reinhart, S. 127 ff.; ders., ZIP 1997, S. 1734 (1737); Kolmann, S. 117; Homann, S. 32; Geimer, Rn. 3366; Ehricke, RabelsZ, 62 (1998), S. 712 (724, 733); Kemper in Kübler/Prütting, Art. 102 EGInsO, Rn. 91.

241 Reinhart, S. 129; ders., ZIP 1997, S. 1734 (1737); Kolmann, S. 115.

242 Allerdings treffen die Befürworter der erstgenannten Ansicht keine Aussage darüber, ob eine verfahrensrechtliche Anerkennung der prozessualen Wirkungen der anzuerkennenden Entscheidung in Betracht kommt oder nicht. Sofern davon auszugehen ist, dass die prozessualen Wirkungen der Entscheidung auch nach dieser Auffassung verfahrensrechtlich anzuerkennen sind, bestünden zwischen den Ansichten kaum Unterschiede. Eine Anerkennung von materiellrechtlichen Wirkungen kommt nach der erstgenannten Ansicht jedenfalls nicht in Betracht.

243 Regierungsentwurf vom 25.10.2002, BT-Drs. 15/16, S. 21.

nicht eine unmittelbare Wirkungserstreckung zur Folge hat, sondern diese erst des kollisionsrechtlichen Verweises bedarf. Allerdings lässt sich dem wiederum entgegen halten, dass ebenso wenig eindeutig ist, ob sich diese Aussage auf sämtliche Entscheidungswirkungen bezieht oder lediglich auf die in der in Rede stehenden Entscheidung nicht angeordneten Folgewirkungen. Für Letzteres spricht, dass an anderer Stellte in der Begründung zu § 335 InsO davon die Rede ist, „dass für die materiellrechtlichen Wirkungen des Insolvenzverfahrens grundsätzlich das Recht des Staates gilt, in dem das Verfahren eröffnet wurde". Es ist somit gerade nicht von den Wirkungen der Insolvenzeröffnungsentscheidung selbst die Rede sondern von den gesamten materiellrechtlichen Wirkungen, die das Insolvenzverfahren nach sich zieht. Indem auch explizit nur von den materiellrechtlichen Wirkungen gesprochen wird und nicht auch von den prozessualen Wirkungen, spricht dies dafür, dass die prozessualen Wirkungen der Entscheidung unmittelbar ohne einen kollisionsrechtlichen Verweis eintreten. Eine eindeutige Aussage lässt sich aus der Gesetzesbegründung allerdings nicht gewinnen.

Für die unmittelbare Wirkungserstreckung als Folge der Anerkennung und gegen die Ansicht, dass die Wirkungen ausschließlich kollisionsrechtlich zu ermitteln sind, spricht jedenfalls in entscheidendem Maße, dass dadurch ein Gleichlauf zwischen der zivilprozessualen und der insolvenzrechtlichen Anerkennungssystematik gewährleistet wird[244]. Im Internationalen Zivilprozessrecht ist die Wirkungserstreckung eine Folge, die unmittelbar aus der verfahrensrechtlichen Anerkennung herrührt[245]. Das prozessuale Anerkennungsrecht ist gegenüber dem Internationalen Privatrecht selbständig und regelt abschließend die Frage, unter welchen Umständen die Wirkungen ausländischer Entscheidungen im Inland anzuerkennen sind. Dem Anerkennungsrecht gebührt daher gegenüber dem Kollisionsrecht der Vorrang, soweit eine Rechtsfrage bereits Gegenstand einer ausländischen hoheitlichen Entscheidung war[246]. Dies sollte auch im Internationalen Insolvenzrecht gelten. Hierfür spricht zudem, dass unter Umständen mit der Eröffnungsentscheidung zugleich über weitere insolvenzrechtliche Fragen entschieden wird. Sofern dies der Fall ist und diesbezüglich eine verfahrensrechtliche Anerkennung in Betracht kommt, würde einer erneuten Klage im Inland das Rechtsschutzbedürfnis fehlen. Ferner könnte die Entscheidung im Inland sofort für vollstreckbar erklärt werden[247], was gegebenenfalls zur zügigen Sicherung der Insolvenzmasse und zur Durchsetzung des Grundsatzes der par conditio creditorum geboten ist. Mithin sollte die Anerkennung der ausländischen Insolvenzeröffnungsentscheidung direkt und ohne den Umweg über das Kollisionsrecht Wirkungen im Inland entfalten.

Damit ist aber noch keine Aussage darüber getroffen, welche konkreten Wirkungen unmittelbar aus der Anerkennung des Eröffnungsbeschlusses resultieren und welche sich erst aus einem kollisionsrechtlichen Verweis ergeben.

---

[244] Kolmann, S. 117.

[245] Martiny, Band III/1, Rn. 362 ff.; Geimer, Rn. 2776 ff..

[246] Geimer, Rn. 41a, 46; Schack, Rn. 24; Martiny, Band III/1, Rn. 134 ff.

[247] Darauf weisen zutreffend Reinhart, ZIP 1997, S. 1734 (1737 f.) und Kolmann, S. 117 hin.

Eine eindeutige Abgrenzung lässt sich nur dann vornehmen, wenn sich all jene Wirkungen auf das Inland erstrecken, die Inhalt der hoheitlichen Entscheidung selbst und damit Anerkennungsgegenstand sind. Daher sind die prozessualen Wirkungen der ausländischen Entscheidung verfahrensrechtlich anzuerkennen. Dies sind die bekannten Urteilswirkungen wie Rechtskraft-, Präklusions- und Gestaltungswirkung[248]. Zwar kommt der Gestaltungswirkung eine materiell rechtliche Komponente zu, dennoch sollte auch sie unter die Wirkungserstreckung fallen und daher als prozessuale Urteilswirkung anerkennungsfähig sein, weil sie nicht mittelbar aufgrund einer gesetzlichen Vorschrift eintritt, sondern weil sie in der Entscheidung selbst angeordnet wird[249]. Hinzu kommt, dass der Sachverhalt von einer im Ausland zuständigen Stelle am dortigen Recht überprüft wurde. Das Ergebnis der konkreten Rechtsanwendung sollte wegen des Vertrauens in die entscheidende Stelle hingenommen und nicht noch einmal von einem deutschen Richter überprüft werden. In Bezug auf die genannten Wirkungen wird das Kollisionsrecht somit vom Internationalen Verfahrensrecht verdrängt. Für die Anerkennung der ausländischen Insolvenzeröffnungsentscheidung folgt daraus, dass die in ihr enthaltene Gestaltungswirkung, dass das Insolvenzverfahren über das Vermögen des Schuldners eröffnet ist und sich infolgedessen die Gläubiger auf die Insolvenz des Schuldners berufen können, aufgrund der verfahrensrechtlichen Anerkennung im Inland beachtlich ist. Die Beachtlichkeit der Rechtskraft der Insolvenzeröffnung verhindert darüber hinaus die nochmalige sachliche Überprüfung der Entscheidung.

Somit muss für jeden Einzelfall geprüft werden, welche Wirkungen des ausländischen Verfahrens verfahrensrechtlich anerkannt werden können und welche Wirkungen sich erst aufgrund einer kollisionsrechtlichen Verweisung ergeben. Letzteres ist stets für insolvenzrechtliche Folgewirkungen der Fall, die sich nicht unmittelbar aus der Eröffnungsentscheidung selbst ergeben, sondern erst mittelbar aus dem Gesetz[250]. Hierbei handelt es sich um die materiellen Folgen, die sich an die Eröffnung des Insolvenzverfahrens anschließen.

Einzugestehen ist allerdings, dass die praktische Relevanz der Auseinandersetzung im Hinblick auf die Insolvenzeröffnung als gering zu erachten sein dürfte, weil der ausländischen Eröffnungsentscheidung in der Regel kein weitergehender Inhalt als die bloße Eröffnung des Insolvenzverfahrens zu entnehmen sein wird[251]. Anerkennungsgegenstand wird daher zumeist der Tenor der Entscheidung sein, dass über das Vermögen des Schuldners ein Insolvenzverfahren eröffnet wurde. Die meisten materiellen Wirkungen der ausländischen Insolvenzeröffnung werden sich ohnehin erst aus der kollisionsrechtlichen Verweisung ergeben und bedürfen der Nachprüfung durch den deutschen Richter.

---

248 Vgl. Schack, Rn. 776 ff.; Roth in Stein/Jonas, § 328, Rn. 12 ff.. Ob die Gestaltungswirkung als prozessuale Urteilswirkung anerkennungsfähig ist, ist im Internationalen Zivilverfahrensrecht umstritten – vgl. dazu Roth in Stein/Jonas, § 328, Rn. 16. Dies wird allerdings von der h.M. bejaht. So Martiny, Band III/1, Rn. 403; Roth in Stein/Jonas, § 328, Rn. 16.

249 Homann, S. 33; Ehricke, RabelsZ, 62 (1998), S. 712 (734).

250 Diese systematische Abgrenzung nimmt auch der BGH vor: BGH, ZIP 1997, S. 39 (42).

251 Reinhart, ZIP 1997, S. 1734 (1737); Kolmann, S. 117.

Dennoch kann nicht völlig ausgeschlossen werden, dass in einigen Rechtsordnungen mit der hoheitlichen Insolvenzeröffnungsentscheidung zugleich auch eine materielle Folge wie beispielsweise der Übergang der Verfügungsbefugnis auf den Insolvenzverwalter angeordnet wird. Sofern eine solche materielle Verfügungsbeschränkung Gegenstand der Eröffnungsentscheidung ist, könnte man daran denken, auch sie verfahrensrechtlich anzuerkennen. Allerdings ist auch die für die Eröffnungsentscheidung zuständige Person an Recht und Gesetz gebunden und kann allenfalls solche Wirkungen anordnen, die dieses Recht auch vorsieht. Die Anordnung in der Eröffnungsentscheidung wäre daher nichts anderes als die Wiedergabe des geltenden Rechts. Die Frage ob eine Wirkung unmittelbar infolge der Anerkennung eintritt oder aber erst aufgrund eines kollisionsrechtlichen Verweises kann aber nicht davon abhängen, ob die materielle Wirkung zufällig in der anzuerkennenden Entscheidung zum Ausdruck kommt oder nicht. Darüber hinaus ist zu bedenken, dass anderenfalls das inländische Kollisionsrecht völlig ausgehöhlt würde. Ferner bestünde die Gefahr von Konflikten derart, dass für eine einzelne in der Entscheidung selbst angeordnete materielle Wirkung eine unmittelbare Anerkennung in Betracht kommt, die zur Anwendung berufene Rechtsordnung aber eine völlig konträre Wirkung vorschreibt. Zwar ist diese Gefahr rein theoretischer Natur, da sich die lex causae zumeist nach der lex fori concursus bemisst, jedoch wird hierdurch deutlich, dass eine unmittelbare Wirkungserstreckung auch in diesem Fall nicht zu der gewünschten klaren Abgrenzung führen würde. Eine solche kann nur dann erreicht werden, wenn sämtliche materielle Wirkungen, die an die Insolvenzeröffnung geknüpft sind, ausschließlich kollisionsrechtlich ermittelt werden[252]. Die prozessualen Wirkungen der Eröffnungsentscheidung treten dagegen unmittelbar infolge der Anerkennung ein[253]. Dies rechtfertigt der im Internationalen Zivilprozessrecht herrschende Vorrang des Anerkennungsrechts gegenüber dem Kollisionsrecht[254]. Die hier vertretene Lösung ermöglicht jedenfalls eine klare Abgrenzung der beiden Anwendungsbereiche und bietet eine eindeutige Handhabe für die Praxis.

(3) Konsequenzen in der Praxis

Ein Gericht muss somit zunächst stets prüfen, ob eine konkrete Frage bereits Gegenstand einer ausländischen Entscheidung war, die verfahrensrechtlich anerkannt werden kann. Nur wenn es sich um eine materielle Folgewirkung handelt, die sich an die Insolvenzeröffnung anschließt, bleibt Platz für eine kollisionsrechtliche Anknüpfung im Inland. Klargestellt sei aber, dass die Verweisung auf die lex fori concursus in § 335 InsO keine unmittelbare Folge der Anerkennung der ausländischen Insolvenzeröffnung ist, sondern

---

[252] Für eine derartige Abgrenzung im Verhältnis von EuGVVO zu nationalem Recht auch Kropholler, vor. Art. 33, Rn. 17; ebenso Schack, Rn. 780.

[253] Weiterreichender: Kemper in Kübler/Prütting, Art. 102 EGInsO, Rn. 91. Danach seien auch die Folgewirkungen, die sich unmittelbar aus der Entscheidung ergeben, auf das Inland zu erstrecken.

[254] Geimer, Rn. 46; Schack, Rn. 24.

aus dem Prinzip der engsten Verbindung folgt[255].

c. Universeller Geltungsanspruch der Auslandsinsolvenz

Die Frage, ob eine Auslandsinsolvenz mit Wirkung für das Inland anzuerkennen ist, stellt sich grundsätzlich nur, wenn die betreffende Auslandsinsolvenz überhaupt eine solche Anerkennung beansprucht. Das ausländische Insolvenzverfahren muss somit vom Grundsatz der Universalität beherrscht sein und darf nicht dem Territorialitätsgrundsatz folgen[256].

Die Anerkennungsregel läuft demnach beispielsweise für japanische Insolvenzverfahren leer. Gemäß § 3 Abs. 1 der japanischen Insolvenzordnung vom 25. April 1922 erfasst ein in Japan erlassener Insolvenzeröffnungsbeschluss nur das in Japan befindliche Vermögen des Gemeinschuldners[257].

Ebenso bestimmt Art. 3 Abs. 1 des Konkursgesetzes der Republik Korea vom 20.1.1962, „dass die Insolvenz nur hinsichtlich des in der Republik Korea befindlichen Vermögens des Gemeinschuldners wirkt"[258].

Den europäischen Insolvenzgesetzen ist eine territorialistische Selbstbeschränkung jedoch grundsätzlich fremd. Ein englisches bankruptcy – Verfahren erfasst gem. s. 283 IA 1986 alles irgendwo belegene Schuldnervermögen[259]. Ebenso erstreckt sich die in Frankreich eröffnete Insolvenz auch auf Güter des Schuldners im Ausland[260]. Der universelle Geltungsanspruch einer Insolvenz in der Schweiz folgt aus Art. 197 Abs. 1 SchKG sowie Art. 27 Abs. 1 KV[261]. Gemäß Art. 197 Abs. 1 SchKG gehört zur Masse sämtliches Vermögen des Gemeinschuldners, egal wo sich dieses befindet. Art. 27 Abs. 1 KV bestimmt, dass in das Insolvenzinventar auch die im Ausland befindlichen Vermögensgegenstände aufzunehmen sind. Im italienischen Recht gilt der Universalgeltungsanspruch des Insolvenzverfahrens gleichermaßen[262]. Eine Sonderrolle nimmt das österreichische Internationale Insolvenzrecht ein. Seit dem IRÄG 1982 verweist § 180 KO zur Frage der Wirkungen eines Auslandskonkurses im Inland auf die §§ 79 – 86 EO, das heißt auf die Vorschriften über die Anerkennung und Vollstreckbarerklärung ausländi-

---

[255] Schollmeyer, S. 91; Kemper in Kübler/Prütting, Art. 102 EGInsO, Rn. 98.

[256] Gottwald in Gottwald, § 130, Rn. 2.

[257] § 3 der japanischen Konkursordnung vom 25.4.1922: „ Ein in Japan erlassener Konkurseröffnungsbeschluss erfasst nur das in Japan befindliche Vermögen des Gemeinschuldners." Vgl. auch Yamamoto in Heldrich/Kono, S. 137 (147ff.).

[258] Gottwald in Gottwald, § 130 Fn. 4.

[259] Vgl. Fletcher, S. 60; Der Universalgeltungsanspruch der englischen Gesellschaftsinsolvenz folgt aus s. 144 IA 1986, wonach der liquidator alles Vermögen in Besitz zu nehmen hat.

[260] Dostal, ZIP 1998, S. 969 (971); Der universale Anspruch lässt sich aus Art. 152 Abs. 1 S. 1 Loi 85-98 ableiten. Danach verliert der Gemeinschuldner mit der Entscheidung, die das Liquidationsverfahren eröffnet die Verwaltungs- und Verfügungsbefugnis über sein Vermögen. Hieraus folgt, dass das gesamte, auch im Ausland belegene Vermögen erfasst wird; a.A. Augustin in MüKo, InsO, Länderberichte, Rn. 24.

[261] KV = Verordnung des Bundesgerichts vom 13. Juli 1911 über die Geschäftsführung der Konkursämter.

[262] Ferri, S. 566 ff..

scher Titel. Dies führt dazu, dass eine Anerkennung der Wirkungen des Auslandskonkurses nur dann erfolgt, wenn die Gegenseitigkeit durch Staatsvertrag verbürgt ist. Daraus wird abgeleitet, dass überall dort, wo dies nicht der Fall ist, nicht nur für die Wirkungen ausländischer Konkurse, sondern auch für inländische Insolvenzverfahren das Territorialitätsprinzip gilt[263]. Im Verhältnis zu Deutschland bestand mit dem Deutsch – österreichischem Konkursvertrag ein solcher die Gegenseitigkeit verbürgender Staatsvertrag, der nunmehr in seinem sachlichen Anwendungsbereich durch die EuInsVO ersetzt wurde.
Wie an anderer Stelle[264] bereits dargestellt wurde, haben das Reichsgericht[265] und auch der Bundesgerichtshof[266] ausländischen Insolvenzverfahren die Anerkennung und Wirkung in Deutschland zunächst versagt (Territorialitätsprinzip). Diese Haltung der Rechtsprechung wurde in der Literatur jedoch zunehmend kritisiert[267]. Nachdem das deutsche Recht für seine Verfahren universelle Wirkung beanspruchte, dieselben Wirkungen jedoch ausländischen Verfahren aberkannte, hat der BGH durch das Urteil vom 11.7.1985[268] ausdrücklich festgestellt, dass die Insolvenzeröffnung im Ausland auch das Inlandsvermögen des Gemeinschuldners umfasst. Dem entspricht die geltende Rechtslage.

d. Grundsatz der Anerkennung ipso iure

Wie aus der Formulierung „es sei denn" in § 343 Absatz 1 S. 1 InsO zu entnehmen ist, soll die Anerkennung der Regelfall sein. Es gilt daher der Grundsatz der Anerkennung ipso iure[269]. Dies bedeutet, dass das ausländische Insolvenzverfahren unmittelbar, das heißt ohne ein besonderes Anerkennungsverfahren, Wirkungen im Inland entfaltet. Die Anerkennung ipso iure ist jedoch ausgeschlossen, wenn den Gerichten des Staates der Verfahrenseröffnung nicht die internationale Zuständigkeit zukommt oder wenn sie gegen den deutschen „ordre public" verstoßen würde. Da eine gegenteilige Regelung fehlt, wird die Anerkennungsfähigkeit der ausländischen Entscheidung inzident als Vorfrage überprüft[270].

---

[263] Dellinger/Oberhammer, Rn. 836; - nach Auskunft des Bundesministeriums der Justiz der Republik Österreich sei eine Neuregelung des Internationalen Insolvenzrechts in Aussicht genommen. Die diesbezüglichen Beratungen befänden sich zur Zeit noch im Anfangsstadium. Vgl. hierzu: Wehdeking, Silke, DZWIR 2003, S. 133 (139 f.).
[264] Vgl. C.1.
[265] RGZ 52, S. 155 (156); RGZ 100, S. 241 (242); RGZ 153, S. 200 (207).
[266] BGH, NJW 1960, S. 774; BGHZ 53, S. 332 (336) = NJW 1970, S. 1002 ff.; BGHZ 53, S. 383 (387).
[267] Hagemann, KTS 1960, S. 161 (163); Hanisch, ZIP 1983, S. 1289 (1296f.); Lüer, KTS 1978, S. 200 (212 f.); Merz, ZIP 1983, S. 136 (140).
[268] BGHZ 95, S. 256 f..
[269] In der Gesetzesbegründung zu § 343 InsO auch als „automatische Anerkennung" bezeichnet. Regierungsentwurf vom 25.10.2002, BT-Drs. 15/16, S. 21.
[270] Kolmann, S. 158; Laut, S. 52; E. Habscheid, S. 35.

Die Anerkennung ipso iure ist grundsätzlich Ausdruck eines großen Vertrauens in die Rechtsstaatlichkeit und Funktionsfähigkeit der Justiz anderer Länder. Dieses Vertrauen ist innerhalb der Mitgliedsländer der Europäischen Union mittlerweile selbstverständlich. Fraglich allerdings ist, ob es auch im Verhältnis zu beliebigen Drittstaaten von einem solchen Ausmaß ist, dass es die Entscheidungsanerkennung ipso iure rechtfertigt. So erkennt beispielsweise das UNCITRAL – Modellgesetz anders als die EuInsVO ausländische Insolvenzverfahren nicht automatisch, sondern nur im Rahmen eines Anerkennungsverfahrens an[271]. Auch in der Schweiz ist für eine Anerkennung gem. Art. 166 ff IPRG[272] ein förmliches gerichtliches Verfahren (Exequatur) erforderlich[273]. Ebenso können in Frankreich ausländische insolvenzrechtliche Entscheidungen erst dann ihre volle Wirkung entfalten, wenn sie in einem besonderen Verfahren von der französischen Gerichtsbarkeit anerkannt und für vollstreckbar erklärt worden sind[274]. Da das französische Internationale Insolvenzrecht gesetzlich nicht geregelt ist, soll dies aus Art. 509 Nouveau Code de procédure civile i.V.m. Art. 2123 Abs. 2 C.c. folgen[275]. Nach diesen Vorschriften kann aus einem ausländischen Urteil in Frankreich nur vollstreckt werden, falls dieses von einem französischen Gericht für vollstreckbar erklärt worden ist. Dieser Grundsatz soll a fortiori im Rahmen eines Gesamtexekutionsverfahrens gelten, so dass die Auslandinsolvenzen nach den Regeln anerkannt werden, die auch für die Anerkennung von Urteilen gelten[276].
Im italienischen Recht sah Art. 797 c.p.c. bislang ebenfalls eine formelle Exequaturentscheidung (delibazione) für die Anerkennung vor. Mit der Reform des italienischen Internationalen Insolvenzrechts wurde das Exequaturerfordernis jedoch abgeschafft, so dass die Anerkennung nunmehr auch in Italien automatisch erfolgt[277]. Trotz der gegenläufigen Entwicklung in Italien ist die Anerkennung ipso iure von ausländischen Insolvenzentscheidungen bislang jedenfalls nicht in allen Ländern die Regel. Somit stellt sich die Frage, ob nicht auch in Deutschland über die Anerkennung gesondert in einem förmlichen Anerkennungsverfahren entschieden werden sollte[278].

---

[271] Vgl. Art. 15 ff. UNCITRAL – Modellgesetz.

[272] Vom 18. 12. 1987, BBl. 1988 I, S. 5.

[273] Zu den Anerkennungsvoraussetzungen nach schweizerischem Recht: Spahlinger, S. 221 f..

[274] Vgl. Niggemann/Blenske, NZI 2003, S. 471 (472).

[275] Loussouarn/Bourel, Rn. 495.

[276] Dostal, ZIP 1998, S. 969 (974); Martin-Cerf, JDI 1995, S. 31 (45).

[277] Art. 64 L. 31.5.1995 (Riforma del diritto internazionale privato) regelt die Anerkennung (riconoscimento di sentenze straniere) von ausländischen Entscheidungen und damit auch von insolvenzrechtlichen. Art. 64 bestimmt ausdrücklich, dass die Anerkennung ohne ein Verfahren, also automatisch, erfolgt. Dies wurde auch höchstrichterlich bestätigt: vgl. Cass. Civile, Sez. I, 10.1.2001, n. 283 in Riv. Dir. Internaz. Priv. e Proc., 2001. Art. 73 L. 31.5. 1995, n. 218 bestimmt, dass die Art. 796 – 805 des codice di procedura civile keine Geltung mehr haben; ebenso: Ballarino, S. 154.

[278] So käme es in Betracht ebenso wie im französischen Recht aus der Rechtsnatur der Insolvenz als Gesamtvollstreckungsverfahren ein generelles Exequaturerfordernis analog §§ 722, 723 ZPO abzuleiten.

Diejenigen, die eine Anerkennung ipso iure ablehnen und eine Exequatur befürworten[279] argumentieren, dass die Anerkennung ipso iure Rechtsunsicherheiten in Kauf nehme. So könne die Anerkennungsfähigkeit der Auslandsinsolvenz von verschiedenen Gerichten unterschiedlich beurteilt werden, weil jedes Gericht eine eigene Inzidentprüfung vornehmen müsse und sich keine Bindungswirkung für andere Gerichte ergebe. Zwar können die Parteien ein Feststellungsurteil über die Anerkennungsfähigkeit der Auslandsinsolvenz erwirken, die Rechtskraft des Verfahrens beschränke sich aber nur auf die Parteien des Verfahrens[280]. Zudem könne auch der Insolvenzverwalter ein Interesse daran haben, mittels förmlicher Anerkennung eine erga omnes wirkende Entscheidung herbeizuführen, sofern er mit einer Vielzahl von Prozessen im Inland rechnen muss.
Dem ist jedoch der Zweck der ipso iure Anerkennung entgegenzuhalten. Dieser liegt darin, dass die Beschlagnahmewirkungen sofort eintreten, damit das Vermögen des Schuldners rasch weltweit erfasst wird und einer gleichmäßigen Gläubigerbefriedigung zugeführt wird[281]. Die Anerkennung ipso iure stellt demnach sicher, dass die Masse lückenlos geschützt wird, indem keine wichtige Zeit durch ein Exequaturverfahren verloren geht, die vor allem inländische Gläubiger zu ihrem Vorteil nutzen können[282]. Zudem wird durch sie eine rasche grenzüberschreitende Insolvenzabwicklung gefördert[283]. Die Anerkennung ipso iure ist daher allein schon zur Durchsetzung der Ziele der Anerkennung ausländischer Insolvenzverfahren besser geeignet als das Exequaturmodell[284]. Ein Exequaturvefahren nach Maßgabe der §§ 722, 723 ZPO würde sich zudem als äußerst unpraktikabel und langwierig gestalten, da es auf Einzelvollstreckungsverfahren mit wenigen Beteiligten zugeschnitten ist, die Insolvenz hingegen auf die Bindung einer unbestimmten Anzahl von Insolvenzbeteiligten[285]. Nicht zu unterschätzen sind auch die die Masse belastenden Kosten eines aufwendigen Exequaturverfahrens[286].
Letztlich ist auch zu berücksichtigen, dass durch die Neuregelung mit den §§ 345 und 346 Vorschriften in die InsO eingestellt wurden, die auf eine Quasiformalisierung der Anerkennung der ausländischen Insolvenzeröffnung hinauslaufen. Nach § 345 Abs. 1 InsO hat das Insolvenzgericht auf Antrag des ausländischen Insolvenzverwalters den wesent-

---

[279] W. Habscheid in FS Matscher, S. 174; E. Habscheid, KTS 1989, S. 593 (611); E. Habscheid, S. 35 f.; Trunk, S. 420 ff.; Kolmann, S. 528 ff. u. S. 565, der in Anschluss an Trunk den Risiken eines förmlichen Anerkennungsverfahrens durch eine entsprechende Ausgestaltung Rechnung tragen will. Eines Anerkennungsverfahrens bedürfe es danach beispielsweise dann nicht, wenn keine Vermögenswerte des Schuldners im Inland vorhanden sind. Anderenfalls sei ein förmliches Verfahren zwingend.
[280] Trunk, S. 281; E. Habscheid, S. 35.
[281] Gottwald in Gottwald, § 130, Rn. 9.
[282] Schack, Rn. 1133; Laut, S. 52; Spahlinger, S. 308; Diese Gefahr kann auch durch die Rückwirkung der Exequaturentscheidung auf den Zeitpunkt der ausländischen Insolvenzeröffnung nicht beseitigt werden.
[283] Eidenmüller, IPRax 2001, S. 2 (7).
[284] Geimer, Rn. 3526; Aderhold, S. 146.
[285] Trunk, S. 281.
[286] Aderhold, S. 146; Laut, S. 52; obgleich im Anschluss an Kolmann, S. 528, zuzugeben ist, dass auch die Kosten der Inzidentanerkennung um so höher werden, je öfter eine solche zu erfolgen hat.

lichen Inhalt der Entscheidung über die Verfahrenseröffnung und der Entscheidung über die Bestellung des Insolvenzverwalters im Inland bekannt zu machen, sofern die Voraussetzungen für die Eröffnung der Verfahrenseröffnung gegeben sind. Sofern im Inland eine Niederlassung existiert muss nach Absatz 2 eine Veröffentlichung stets vorgenommen werden, weil zu vermuten ist, dass zahlreiche geschäftliche Kontakte zu im Inland ansässigen Personen bestehen[287]. Der Antrag des Verwalters ist nach Absatz 3 wiederum nur zulässig, wenn die tatsächlichen Voraussetzungen der Anerkennung glaubhaft gemacht werden. Ist der Antrag danach zulässig, muss das Gericht von Amts wegen feststellen, ob die Voraussetzungen der Anerkennung tatsächlich vorliegen.

Nach § 346 Abs. 1 InsO kann der ausländische Insolvenzverwalter die Eintragung der Verfahrenseröffnung im Grundbuch erreichen, wenn durch die Verfahrenseröffnung die Befugnis des Schuldners zur Verfügung über ein inländisches Grundstück oder ein Recht an einem solchen Grundstück eingeschränkt wird. Der Insolvenzverwalter muss den Antrag allerdings beim Insolvenzgericht stellen und dieses ersucht dann das Grundbuchamt um Eintragung. Dieses Verfahren dient dazu, die Grundbuchämter nicht zu überfordern[288], da nach Maßgabe von § 346 Abs. 2 der Insolvenzverwalter die tatsächlichen Voraussetzungen für die Anerkennung der Verfahrenseröffnung glaubhaft machen muss. Das Insolvenzgericht hat somit auch in diesem Fall von Amts wegen die Anerkennungsfähigkeit des Eröffnungsbeschlusses zu überprüfen.

Die Frage, ob eine Eintragung in das Grundbuch erfolgt, richtet sich somit nach autonomem Recht. Das inländische Insolvenzgericht hat zunächst zu prüfen, wie sich das ausländische Verfahren auf die Verfügungsbefugnis des Schuldners auswirkt. Im Gegensatz dazu liegt Art. 22 EuInsVO in Verbindung mit Art. 102, § 6 Abs. 1 EGInsO n.F. eine andere Konzeption zugrunde. Danach richtet sich die Frage, ob eine Eintragung erfolgt nach dem Recht des Eröffnungsstaates. Dieser unterschiedliche Ansatz ist jedoch gerechtfertigt, weil im Anwendungsbereich der Verordnung die in Rede stehenden Verfahren abschließend in den Anhängen A und B der Verordnung aufgeführt sind[289].

Die Quasiformalisierung der Anerkennung durch die in §§ 345 und 346 getroffenen Regelungen spricht mithin ebenfalls für die Entbehrlichkeit eines Exequaturverfahrens. Die gewählte Anerkennungskonzeption im Internationalen Insolvenzrecht wahrt zudem die Einheitlichkeit des Anerkennungsbegriffs im deutschen Recht, da die Anerkennung ipso iure im Zivilprozess und bei Entscheidungen der freiwilligen Gerichtsbarkeit der Normalfall ist[290].

Aus alledem folgt, dass die Entscheidung des deutschen Gesetzgebers für eine Anerkennung ipso iure von ausländischen Insolvenzverfahren trotz der dabei in Kauf zu nehmende Rechtsunsicherheiten zu befürworten ist.

---

[287] Regierungsentwurf vom 25.10.2002, Begründung zu § 345, BT – Drs. 15/16, S. 22.

[288] Regierungsentwurf vom 25.10.2002, Begründung zu § 346, BT – Drs. 15/16, S. 22.

[289] Regierungsentwurf vom 25.10.2002, Begründung zu § 346, BT – Drs. 15/16, S. 22.

[290] §§ 328 ZPO, 16a FGG.

e. Voraussetzungen der Anerkennung der Verfahrenseröffnung

(1) Keine révision au fond

Ob das materielle ausländische Recht bei der Eröffnung des Insolvenzverfahrens richtig angewandt wurde, wird in der Regel[291] nicht geprüft. Die révision au fond ist somit keine Anerkennungsvoraussetzung[292].

(2) Anerkennungsfähigkeit

Grundvoraussetzung für die Anerkennung eines ausländischen Verfahrens ist zunächst, dass dieses anerkennungsfähig ist. Zu berücksichtigen ist dabei, dass im Unterschied zum Erkenntnisverfahren bereits die Eröffnung der Insolvenz auf einer anerkennungsfähigen Entscheidung beruht. Voraussetzung ist somit, dass es sich bei dem Verfahren um ein Insolvenzverfahren handelt[293]. Eine abschließende Aufzählung sämtlicher in der Rechtsvergleichung anzutreffender Gestaltungen an Insolvenzverfahren ist allerdings nicht möglich. Erforderlich ist daher die Bereitschaft, auch vom nationalen Insolvenzbegriff abweichende Konzepte grundsätzlich zu respektieren. Daher ist in erster Linie darauf abzustellen, ob das ausländische Verfahren den Zwecken des Insolvenzverfahrens dient, die in § 1 InsO zum Ausdruck kommen[294]. Grundsätzlich sind als Insolvenzverfahren somit alle staatlichen oder staatlich kontrollierten Verfahren anzuerkennen, die auf die Katastrophe des finanziellen Zusammenbruchs des Schuldners reagieren und die eine möglichst gleichmäßige Gläubigerbefriedigung zum Ziel haben[295]. Für die in den Mitgliedsstaaten der Europäischen Union anzutreffenden Insolvenzverfahren muss eine Qualifikation seit Inkrafttreten der Verordnung (EG) 1346/2000 nicht mehr erfolgen. Sämtliche in den einzelnen Ländern zur Verfügung stehenden Verfahren werden in den Anhängen A und B zur EuInsVO ausdrücklich genannt und unterfallen daher dem Anerkennungsregime der Verordnung.

---

[291] Die Frage ist aber für die Beurteilung der Wirksamkeit der ausländischen Entscheidung von Bedeutung, sowie für die ordre public Prüfung.

[292] Laut, S. 48; Kolmann, S. 128.

[293] BGHZ 95, 256 (270); Gesetzesbegründung zu § 343, BT-Drs. 15/16, S. 21; vgl. zur Qualifikation auch Reinhart in MüKo, InsO, Art. 102 EGInsO, Rn. 17 ff..

[294] BT – Drs. 12/2443, S. 236; Kemper in Kübler/Prütting, Art. 102 EGInsO, Rn. 65.

[295] Wimmer in FK, Art. 102 EGInsO, Rn. 262; Weis in Hess/Weis/Wienberg, Art. 102 EGInsO, Rn. 23; Trunk, S. 268; getarnte Enteignungen fallen jedenfalls nicht unter diesen Insolvenzbegriff: vgl. dazu Hanisch, ZIP 1985, S. 1233 (1236) (der allerdings davon ausgeht, dass die Voraussetzung eines Insolvenzverfahrens ein Spezialfall des ordre public Vorbehalts ist); Aderhold, S. 178; Wimmer in FK, Art. 102 EGInsO, Rn. 263; ebenso werden die englischen receiveship Verfahren gem. s. 28 ff. des Insolvency Act 1986 nicht erfasst. Dieses Verfahren stellt eine Eigenheit des englischen Rechts zur Realisierung einer floating charge dar. Die floating charge ist eine spezifisch durch die englische Rechtsprechung ausgebildete Globalsicherheit: vgl. dazu Aderhold, S. 180 f..

(a) Sanierungsverfahren

Fraglich ist, inwieweit das Internationale Insolvenzrecht auch für Verfahren gilt, die nicht nur die Liquidation des Vermögens des Gemeinschuldners zum Ziel haben, sondern auch dessen Sanierung[296].
Bereits aus der Begründung zum Regierungsentwurf der InsO[297] geht hervor, dass der deutsche Gesetzgeber auch Verfahren für anerkennungsfähig hält, durch die nach Eintritt der Insolvenz die Eröffnung des Insolvenzverfahrens vermieden werden soll. Sanierungsverfahren sollten danach grundsätzlich anerkennungsfähig sein. Die erfolgte Neuregelung oder deren Gesetzesbegründung trifft insofern zwar keine Aussage, es dürfte sich an der ursprünglichen Haltung aber nichts geändert haben. Allerdings ist die Einbeziehung von Sanierungsverfahren nicht ganz eindeutig. Ihr lässt sich insbesondere entgegenhalten, dass Sanierungsverfahren grundsätzlich nicht auf die Liquidation, sondern auf die Erhaltung des Unternehmens des Gemeinschuldners angelegt sind[298]. Die gleichmäßige Gläubigerbefriedigung als Zweck des Insolvenzverfahrens steht somit nicht im Vordergrund. Allerdings gilt auch im deutschen Recht die Sanierung eines Unternehmens aufgrund eines Insolvenzplans im Sinne der §§ 217 ff. InsO als eine Form der Haftungsverwirklichung durch Erfassung des Schuldnervermögens zugunsten der Gläubiger. Der Unterschied liegt dabei lediglich darin, dass die Befriedigung der Gläubiger nicht aus einem baren Liquiditätserlös erfolgt, sondern durch die Beteiligung an der Fortführung des Unternehmens[299]. Darüber hinaus wäre eine territorialistische Abschottung gegenüber ausländischen Sanierungsverfahren genauso wenig vertretbar, wie bei Liquidationsverfahren. Auch die Sanierung ist nur bei Einbeziehung sämtlichen Vermögens des Schuldners sinnvoll[300].
Somit ist von der grundsätzlichen Anerkennungsfähigkeit auch von Sanierungsverfahren auszugehen[301]. Voraussetzung für die Anerkennungsfähigkeit ist aber stets, dass das jeweilige Sanierungsverfahren auch als Insolvenz im Sinne des Internationalen Insolvenzrechts qualifiziert werden kann. Es muss daher eine Reaktion auf den finanziellen Zusammenbruch des Schuldners darstellen und eine gleichmäßige Gläubigerbefriedigung zum Ziel haben.
Das Vorliegen dieser Voraussetzungen ist im Hinblick auf das französische Insolvenzver-

---

[296] Zu denken ist insbesondere an das amerikanische Reorganisationsverfahren nach Chapter 11 Bankruptcy Code. Vgl. hierzu: Flessner, IPRax 1992, S. 151.

[297] BT – Drs. 12/2443, S. 236.

[298] OLG Hamburg, IPRax 1992, S. 170 – die Entscheidung des OLG Hamburg betraf das amerikanische Reorganisationsverfahren; Summ, S. 32.

[299] Flessner, IPRax 1992, S. 151 (152).

[300] Lüke, KTS 1986, S. 1 (15); Aderhold, S. 184.

[301] Wimmer in FK, Art. 102 EGInsO, Rn. 264; Geimer, Rn. 3362; Weis in Hess/Weis/Wieberg, Art. 102 EGInsO, Rn. 23; Gottwald in Gottwald, § 130, Rn. 15; Flessner, IPRax 1992, S. 151 (152); Flessner, IPRax 1997, S. 1 (10); Aderhold, S. 185; Laut, S. 81; Kemper in Kübler/Prütting, Art. 102 EGInsO, Rn. 69; Kolmann, S. 258; Reinhart, S. 190; Lüer in Uhlenbruck, Art. 102 EGInsO, Rn. 127.

fahren und die Legge Prodi des italienischen Rechts fraglich. Zwar sind diese Verfahren auf der Grundlage der EuInsVO in Deutschland grundsätzlich anerkennungsfähig. Dies könnte aber unter Umständen für in der Rechtsvergleichung anzutreffende ähnliche Verfahren nach Maßgabe des § 343 InsO nicht der Fall sein.

(i) Die Sanierung im französischen Recht

Das französische Insolvenzverfahren ist primär auf die Erhaltung von Unternehmen ausgerichtet und stellt sich damit in erster Linie als Sanierungsverfahren dar[302]. Die Schuldenbereinigung ist demgegenüber nur sekundär und nur dann zulässig, wenn eine Sanierung aussichtslos ist[303]. Der liquidation judiciaire muss daher stets die Eröffnung eines redressement judiciaire vorausgehen[304]. Die bestmögliche Gläubigerbefriedigung ist daher nicht Verfahrensziel. Trotzdem stellt aber auch das französische Verfahren eine Reaktion auf den finanziellen Zusammenbruch des Schuldners dar. Verfahrensauslösender Tatbestand ist die Insolvenz des Schuldners. Ferner muss es genügen, wenn das französische Verfahren „auch" die Befriedigung der Gläubiger zum Ziel hat[305]. International auftretende Verfahren, die dem französischen Insolvenzverfahren gleichen, sind daher nach Maßgabe des § 343 anerkennungsfähig.

(ii) Außerordentliche Zwangsverwaltung des italienischen Rechts

Zweifelhaft ist dagegen die Einordnung der ehemaligen italienischen legge Prodi[306], sprich der außerordentlichen Verwaltung von in Schwierigkeiten geratener Großunternehmen[307]. Als Alternative zu einer Liquidation ermöglicht dieses Verfahren, den Betrieb zu übertragen oder eine leistungswirtschaftliche oder finanzwirtschaftliche Umstrukturierung vorzunehmen. Es lässt sich somit argumentieren, dass dieses Verfahren eher ein staatliches Hilfsmittel im Interesse der Politik und der Wirtschaftslenkung sei[308] und es sich daher im Gegenteil um eine Maßnahme zur „Befreiung von der Insolvenz" handelt[309].

---

[302] Art. 1 Abs. 1 loi n. 85-98.

[303] Zum Ablauf des französischen Insolvenzverfahrens ausführlich Aderhold, S. 187 ff..

[304] Mit der Insolvenzeröffnung wird zunächst gem. Art. 8 loi n. 85-98 eine Beobachtungsphase eingeleitet. Im Rahmen dieser soll die Möglichkeit einer Sanierung des Gemeinschuldners untersucht werden. Zum Abschluss wird ein Plan erstellt, der gem. Art. 1 Abs. 2 loi n. 88-98 entweder die Fortführung des Unternehmens, dessen Veräußerung oder dessen Liquidation vorsieht.

[305] Flessner, IPRax 1997, S. 1 (10); Reinhart, S. 177.

[306] „Legge Prodi" = Gesetzesverordnung vom 30.1.1979 Nr. 26 und Konversionsgesetz vom 3.4.1979 Nr. 95, abgedruckt bei Bauer/König/Kreuzer, S. 189 ff.; abgelöst durch das Gesetz über die außerordentliche Zwangsverwaltung vom 15.7.1999, decreto legislativo 8. luglio 1999, n. 270 in Gazetta Ufficiale 9.8.99 Nr. 185; zur außerordentlichen Zwangsverwaltung vgl. Ferri, S. 643 ff.; Braggion, RIW 2000, S. 438 f..

[307] „L`amministrazione straodinaria delle grande imprese in crisi".

[308] Aderhold, S. 193.

[309] OLG München, IPRax 1982, S. 202; gegen eine Qualifikation als Insolvenzverfahren auch Laut, S. 241, 250, der allerdings eine Einzelfallprüfung vornehmen will und somit nicht ausschließt, dass die außerordentliche Verwaltung in gewissen Fällen (teil-)anerkennungsfähig ist.

Es ist aber zu berücksichtigen, dass auch die „amministrazione straordinaria" eine Reaktion auf die drohende Zahlungsunfähigkeit des Schuldners darstellt und diese bei einer Rettung des Unternehmens mittelbar auch eine Gläubigerbefriedigung zur Folge hat. Vergleichbare Verfahren sollten daher vom Anwendungsbereich des § 343 InsO erfasst sein[310].

(b) Zusammenfassung

Annerkennungsfähig sind mithin sämtliche staatlichen oder staatlich kontrollierten Verfahren, die eine Reaktion auf die (drohende)[311] Insolvenz des Gemeinschuldners darstellen und zumindest „auch" eine gleichmäßige Befriedigung der Gläubiger bezwecken. Hiervon werden Liquidations- und Sanierungsverfahren gleichermaßen erfasst. Um zu vermeiden, dass für die Anerkennung auf europäischer Ebene einerseits und auf internationaler Ebene andererseits unterschiedliche Maßstäbe gelten, sollten grundsätzlich sämtliche Verfahren, die jenen in den Anhängen A und B zur EuInsVO entsprechen, erfasst werden[312]. Zur Korrektur einer solchen weiten Auslegung kann gegebenenfalls auf die ordre public Klausel zurückgegriffen werden[313]. Eine weitere Korrekturmöglichkeit bestünde darüber hinaus durch die – noch später eingehend zu erörternde – Möglichkeit, über das inländische Vermögen ein Partikularverfahren zu eröffnen[314]. Hinsichtlich des inländischen Vermögens würde der Insolvenzfall dann nach der lex fori particularis abgewickelt.

(3) Internationale Zuständigkeit

Weitere Voraussetzung für die Anerkennung eines ausländischen Verfahrens ist nach § 343 Absatz 1 Nr. 1 InsO die internationale Zuständigkeit des das ausländische Verfahren eröffnenden Gerichts. In spiegelbildlicher Anwendung der deutschen Vorschriften wird im Rahmen der Anerkennung überprüft, ob dem Eröffnungsgericht die internationale Zuständigkeit zukommt. Insoweit gilt § 3 InsO in doppelfunktionaler Anwendung[315]. Die internationale Zuständigkeit ist somit gemäß § 3 Abs. 1 S. 2 InsO zu bejahen, wenn der Mittelpunkt einer selbständigen wirtschaftlichen Tätigkeit des Schuldners oder der allgemeine Gerichtsstand (§ 3 Abs. 1 S. 2 InsO) am Ort der Verfahrenseröffnung im Ausland liegt. Dem deutschen Recht liegt damit nach der hier vertretenen Auffassung eine weite

---

[310] Wimmer in FK, Art. 102 EGInsO, Rn. 264; Gottwald in Gottwald, § 130 Rn. 15; Reinhart, S. 178; Kolmann, S. 133.

[311] Insbesondere im deutschen Recht ist gem. § 18 Abs. 1 InsO auch die drohende Zahlungsunfähigkeit des Schuldners ein Insolvenzeröffnungsgrund.

[312] Auch in der Gesetzesbegründung zu § 343 wird auf die in den Anhängen A und B der Verordnung (EG) Nr. 1346/2000 aufgezählten Verfahren verwiesen.

[313] So auch Reinhart, S. 181 ff..

[314] Vgl. §§ 354 ff. InsO.

[315] Vgl. oben E. IV. 1. a..

Anerkennungszuständigkeit zugrunde[316]. Sinn und Zweck des Vorbehalts der internationalen Zuständigkeit ist es, sicherzustellen, dass nur in demjenigen Staat wirksam über die Eröffnung einer Insolvenz entschieden werden kann, in dem aus deutscher Sicht auch eine gewisse Beziehung zu dem Gemeinschuldner und dessen Vermögen besteht[317].

(a) Gericht

Nach § 343 Abs. 1 Nr. 1 InsO muss die handelnde Stelle ein Gericht sein. Bislang wurde der Begriff „Gericht" auch unter Geltung des Art. 102 Abs. 1 EGInsO a.F. weit ausgelegt, um ausländische Entscheidungen nicht von vornherein aus dem Anwendungsbereich der Vorschrift auszuschließen[318]. Dem ist der deutsche Gesetzgeber nunmehr gefolgt, indem er zwar den Wortlaut von § 343 Abs. 1 InsO nicht dahingehend präzisiert hat, jedoch in der Gesetzesbegründung zu § 343 InsO klargestellt hat, dass die Gerichtsbestimmung in Art. 2 d) EuInsVO auf das autonome Internationale Insolvenzrecht zu übertragen ist. Unter Gericht im Sinne von § 343 Abs. 1 Nr. 1 InsO kann daher jede Stelle subsumiert werden, die befugt ist, ein Insolvenzverfahren zu eröffnen oder im Laufe des Verfahrens Entscheidungen zu treffen.
Indem § 343 Abs. 1 InsO indes weiterhin von den „Gerichten des Staates der Verfahrenseröffnung" spricht, dürften Auslegungsdifferenzen weiterhin nicht ausgeschlossen werden. Insofern hätte die Formulierung „zuständige Stelle des Staates der Verfahrenseröffnung" entscheidend die Rechtsklarheit gefördert[319].

(b) Erfordernis der spiegelbildlichen Prüfung der Zuständigkeit

Das deutsche Internationale Insolvenzrecht folgt dem international aufgeschlossenem Denken der EuInsVO insofern nicht, als diese die internationale Zuständigkeit des Ausgangsgerichts nicht zur Annerkennungsvoraussetzung macht[320]. Danach ist allein entscheidend, dass das Ausgangsgericht seine internationale Zuständigkeit wirksam bejaht

---

[316] Vgl. oben E. IV. 1. c..

[317] Summ, S. 36.

[318] Kemper in Kübler/Prütting, Art. 102 EGInsO, Rn. 78; Weis in Hess/Weis/Wienberg, Art. 102 EGInsO, Rn. 30.

[319] Dementsprechend enthielt der Vorentwurf des Bundesjustizministeriums zur Neuordnung des Internationalen Insolvenzrechts vom 22.9.1989 in dessen Art. 9 die Formulierung „zuständige Stelle". Abgedruckt in Hans Stoll, Stellungnahmen und Gutachten zur Reform des deutschen Internationalen Insolvenzrechts, S. 146 ff..

[320] Huber, ZZP 114, S. 133 (147); Leipold in Stoll, Vorschläge und Gutachten, S. 185 (192); Wimmer in FK, Art. 102 EGInsO, Rn. 79; Art. 16 Abs. 1 EuInsVO ist insofern aber missverständlich formuliert, als von der Anerkennung der Eröffnung eines Insolvenzverfahrens „durch ein nach Art. 3 zuständiges Gericht" die Rede ist. Dass die Entscheidung des eröffnenden Gerichts über seine Zuständigkeit nicht nachgeprüft werden darf ergibt sich aus Erwägungsgrund Nr. 22 der EuInsVO.

hat. Hierdurch wird eine rasche grenzüberschreitende Insolvenzabwicklung gefördert. Es stellt sich folglich die Frage, ob es im Verhältnis zu Drittstaaten überhaupt sachgerecht ist, die internationale Zuständigkeit des eröffnenden Gerichts zu überprüfen. Eine rasche grenzüberschreitende Insolvenzabwicklung ist nämlich durchaus auch im Verhältnis zu außereuropäischen Staaten wünschenswert.
Es kann jedoch nicht geleugnet werden, dass das Vertrauen in die Justiz gewisser Staaten und damit auch in die Richtigkeit einer Zuständigkeitsentscheidung nicht so groß ist, wie im Verhältnis zu den Mitgliedstaaten der Europäischen Union[321]. Bereits aus diesem Grund ist die Nachprüfung der internationalen Zuständigkeit im Rahmen der Anerkennung nicht verzichtbar. Darüber hinaus kann auf die Nachprüfung auch deshalb nicht verzichtet werden, weil keine staatenübergreifende Regelung der – direkten – internationalen Zuständigkeit existiert[322]. Nur ein solches von Deutschland unterzeichnetes Regelungswerk könnte garantieren, dass die autonomen Vorstellungen an eine sachgerechte Insolvenzabwicklung verwirklicht werden. Dementsprechend kann auch nur durch den Vorbehalt der internationalen Zuständigkeit sichergestellt werden, dass nur in demjenigen Staat wirksam über die Eröffnung einer Insolvenz entschieden werden kann, in dem aus deutscher Sicht eine Beziehung zu dem Gemeinschuldner und dessen Vermögen besteht. Dies wird durch die in § 3 InsO normierten Anknüpfungspunkte des Wohnsitzes und des Mittelpunktes einer selbständigen wirtschaftlichen Tätigkeit jedenfalls gewährleistet.
Bei mangelnder internationaler Zuständigkeit des Eröffnungsstaates ist somit die Anerkennung zu versagen.

(c) Extensive Auslegung der Anerkennungszuständigkeit ?

Fraglich ist allerdings, ob die insolvenzrechtliche Anerkennungszuständigkeit extensiver auszulegen ist, als die direkte Zuständigkeit. Die spiegelbildliche Prüfung der internationalen Zuständigkeit kann durchaus zur Folge haben, dass die Verfahrenseröffnung eines ausländischen Staates nicht anerkannt werden kann, weil dieser sich auf einen Zuständigkeitsgrund stützt, den das deutsche direkte Zuständigkeitsrecht nicht vorsieht. Zu nennen sind hier beispielsweise die Zuständigkeitsgründe Presence, Residence und carrying on business des englischen Insolvenzverfahrensrechts[323]. In allen drei Fällen

---

[321] Leipold in Stoll, Vorschläge und Gutachten, S. 185 (192); Virgos/Schmit in Stoll, Vorschläge und Gutachten, Nr. 202 unter Hinweis auf den Grundsatz des Vertrauens in die gemeinschaftliche Rechtsprechung und der generellen Annahme der Ordnungsmäßigkeit der in einem anderen Vertragsstaat ergangenen Entscheidung.

[322] Leipold in Stoll, Vorschläge und Gutachten, S. 185 (192); Eidenmüller, IPRax 2001, S. 2 (14).

[323] s. 265 (1) (b) und (c) IA 1986. Danach besteht eine Eröffnungszuständigkeit auch dann, wenn der Schuldner am Tag des Insolvenzantrages persönlich in England anwesend ist, wenn er innerhalb von drei Jahren zuvor seinen Wohnsitz in England hatte oder aber innerhalb von drei Jahren vor Antragstellung Geschäfte in England betrieben hat.

wäre aus deutscher Sicht die Insolvenzeröffnungszuständigkeit zu verneinen[324]. Sofern sich das Entscheidungsgericht aber auf einen „vernünftigen" Zuständigkeitsgrund stützt, könnte es aus Gründen des Rechtsfriedens in Betracht kommen, die internationale Zuständigkeit des Eröffnungsstaates trotzdem zu bejahen[325]. Dies ließe sich aber nur dann erreichen, wenn § 3 InsO einer extensiven Auslegung zugänglich wäre. Dies käme allenfalls für den Mittelpunkt einer selbständigen wirtschaftlichen Tätigkeit in Betracht, da der allgemeine Gerichtsstand eindeutig bestimmt ist. Die Gleichsetzung des Mittelpunktes der wirtschaftlichen Tätigkeit mit einer Zuständigkeitsbegründung aufgrund der Präsenz am Ort der Antragstellung oder aber aufgrund der Nationalität, wie es das französische Internationale Insolvenzrecht vorsieht[326], ist jedoch keinesfalls möglich. Sofern der Gesetzgeber eine weitere Fassung der insolvenzrechtlichen Anerkennungszuständigkeit beabsichtigt hätte, hätte sie ausdrücklich normiert werden müssen. Da er sich jedoch weiterhin für die spiegelbildliche Anwendung von § 3 InsO entschieden hat, kommt de lege lata eine Anerkennung nur in Betracht, wenn der Gemeinschuldner den Mittelpunkt seiner wirtschaftlichen Tätigkeit oder seinen allgemeinen Gerichtsstand im Staat der Verfahrenseröffnung hat. Im Übrigen wäre eine weitergehende Regelung der Anerkennungszuständigkeit auch nicht erstrebenswert. Die Anknüpfung an die Regelung der örtlichen Zuständigkeit soll gewährleisten, dass das Insolvenzgericht mit der größten Sachnähe berufen wird[327]. Indem das deutsche Recht auf den Mittelpunkt einer wirtschaftlichen Tätigkeit bzw. den allgemeinen Gerichtsstand abstellt, hat es eine interessengerechte Regelung getroffen. Sofern sich das Gericht eines Staat für international zuständig erklärt, obwohl zu diesem keinerlei Sachnähe besteht, verdient die Eröffnungsentscheidung auch keine Anerkennung.

(d) Wohnsitz- oder Sitzverlegung und internationale Zuständigkeit

In der Praxis kommt es häufiger vor, dass der Gemeinschuldner kurz vor der drohenden Insolvenz seinen Geschäfts- oder Wohnsitz in das Ausland verlegt. Dies kann dazu dienen, die Insolvenz nach einem für den Schuldner günstigeren Recht abzuwickeln[328]. Von Interesse ist für den Schuldner dabei insbesondere das in einigen Ländern vorgesehene Institut der Restschuldbefreiung[329]. Es stellt sich somit die Frage, wie diese Fälle der „Zuständigkeitsmanipulation"[330] rechtlich zu würdigen sind. In den Fällen der Sitzverlegung geht es jedenfalls nicht um das ansonsten zulässige „forum shopping", da der Schuldner nicht zwischen mehreren Gerichtsständen wählt, sondern bewusst durch die Veränderung des Anknüpfungspunktes einen anderen Gerichtsstand herbeiführt.

---

[324] Vgl. Summ, S. 122 f.; Freilich gilt im Verhältnis zu England das Anerkennungsregime der EuInsVO.
[325] Trunk, S. 415.
[326] Vgl. E. IV. 1. g. (1).
[327] Wimmer in FK, Art. 102 EGInsO, Rn. 266.
[328] Ganter in MüKo, InsO, § 3 Rn. 45.
[329] §§ 286 ff. InsO im deutschen Recht; so im Fall von OLG Köln, NZI 2001, S. 380.
[330] So die Terminologie von Haubold, IPRax 2003, S. 34 (36).

Auf solche Zuständigkeitsveränderungen könnte in verschiedener Weise reagiert werden.

Zum einen bietet es sich an, § 3 InsO als zuständigkeitsbegründende Norm so auszulegen, dass Zuständigkeitserschleichungen weitestgehend ausgeschlossen werden[331]. Dies ist durch die Anknüpfung an den „Mittelpunkt einer selbständigen wirtschaftlichen Tätigkeit" auch bereits gewährleistet. Die formale Verlegung des Satzungssitzes oder die bloße Anmeldung eines neuen Wohnsitzes begründen noch nicht die internationale Zuständigkeit am neuen Standort. Sofern jedoch keine wirtschaftliche Tätigkeit ausgeübt wird oder diese eingestellt wird, kommt es allerdings allein auf den allgemeinen Gerichtsstand an. In diesen Fällen vermag eine entsprechende Auslegung der Anknüpfungspunkte nicht, Zuständigkeitsmanipulationen völlig auszuschließen. Hier würde die bloße Wohnsitz- bzw. Sitzverlegung genügen.

Zum anderen bietet es sich an, derartigen Zuständigkeitsmanipulationen über den ordre public zu begegnen. Der BGH führt insofern aus, dass sich die Frage nach der internationalen Zuständigkeit eines ausländischen Insolvenzgerichts grundsätzlich nach den tatsächlichen Verhältnissen richten solle[332].

Meines Erachtens schließen sich die beiden Lösungsmöglichkeiten gegenseitig nicht aus. Sofern der BGH davon spricht, dass sich die internationale Zuständigkeit nach den „tatsächlichen Verhältnissen" richtet, so bedeutet dies nichts anderes, als die in § 3 InsO enthaltenen Anknüpfungspunkte so auszulegen, dass Zuständigkeitsmanipulationen weitgehend ausgeschlossen werden. Durch die primäre Anknüpfung an den Ort der selbständigen wirtschaftlichen Tätigkeit wird dies bereits dadurch erreicht, dass eine Verlegung des Geschäftsbetriebes bzw. des effektiven Verwaltungssitzes nicht ohne weiteres möglich ist. Sofern es auf den allgemeinen Gerichtsstand ankommt, ist der Auslegungsspielraum des § 3 InsO zum Schutz vor Manipulationen zwar begrenzt. Es bietet sich aber beispielsweise in diesen Fällen an, zu prüfen, ob die Satzungssitzverlegung wirksam ist oder der Wohnsitz tatsächlich verlegt wurde[333]. Daneben kann auch eine weitere Korrektur über den ordre public Vorbehalt durchaus sachgerecht sein, etwa für die Fälle, in denen erwiesen ist, dass sich der Schuldner dem Recht des Staates A entzogen hat, um in den Genuss des Rechts des Staates B zu kommen, und § 3 InsO zudem die Gerichte des Staates B für international zuständig erklärt[334]. Gegen eine Korrektur über den ordre public wird zwar eingewendet, dass dann die Anwendung einer deutschen Vorschrift – nämlich die Anwendung der gespiegelten deutschen Zuständigkeitsvorschriften – gegen grundlegende deutsche Gerechtigkeitsvorstellungen verstoßen würde[335]. Dieser Einwand vermag jedoch nicht zu überzeugen. Über die kollisionsrechtli-

---

[331] so Haubold, IPRax 2003, S. 34 (37)

[332] BGH, NJW 2002, S. 960.

[333] Haubold, IPRax 2003, S. 34 (37).

[334] Dies ist beispielsweise denkbar, wenn es dem Schuldner tatsächlich gelingt, seinen Geschäftsbetrieb in den Staat B zu verlegen.

[335] Haubold, IPRax 2003, S. 34 (39). Gegen eine Berücksichtigung der Zuständigkeitserschleichung im Rahmen des ordre public auch Roth in Stein/Jonas, § 328, Rn. 143.

che Verweisungsnorm des § 335 InsO wird das Insolvenzverfahren dem Recht der lex fori concursus unterstellt. Gewisse Insolvenzwirkungen können jedoch gegen den (kollisionsrechtlichen) ordre public verstoßen. Auch hier würde im Ergebnis die Anwendung einer deutschen Vorschrift dazu führen, dass gegen grundlegende deutsche Gerechtigkeitsvorstellungen verstoßen wird.
Die Korrektur über den ordre public ist somit eine sachgerechte Lösung. Hierdurch lässt sich erreichen, dass das System der internationalen Zuständigkeit für Insolvenzsachen vorhersehbar bleibt und Rechtsunsicherheiten vermieden werden. Ferner werden die Gläubiger des Staates, zu dem der Schuldner bislang die stärksten Bezugspunkte hatte, vor einer Teilnahme an einem ausländischen Insolvenzverfahren dadurch geschützt, dass über den ordre public ein durch Manipulation erschlichenes Verfahren nicht anerkannt wird.
Erwähnt sei noch, dass unter Geltung der EuInsVO für die Anerkennung europäischer Insolvenzverfahren auf eine eventuelle Manipulation der Zuständigkeit insofern nicht ankommt, als die internationale Zuständigkeit nach Maßgabe von Art. 16 EuInsVO keine Anerkennungsvoraussetzung ist[336]. Im Geltungsbereich der EuInsVO kann somit etwaigen Manipulationen ausschließlich über den ordre public Vorbehalt entgegengewirkt werden[337].

(4) Ordre public

Die Anerkennung ausländischer Insolvenzverfahren steht, wie die Anerkennung ausländischer Gerichtsentscheidungen allgemein[338], unter dem Vorbehalt des deutschen ordre public (§ 343 Abs. 1 Nr. 2 InsO)[339].
Mit dieser Klausel soll verhindert werden, dass im Inland eine ausländische Entscheidung anerkannt und infolgedessen möglicherweise sogar vollstreckt werden muss, die gegen fundamentale Grundsätze der deutschen Rechtsordnung verstößt. Für die Auslegung kann auf die zu § 328 Abs. 1 Nr. 4 ZPO und Art. 6 EGBGB entwickelten Rechtsgrundsätze zurückgegriffen werden. Nach der Rechtsprechung liegt ein Verstoß gegen den ordre public dann vor, „wenn das Ergebnis der Anwendung eines ausländischen Rechts zu den Grundgedanken der deutschen Regelungen und der ihnen zugrunde liegenden Gerechtigkeitsvorstellungen in einem so starken Widerspruch steht, dass es von uns für untragbar gehalten wird“[340]. Dabei kommt sowohl ein Verstoß gegen den prozessualen ordre public, als auch ein Verstoß gegen den materiellen ordre public in Betracht. In prozessualer Hinsicht verstößt eine Auslandsinsolvenz gegen den ordre public, wenn das ausländische Verfahren unverzichtbare Grundregeln der verfahrensrechtlichen Ge-

---

336 Huber, ZZP 114, S. 133 (146).
337 So auch Duursma-Kepplinger/Duursma/Chalupsky, Art. 3, Rn. 17.
338 § 328 Abs. 1 Nr. 4 ZPO.
339 BGHZ 95, S. 256 (270).
340 BGHZ 50, S. 370 (375); BGHZ 54, S. 132 (140); BGH, NJW 2002, S. 960 (961).

rechtigkeit verletzt hat oder deren Einhaltung für die Zukunft nicht gewährleistet[341]. In materieller Hinsicht liegt ein Verstoß vor, wenn die Anwendung fremden materiellen Rechts unerträglich erscheint. Zu berücksichtigen ist aber generell, dass die ordre public Klausel als ultima ratio zu verstehen ist[342].

Im Internationalen Insolvenzrecht kann sich ein ordre public Verstoß sowohl aus dem ausländischen Insolvenzeröffnungsverfahren als auch aus dem eingeleiteten Insolvenzverfahren ergeben. Hierbei können entweder bereits die Vorschriften des ausländischen Insolvenzrechts mit dem deutschen ordre public nicht im Einklang stehen oder der ordre public greift ein, weil gegen die Vorschriften des ausländischen Insolvenzrechts verstoßen wurde[343]. Eine révision au fond findet zwar grundsätzlich nicht statt, im Rahmen der ordre public Prüfung erlangt sie jedoch Bedeutung[344].

Sofern der ordre public Verstoß nur einzelne isolierbare Insolvenzwirkungen oder einzelne Insolvenzbeteiligte betrifft, kommt es zu einer Teilnichtanerkennung[345]. Dies folgt zum einen daraus, dass die vollständige Verweigerung der Anerkennung dem Sinn des ordre public als anerkennungsrechtlichen Notbehelf und dem Interesse der Gläubigergesamtheit an einer zügigen Insolvenzabwicklung widersprechen würde. Zum anderen folgt dies aus dem Wortlaut des § 343 Abs. 1 Nr. 2 InsO selbst, wonach die Anerkennung zu versagen ist, „soweit" sie mit den Grundrechten unvereinbar ist.

Eine völlige Nichtanerkennung der Auslandsinsolvenz wird nur dann in Betracht kommen, wenn sich der Verstoß gegen den ordre public nicht durch weniger strikte Maßnahmen beheben lässt. Dies folgt aus dem Prinzip des geringst möglichen Eingriffs[346]. Das deutsche Recht sieht zwar nicht die Möglichkeit vor, die Anerkennung der Auslandsinsolvenz an Auflagen zu knüpfen. Dennoch muss es möglich sein, lediglich einzelne Forderungen der Auslandsinsolvenz zurückzuweisen oder vor der Ablieferung von Inlandsvermögen Auflagen zu erlassen[347]. Dies hat den positiven Nebeneffekt, dass in den Fällen, in denen sich die Vereinbarkeit des ausländischen Verfahrens mit dem deutschen ordre public noch nicht absehen lässt, dieser durch die entsprechenden Zusagen

---

[341] Zu nennen ist hier z.B. eine Verweigerung des rechtlichen Gehörs, etwa wenn die gerichtliche Entscheidung ohne Anhörung des Schuldners vor Eröffnung des Insolvenzverfahrens erging.

[342] Sonnenberger in MüKo, Art. 6 EGBGB, Rn. 14; Wimmer in FK, Art. 102 EGInsO, Rn. 269.

[343] Trunk, S. 272; Trunk nennt in diesem Zusammenhang auch die Fälle eines missbräuchlichen Einsatzes des Insolvenzverfahrens als verdeckte Enteignung. Nach der hier vertretenen Auffassung handelt es sich im Falle einer verdeckten Enteignung jedoch bereits gar nicht um ein anerkennungsfähiges Insolvenzverfahren, da Zweck einer Enteignung ist, das Vermögen dem Staat zukommen zu lassen. Sie dient daher nicht einer gleichmäßigen Gläubigerbefriedigung. Eines Rückgriffs auf die ordre public Klausel bedarf es in diesen Fällen somit gar nicht.

[344] Aderhold, S. 198; Laut, S. 93 f..

[345] Regierungsentwurf vom 25.10.2002, Begründung zu § 343, BT – Drs. 15/16, S. 21; ebenso Begründung zum RegEInsO, BT – Drs. 12/2443, S. 241; Trunk, S. 272; Geimer, Rn. 3521; Laut, S. 90; Kolmann, S. 147.

[346] Aderhold, S. 203; zum Prinzip des geringstmöglichen Eingriffs vgl. Sonnenberger in MüKo, Art. 6 EGBGB, Rn. 90.

[347] Aderhold, S. 203.

oder Auflagen gesichert werden kann[348].

(5) Wirksamkeit und Rechtskraft

(a) Wirksamkeit

Als ungeschriebene Anerkennungsvoraussetzung muss die ausländische Insolvenzeröffnungsentscheidung nach der lex fori concursus wirksam sein[349]. Ansonsten ginge die Anerkennung ins Leere. Das Verfahren kann im Inland nicht mehr Wirkungen entfalten als im Verfahrenseröffnungsland. An der Wirksamkeit fehlt es aber nicht bei bloßer Fehlerhaftigkeit der ausländischen Entscheidung. Es muss sich vielmehr um Nichtigkeit im Sinne von absoluter Wirkungslosigkeit handeln[350]. Wann eine Entscheidung unwirksam ist, wird durch das Recht des Verfahrensstaates selbst bestimmt.

(b) Rechtskraft

Fraglich ist, ob die ausländische Entscheidung als Anerkennungsvoraussetzung formell rechtskräftig sein muss.
Angesichts der Tatsache, dass die Eröffnung eines Insolvenzverfahrens mit erheblichen Nachteilen für den Schuldner verbunden ist, könnte man in Betracht ziehen, in analoger Anwendung von § 723 Abs. 2 S. 1 ZPO die Rechtskraft der Eröffnungsentscheidung abzuwarten. Hierfür würde sprechen, dass voreilige internationale Vermögenstransfers verhindert werden könnten, die nur schwerlich wieder rückgängig zu machen sind. Ferner ist die Anerkennung der Eröffnung des Insolvenzverfahrens mit erheblichen Nachteilen für den Schuldner verbunden[351].
Gegen das Erfordernis, dass die ausländische Entscheidung bereits in formeller Rechtskraft erwachsen sein muss, sprechen aber Sinn und Zweck der automatischen Anerkennung. Dieser erfordert, dass die Beschlagnahmewirkungen sofort eintreten, damit das Vermögen des Schuldners rasch weltweit erfasst wird und einer gleichmäßigen Gläubigerbefriedigung zugeführt wird. Diesem Zweck würde es zuwiderlaufen, zunächst die formelle Rechtskraft abzuwarten und dem Schuldner die Möglichkeit zu Verfügungen über sein im Inland belegenes Vermögen zu belassen. Manipulationen zum Nachteil der Masse würden dadurch nur erleichtert.
Letztlich spricht gegen diesen Vorbehalt auch die Tatsache, dass im Gegensatz zum Vorentwurf des Bundesministeriums der Justiz von Vorschriften zur Neuordnung des Internationalen Insolvenzrechts vom 1.3.1989[352] das Rechtskrafterfordernis im späteren

---

[348] Trunk, S. 273.
[349] BGHZ 95, S. 256 (270).
[350] Geimer, Rn. 3511.
[351] Insofern, als ihm der Zugriff auf sein Vermögen entzogen wird.
[352] Abgedruckt in Hans Stoll, Stellungnahmen und Gutachten zur Reform des deutschen Internationalen Insolvenzrechts, 1992, S. 2 ff., dort Art. 9.

Regierungsentwurf nicht mehr enthalten war. Ebenso genügt es gem. Art. 16 Abs. 1 im Anwendungsbereich der EuInsVO, dass die Eröffnungsentscheidung im Eröffnungsstaat wirksam ist[353].

Die Anerkennung ist somit nicht davon abhängig, dass die Eröffnungsentscheidung des ausländischen Staates in Rechtskraft erwachsen ist[354].

(6) Gegenseitigkeit

Gemäß § 328 Abs. 1 Nr. 5 ZPO setzt die Anerkennung einer ausländischen Entscheidung die Verbürgung der Gegenseitigkeit voraus. Das heißt der ausländische Urteilsstaat muss entsprechende deutsche Entscheidungen ebenfalls anerkennen. Fraglich ist, ob dieses Gegenseitigkeitserfordernis auf das Insolvenzanerkennungsrecht zu übertragen ist. § 343 InsO erwähnt den Gegenseitigkeitsvorbehalt nicht. Ebenso enthielt § 384 RegInsO keinen Gegenseitigkeitsvorbehalt. In der damaligen Gesetzesbegründung[355] wurde sogar explizit erwähnt, dass es der Gegenseitigkeit für eine Anerkennung nicht bedürfe. Beachtenswert ist allerdings, dass sich der Bundesrat in einer Stellungnahme zum damaligen Regierungsentwurf für das Prinzip der Gegenseitigkeit ausgesprochen hatte[356]. Danach sollten Inlandsgläubiger ebenso weitgehende Rechte haben, wie Auslandsgläubiger bei einer Inlandsinsolvenz. Die Wendeentscheidung des BGH zur Anerkennung ausländischer Insolvenzen[357] erwähnte das Gegenseitigkeitserfordernis demgegenüber nicht. Dies entspricht auch der heutigen Rechtsprechung[358]. De lege lata ist die Verbürgung der Gegenseitigkeit somit keine Anerkennungsvoraussetzung[359].

Möglicherweise wäre es aber wünschenswert gewesen, dass der Gesetzgeber in die erfolgte Neuregelung von § 343 InsO einen Gegenseitigkeitsvorbehalt aufgenommen hätte. Hierfür würde zunächst sprechen, dass es nicht recht einzusehen ist, ausländi-

---

[353] Im Rahmen von § 328 ZPO ist streitig, ob die formelle Rechtskraft Anerkennungsvoraussetzung ist. Vgl. dazu Roth in Stein/Jonas, § 328 Rn. 73 ff..

[354] Begründung zu § 384 RegEInsO, BT – Drs. 12/2443, S. 241; Gottwald in Gottwald, § 130, Rn. 9; Trunk, S. 273; Geimer, Rn. 3512; Wimmer in FK, Art. 102 EGInsO, Rn. 272; Weis in Hess/Weis/Wienberg, Art. 102 EGInsO, Rn. 29; Schack, Rn. 1115; Laut, S. 55; Kolmann, S. 522; Homann, S. 103; Dies folgt indirekt auch aus der Begründung zum Regierungsentwurf vom 25.10.2002, BT – Drs. 15/16, S. 21, wonach die Anerkennung „lediglich" ausgeschlossen ist, soweit den Gerichten nicht die internationale Zuständigkeit zukommt oder die Anerkennung gegen den deutschen ordre public verstoßen würde. Ein Rechtskrafterfordernis ist nicht erwähnt.

[355] BT – Drs. 12/2443, S. 236.

[356] BT – Drs. 12/2443, S. 260; „Die Berücksichtigung des Prinzips der Gegenseitigkeit ist zu gewährleisten. Inlandsgläubiger sollten im Fall des Auslandskonkurses ebenso weitgehende Rechte haben wie Auslandsgläubiger".

[357] BGHZ 95, S. 256 (270).

[358] BGHZ 122, S. 373 (375) = NJW 1993, S. 2312 (2313); BGHZ 134, S. 79 (90) = NJW 1997, S. 524 (527).

[359] Kemper in Kübler/Prütting, Art. 102 EGInsO, Rn. 89; Geimer, Rn. 3520; Wimmer in FK, Art. 102 EGInsO, Rn. 273; Trunk, S. 275; Gottwald in Gottwald, § 130, Rn. 22; Weis in Hess/Weis/Wienberg, Art. 102 EGInsO, Rn. 37; Reinhart in MüKo, InsO, Art. 102 EGInsO, Rn. 322.

schen Insolvenzverfahren die Anerkennung auch dann zu gewähren, wenn diese Rechtsordnungen der deutschen Insolvenz keinerlei Anerkennung verschaffen[360]. Das Gegenseitigkeitserfordernis könnte darüber hinaus sogar ein geeignetes Druckmittel darstellen, den ausländischen Staat dazu zu bewegen, seine territorialistische Abschottung aufzugeben[361].

Dem ist jedoch entgegenzuhalten, dass einer Auslandsinsolvenz Wirkungen im Inland nicht deshalb gestattet werden, weil umgekehrt auch die Inlandsinsolvenz im Ausland Wirkungen entfaltet, sondern weil eine internationale Öffnung auf dem Gebiet des Insolvenzrechts aus grundsätzlichen Erwägungen der Gerechtigkeit, nämlich der Gleichberechtigung sämtlicher Gläubiger, und wirtschaftlichen Nützlichkeit geboten ist[362]. Materielle Gerechtigkeit kann mit dem Gegenseitigkeitsvorbehalt aber gerade nicht erreicht werden[363].

Zudem ist der Gegenseitigkeitsvorbehalt auch nicht als geeignetes Druckmittel zu rechtfertigen. Im Zivilprozess (§ 328 Abs. 1 Nr. 5 ZPO) ist das Gegenseitigkeitserfordernis vielfach kritisiert worden[364]. Dies resultiert daraus, dass es sein Ziel, auf den ausländischen Staat Druck auszuüben, damit dieser seine Anerkennungsregeln ändert, bisher nur selten erreicht hat[365]. Vor allem aber wirkt dieses Druckmittel in erster Linie nicht gegen den betreffenden Staat, sondern gegen die privaten Gläubiger und den Grundsatz der Gläubigergerechtigkeit[366].

Darüber hinaus weist Aderhold[367] zu Recht auf die Gefahr hin, dass durch das Gegenseitigkeitserfordernis letztlich das Universalitätsprinzip unterlaufen werden könnte, da die Verbürgung der Gegenseitigkeit in den Rechtsordnungen vieler Handelspartner nicht eindeutig ist. So könnte beispielsweise bereits die Notwendigkeit eines Exequaturverfahrens im französischen Recht gegen eine Gewähr der Gegenseitigkeit sprechen. Ebenso legt das schweizerische Internationale Insolvenzrecht durch die Anerkennungsvoraussetzung eines doppelten Exequaturs (für den Eröffnungsbeschluss und den Insolvenzplan), die Vermutung nahe, dass eine Verbürgung der Gegenseitigkeit nicht gegeben ist. Diesbezügliche Zweifel an der Verbürgung der Gegenseitigkeit lassen sich in der Tat am besten dadurch vermeiden, dass auf einen Gegenseitigkeitsvorbehalt verzichtet wird[368]. Hierdurch würde den Gerichten ein vermeidbarer Aufwand und den Beteiligten mögliche kostenintensive Gutachten erspart[369]. Letztlich wäre ein Gegenseitigkeitsvorbehalt ange-

---

[360] Baur/Stürner, Rn. 37.27

[361] Trunk, KTS 1987, S. 415 (430).

[362] Aderhold, S. 199; Laut, S. 99.

[363] Lüke, KTS 1986, S. 1 (16); Summ, S. 41; Kemper in Kübler/Prütting, Art. 102 EGInsO, Rn. 89; Laut, S. 99.

[364] Süß in FG Rosenberg, S. 229 (231 ff.); Roth in Stein/Jonas, § 328, Rn. 144; Geimer/Schütze, S. 1752.

[365] Lüke, KTS 1986, S. 1 (16); Geimer/Schütze, S. 1752.

[366] Aderhold, S. 199; Trunk, S. 417; Homann, S. 111.

[367] S. 200; im Anschluss daran auch Laut, S. 99.

[368] Aderhold, S. 200.

[369] Laut, S. 100.

sichts des bereits erlangten Maßes an Anerkennungsfreundlichkeit auch kaum zu rechtfertigen[370].

Dementsprechend ist ein Gegenseitigkeitsvorbehalt der englischen[371] und auch der französischen[372] Rechtsordnung fremd. Lediglich das schweizerische Recht enthält in Art. 166 Abs. 1 c) IPRG einen Gegenseitigkeitsvorbehalt, der in der Lehre[373] jedoch allgemein als verfehlt kritisiert wird.

Dem Verzicht auf die Gegenseitigkeit als Anerkennungsvoraussetzung ist daher zuzustimmen. In den Fällen, in denen die Anerkennung von Insolvenzverfahren aus extrem territorialistischen Staaten in Frage steht, könnte zudem immer noch auf den ordre public als Anerkennungsschranke zurückgegriffen werden[374].

(7) Öffentliche Bekanntmachung

§ 345 InsO sieht nunmehr vor, dass das Insolvenzgericht auf Antrag des ausländischen Insolvenzverwalters den wesentlichen Inhalt der Entscheidung über die Verfahrenseröffnung und der Entscheidung über die Bestellung des Insolvenzverwalters im Inland bekannt zu machen hat, sofern die Voraussetzungen für die Anerkennung der Verfahrenseröffnung gegeben sind. Bereits aus diesem insoweit eindeutigen Wortlaut folgt, dass der Gesetzgeber die öffentliche Bekanntmachung nicht als Anerkennungsvoraussetzung verstanden wissen wollte. Dies entspricht auch der überwiegenden Auffassung zur bisherigen Rechtslage[375].

(8) Zusammenfassung

Die Eröffnung eines Verfahrens wird nur dann anerkannt, wenn es sich um ein Insolvenzverfahren handelt. Hiervon werden Liquidations- und Sanierungsverfahren gleichermaßen erfasst. Ferner muss der Staat der Eröffnungsentscheidung in spiegelbildlicher Anwendung der deutschen Vorschriften international zuständig sein. Letztlich steht die Anerkennung unter dem Vorbehalt des deutschen ordre public. Als einzige ungeschriebene Voraussetzung muss die ausländische Insolvenzeröffnungsentscheidung nach der lex fori concursus wirksam sein. Sofern diese Voraussetzungen vorliegen, ist die ausländische Verfahrenseröffnung anzuerkennen.

---

[370] Leipold in Stoll, Vorschläge und Gutachten, S. 185 (193).

[371] Martiny, Rn. 1198.

[372] Batiffol/Lagarde, S. 592 (Rn. 728); Audit, S. 392 (451).

[373] Hanisch, RabelsZ 56, 1992, S. 179 (183); Staehelin, S. 65 ff..

[374] Aderhold, S. 201.

[375] Gottwald in Gottwald, § 130 Rn. 25; Wimmer in FK, Art. 102 EGInsO, Rn. 274; Summ, S. 41; Geimer, Rn. 3527; Spahlinger, S. 100.

f. Die Anerkennung sonstiger insolvenzrechtlicher Entscheidungen

Gemäß § 343 Abs. 2 InsO gilt dessen Absatz 1 auch „für Entscheidungen, die zur Durchführung oder Beendigung des anerkannten Insolvenzverfahrens ergangen sind". Somit wird klargestellt, dass ebenso wie auf europäischer Ebene[376] sonstige insolvenzrechtliche Entscheidungen grundsätzlich anerkennungsfähig sind. Eine Bindungswirkung aufgrund der Anerkennung des Eröffnungsverfahrens besteht dagegen nicht. Die Anerkennung der sonstigen insolvenzrechtlichen Entscheidungen ist insofern mit der Interessenlage der Anerkennung des Eröffnungsbeschlusses vergleichbar, als eine verfahrensrechtliche Anerkennung stets dann erfolgt, wenn eine staatliche Stelle den Sachverhalt geprüft und unter Anwendung des ausländischen Rechts eine Entscheidung getroffen hat. Sofern dies nicht der Fall ist muss kollisionsrechtlich vorgegangen werden und die Rechtmäßigkeitsvoraussetzungen der Entscheidung müssen nach dem berufenen Sachrecht vom deutschen Richter überprüft werden.
Der Klärung bedarf jedoch noch die Frage, wie eine Abgrenzung von typisch insolvenzrechtlichen Entscheidungen zu jenen, die von § 343 Abs. 2 InsO nicht erfasst sein sollen, zu erfolgen hat. Ferner stellt sich die Frage, ob für die Anerkennung dieser Entscheidungen die gleichen Voraussetzungen gelten sollen, wie für die Anerkennung der ausländischen Insolvenzeröffnung.

(1) Qualifikation

Da zur Durchführung des Insolvenzverfahrens eine Vielzahl weiterer insolvenzrechtlicher Entscheidungen[377] ergeht, die eine eigenständige anerkennungsrechtliche Prüfung erfordern, stellt sich die Frage, welche dieser Entscheidungen von § 343 Abs. 2 InsO erfasst sein sollen. Es muss daher ein Abgrenzungskriterium gefunden werden, das eine eindeutige Qualifikation ermöglicht. Die Entscheidungen, die nicht gemäß § 343 Abs. 2 InsO anerkannt werden können, fallen dann in den Anwendungsbereich von § 328 ZPO mit seinen insoweit strengeren Anerkennungsvoraussetzungen.
Die Gesetzesbegründung zu § 343 ist insofern wenig ergiebig, als kein eindeutiges Qualifikationskriterium genannt wird. Allerdings verweist sie auf Art. 25 Abs. 1 EuInsVO. Die-

---

[376] Art. 25 Abs. 1 Verordnung (EG) Nr. 1346/2000.

[377] Hinsichtlich der Terminologie unterscheidet Reinhart zwischen insolvenzrechtlichen Entscheidungen einerseits und insolvenzbezogenen Entscheidungen andererseits. Reinhart in MüKo, InsO, Art. 102 EGInsO, Rn. 284; M.E. handelt es sich dabei jedoch um dasselbe. Vielmehr sollte zwischen insolvenzrechtlichen bzw. insolvenzbezogenen Entscheidungen einerseits und andererseits solchen Entscheidungen, die nicht als insolvenzrechtlich zu qualifizieren sind, unterschieden werden.

ser spricht in Unterabsatz 1[378] zunächst ebenso wie § 343 Abs. 2 InsO von Entscheidungen, „die zur Durchführung und Beendigung eines Insolvenzverfahrens ergangen sind". Auch dieser Verweis auf die EuInsVO hilft auf den ersten Blick somit nicht weiter. Jedoch enthält Art. 25 Abs. 1 Unterabsatz 2 EuInsVO dahingehend eine Präzisierung, als nach dieser Norm auch solche Entscheidungen anzuerkennen sind, „die unmittelbar aufgrund des Insolvenzverfahrens ergehen und in einem engen Zusammenhang damit stehen, auch wenn diese Entscheidungen von einem anderen Gericht getroffen werden". Eine derartige Regelung enthält § 343 InsO zwar nicht, jedoch ist davon auszugehen, dass auch in § 343 Abs. 2 InsO lediglich solche Entscheidungen gemeint sein sollen, die in einem engen Zusammenhang zu dem Insolvenzverfahren stehen. Ansonsten könnte jede noch so entfernte Beziehung zu dem Insolvenzverfahren genügen, dass freundlichere Anerkennungsregime des Internationalen Insolvenzrechts für einschlägig zu erklären. Aus dem systematischen Zusammenhang von Art. 25 Abs. 1 Unterabs. 2 EuInsVO folgt, dass mit einem „anderen Gericht" andere Gerichte gemeint sind, als jenes eine, welches das Insolvenzverfahren eröffnet hat[379]. § 343 Abs. 2 InsO spricht zwar nicht ausdrücklich auch von Entscheidungen von einem anderen Gericht, jedoch schließt der Wortlaut es nicht aus, dass Entscheidungen, die zur Durchführung oder Beendigung des anerkannten Insolvenzverfahren ergangen sind, auch solche von anderen Gerichten oder insoweit zuständigen Stellen sind.

Im Ergebnis werden mithin solche Entscheidungen anerkannt, die unmittelbar aufgrund des Insolvenzverfahrens ergehen und in einem engen Zusammenhang damit stehen. Demnach sind von § 343 Abs. 2 InsO jedenfalls nicht sämtliche in irgendeinem Zusammenhang zu dem Insolvenzverfahren stehenden Folgeentscheidungen erfasst.

Anhand des Unmittelbarkeitserfordernisses kann jedoch immer noch keine eindeutige Abgrenzung erfolgen. Daher soll an dieser Stelle das Unmittelbarkeitserfordernis und der erforderliche enge Zusammenhang näher präzisiert werden.

Indem in Art. 25 Abs. 1 Unterabs. 2 EuInsVO die Kriterien der Unmittelbarkeit und des engen Zusammenhangs aufgenommen wurden, hat sich der Verordnungsgeber die Abgrenzungsvorgaben des EuGH[380] zu eigen gemacht, die dieser dazu entwickelt hat, um insolvenzrechtliche Entscheidungen von nicht insolvenzrechtlichen Entscheidungen zu

---

[378] Man darf sich durch die Tatsache, dass Art. 25 EuInsVO im Amtsblatt der EG in zwei Spalten dargestellt wird, nicht irritieren lassen. Die Regelung der Anerkennung und Vollstreckbarerklärung links unten und rechts oben im Amtsblatt ist als einheitlicher Unterabsatz 1 zu verstehen. Ansonsten würde Unterabsatz 2 keinen Sinn machen, wenn dieser sich ausschließlich auf die Vollstreckbarerklärung und nicht auch auf die vorherige Anerkennung beziehen würde.

[379] Haubold, IPRax 2002, S. 157 (160).

[380] EuGH, Gourdain/Nadler, Slg. 1979, S. 733 (744).

trennen[381].

(a) Rechtsnatur

Grundsätzlich ist zunächst auf die Rechtsnatur des einer Entscheidung zugrunde liegenden, geltend gemachten Anspruchs abzustellen. Es ist kein Grund ersichtlich, wieso ein Anspruch, der seiner Rechtsnatur nach unstreitig als dem Insolvenzrecht angehörig beurteilt wird, nicht auch als solcher zu behandeln ist[382].

Fraglich ist allerdings, ob dennoch eine Verankerung im Insolvenzrecht begründbar ist, wenn die Rechtsnatur des Anspruchs nach überwiegender Auffassung als nicht insolvenzrechtlich beurteilt wird. So hat in der Rechtssache Gourdain/Nadler der EuGH den damals geltenden Art. 99 des französischen Insolvenzgesetzes[383] als insolvenzrechtlich qualifiziert, obwohl die französische Rechtsprechung und Literatur in dem Anspruch stets eine Spezialnorm der allgemeinen deliktischen Haftung und nicht eine spezifisch konkursrechtliche Sanktion gesehen haben[384]. Für derartige Fälle, in denen die Rechtsnatur des Anspruchs nicht eindeutig ist oder überwiegend nicht als insolvenzrechtlich erachtet wird, bedarf es mithin einer weiteren Konkretisierung für eine eindeutige Zuordnung.

(b) Systematik und Teleologie

Es könnte somit auf die systematische Stellung und auf den Sinn und Zweck des einer Entscheidung zugrunde liegenden Anspruchs ankommen. Beide Kriterien können jedoch lediglich Indizien für die insolvenzrechtliche Einordnung eines Anspruchs darstellen. Eindeutige Ergebnisse vermögen auch sie nicht zu liefern, was sich wiederum aus der Betrachtung der Ausfallhaftung des Geschäftsleiters nach Art. 99 des französischen Insol-

---

381 Eine Abgrenzung musste erfolgen, weil gemäß Art. 1 Abs. 2 b) EuGVVO, Art. 1 Abs. 2 Nr. 2 EuGVÜ „Konkurse, Vergleiche und ähnliche Verfahren" von deren Anwendungsbereich ausgenommen sind. Es stellte sich mithin die Frage, inwieweit neben der Insolvenzeröffnungsentscheidung auch Einzelverfahren, die im Zusammenhang mit einer Insolvenz auftreten können, vom Anwendungsbereich der EuGVVO bzw. des EuGVÜ ausgenommen sind. Der EuGH hat in der Rechtssache Gourdain/Nadler entschieden, dass solche Entscheidungen insolvenzrechtlich sind, „die unmittelbar aus dem Insolvenzverfahren hervorgehen und sich eng innerhalb des Rahmens eines Konkurs- oder Vergleichsverfahrens halten". Vgl. hierzu auch Duursma-Kepplinger/Duursma/Chalupsky, Art. 25, Rn. 49 ff.; Mörsdorf-Schulte, IPRax 2004, S. 31 ff..

382 Dies führt dazu, dass auch solche Verfahren als insolvenzrechtlich beurteilt werden können, die aufgrund einer ausgeprägten vis attractiva concursus zwar im Insolvenzverfahren ergehen, jedoch nicht unmittelbar den Zweck des Verfahrens betreffen.

383 Art. 99 des Gesetzes Nr. 67 – 563 „sur le règlement judiciaire, la liquidation des biens, la faillite personnelle et les banqueroutes". Ersetzt durch das neue französische Insolvenzgesetz loi no. 85 – 98 du 25 janvier 1985. Nach der action en comblement du passif des Art. 99 kann der Geschäftsleiter einer in Konkurs gefallenen französischen Gesellschaft zur Deckung sämtlicher Schulden dieser Gesellschaft verurteilt werden. Vgl. zur Qualifikation der „action en comblement du passif" nach Art. 180 des neuen französischen Insolvenzgesetzes: Ebenroth/Kieser, KTS 1988, S. 19 ff..

384 Junker, RIW 1986, S. 337 (345).

venzgesetzes ergibt. Systematisch ist der Anspruch zwar im Insolvenzrecht verortet, funktional handelt es sich jedoch um eine tragende Säule im Gläubigerschutzsystem des französischen Kapitalgesellschaftsrechts. Das heißt der dem Art. 99 des französischen Insolvenzgesetz innewohnende Haftungsgrund ist nicht ausschließlich insolvenzrechtlicher Natur[385].

(c) Universeller Geltungsanspruch des Insolvenzverfahrens

Sofern ein Anspruch weder seiner Rechtsnatur nach noch funktional dem Insolvenzrecht eindeutig zugeordnet werden kann, könnte es entscheidend auf das Charakteristikum des Insolvenzverfahrens ankommen, dass der Staat den Gläubigern und dem Schuldner die Initiative zur eigenverantwortlichen Gestaltung ihrer Rechtsverhältnisse nimmt. Sinn und Zweck dieser staatlichen Einmischung ist es, eine sinnvolle und gerechte Bereinigung des Insolvenzkonfliktes zu ermöglichen. Es ist somit der universelle Geltungsanspruch, das heißt die Allseitigkeit der insolvenzrechtlichen Haftungsordnung, die für das Insolvenzverfahren prägend ist. Sofern mithin ein Verfahren Bestandteil dieser Allseitigkeit des Insolvenzverfahrens ist, steht es unabhängig davon, ob es aus dem Sammelverfahren ausgegliedert und in einen Zweiparteienprozess überführt wurde, in einem unmittelbaren sachlichen Zusammenhang mit einem Insolvenzverfahren[386].

Da anhand dieses Kriteriums auch beurteilt werden soll, ob überhaupt ein anerkennungsfähiges Insolvenzverfahren vorliegt, ist es durchaus sachgerecht, es auch für die Qualifikation sonstiger im Zusammenhang mit dem Insolvenzverfahren stehender Verfahren heranzuziehen. Eine abschließende Untersuchung der einzelnen im Zusammenhang mit einer Insolvenz auftretenden Verfahren kann angesichts der Vielzahl der Rechtsordnungen und der unterschiedlich gestalteten Rechtsinstitute hier nicht erfolgen[387]. Das jeder einzelnen Entscheidung zugrunde liegende Verfahren eines ausländischen Gerichts muss somit daraufhin untersucht werden, ob es darauf gerichtet ist, die dem Insolvenzverfahren innewohnenden für und gegen alle Gläubiger wirkenden Gerechtigkeitspostulate umzusetzen. Sofern dies der Fall ist, verdrängt § 343 Abs. 1 InsO das allgemeine Anerkennungsrecht des § 328 ZPO.

Der Rechtssicherheit wäre es wohlmöglich förderlich gewesen, wenn der Gesetzgeber zumindest einige der sonstigen insolvenzrechtlichen Entscheidungen aufgezählt hätte.

---

[385] Ebenroth/Kieser, KTS 1988, S. 19 (30); Haas, NZG 1999, S. 1148 (1152).

[386] Haas, NZG 1999, S. 1148 (1152); vgl. zur allseitigen Konzeption der Insolvenzrechtssystematik allgemein, Häsemeyer, Rn. 2.29, 16.20.

[387] Vgl. insofern die Aufzählung bei Reinhart in MüKo, InsO, Art. 102 EGInsO, Rn. 287 ff.. Danach seien vorläufige Sicherungsmaßnahmen, der Eröffnungsbeschluss, die Bestellung des Insolvenzverwalters, Zwangsmaßnahmen gegen den Schuldner, gerichtlich bestätigte Insolvenzpläne und die Aufhebung des Insolvenzverfahrens als insolvenzrechtlich zu qualifizieren. Dagegen soll nach Reinhart beispielsweise ein Anfechtungsprozess lediglich als insolvenzbezogen zu qualifizieren sein, so dass sich eine etwaige Anerkennung nach der ZPO richtet. Dem kann jedoch nicht gefolgt werden, da auch die Insolvenzanfechtung im Ergebnis eine umfassende par conditio creditorum zum Ziel hat.

Andererseits ist die getroffene offene Formulierung insofern vorteilhaft, als eine Konkretisierung der Rechtsprechung überlassen bleiben kann.

(2) Anerkennungsvoraussetzungen

(a) Verweis auf § 343 Abs. 1 InsO

Indem § 343 Abs. 2 InsO dessen Absatz 1 für entsprechend anwendbar erklärt, gelten zunächst dieselben Anerkennungsvoraussetzungen wie für die Anerkennung der Eröffnung eines ausländischen Insolvenzverfahrens. Demnach muss dem Staat, in dem die Entscheidung zur Durchführung oder Beendigung des Insolvenzverfahrens getroffen wurde, die internationale Zuständigkeit zukommen und die Anerkennung darf nicht gegen den deutschen ordre public verstoßen. Als ungeschriebene Voraussetzung muss die Entscheidung darüber hinaus auch wirksam sein.

(b) Anerkennung des Eröffnungsbeschlusses

Wie dem Wortlaut von § 343 Abs. 2 InsO zu entnehmen ist, kommt die Anerkennung sonstiger insolvenzrechtlicher Entscheidungen nur in Betracht, wenn auch der Eröffnungsbeschluss anerkannt wird oder zuvor anerkannt wurde[388]. Dieses Erfordernis macht Sinn, weil die Anerkennung insolvenzrechtlicher Folgeentscheidungen unabhängig von der Insolvenzeröffnungsentscheidung eine kontrollierte Unterstützung des Gesamtverfahrens konterkarieren würde[389].

(c) Weitere ungeschriebene Anerkennungsvoraussetzungen

Fraglich ist, ob die Anerkennung insolvenzrechtlicher Folgeentscheidungen zusätzlich zu den oben genannten Voraussetzungen von der Rechtskraft der Entscheidung abhängig gemacht werden sollte[390]. Obwohl auch § 328 ZPO die Rechtskraft ausländischer Urteile nicht ausdrücklich fordert, entspricht es der herrschenden Ansicht, dass als Anerkennungsvoraussetzung das Urteil in Rechtskraft erwachsen ist[391].
Der Wortlaut von § 343 InsO gibt insoweit nichts her. Aus der Systematik ließe sich schließen, dass die Rechtskraft der Entscheidung nicht erforderlich ist, weil § 343 Abs. 1 InsO für entsprechend anwendbar erklärt wird und für die Anerkennung des ausländi-

---

[388] So als ungeschriebene Voraussetzung auch schon zu Art. 102 EGInsO: Trunk, S. 278; Schack, Rn. 1118.

[389] Trunk, S. 278; Kolmann, S. 157. Ein Anerkennungsautomatismus zugunsten der Einzelentscheidungen wird durch die Anerkennung der Eröffnungsentscheidung freilich nicht begründet.

[390] So bisher Gottwald in Gottwald, § 130, Rn. 24; Schack, Rn. 1118; Trunk, S. 279.

[391] Die herrschende Lehre verlangt die formelle Rechtskraft: Hartmann in Baumbach/Lauterbach/Albers/Hartmann, § 328, Rn. 8; Schack, Rn. 821; a.A.: Roth in Stein/Jonas, § 328, Rn. 73; Geimer in Zöller, § 328, Rn. 69.

schen Eröffnungsbeschlusses die Rechtskraft desselben schließlich auch nicht erforderlich ist[392]. Das Rechtskrafterfordernis könnte jedoch aus teleologischen Gründen zu fordern sein. Es würde durchaus ein geeignetes Mittel darstellen, voreilige grenzüberschreitende Maßnahmen zu verhindern, die anschließend nur schwerlich wieder rückgängig gemacht werden könnten. Zudem ließe sich argumentieren, dass die Anerkennung sonstiger Entscheidungen nicht in gleicher Weise eilbedürftig ist, wie die Anerkennung der Insolvenzeröffnung[393]. In der Tat muss die Beschlagnahmewirkung sofort eintreten, um Manipulationen zum Nachteil der Masse zu verhindern. Ein Rechtskrafterfordernis wäre hier hinderlich. Eine besondere Eilbedürftigkeit für die Anerkennung von z.B. Feststellungsstreitigkeiten über Gläubigerforderungen zur Tabelle oder Entscheidungen bezüglich der Ab – oder Aussonderung ist dagegen nicht ersichtlich. Betrachtet man jedoch die insolvenzrechtliche Anfechtungsklage[394], so ergibt sich ein anderes Bild. Diese dient in der Regel dazu, den von der Beschlagnahme des Schuldnervermögens ausgehenden Schutz der Interessen der Gläubigergesamtheit auf die Zeit vor der Insolvenzeröffnung vorzuverlagern. Dadurch wird der Gefahr vorgebeugt, dass durch Vermögensverschiebungen im Vorfeld der Insolvenzeröffnung die angestrebte sinnvolle und gerechte allseitige Bereinigung des Insolvenzkonflikts unterlaufen bzw. unmöglich gemacht wird. Folge der Anfechtung ist, dass im Interesse der Gläubigergesamtheit die Vermögensverschiebung rückgängig gemacht wird und eine teilweise Befriedigung erreicht werden kann[395]. Es besteht aber ein großes Interesse daran, dass eine ausländische Insolvenzanfechtungsentscheidung auch im Inland zügig anerkannt wird, um den Vermögenswert in der Masse zu erhalten. Mit einer mangelnden Eilbedürftigkeit der Anerkennung sonstiger Entscheidungen lässt sich das Rechtskrafterfordernis mithin auch nicht begründen. Im Gegenteil zeigt das Beispiel der Insolvenzanfechtung vielmehr, dass ein Rechtskrafterfordernis für insolvenzbezogene Entscheidungen eher hinderlich ist. Aus diesem Grund sollte im Ergebnis auch darauf verzichtet werden, die Rechtskraft der jeweiligen Entscheidung zu verlangen.

Ebenso wie für die Anerkennung der Eröffnungsentscheidung sollte die Anerkennung sonstiger insolvenzrechtlicher Entscheidungen auch nicht an die Verbürgung der Gegenseitigkeit geknüpft werden. Das Kriterium der Gegenseitigkeit würde letztlich nur nachteilig für die Gläubigergesamtheit sein und widerspräche den Wertungen des Internationalen Insolvenzrechts[396].

Die Anerkennung insolvenzrechtlicher Folgeentscheidungen ist somit nicht von weiteren ungeschriebenen Voraussetzungen abhängig.

---

[392] Vgl. E. IV. 2. e. (5).

[393] Trunk, S. 279; Kolmann, S. 157.

[394] Im deutschen Recht §§ 129 ff. InsO.

[395] Paulus in Kübler/Prütting, § 129 Rn. 1 ff.; Zeuner in Smid, § 129 Rn. 1 ff..

[396] Schack, Rn. 1118; Trunk, S. 280.

(3) Vis attractiva concursus und Anerkennungslücken

Es ist durchaus denkbar, dass das ausländische Insolvenzgericht eine Entscheidung aufgrund einer weitreichenden vis attractiva concursus[397] erlassen hat, nach deutschem Recht jedoch die Gerichte eines Drittstaates für die Entscheidung international zuständig gewesen wären. Bei einer strengen Anwendung des Spiegelbildprinzips wäre eine Anerkennung nicht möglich. Dies gilt allerdings dann nicht, wenn eine ausländische vis attractiva concursus auch im Inland beachtlich ist, weil sich nach § 335 InsO die insolvenzrechtlichen Wirkungen des Insolvenzverfahrens nach dem Recht des Verfahrenseröffnungsstaates richten.

(a) Meinungsstand

Nach einer Auffassung sei die vis attractiva concursus als insolvenzrechtlich zu qualifizieren, so dass sie von der kollisionsrechtlichen Grundregel erfasst ist und demnach auch im Inland zu beachten ist[398]. Nach anderer Ansicht habe die Beachtung der ausländischen vis attractiva concursus eine „Umstülpung des deutschen Gerichtsverfassungsrechts" zur Folge[399], so dass deren Beachtlichkeit im Inland abzulehnen sei. Dies wird damit begründet, dass die vis attractiva erheblichen Einfluss auf bereits bestehende Entscheidungszuständigkeiten inländischer Gerichte haben könne und ein Verlust der Zuständigkeit für die inländischen Gläubiger schlicht unzumutbar sei. Darüber hinaus bestünden auch praktische Schwierigkeiten, da es für inländische Gerichte nicht leicht sein dürfte, die Reichweite der ausländischen vis attractiva zu ermitteln[400].
Nach einer differenzierenden Auffassung[401] handelt es sich bei der Frage der Reichweite der ausländischen vis attractiva concursus um einen Aspekt des inländischen ordre public[402] und damit um eine Frage des Einzelfalls. Danach seien die ausländischen Praktikabilitätserwägungen mit den inländischen Gläubigerinteressen abzuwägen. Die aus-

---

[397] Vis attractiva concursus bedeutet die umfassende Kompetenz des Insolvenzgerichts für alle mit der Insolvenz zusammenhängenden Rechtsstreitigkeiten. Das französische Recht hat die Theorie der vis attractiva concursus sehr weitgehend verwirklicht. Gemäß Art. 174 Dekret n. 85 – 1388 entscheidet das Insolvenzgericht über alle das Insolvenzverfahren betreffenden Streitigkeiten mit Ausnahme solcher, die die Haftung des Verwalters, Gläubigervertreters oder der mit der Durchführung eines Insolvenzplans oder einer Liquidation betrauten Organs betreffen. Dem deutschen Recht ist die vis attractiva concursus fremd.

[398] Aderhold, S. 305.

[399] E.Habscheid, S. 372; ebenso E. Habscheid, ZIP 1999, S. 1113 (1117); auch E. Habscheid, NZI 2003, S. 238 (239 ff.); ähnlich: Homann, S. 143; Grasmann, KTS 1990, S. 157 (175); Lüderitz, JZ 1986, S. 96 (97); Leipold in FS Ishikawa, S. 221 (231).

[400] Kolmann, S. 122.

[401] Kolmann, S. 126.

[402] Hierbei geht es nicht um den anerkennungsrechtlichen ordre public Vorbehalt, sondern um den kollisionsrechtlichen ordre public im Rahmen des kollisionsrechtlichen Verweises nach § 335 InsO. Der kollisionsrechtliche ordre public richtet sich nach Art. 6 EGBGB, der auch für Kollisionsnormen außerhalb des EGBGB gilt.

schließliche Zuständigkeit des ausländischen Insolvenzgerichts solle nur für solche Rechtsstreitigkeiten gelten, die mit dem Insolvenzrecht in unmittelbaren, untrennbaren Zusammenhang stehen.

(b) Stellungnahme

Die grundsätzlich insolvenzrechtliche Qualifikation der vis attractiva concursus lässt sich kaum bestreiten. Allein die Tatsache, dass die vis attractiva im deutschen Insolvenzrecht unbekannt ist, kann nicht zu einer verfahrensrechtlichen Qualifikation führen[403]. Es stellt sich somit die Frage, ob die vis attractiva damit automatisch vom kollisionsrechtlichen Verweis des § 335 InsO erfasst ist. Hierfür spricht, dass sie zu einer weitgehenden Anwendung der lex fori concursus führt und dadurch ein Stück weit zur Verwirklichung des Universalitätsprinzips beiträgt. Zudem vermag sie gerade in den Fällen, in denen für eine Einzelentscheidung nach autonomem Recht die Gerichte eines anderen Staates als jenem der Verfahrenseröffnung international zuständig gewesen wären, Anerkennungslücken zu vermeiden.

Andererseits sprechen gewichtige Gründe gegen die Anerkennung der ausländischen vis attractiva concursus auch im Inland. Hiergegen können zunächst Praktikabilitätserwägungen angeführt werden, die unter dem Stichwort der „Zuständigkeitsgerechtigkeit" diskutiert wurden[404]. Zum einen dürfte es sich für manchen Gläubiger als äußerst schwierig erweisen, seine Rechte in einer anderen Sprache in einem anderen Staat durchzusetzen[405]. Vielmehr ist es dem Insolvenzverwalter kraft seines Berufes eher zuzumuten, die Rechtsverfolgung in einem anderen Staat durchzuführen, als jedem einzelnen Gläubiger. Zum anderen müsste das angerufene inländische Gericht stets die Reichweite der ausländischen vis attractiva ermitteln. Dies würde jedoch der Verfahrenssicherheit abträglich sein, da das Verfahren bis zur Klärung der Rechtslage ausgesetzt werden müsste und die Beteiligten nicht wüssten, ob das Verfahren tatsächlich an dem angerufenen Gericht durchgeführt wird[406].

Gegen die Geltung der ausländischen vis attractiva auch im Inland spricht zudem die Möglichkeit im Inland ein Sekundärinsolvenzverfahren zu eröffnen. Für seinen Geltungsbereich würde das inländische Verfahren seine Zuständigkeitsordnung beibehalten. Würde nunmehr mit der Eröffnung des ausländischen Hauptinsolvenzverfahrens die inländische Zuständigkeitsordnung verloren gehen, müsste sie mit Eröffnung des Sekundärverfahrens wieder aufleben. Dies erscheint aber befremdlich und der Rechtsklarheit abträglich[407].

---

[403] So aber E. Habscheid, S. 373 f., der die vis attractiva als verfahrensrechtliches Problem einordnet, da durch sie eine bestehende internationale Zuständigkeit inländischer Gerichte geschluckt wird. Demnach sei die Grundnorm des Internationalen Insolvenzrechts nicht einschlägig.

[404] Lüderitz, JZ 1986, S. 96 (97); Grasmann, KTS 1990, S. 157 (175).

[405] Ebenso Lüderitz, JZ 1986, S. 96 (97).

[406] Kolmann, S. 122.

[407] Vgl. auch Kolmann, S. 123.

Zu berücksichtigen ist ferner, dass die vis attractiva concursus in vielen Staaten lediglich Ausfluss von Praktikabilitätserwägungen ist. Zu untersuchen ist, ob diese gegenüber den Interessen der inländischen Gläubiger an dem Bestand der inländischen Zuständigkeitsordnung der Vorrang einzuräumen ist. Die Zulassung der vis attractiva auch im Inland und der damit verbundene Verlust der inländischen Zuständigkeitsordnung stellt jedoch einen Eingriff in verfassungsrechtlich geschützte Bereiche, wie die Rechtsweggarantie (Art. 19 Abs. IV GG), das Recht auf den gesetzlichen Richter (Art. 101 GG) und das Recht auf rechtliches Gehör (Art. 103 GG) dar. Die inländische Gerichtsbarkeit wird konsumiert und die autonome Staatsgewalt auf ein anderes Land übertragen. Ein solcher Eingriff kann jedoch nur gerechtfertigt sein, wenn eine gesetzliche Ermächtigung vorliegen würde[408]. Eine solche Ermächtigung, das heißt eine Zuständigkeitsnorm zugunsten des ausländischen Forums, kann dem deutschen Recht jedoch nicht entnommen werden[409]. Die Kollisionsregel des § 335 InsO kann dafür nicht genügen, da der gesetzliche Richter eindeutig bestimmt sein muss. Letztlich würde die Beachtung der ausländischen vis attractiva concursus sogar dazu führen, dass der inländische Gesetzgeber dem ausländischen Gesetzgeber den verfassungsrechtlichen Auftrag übertragen würde, einen Rechtsschutz, der den Justizgrundrechten des Grundgesetzes entspricht, zu gewährleisten. Eine solche Vorgehensweise widerspricht jedoch dem deutschen Grundrechtsverständnis[410]. Diesen verfassungsrechtlichen Bedenken ist gegenüber den ausländischen Praktikabilitätserwägungen der Vorrang einzuräumen.
Dies alles spricht somit dafür, die ausländische vis attractiva concursus im Inland nicht gelten zu lassen. Die Gefahr von Anerkennungslücken ist angesichts der verfassungsrechtlichen Bedenken gegen die Beachtlichkeit der vis attractiva auch im Inland hinzunehmen. Ebenso vermag aber auch die differenzierende Auffassung nicht zu überzeugen. Sie kann zum einen die verfassungsrechtlichen Bedenken nicht ausräumen und zum anderen führt sie im Ergebnis zu einer Teilanerkennung der vis attractiva concursus, wodurch wiederum nur zusätzliche Unsicherheiten begründet würden. Demgegenüber ist die gänzliche Ablehnung der vis attractiva und die Zugrundelegung der deutschen Zuständigkeitsordnung die sauberere Lösung.

g. Anerkennung insolvenzrechtlicher Entscheidungen anderer Staaten

Im Rahmen einer Insolvenz können durchaus auch insolvenzbezogene Entscheidungen in einem anderen Staat als jenem der Verfahrenseröffnung ergehen[411]. Es stellt sich daher die Frage, nach welchen Regeln diese Entscheidungen anerkannt werden. Nach der

---

[408] So auch E. Habscheid, S. 370 f.; ders. ZIP 1999, S. 1113 (1115).

[409] Auf europäischer Ebene folgt ein Verzicht auf die eigene Zuständigkeit aus Art. 4 Abs. 2 h) EuInsVO.

[410] E. Habscheid, S. 376.

[411] Z.B. Insolvenzanfechtungsentscheidungen aus dem Wohnsitzstaat des Anfechtungsbeklagten; Klagen aus vom Insolvenzverwalter erfüllten Verträgen oder insolvenzrechtliche Herausgabeklagen des Insolvenzverwalters, weil ein Gegenstand nach der Eröffnung des Insolvenzverfahrens aus dem Gebiet des Staates der Verfahrenseröffnung verbracht worden ist; vgl. Art. 18 Abs. 2 EuInsVO.

EuInsVO werden Entscheidungen, die unmittelbar aufgrund des Insolvenzverfahrens ergehen und die in engem Zusammenhang mit demselben stehen, selbst wenn die Entscheidung von einem anderen Gericht als dem Insolvenzgericht getroffen wurde, automatisch anerkannt[412]. Auch im autonomen deutschen internationalen Insolvenzrecht lässt der Wortlaut von § 343 Abs. 2 InsO eine Begrenzung der Anerkennung auf Entscheidungen des Eröffnungsgerichts nicht erkennen. Ebenso ist keine Begrenzung auf solche Entscheidungen erfolgt, die im Insolvenzeröffnungsstaat ergangen sind. § 343 Abs. 2 InsO schließt somit die Anerkennung von insolvenzbezogenen Entscheidungen anderer Staaten, als jenem der Eröffnungsentscheidung, nicht aus[413]. Insbesondere wäre auch nicht einzusehen, wieso insolvenzrechtliche Entscheidungen, die in einem engen Zusammenhang mit dem Insolvenzverfahren stehen, einem anderen Anerkennungsregime unterfallen sollten, als die insolvenzrechtlichen Entscheidungen, die im Insolvenzforumstaat ergangen sind[414]. Die internationale Zuständigkeit für derartige Entscheidungen ist in spiegelbildlicher Anwendung des deutschen Rechts zu beurteilen[415].

h. Anerkennung von Sicherungsmaßnahmen

Eine ausdrückliche gesetzliche Regelung über die Anerkennung oder Nichtanerkennung von Sicherungsmaßnahmen im ausländischen Insolvenzeröffnungsverfahren kannte das deutsche Recht bislang nicht. Noch in der Begründung zum Regierungsentwurf[416] von 1992 hieß es, dass vorläufige Maßnahmen ausländischer Gerichte grundsätzlich nicht anerkannt werden können. Die Möglichkeit vorläufige Sicherungsmaßnahmen zumindest in den Fällen zuzulassen, in denen sie Bestandteil eines formalisierten Vorverfahrens sind, sollte der Rechtsprechung überlassen bleiben[417]. Dies ist in der Literatur jedoch überwiegend kritisiert worden[418]. Danach sei es im Interesse einer zügigen Sicherung

---

[412] Art. 25 Abs. 1 Unterabs. 2 EuInsVO; a.A. Duursma-Kepplinger/Duursma/Chalupsky, Art. 25, Rn. 4, wonach von Art. 25 Abs. 1 Unterabs. 2 EuInsVO nur die Entscheidungen von Gerichten des Insolvenzeröffnungsstaates erfasst werden.

[413] a.A. Kolmann, S. 108, der insolvenzrechtliche Entscheidungen, „die nicht innerhalb des organisatorischen Rahmens des Verfahrens im Eröffnungsstaat ergehen" nach § 328 ZPO anerkennen will. Ebenso scheint Trunk, KTS 1994, S. 33 (47), der Ansicht zu sein, dass insolvenzrechtliche Entscheidungen aus Drittstaaten von § 343 nicht umfasst seien. Seine Ausführungen bezogen sich allerdings auf den vom Wortlaut ähnlichen § 384 Gesetzesentwurf InsO. Trunk plädierte allerdings für eine Einbeziehung von Entscheidungen aus Drittstaaten.

[414] Reinhart in MüKo, InsO, Art. 102 EGInsO, Rn. 170 plädiert noch dafür, für die Anerkennung dieser Entscheidungen die Verbürgung der Gegenseitigkeit zu fordern Diese Auffassung ist jedoch angesichts des eindeutigen Wortlauts von § 343 Abs. 2 InsO überholt.

[415] Auf europäischer Ebene ist umstritten, wie sich die internationale Zuständigkeit für Entscheidungen i.S.v. Art. 25 Abs. 1 Unterabs. 2 EuInsVO bestimmt. Vgl. dazu Duursma-Kepplinger/Duursma/Chalupsky, Art. 25, Rn. 22 ff.; Leipold in FS Ishikawa, S. 221 (224 ff.).

[416] BT – Drs. 12/2443, S. 241.

[417] BT – Drs. 12/2443, S. 241.

[418] Wimmer in FK, Art. 102 EGInsO, Rn. 283; Gottwald in Gottwald, § 130, Rn. 50.

der Insolvenzmasse erforderlich, dass vorläufige Sicherungsmaßnahmen ebenfalls formlos anerkannt werden.[419]. Insbesondere nachdem schließlich der BGH im Urteil vom 30.4.1992[420] Sicherungsmaßnahmen nach § 106 Abs. 1 S. 2 KO ohne weiteres Auslandswirkung zuerkannt hatte, war die herkömmliche Auffassung nicht mehr haltbar. Die Kritik hat in der erfolgten Neuregelung ihren Niederschlag gefunden[421]. Dementsprechend erstreckt § 343 Abs. 2 InsO jetzt den Grundsatz der ipso iure Anerkennung auch auf Sicherungsmaßnahmen, die im Stadium der Verfahrenseröffnung von dem Gericht des Hauptinsolvenzverfahrens erlassen werden. Daneben kann aber auch das inländische Insolvenzgericht gemäß § 344 InsO Sicherungsmaßnahmen nach deutschem Recht ergreifen.
Die Anerkennung ipso iure von Sicherungsmaßnahmen ist zum Schutz der Insolvenzmasse zu begrüßen. Darüber hinaus dient sie der Rechtsvereinheitlichung, da das deutsche Recht nunmehr mit der EuInsVO und dem UNCITRAL – Modellgesetz übereinstimmt, die ebenfalls vorläufige Sicherungsmaßnahmen anerkennen[422].
Formelle Rechtskraft kann aus den bekannten Gründen[423] für diese bereits vor der Eröffnung des Insolvenzverfahrens getroffenen Sicherungsmaßnahmen erst recht nicht verlangt werden[424].

i. Anerkennungswirkungen

Bei der Anerkennung der ausländischen Entscheidung über die Eröffnung eines Insolvenzverfahrens handelt es sich um eine verfahrensrechtliche Anerkennung. Diese hat eine umfassende Wirkungserstreckung zur Folge[425]. Das heißt, die Wirkungen der ausländischen insolvenzrechtlichen Entscheidung treten nach der lex fori concursus auch im Inland zum gleichen Zeitpunkt wie im Verfahrenseröffnungsstaat ein[426]. Das Hauptziel dieser Einheitsanknüpfung ist die Gleichbehandlung aller Insolvenzbeteiligten[427]. Zu trennen ist allerdings zwischen solchen Wirkungen, die bereits unmittelbar aufgrund der verfahrensrechtlichen Anerkennung eintreten und solchen Wirkungen, denen erst aufgrund eines kollisionsrechtlichen Verweises Inlandswirkung zukommt. Letztere sind auch als Folgewirkungen zu bezeichnen[428].
Die Anerkennung des ausländischen Insolvenzverfahrens hindert zunächst die inländischen Gerichte, ein weiteres Hauptinsolvenzverfahren zu eröffnen. Dies folgt aus dem

---

[419] Wimmer in FK, Art. 102 EGInsO, Rn. 283.
[420] BGHZ 118, S. 151 (159 ff.) = NJW 1992, S. 2026.
[421] Regierungsentwurf vom 25.10.2002, Begründung zu § 343, BT – Drs. 15/16, S. 25.
[422] Art. 25 Abs. 1 Unterabs. 2 EuInsVO; Art. 2 a) UNCITRAL - Modellgesetz.
[423] Vgl. E. IV. 2. e. (5).
[424] Leipold in Stoll, Vorschläge und Gutachten, S. 185 (195).
[425] Vgl. hierzu bereits oben E. IV. 2. b..
[426] Gottwald in Gottwald, § 130, Rn. 27.
[427] Kolmann, S. 168.
[428] Vgl. E. IV. 2. b..

insoweit eindeutigen Wortlaut von § 356 InsO, wonach im Falle der Anerkennung eines ausländischen Hauptinsolvenzverfahrens lediglich die Eröffnung eines inländischen Sekundärinsolvenzverfahrens zulässig ist. Sofern unabhängig voneinander zwei Hauptinsolvenzverfahren eröffnet werden, kommt dem Insolvenzverfahren der Vorrang zu, das zuerst wirksam eröffnet wurde[429].

Da das ausländische Verfahren dem Universalitätsgrundsatz verhaftet ist, ist eine wichtige Folge der Anerkennung, dass das Vermögen des Schuldners im Inland als Teil der ausländischen Insolvenzmasse zu behandeln ist.

Ferner verliert der Insolvenzschuldner mit der Eröffnung des Insolvenzverfahrens im Ausland seine Verwaltungs- und Verfügungsbefugnis über sein Vermögen, sofern dies die lex fori concursus vorsieht[430]. Damit verliert er zugleich auch seine Prozessführungsbefugnis, die entsprechend dem ausländischen Recht auf dem Insolvenzverwalter übergeht. Der ausländische Verwalter kann somit auch das inländische Schuldnervermögen nach dem Recht des Verfahrenseröffnungsstaates freigeben, verwalten und verwerten, auch wenn seine Befugnisse weiterreichen als jene des deutschen Insolvenzverwalters. Umgekehrt ist aber auch die Gleichstellung mit den Befugnissen eines inländischen Verwalters nicht möglich, wenn der ausländische Verwalter geringere Kompetenzen hat[431].

(1) Unterbrechung eines im Inland anhängigen Rechtsstreits

Die Frage, ob die Eröffnung eines ausländischen Insolvenzverfahrens zur Unterbrechung eines im Inland gegen den Schuldner anhängigen Prozesses führt[432], war lange Zeit umstritten und Gegenstand einer intensiven Auseinandersetzung in der rechtswissenschaftlichen Literatur. Die Diskussion soll an dieser Stelle nicht noch einmal aufgerollt werden, lediglich die wesentlichen Argumentationslinien sollen nochmals erwähnt werden. Bemerkenswert ist, dass im Hinblick auf diese Frage auch im Anwendungsbereich der EuInsVO das autonome Recht des Staates, in dem der Rechtsstreit anhängig ist, maßgeblich sein soll. Dies stellt Art. 15 EuInsVO ausdrücklich klar.

Ausgangspunkt der Diskussion war bislang § 240 ZPO, der für rein autonome Sachverhalte bestimmt, dass ein Rechtsstreit, der die Insolvenzmasse betrifft, durch die Eröffnung eines inländischen Insolvenzverfahrens unterbrochen wird.

(a) Meinungsstand in Rechtssprechung und Literatur

Der Bundesgerichtshof hatte die Unterbrechung eines inländischen Prozesses durch ein ausländisches Insolvenzverfahren aus Gründen der Rechtssicherheit zunächst abge-

---

[429] Vgl. E. IV. 1. f.

[430] Bleibt der Schuldner wie grundsätzlich in den USA „debtor in possession", so entfällt eine entsprechende Verfügungsmacht des Insolvenzverwalters.

[431] Kolmann, S. 170.

[432] Im Hinblick auf Aktivprozesse bestanden keine Divergenzen.

lehnt[433]. Diese Auffassung hat der Bundesgerichtshof dann aber später ausdrücklich aufgegeben[434]. Dies wurde mit der ratio legis des § 240 begründet, die gerade nicht die Verwirklichung von Rechtssicherheit sei, sondern die dem Insolvenzverwalter und den Parteien die Gelegenheit geben wolle, sich auf die neue Situation nach der Eröffnung des Insolvenzverfahrens einzustellen[435]. Dieser Zweck treffe aber auch auf die Eröffnung eines anerkennungsfähigen Insolvenzverfahrens im Ausland zu. Auch die überwiegende Literatur war bislang der Auffassung, dass die Eröffnung eines anerkennungsfähigen Insolvenzverfahrens im Ausland einen im Inland anhängigen Rechtsstreit gemäß § 240 ZPO unterbricht[436]. Diese Wirkung schreibt nunmehr § 352 InsO ausdrücklich vor. Die Unterbrechung dauert an, bis der Rechtsstreit von einer Person aufgenommen wird, die nach dem Recht des Staates der Verfahrenseröffnung zur Fortführung des Verfahrens berechtigt ist (§ 352 S. 2 InsO). In der Regel wird danach der Insolvenzverwalter zur Aufnahme berechtigt sein[437].

(b) Lex fori und lex fori concursus

Fraglich ist allerdings, ob § 352 InsO überhaupt in den Fällen zum Tragen kommen kann, in denen ein ausländisches Insolvenzverfahren im Inland anerkannt wird. Möglicherweise ist die Frage der inländischen Prozessunterbrechung nämlich als insolvenzrechtlich zu qualifizieren, so dass sich die Wirkungen des Insolvenzverfahrens auf den inländischen Prozess gar nicht nach deutschem Recht, sondern über den kollisionsrechtlichen Verweis nach dem Recht der Verfahrenseröffnung richten würden[438]. In diesem Falle ließe sich die Unterbrechungswirkung nicht über § 352 InsO begründen. Der Bundesgerichtshof hat dazu festgestellt, „dass die Frage, wie sich der insolvenzbedingte Wechsel der Prozessführungsbefugnis auf einen anhängigen Rechtsstreit auswirke, keine Frage des Insolvenzrechts, sondern des Prozessrechts sei, so dass sie sich nach autonomen Recht richte"[439]. Dem ist zuzustimmen. Zu Recht hebt der Bundesgerichtshof hierfür hervor, dass die lex fori concursus möglicherweise andere Auswirkungen als die Unterbrechung allein vorsieht, wie zum Beispiel eine Unterbrechung auf Antrag der

---

433 BGH NJW 1988, S. 3096.

434 BGH IPRax 1999, S. 42 (43) = BGH ZIP 1998, S. 659 ff..

435 BGH IPRax 1999, S. 42 (43).

436 Gottwald in Gottwald, § 130, Rn. 40; Wimmer in FK, Art. 102 EGInsO, Rn. 286; Trunk, S. 304; Geimer, Rn. 3529; Schack, Rn. 1125; Weis in Hess/Weis/Wienberg, Art. 102 EGInsO, Rn. 58; Summ, S. 53; Homann, S. 169; Prütting, ZIP 1996, S. 1277 (1281); E. Habscheid, KTS 1998, S. 183 (190); Grasmann, KTS 1990, S. 157 (171 ff.); Lüer in Uhlenbruck, Art. 102 EGInsO, Rn. 160; Reinhart in MüKo, InsO, Art. 102 EGInsO, Rn. 351.

437 Regierungsentwurf vom 25.10.2002, Begründung zu § 352, BT – Drs. 15/16, S. 24.

438 So Trunk, S. 301 ff.; In Betracht käme in diesem Fall aber, eine Ausnahme von der Geltung der lex fori concursus zuzulassen.

439 BGH, IPRax 1999, S. 42 (43).

Partei oder ganz allgemein durch Gerichtsbeschluss[440]. Zudem kann das ausländische Recht auch einen mit der Unterbrechung, Aussetzung oder anderen Formen des vorübergehenden Prozessstillstandes Kraft Gesetzes eintretenden oder auf Antrag vorzunehmenden Zuständigkeitswechsel vorsehen[441]. Es ist jedoch nicht sachgerecht, wenn sich das deutsche Prozessgericht mit ausländischen Formen der Prozessunterbrechung befassen müsste[442]. Zudem kann die Frage, ob und unter welchen Voraussetzungen das Gericht das Verfahren fortzusetzen hat, allein den Bestimmungen der lex fori entnommen werden, da nur die eigene Verfahrensordnung des entscheidenden Gerichts die von diesem zu beachtenden Sachentscheidungsvoraussetzungen bestimmen kann[443].
Die prozessrechtliche Einordnung entspricht auch der überwiegenden Auffassung in der Rechtsprechung und Literatur[444].

(c) Übergang der Prozessführungsbefugnis als Unterbrechungsvoraussetzung ?

Fraglich ist, ob die Unterbrechungswirkung auch unter Geltung des § 352 InsO nur dann eintritt, wenn nach dem ausländischen Insolvenzrecht die Prozessführungsbefugnis auf den Insolvenzverwalter übergegangen ist. Dies wurde im Hinblick auf die Unterbrechung von Prozessen gemäß § 240 ZPO aufgrund der Anerkennung einer Auslandsinsolvenz vertreten[445].
Gegen eine solche Auffassung spricht jedoch bereits die Begründung zu der dem § 352 InsO entsprechenden Vorschrift des Regierungsentwurfes[446] zur Insolvenzordnung von 1992. Danach sollte ein ausländisches Insolvenzverfahren auch dann zur Unterbrechung inländischer Prozesse führen, wenn der Insolvenzschuldner seine Verfügungs- und seine Prozessführungsbefugnis nach dem Recht des Eröffnungsstaates behält[447]. Eine solche Passage enthält die Gesetzesbegründung zu § 352 InsO[448] zwar nicht mehr, dennoch kann auch danach nichts anderes gelten. Dies folgt daraus, dass nach § 352 Abs. 1 S. 2 InsO „die Unterbrechung andauert, bis der Rechtsstreit *von einer Person aufgenommen wird, die nach dem Recht des Staates der Verfahrenseröffnung zur Fortführung des Verfahrens berechtigt ist*". Dies wird zwar in der Regel der Insolvenzverwalter sein, es ist jedoch nicht ausgeschlossen, dass es der Gemeinschuldner selbst ist. Da

---

[440] BGH, IPRax 1999, S. 42 (43).
[441] So werden beispielsweise im US Recht anhängige Passivprozesse auf Antrag einer Partei zum Bundesgericht verlagert, sog, „removal" – 28 USC § 1452a, Bankruptcy Rule 9027 a I.
[442] BGH, IPRax 1999, S. 42 (43).
[443] Schollmeyer, IPRax 1999, S. 26 (27).
[444] BGH, IPRax 1999, S. 42 (43); OLG Karlsruhe, ZIP 1990, S. 665; Schollmeyer, IPRax 1999, S. 26 (27); E. Habscheid, S. 362; Geimer, Rn. 3370 und 3529; Lüer in Uhlenbruck, Art. 102 EGInsO, Rn. 91.
[445] BGH, IPRax 1999, S. 42 (44); Spahlinger, S. 119; Geimer, Rn. 3529.
[446] § 391, BT – Drs. 12/2443, S. 69.
[447] BT – Drs. 12/2443, S. 244.
[448] BT – Drs. 15/16, S. 24.

beabsichtigt ist, nicht in die Regelung der insolvenzrechtlichen Befugnisse der Beteiligten durch den ausländischen Staat einzugreifen[449], schließt § 352 InsO eine Unterbrechung somit auch dann nicht aus, wenn die Prozessführungsbefugnis beim Gemeinschuldner verbleibt.
Hierfür spricht auch, dass seit der Neuformulierung von § 240 ZPO der Übergang der Prozessführungsbefugnis auch danach nicht mehr erforderlich ist. § 240 ZPO stellt nunmehr auf das Vorliegen eines „Insolvenzverfahrens" ab. Ein solches kann jedoch auch ein der Eigenverwaltung[450] nach deutschem Recht entsprechendes Verfahren sein. In diesem Verfahren behält der Insolvenzschuldner die Prozessführungsbefugnis. Dennoch führt dieses Verfahren zur Unterbrechung im Inland anhängiger Prozesse. Es ist kein Grund ersichtlich, im Rahmen von § 352 Gegenteiliges zu verlangen[451]. Letztlich ist ein Verzicht auf das Erfordernis des Übergangs der Prozessführungsbefugnis auch praktikabel, weil dem inländischen Gericht die Ermittlung der Prozessführungsbefugnis nach dem ausländischen Recht erspart bleibt[452]. Im Ergebnis ist die Unterbrechungswirkung somit in allen Fällen anzunehmen, in denen ein ausländisches Insolvenzverfahren wirksam eröffnet worden ist.
Somit bleibt noch zu untersuchen, ob die in § 352 InsO angeordnete Unterbrechungswirkung zu befürworten ist.

(d) Stellungnahme

Die in § 352 InsO getroffene Regelung verdient bereits deshalb Zustimmung, weil sie nunmehr die letzten Zweifel, ob die Anerkennung des ausländischen Insolvenzverfahrens im Inland anhängige Prozesse unterbricht, beseitigt. Es wurde somit ein Stück weit an Rechtsklarheit geschaffen.
Ferner kann eine Unterbrechung nicht aus Gründen der Rechtssicherheit versagt werden[453]. Bei einer ausländischen Insolvenz, die die Anerkennungsvoraussetzungen erfüllt, besteht keine wesentlich andere Situation als bei der Eröffnung eines inländischen Insolvenzverfahrens. In diesem Fall tritt ebenfalls eine Unterbrechung nach Maßgabe von § 240 ZPO ein. Vielmehr ist es sogar geboten, der ausländischen Insolvenzmasse, dem Verwalter und mittelbar auch den Gläubigern den Schutz der Unterbrechung zukommen zu lassen, wenn das deutsche Recht die ausländische Insolvenz anerkennt und das im Inland belegene Vermögen einbezieht[454]. Darüber hinaus muss die Unterbrechungswirkung in einem Prozess, in dem der Kläger insolvent wird, schon deshalb notwendigerweise eingreifen, weil es dem ausländischen Insolvenzverwalter aufgrund des Übergangs der Prozessführungsbefugnis gestattet ist, Inlandsvermögen zur Insolvenzmasse

---

449 BT – Drs. 15/16, S. 24.
450 §§ 270 ff. InsO.
451 Ebenso Kolmann, S. 192.
452 Kolmann, S. 193.
453 So aber BGH NJW 1988, S. 3096.
454 Lüer, Kölner Schrift, S. 297 (306).

zu ziehen. Würde man dennoch die Prozessführungsbefugnis beim Gemeinschuldner belassen, könnte dieser Manipulationen in Betracht ziehen und dadurch einer gleichmäßigen Gläubigerbefriedigung entgegenwirken[455]. Außerdem können die Gläubiger ein inländisches Partikularverfahren beantragen, wodurch ihren Schutzinteressen hinreichend Rechnung getragen wird. In diesem können die Gläubiger ihre Forderungen anmelden ohne zuvor einen Titel zu benötigen. Letztlich bringt ein Urteil gegen den Gemeinschuldner nach der Verfahrenseröffnung auch keinen praktischen Nutzen, weil der Gläubiger aus diesem Urteil nicht mehr vollstrecken kann[456]. Die Regelung des § 352 InsO ist somit ausnahmslos zu befürworten.
Damit gilt, dass die Anerkennung eines ausländischen Insolvenzverfahrens, die Unterbrechung sämtlicher Aktiv- und Passivprozesse des Gemeinschuldners im Inland zur Folge hat.

(2) Sperre der Individualvollstreckung und von Titelprozessen

Fraglich ist, ob mit der Anerkennung des ausländischen Hauptinsolvenzverfahrens auch Maßnahmen der Einzelrechtsverfolgung im Inland unzulässig werden, sofern die lex fori concursus ein solches Verbot kennt[457].
Unter den Begriff der Einzelrechtsverfolgung fallen alle diejenigen gerichtlichen Verfahren, die darauf abzielen einem einzelnen Gläubiger Befriedigung seiner Forderung zu verschaffen. Dies sind insbesondere die Zwangsvollstreckung in das Vermögen des Schuldners und die Erkenntnisverfahren, die auf Erlangung eines Vollstreckungstitels gerichtet sind.
Das deutsche Recht enthält das Verbot der Einzelzwangsvollstreckung in § 89 Abs. 1 InsO und das Verbot von Titelprozessen in § 87 InsO.
Diejenigen, die die Zulässigkeit der Einzelrechtsverfolgung befürworten, argumentieren mit dem Rechtsschutzbedürfnis inländischer Gläubiger. Ihnen solle die Teilnahme an einem ausländischen Insolvenzverfahren erspart bleiben, insbesondere weil die Rechtsverfolgung im Ausland regelmäßig schwierig und mit Rechtsverlusten verbunden sei[458]. Voraussetzung dafür sei, dass eine inländische Zuständigkeit besteht und im Inland Vermögen des Insolvenzschuldners belegen ist. In der Tat ließe sich argumentieren, dass die Zulässigkeit der Einzelrechtsverfolgung in den Fällen Sinn macht, in denen bestimmten Gläubigern die Rechtsverfolgung im Ausland nicht zumutbar ist, weil sie dadurch erheblich erschwert würde. Zu denken wäre insbesondere an praktische Schwierigkeiten wie fehlende Sprach- und Rechtskenntnisse oder die räumliche Distanz zum

---

[455] Summ, S. 55; Lüke, KTS 1986, S. 1 (12).
[456] Sofern das Verbot der Einzelvollstreckung anerkannt wird, s. E. IV. 2. i. (2); BGH, IPRax 1999, S. 42 (44).
[457] § 237 KO regelte, dass bei einem Schuldner, über dessen Vermögen im Ausland ein Konkursverfahren eröffnet worden ist, die Zwangsvollstreckung in das inländische Vermögen zulässig ist. Zur Kritik an § 237 KO vgl. Grasmann, KTS 1990, S. 157 (160 ff.).
[458] Arnold in Gottwald, 1. Aufl., § 122, Rn. 40; Flessner, ZIP 1989, S. 749 (753); Lüderitz, JZ 1986, S. 96 f..

Verfahrensort. Dennoch vermag dies nicht zu überzeugen. Zwangsvollstreckungsmaßnahmen einzelner Gläubiger stehen in einem klaren Widerspruch zum Universalitätsprinzip. Das deutsche Internationale Insolvenzrecht geht aber vom Grundsatz der Universalität aus[459]. Die Zulassung der Einzelzwangsvollstreckung würde ferner zwangsläufig einzelne Gläubiger bevorzugen und dadurch den Grundsatz der Gleichbehandlung sämtlicher Gläubiger durchbrechen[460]. Weiterhin kann durchaus auch ein Interesse an der Sanierung des Schuldners bestehen. Die Chance auf eine erfolgreiche Sanierung schwindet allerdings dann, wenn einzelne Gläubiger in das Schuldnervermögen vollstrecken können. Erforderlich ist vielmehr, dass die wirtschaftliche Einheit des Schuldnervermögens nicht beeinträchtigt wird[461]. Vertrauensschutzgesichtspunkte können überdies die Zulässigkeit einer Einzelrechtsvollstreckung schon deshalb nicht rechtfertigen, weil ein Gläubiger in der Insolvenz des Schuldners typischerweise seine Forderung nicht in voller Höhe befriedigt erhält[462]. Bestünde die Möglichkeit der Einzelrechtsverfolgung, so könnte es zu einem Wettlauf der Gläubiger kommen, dessen Vermeidung gerade Sinn und Zweck eines Insolvenzverfahrens ist[463]. Ferner wird der Schutz inländischer Interessen durch den erleichterten Zugang zu einem inländischen Partikularinsolvenzverfahren angemessener gewährleistet[464]. Zudem müsste ein Gläubiger, der im Wege der Zwangsvollstreckung etwas erlangt hat, stets damit rechnen, dass er das Erlangte nach der Eröffnung eines inländischen Partikularverfahrens und nach erfolgter Anfechtung zurückgewähren muss[465].

Letztlich spricht gegen die Zulässigkeit der Einzelrechtsverfolgung noch ein Wertungswiderspruch, der sich aus einer Betrachtung der Partikularverfahren ergibt. Ein solches kann im Inland bei Vorliegen der entsprechenden Voraussetzungen jederzeit eröffnet werden. Auch in diesem Fall wäre aber allen Gläubigern die Einzelrechtsverfolgung verwehrt. Sofern einige Gläubiger für schützenswerter gegenüber anderen erachtet werden und ihnen die Einzelrechtsverfolgung gestattet wird, so müsste sich diese Privilegierung auch im Rahmen der Partikularverfahren niederschlagen. Dies ist aber nicht der Fall.

Die Einzelrechtsverfolgung von Insolvenzgläubigern ist daher mit der Anerkennung des ausländischen Insolvenzverfahrens nicht mehr zulässig[466].

Sofern ein Gläubiger trotz der ausländischen Sperre durch Zwangsvollstreckung, durch eine Leistung des Schuldners oder in sonstiger Weise etwas auf Kosten der Insolvenz-

---

[459] S. Regierungsentwurf vom 25.10.2002, Begründung zu § 354, BT – Drs. 15/16, S. 25.

[460] BT – Drs. 12/2443, S. 238; Wimmer in FK, Art. 102 EGInsO, Rn. 288; Aderhold, S. 243; Kemper in Kübler/Prütting, Art. 102 EGInsO, Rn. 121.

[461] Homann, S. 127; Reinhart, S. 146.

[462] Laut, S. 135.

[463] Kolmann, S. 183.

[464] Begründung zum Referentenentwurf in Stoll, Stellungnahmen und Gutachten, S. 295 ff.; Homann, S. 135.

[465] BT – Drs. 12/2443, S. 238; Aderhold, S. 243; Wimmer in FK, Art. 102 EGInsO, Rn. 288.

[466] Gottwald in Gottwald, § 130, Rn. 43; H.Roth, IPRax 1996, S. 324 (325 f.); Leipold in Stoll, Vorschläge und Gutachten, S. 185 (200); Geimer, Rn. 3534a; Wimmer in FK, Art. 102 EGInsO, Rn. 288; Aderhold, S. 242; Homann, S. 125; Kolmann, S. 182; H. Roth, IPRax 1996, S. 324 (325); Laut, S. 136.

masse aus dem Vermögen, das nicht im Staat der Verfahrenseröffnung belegen ist, erlangt, hat er das Erlangte gemäß § 342 Abs. 1 InsO an den Insolvenzverwalter herauszugeben[467]. Die Vorschrift entspricht Art. 20 EuInsVO und soll dem Universalitätsprinzip Rechnung tragen. Kein Gläubiger soll Sondervorteile auf Kosten der Gläubigergemeinschaft erlangen[468].
Das Verbot der Einzelrechtsverfolgung gilt jedoch nicht uneingeschränkt. Es bestehen einige Ausnahmen, die im Folgenden dargestellt werden.

(a) Ausnahme des § 351 InsO

Zu berücksichtigen ist zunächst, dass gemäß § 351 Abs. 1 InsO Dritte weiterhin ihre Sicherheiten an Gegenständen des Schuldnervermögens verwerten können, wenn der Gegenstand zur Zeit der Insolvenzeröffnung im Inland belegen war und nach inländischem Recht ein Anspruch auf Aussonderung oder abgesonderte Befriedigung besteht. Diese Regelung dient dazu, das Vertrauen des inländischen Wirtschaftsverkehrs zu schützen, das erheblich enttäuscht würde, wenn durch die Auswirkungen eines fremden Insolvenzstatuts dingliche Sicherheiten wesentlich entwertet würden[469]. Gleichermaßen bestimmt § 351 Abs. 2 InsO, dass sich die Wirkungen des ausländischen Insolvenzverfahrens auf Rechte des Schuldners an unbeweglichen Gegenständen, die im Inland belegen sind, nach deutschem Recht richten. Eine derartige Regelung zum Schutz der gesicherten Gläubiger ist nicht unbekannt. Auch die EuInsVO sieht in Art. 5 vor, das Rechte, die einen Anspruch auf Aussonderung oder auf abgesonderte Befriedigung gewähren, von den Wirkungen eines ausländischen Insolvenzverfahrens nicht berührt werden[470]. Gegen diese Ausnahmen ließe sich anführen, dass hierfür kein Bedürfnis besteht, weil den inländischen Gläubigern die Möglichkeit eröffnet ist, ein Partikularinsolvenzverfahren zu eröffnen und sie bereits dadurch hinreichend geschützt sind. Zudem stellt die Zulässigkeit der Einzelrechtsverfolgung in diesen Fällen einen Verstoß gegen den Grundsatz der Gläubigergleichbehandlung dar. Dem ist jedoch entgegen zu halten, dass auch im autonomen deutschen Insolvenzrecht diejenigen, denen ein persönliches oder dingliches Recht am Vermögen des Insolvenzschuldners zusteht, geschützt sind. Ihnen steht ein Recht auf Aussonderung oder abgesonderte Befriedigung zu[471]. Für eine solche Ausnahme sprechen darüber hinaus wirtschaftspolitische Gründe. Sofern die Kreditgeber auf ihre Sicherheiten nicht in vollem Umfang zurückgreifen könnten, sondern im Insolvenzfall stets nur die Quote aus dem Masseerlös erhielten, würden sie keine

---

[467] Der insolvenzrechtliche Herausgabeanspruch unterstellt die Rechtsfolgen der entsprechenden Anwendung der Bereicherungsvorschriften. Vgl. zur Entwicklung des Herausgabeanspruches durch die Rechtsprechung und Lehre: Lüer in Uhlenbruck, Art. 102 EGInsO, Rn. 95 f..

[468] Regierungsentwurf vom 25.10.2002, Begründung zu § 342, BT – Drs. 15/16, S. 21.

[469] Regierungsentwurf vom 25.10.2002, Begründung zu § 351, BT – Drs. 15/16, S. 24.

[470] Erwägungsgrund Nr. 25 zur EuInsVO begründet das Bedürfnis einer solchen Sonderanknüpfung mit der Bedeutung der dinglichen Rechte für die Gewährung von Krediten.

[471] §§ 47 ff. InsO.

Kredite mehr geben, da das Risiko zu groß wäre. Dies hätte wiederum nicht gewünschte Effekte auf das Konsumverhalten der Bevölkerung und letztlich auf den Arbeitsmarkt. Die Ausnahmetatbestände zum Schutz des inländischen Wirtschaftsverkehrs sind daher grundsätzlich zu befürworten. Hierdurch wird ein gerechter Ausgleich zwischen dem Interesse der Gläubigergleichbehandlung und dem Vertrauen einzelner Gläubiger, dass ihnen das in einem Staat belegene Vermögen des Schuldners dort als Haftungsgrundlage zur Verfügung steht, gewährleistet.
Sofern im Inland neben einem ausländischen Hauptinsolvenzverfahren zugleich ein Sekundärinsolvenzverfahren eröffnet wird, sieht § 358 InsO vor, dass der Insolvenzverwalter einen verbleibenden Überschuss des Masseerlöses an den ausländischen Insolvenzverwalter herauszugeben hat. Dies sollte gleichermaßen auch dann gelten, wenn im Inland kein Sekundärverfahren eröffnet wird. Der überschießende Erlös aus der Veräußerung der Vermögensgegenstände, an denen dingliche Rechte bestanden, ist an den Verwalter des Hauptverfahrens abzuführen.

(b) Ausnahme für Feststellungsprozesse ?

Fraglich ist, ob trotz der Anerkennung des ausländischen Verbots der Einzelrechtsverfolgung Feststellungsverfahren im Inland zulässig bleiben.
Ein Feststellungsverfahren wird beispielsweise dann erforderlich, wenn ein Gläubiger seine Forderung zur Teilnahme an dem ausländischen Insolvenzverfahren anmeldet und dem widersprochen wird. Um dennoch am Insolvenzverfahren teilnehmen zu können, muss der Gläubiger das Bestehen der Forderung gerichtlich feststellen lassen. Es stellt sich mithin die Frage, ob ein solcher Feststellungsprozess trotz der Anerkennung des ausländischen Verbots der inländischen Einzelrechtsverfolgung dennoch im Inland geführt werden kann. Hinzu kommt, dass in einigen Ländern eine ausgeprägte vis attractiva concursus herrscht und bereits diese einem inländischen Feststellungsprozess entgegen stehen könnte, weil sie eine ausschließliche Zuständigkeit des ausländischen Insolvenzgerichts vorsehen. Die Anerkennung dieser Rechtsfolge würde den Gläubigern aber einen inländischen Gerichtsstand nehmen, auf den sie unter Umständen vertraut haben. In der Literatur wird daher vorgeschlagen, dass die Gläubiger trotz des Verbotes der Einzelrechtsverfolgung und trotz der ausländischen vis attractiva im Inland ein Feststellungsurteil erlangen können, welches dann im ausländischen Insolvenzverfahren zur Berücksichtigung der Forderung führen würde[472].
In der Tat verhält es sich so, dass ein Feststellungsprozess dem Gesamtvollstreckungsverfahren eher dient, als es wie Titelprozesse und Einzelzwangsvollstreckung zu stören[473]. Durch einen Feststellungsprozess außerhalb des Verfahrensstaates wird der Grundsatz der Gläubigergleichbehandlung gerade nicht durchbrochen, da der Gläubiger lediglich an der Gesamtvollstreckung teilnehmen will und keine Befriedigung an den üb-

---

[472] Flessner, IPRax 1997, S. 1 (6); Homann, S. 146.
[473] Homann, S. 145.

rigen Gläubigern vorbei anstrebt. Dies spricht dafür, das Verbot der Einzelrechtsverfolgung für derartige Feststellungsprozesse nicht gelten zulassen. Zwar hätte dies zur Folge, dass der Insolvenzverwalter gezwungen ist, sich in verschiedenen Staaten und damit in verschiedenen Rechtssystemen zu verteidigen. Allerdings würde dies im umgekehrten Fall auch für die Gläubiger gelten. Da der Insolvenzverwalter aufgrund seines Berufes in der Regel die entsprechende Erfahrung besitzt, ist ihm eine Rechtsverfolgung im Ausland eher zuzumuten, als den einzelnen Gläubigern.
Somit stellt sich nur noch die Frage, ob die Zulässigkeit von Feststellungsprozessen im Inland auch dann gilt, wenn der ausländische Staat aufgrund einer vis attractiva eine ausschließliche Zuständigkeit des Insolvenzgerichts vorsieht. Wie an anderer Stelle bereits ausgeführt, ist die vis attractiva vom kollisionsrechtlichen Verweis in § 335 InsO nicht umfasst. Hierfür sprechen neben Vertrauensschutzgesichtspunkten auch verfassungsrechtliche Bedenken. Sofern nach deutschem autonomem Recht eine inländische Zuständigkeit begründet ist, steht die ausländische vis attractiva concursus einem Feststellungsprozess demnach nicht entgegen.
Im Ergebnis sind daher Prozesse, die auf die Feststellung des Bestehens oder Nichtbestehens einer bestrittenen Forderung gerichtet sind, trotz des Verbotes der Einzelrechtsverfolgung zulässig, sofern eine allgemeine Zuständigkeit für diese Prozesse gegeben ist.

(3) Einstweiliger Rechtsschutz im Inland

Fraglich ist, ob die inländische Rechtslage in Bezug auf das Einzelrechtsverfolgungsverbot automatisch auch für den einstweiligen Rechtsschutz (§§ 916 ff. ZPO) gilt, sofern die lex fori concursus ein solches Verbot anordnet.
Im Rahmen des Internationalen Insolvenzrechts ist vor allem der dingliche Arrest von Interesse, da er der Sicherung von Zahlungsansprüchen dient und damit in Konkurrenz zu der Gesamtvollstreckung des Insolvenzverfahrens steht.

(a) Meinungsstand

Nach einer Auffassung scheiden nach der Eröffnung des Insolvenzverfahrens Arreste und andere Maßnahmen des einstweiligen Rechtsschutzes kategorisch aus[474]. Nach anderer Auffassung sei dagegen eine flexible Lösung der Zulässigkeit des einstweiligen Rechtsschutzes im Inland geboten[475].

---

[474] OLG Düsseldorf, ZIP 1982, S. 1341 (1342); nicht eindeutig Wimmer in FK, Art. 102 EGInsO, Rn. 289; Aderhold, S. 243; offengelassen von: BGH, Urteil vom 11.1.1990, NJW 1990, S. 990; BGH, Urteil vom 11.7.1991, ZIP 1991, S. 1014; Spahlinger, S. 121 ff.; Laut, S. 140 und Otte, RabelsZ 58,1994, S. 292 ff. plädieren für eine Regelung, die eine entsprechende Anwendung der §§ 916 ff. ZPO vorsieht.
[475] Schack, Rn. 1124; Flessner, IPRax 1997, S.1 (6 f.); Flessner, in FS Merz, S. 93 (102 ff.); Gottwald in Gottwald, § 130, Rn. 44; wohl auch Geimer, Rn. 3534b.; Homann, S. 157; E. Habscheid, S. 412 ff..

(b) Stellungnahme

Für eine kategorische Ablehnung des einstweiligen Rechtsschutzes nach der Eröffnung des Insolvenzverfahrens spricht zunächst, dass dem Gläubiger die Einzelrechtsverfolgung ohnehin untersagt ist. Der Arrest soll gem. § 916 ZPO die Zwangsvollstreckung wegen eines Zahlungsanspruches sichern. Dies setzt voraus, dass im Inland überhaupt ein vollstreckbarer Titel erlangt werden kann. Sofern dies aufgrund der Anerkennung des ausländischen Rechtsverfolgungsverbotes nicht mehr möglich ist, kann kein Arrestgrund bestehen[476].

Zu berücksichtigen ist aber, dass jeder Anerkennung eines ausländischen Insolvenzverfahrens die Unsicherheit innewohnt, dass es doch noch zu einem die Anerkennung ausschließenden ordre public Verstoß kommen kann[477]. Ebenso ist es durchaus denkbar, dass das ausländische Verfahren ohne Ergebnis eingestellt wird und der Schuldner dadurch wieder die Verfügungsbefugnis über sein Vermögen erhält[478]. Für diese Fälle würde eine flexible Lösung den Gläubigern eine Sicherung ermöglichen, wenn sich Vermögen des Schuldners im Inland befindet. Anderenfalls könnte der Insolvenzverwalter das inländische Vermögen außer Landes bringen, mit der Folge, dass die Gläubiger faktisch keine Möglichkeit mehr hätten, ihre Rechte durchzusetzen[479]. Hierdurch würde auch keine ungerechtfertigte Bevorzugung der gesicherten Gläubiger erfolgen, da mit der Beendigung der Wirkungen des ausländischen Insolvenzverfahrens wieder das dem deutschen Vollstreckungsrecht zugrunde liegende Prioritätsprinzip gilt und die gesicherten Gläubiger bei ihrem Zugriff auf das Schuldnervermögen nur schneller waren[480]. Zugegebenermaßen besteht zwar auch auf nationaler Ebene die Gefahr, dass das Insolvenzverfahren wieder aufgehoben oder eingestellt wird und dennoch ist der einstweilige Rechtsschutz auch dort nach Maßgabe von § 89 InsO ausgeschlossen[481]. Dies begründet aber keinen Wertungswiderspruch, weil auf nationaler Ebene nicht dieselben Gefahren bestehen, wie auf internationaler Ebene. Bei einem Scheitern auf nationaler Ebene können wieder alle Gläubiger auf das im Inland belegene Vermögen zugreifen. Scheitert das ausländische Verfahren, kann das inländische Vermögen bereits in das Ausland verbracht worden sein[482].

Um jedoch den einstweiligen Rechtsschutz nicht unbegrenzt zuzulassen, wird zum Teil verlangt, dass bei der Antragstellung glaubhaft gemacht wird, dass der Eröffnungsbeschluss aufgehoben oder das Insolvenzverfahren eingestellt wird. Es sind danach strenge Voraussetzungen an das Vorliegen des Rechtsschutzbedürfnisses und den Arrest-

---

[476] Laut, S. 138; Otte, RabelsZ 58, 1994, S. 292 (307).

[477] E. Habscheid, S. 413; Flessner in FS Merz, S. 93 (102).

[478] Flessner, IPRax 1997, S. 1 (6).

[479] Otte, RabelsZ 58, 1994, S. 292 (302).

[480] Homann, S. 155.

[481] Lüke in Kübler/Prütting, § 89 Rn. 10.

[482] Homann, S. 156.

grund zu stellen[483]. Es ist allerdings zweifelhaft, ob die drohende Aufhebung oder Einstellung des Insolvenzverfahrens überhaupt geeignet ist, einen Arrestgrund im Sinne von § 917 ZPO zu begründen. In der Praxis wird es in der Tat nur schwer auszumachen sein, wann einem ausländischen Verfahren das Aus oder die Nichtanerkennung droht. Otte weist daher zu Recht darauf hin, „dass der Fall derart konturenlos ist, dass ein Arrestgrund entweder immer oder eigentlich nie geltend gemacht werden könnte"[484]. Das Rechtsschutzbedürfnis lässt sich aber aus einer weiteren Überlegung, die für die Zulässigkeit des inländischen einstweiligen Rechtsschutzes spricht, herleiten. Das deutsche Internationale Insolvenzrecht sieht auch die Möglichkeit von Partikularinsolvenzverfahren im Inland vor. Ein Sekundärinsolvenzverfahren wird dabei erst im Anschluss an ein ausländisches Hauptinsolvenzverfahren eröffnet. Das Interesse an einer inländischen Gerichtszuständigkeit und Abwicklung wäre aber dem Zugriff des ausländischen Insolvenzverwalters schutzlos ausgeliefert, wenn dieser vor Eröffnung des Inlandsverfahrens zur Verwertung von Inlandsmasse schreitet oder das inländische Vermögen in das Ausland verbringt[485]. In der Tat verhält es sich so, dass Partikularität ohne Sicherung des sie mitbestimmenden Anknüpfungsmerkmals[486] sinnlos erscheint[487]. Ein inländisches Sekundärverfahren kann inländische Gläubiger nur dann hinreichend schützen, wenn zum Eröffnungszeitpunkt überhaupt noch Schuldnervermögen im Inland vorhanden ist. Die der Insolvenz innewohnende Gesamtvollstreckung würde mithin vereitelt, so dass ein Arrestgrund im Sinne von § 917 Abs. 1 ZPO bereits aus diesem Grund zu bejahen ist. Somit folgt das Rechtsschutzbedürfnis der inländischen Gläubiger zum einen aus der Möglichkeit, dass das Hauptinsolvenzverfahren wieder eingestellt wird bzw. doch nicht anerkennungsfähig ist und zum anderen aus der Notwendigkeit, die Partikularinsolvenz vor dem Hauptinsolvenzverfahren zu schützen[488].

Demnach überwiegen die Argumente dafür, dass durch die Anerkennung der Eröffnung des ausländischen Insolvenzverfahrens der inländische einstweilige Rechtsschutz nicht generell ausgeschlossen ist.

Sobald feststeht, dass ein Sekundärinsolvenzverfahren nicht durchgeführt wird und das ausländische Verfahren auch endgültig anerkennungsfähig ist, entfällt der Arrestgrund und das Verfahren muss gemäß § 927 ZPO aufgehoben werden[489]. Zu erwägen wäre diesbezüglich, ob nicht eine Regelung dahingehend getroffen werden sollte, dass nach einem Zeitraum von zwei Monaten die Vermutung dafür besteht, dass das ausländische

---

[483] Schack, Rn. 1124.

[484] Otte, RabelsZ 58, 1994, S. 292 (313); im Anschluss daran auch Laut, S. 140.

[485] Otte, RabelsZ 58, 1994, S. 292 (303).

[486] § 354 Abs. 1 InsO (sonstiges Vermögen im Inland).

[487] Otte, RabelsZ 58, 1994, S. 292 (303), der allerdings aufgrund des ausländischen Insolvenzstatuts jeglichen Arrestgrund für entfallen erachtet und de lege ferenda für eine Vorschrift plädiert, wonach die Arrestvorschriften entsprechend anzuwenden sind, um den Verbleib der Vermögenswerte im Inland sicherzustellen.

[488] So auch Laut, S. 140, im Anschluss an Otte.

[489] Flessner, IPRax 1997, S. 1 (7); Schack, Rn. 1124.

Verfahren endgültig anerkennungsfähig ist bzw. kein Sekundärinsolvenzverfahren beantragt wird. Vorläufige Sicherungsmaßnahmen könnten danach nur innerhalb dieser Frist beantragt werden[490]. Eine derartige Regelung wäre meines Erachtens sinnvoll.
Eine Besonderheit gilt wiederum für die dinglichen Sicherheiten Dritter im Sinne von § 351 InsO[491]. Da das freie Verwertungsrecht in diesen Fällen nicht eingeschränkt ist, müssen auch einstweilige Sicherungsmaßnahmen uneingeschränkt möglich bleiben.

(c) Zuständiges Gericht

Fraglich ist allerdings, welches Gericht für die Anordnung eines Arrestes zuständig wäre. Dies richtet sich im autonomen Recht nach § 919 ZPO. Die Zuständigkeitsregelung könnte aber durch die Anerkennung einer ausländischen Verfahrenseröffnung verändert werden. Insbesondere Länder mit einer ausgeprägten vis attractiva concursus würden das Insolvenzverfahrensgericht für ausschließlich zuständig erklären. Nach der hier vertretenen Ansicht erkennt das deutsche Recht derartige Zuständigkeitsveränderungen über den kollisionsrechtlichen Verweis in § 335 InsO nicht an. Die inländischen Gerichte sind somit bei Vorliegen der entsprechenden Voraussetzungen zuständig.

j. Rechtsvergleichung

(1) Frankreich

Ausländische Entscheidungen werden in Frankreich nicht automatisch anerkannt, sondern müssen in einem besonderen Verfahren mit einem Exequatur versehen werden[492]. Ohne Exequatur entfalten ausländische Entscheidungen nur begrenzte Wirkungen[493]. So erfolgt lediglich eine bedingte Berücksichtigung der Tatsachenwirkung (effet de fait) der Entscheidung. Ferner wird sie als Beweismittel (force probante) anerkannt[494]. Der ausländische Insolvenzverwalter kann auch ohne Vorliegen eines Exequaturs in Frankreich als Prozesspartei auftreten oder Sicherungsmaßnahmen ergreifen[495]. Die Beschlagnahmewirkung des ausländischen Verfahrens wird ohne Erteilung des Exequaturs allerdings nicht anerkannt.
Das Erfordernis eines Exequaturteils folgt aus Art. 509 des Nouveau Code de procé-

---

[490] So der Vorschlag von Otte, RabelsZ 58, 1994, S. 292 (323).

[491] Auf europäischer Ebene bestimmen Art. 5 und 7 EuInsVO, dass Sicherungsrechte, die sich zum Zeitpunkt der Eröffnung des Insolvenzverfahrens im Gebiet eines anderen Mitgliedstaates befinden, von der Eröffnung des Verfahrens nicht berührt werden. Kritisch hierzu: Liersch, NZI 2002, S. 15 ff.

[492] Audit, Rn. 442; Mayer/Heuzé, Rn. 363; Martin-Serf, JDI 1995, S. 31 (45 f.); Niggemann/Blenske, NZI 2003, S. 471 (472).

[493] Man spricht dabei von einer „efficacité matérielle“; vgl. auch Augustin in MüKo, InsO, Länderberichte, Rn. 26.

[494] Vgl. dazu Audit, Rn. 447 ff.; Batiffol/Lagarde, Rn. 738 ff..

[495] Batiffol/Lagarde, Rn. 745; Witz/Zierau, RIW 1989, S. 929 (935).

dure civile. Die Voraussetzungen für die Anerkennung (l'efficacité) sind im französischen Recht jedoch nicht ausdrücklich geregelt, sondern wurden von der Rechtsprechung entwickelt[496]. Der Cour de cassation hat sie in der Entscheidung Munzer[497] erstmals konkretisiert. Danach muss die ausländische Entscheidung nicht rechtskräftig, aber im Erststaat vollstreckbar sein. Ferner muss das ausländische Gericht international zuständig sein, das Verfahren muss vor dem ausländischen Gericht ordnungsgemäß durchgeführt worden sein, die vom Entscheidungsgericht angewandte Rechtsordnung muss nach französischem Recht zuständig sein, die Entscheidung muss mit dem ordre public vereinbar sein und letztlich darf kein Rechtsmissbrauch vorliegen[498]. In einer weiteren Entscheidung des Cour de cassation hat dieser allerdings klargestellt, dass das Erfordernis der ordnungsgemäßen Durchführung des ausländischen Verfahrens ein Unterfall des ordre public Vorbehalts sei[499]. Eine Nachprüfung der sachlichen Richtigkeit der ausländischen Entscheidung (révision au fond) wurde in der Entscheidung Munzer erstmals aufgegeben und erfolgt somit nicht[500]. Ebenso ist die Verbürgung der Gegenseitigkeit keine Anerkennungsvoraussetzung[501]. Mit der Erteilung des Exequaturs wird die ausländische Entscheidung in Frankreich wirksam. Dementsprechend kommt dem ausländischen Insolvenzverfahren volle und unmittelbare Wirkung nach dem Recht des Insolvenzeröffnungsstaates zu[502]. Zu berücksichtigen ist allerdings, dass die französischen Gerichte der ausländischen Eröffnungsentscheidung das Exequatur dann nicht mehr erteilen können, wenn zuvor über den Schuldner eine faillite locale, das heißt ein auf das französische Territorium begrenztes Insolvenzverfahren, eröffnet wurde[503]. Die ausländische Insolvenz kann dann in Frankreich keine Wirkungen mehr entfalten[504].

(2) England

Die Anerkennung eines ausländischen Insolvenzverfahrens erfolgt in England automatisch, so dass kein gesondertes Anerkennungsverfahren erfolgen muss[505]. Wirkungen kann eine ausländische Insolvenzeröffnung grundsätzlich jedoch erst dann entfalten, wenn bestimmte Anerkennungsvoraussetzungen vorliegen. Hierbei ist zwischen der Individual- und der Gesellschaftsinsolvenz zu unterscheiden. Zunächst muss sich das aus-

---

496 Batiffol/Lagarde, Rn. 712; Audit, Rn. 451.

497 Cour de cassation, 7. janvier 1964, Rev. cr. dr. int. pr. 1964, S. 344 ff..

498 Vgl. auch Audit, Rn. 454 ff.; Loussouarn/Bourel, Rn. 501 ff; Aderhold, S. 106 ff..

499 Cour de cassation, 4. octobre 1967, Rev. cr. dr. int. pr. 1968, S. 98.

500 Batiffol/Lagarde, Rn. 729.

501 Audit, Rn. 452.

502 Loussouarn/Bredin, Rn. 690. Zur Geltendmachung von Vollstreckungsgegeneinwänden im Exequaturverfahren: vgl. Nelle, S. 42 ff..

503 Loussouarn/Bredin, Rn. 690; vgl. hierzu E. IV. 4. f. (1).

504 Mayer/Heuzé, Rn. 667-1.

505 North/Fawcett, 12. Auflage, S. 912; Summ, S. 110.

ländische Verfahren selbst universale Geltung zumessen[506], ferner muss es sich um ein Insolvenzverfahren handeln[507], die Gerichte des Insolvenzeröffnungsstaates müssen aus englischer Sicht international zuständig sein[508] und das Verfahren darf nicht gegen den ordre public verstoßen[509]. Die Verbürgung der Gegenseitigkeit ist auch nach englischem Recht keine Anerkennungsvoraussetzung[510]. Bei einer Gesellschaftsinsolvenz ist zudem zu berücksichtigen, dass nur der Insolvenzverwalter, der im Staat der Gesellschaftsgründung ernannt wurde, anerkannt wird[511]. Die Beschlagnahmewirkung einer Auslandsinsolvenz wird nur für die in England befindlichen „movables" des Gemeinschuldners anerkannt[512]. Die in England belegenen „immovables" werden von der Beschlagnahmewirkung nicht erfasst. Der ausländische Insolvenzverwalter kann aber das unbewegliche Vermögen an sich ziehen, wenn er von einem englischen Gericht als receiver eingesetzt wird[513]. Ferner besteht die Möglichkeit, dass ein englisches Gericht den Gemeinschuldner zwingt, seine Grundstücke auf den ausländischen Verwalter formell zu übertragen.

(3) Italien

Ausländische Insolvenzverfahren werden in Italien unter denselben Voraussetzungen anerkannt, wie ausländische Urteile. Seit der Reform des italienischen internationalen Privatrechts im Jahre 1995 erfolgt die Anerkennung (riconoscimento) ausländischer Entscheidungen nicht mehr in einem Exequaturverfahren, sondern automatisch[514]. Die Voraussetzungen der Anerkennung bestimmt Art. 64 L. 31.5.1995, n. 218 (Riforma del diritto internazionale privato)[515]. Die Anerkennung setzt voraus, dass das ausländische Gericht für die Entscheidung international zuständig war, die Klage wirksam zugestellt wurde, die Parteien sich in dem Rechtsstreit einlassen konnten, die Entscheidung nach der lex fori rechtsräftig ist, sie keinem von einem italienischem Gericht erlassenen Urteil widerspricht, über den gleichen Gegenstand in Italien kein Verfahren anhängig ist und kein Verstoß gegen den italienischen ordre public vorliegt[516]. Die Verbürgung der Gegenseitigkeit ist auch nach italienischem Recht keine Anerkennungsvoraussetzung[517].

---

[506] Dicey/Morris, Rn. 31-065.
[507] Dicey/Morris, Rn. 31-064.
[508] Dicey/Morris, Rn. 31-055 f..
[509] Florian, S. 56.
[510] Smart, S. 193.
[511] Dicey/Morris, Rn. 30-092 ff.
[512] Dicey/Morris, Rn. 31-067 f.; Fletcher, S. 98.
[513] Dicey/Morris, Rn. 31-073; North/Fawcett, 12. Auflage, S. 914; Der receiver ist eine Person, die Vermögen empfängt, um diese sichernd zu verwalten und daraus Gläubiger zu befriedigen.
[514] Ballarino, S. 154; Campeis / de Pauli, S. 438.
[515] Abgedruckt mit deutscher Übersetzung in Riering, S. 43 ff..
[516] Vgl. zu den einzelnen Voraussetzungen Ballarino, S. 158 ff..
[517] Ballarino, S. 157 ff..

Diese Anerkennungsvoraussetzungen stimmen auch weitgehend mit der Anerkennungsregelung im Entwurf eines neuen Gesetzes zur Regelung des Internationalen Insolvenzrechts in Italien überein[518]. Dieser enthält in Art. 3 eine eigene Anerkennungsregelung.

(4) Zusammenfassung

Die Anerkennung ausländischer Entscheidungen erfolgt sowohl in England als auch in Italien automatisch. Lediglich in Frankreich setzt die Anerkennung die Erteilung eines Exequatururteils voraus. Ein solches Anerkennungsverfahren ist jedoch aus den bereits genannten Gründen für das autonome Recht – insbesondere das autonome Internationale Insolvenzrecht – nicht wünschenswert. Nur die Anerkennung ipso iure vermag sicherzustellen, dass die Masse durch eine zügige Vermögensbeschlagnahme geschützt und eine gleichmäßige Gläubigerbefriedigung gewährleistet wird. Ansonsten könnte im Extremfall während des Exequaturverfahrens der Schuldner sämtliches Vermögen an einen sicheren Ort verbringen.
Die Darstellung der Anerkennungsvoraussetzungen nach französischem, englischem und italienischem Recht macht ferner deutlich, dass sich die Voraussetzungen für die Anerkennung in sämtlichen Ländern grundsätzlich ähneln. So müssen nach allen Rechtordnungen die Gerichte des Staates der Insolvenzeröffnung aus inländischer Sicht international zuständig sein und die Entscheidung darf nicht gegen den inländischen ordre public verstoßen.
Das französische Anerkennungsregime geht über das Deutsche insofern hinaus, als die Anwendung der nach französischem Recht zuständigen Rechtsordnung zur Voraussetzung gemacht wird. Die Anerkennung eines ausländischen Insolvenzverfahrens wird an diesem Erfordernis in der Regel aber dann nicht scheitern, wenn sich das anwendbare Recht nach dem Recht des Insolvenzeröffnungsstaates richtet. Die französische Rechtsprechung hat das Kriterium darüber hinaus auch dahingehend abgeschwächt, dass es genügen solle, wenn die Anwendung der „unzuständigen" Rechtsordnung der „zuständigen" Rechtsordnung inhaltlich gleichwertig sei[519]. Ein Bedürfnis für die Aufnahme dieser Voraussetzung auch im deutschen Recht besteht jedenfalls nicht. Zudem darf nach französischem Recht kein Rechtsmissbrauch gegeben sein. Zwar wird diese Voraussetzung im deutschen Recht nicht explizit erwähnt, allerdings kann dem Rechtsmissbrauch auch über den ordre public Vorbehalt hinreichend Rechnung getragen werden.
Die englischen Anerkennungsvoraussetzungen stimmen im Wesentlichen mit jenen des deutschen Rechts überein. Hinsichtlich der Anerkennungswirkungen bestehen jedoch Differenzen, da das englische Recht die Beschlagnahmewirkung der Insolvenzeröffnung lediglich auf das bewegliche Vermögen erstreckt. Dadurch wird das Universalitätsprinzip jedoch erheblich eingeschränkt, so dass eine derartige Begrenzung für das deutsche Recht nicht zu befürworten wäre.

---

[518] www.giustizia.it/studierapporti/all4_rovelli.htm

[519] Cour de Cassation, Civ., 29. Juli 1929, JDI 1930, S. 377 ff..

Die italienischen Voraussetzungen für die Anerkennung einer ausländischen Insolvenzeröffnung sind weiterreichender als jene, die § 343 InsO postuliert. Dies resultiert daraus, dass das italienische Recht die Vorschriften für die Anerkennung ausländischer Urteile auch auf die Anerkennung der ausländischen Insolvenzeröffnung anwendet. Auf die Anwendung von § 328 ZPO auf Insolvenzverfahren wurde im deutschen Recht gerade verzichtet. Dies ist auch sachgerecht. Angesichts des Bedürfnisses nach einer zügigen Vermögensbeschlagnahme erscheint es nicht erforderlich, die Zustellung des Insolvenzeröffnungsantrages an den Schuldner zu verlangen oder aber zu prüfen, ob die Anerkennung einer im Inland erlassenen Entscheidung widerspricht. Ebenso ist es aus den bereits an anderer Stelle[520] genannten Gründen im Internationalen Insolvenzrecht nicht angezeigt, die Rechtskraft des Insolvenzeröffnungsbeschlusses zur Anerkennungsvoraussetzung zu machen. Die in § 343 InsO getroffene Regelung ist somit differenzierter und ausgereifter.

Aus dem Vergleich folgt, dass das autonome deutsche Anerkennungsregime in § 343 InsO jedenfalls nicht um Weitere, über das bestehende Maß hinausgehende, Voraussetzungen erweitert werden sollte.

k. Das Anerkennungsregime nach Maßgabe der EuInsVO

Zu untersuchen ist, inwieweit sich das Anerkennungsregime des deutschen Internationalen Insolvenzrechts von jenem der EuInsVO unterscheidet.

Sowohl auf nationaler Ebene als auch auf europäischer Ebene erfolgt die Anerkennung einer ausländischen Insolvenzeröffnung automatisch. Demnach setzen weder § 343 InsO noch Art. 16 Abs. 1 EuInsVO ein förmliches Exequaturverfahren voraus.

Voraussetzung für die Anerkennung ist gleichermaßen, dass es sich bei den anzuerkennenden Verfahren um ein Insolvenzverfahren handelt. Nach der hier vertretenden Auffassung sollen im autonomen Recht sämtliche Verfahren anerkannt werden, die den in den Anhängen A und B der EuInsVO genannten Verfahren entsprechen. Insofern greift das autonome Recht also auf die EuInsVO zurück.

Im deutschen Internationalen Insolvenzrecht ist für die Anerkennung erforderlich, dass die Gerichte des Insolvenzeröffnungsstaates aus deutscher Sicht international zuständig sind. Dadurch soll gewährleistet werden, dass ein Insolvenzverfahren nur in einem Staat mit einer engen Verbindung zu der Insolvenz des Schuldners eröffnet wird. Die EuInsVO kennt dieses Anerkennungserfordernis dagegen nicht. Dies erklärt sich zum einen aus dem gegenseitigen Vertrauen in die Justiz der Mitgliedstaaten und zum anderen daraus, dass die internationale Zuständigkeit in Art. 3 EuInsVO für sämtliche Mitgliedstaaten einheitlich geregelt ist[521].

---

520 Vgl. E. IV. 2. e. (5).

521 Erwägungsgrund Nr. 22 zur EuInsVO. „Die zulässigen Gründe für eine Nichtanerkennung sollten auf das unbedingt notwendige Maß beschränkt sein"; Duursma-Kepplinger/Duursma/Chalupsky, Art. 16, Rn. 14; Leipold in FS Ishikawa, S. 221 (223).

Den beiden Anerkennungsregimen ist gemein, dass die Anerkennung im Fall eines Verstoßes gegen den ordre public versagt werden kann[522]. Ferner ist auch die Wirksamkeit der Eröffnungsentscheidung gleichermaßen Voraussetzung für die Anerkennung. Formelle Rechtskraft ist weder nach europäischem noch nach nationalem Recht erforderlich.

Fraglich ist somit, welche Schlüsse aus diesem Vergleich in Bezug auf die These, dass die EuInsVO auch gegenüber Drittstaaten ein sachgerechtes Regelungswerk darstellen könnte, gezogen werden können. Im Wesentlichen stimmen beide Anerkennungsregime miteinander überein. Sie differieren lediglich im Hinblick auf die internationale Zuständigkeit als Anerkennungsvoraussetzung. Wie bereits an anderer Stelle[523] ausgeführt, kann auf das Erfordernis der internationalen Zuständigkeit des Insolvenzeröffnungsstaates aus deutscher Sicht gegenüber Drittstaaten jedoch nicht verzichtet werden. Das Vertrauen auf die Richtigkeit einer Zuständigkeitsentscheidung der Gerichte gewisser Staaten ist nicht von gleichem Ausmaß, wie im Verhältnis zu den Mitgliedstaaten der Europäischen Union. Ferner müsste das deutsche Recht ansonsten Zuständigkeitseröffnungsgründe wie beispielsweise die bloße Anwesenheit im Eröffnungsstaat anerkennen, obwohl möglicherweise keine weitere Verbindung zu diesem Staat besteht. Ein Verzicht auf das Erfordernis, die internationalen Zuständigkeit nachzuprüfen, ließe sich auch nicht mit dem „Rationalisierungseffekt"[524] rechtfertigen, den eine Verallseitigung der EuInsVO zur Folge hätte. Sofern somit die Vorschriften der EuInsVO auch gegenüber Drittstaaten für anwendbar erklärt werden sollten, müsste in Bezug auf die Anerkennungsvoraussetzungen eine Modifikation dahingehend vorgenommen werden, dass die Gerichtsbarkeit des Insolvenzeröffnungsstaates international zuständig sein muss.

I. Geltung des Günstigkeitsprinzips ?

Die EuInsVO gilt im Inland unmittelbar. In ihrem Anwendungsbereich verdrängt sie das nationale Recht und geht diesem vor[525]. Ist aufgrund der EuInsVO eine Anerkennung möglich, so kann sie nicht unter Berufung auf Bestimmungen des nationalen Anerkennungsrechts verweigert werden.

Es stellt sich die Frage, ob trotz der Eröffnung des Anwendungsbereiches der EuInsVO eine Anerkennung nach autonomem Recht ausnahmsweise dann möglich ist, wenn dieses anerkennungsfreundlicher ist als die EuInsVO.

Die Geltung dieses sogenannten Günstigkeitsprinzips wird insbesondere im Verhältnis

---

[522] Dies folgt auf nationaler Ebene direkt aus § 343 InsO. Die EUInsVO bestimmt dies in Art. 26, vgl. hierzu Duursma-Kepplinger/Duursma/Chalupsky, Art. 26, Rn. 1 ff..

[523] Vgl. E. IV. 2. e. (3).

[524] Insofern, als es des gesamten 11. Teils der InsO nicht bedurft hätte.

[525] Dies folgt aus Art. 249 Abs. 2 EGV. Vgl. zum Vorrang des Gemeinschaftsrechts gegenüber nationalem Recht: Schroeder in Streinz, Art. 249 EGV, Rn. 40 ff..

von Staatsverträgen zu nationalem Recht diskutiert[526]. Die herrschende Meinung ist dabei der Auffassung, dass im Verhältnis zwischen Vertragsrecht und autonomem Recht sowie zwischen konkurrierenden Abkommen das Günstigkeitsprinzip Anwendung findet[527]. Ein Rückgriff auf günstigeres nationales Anerkennungsrecht sei demnach nicht ausgeschlossen.

Die Geltung des Günstigkeitsprinzips im Verhältnis von EuInsVO zu nationalem Recht käme aber allenfalls dann in Betracht, wenn die autonomen Anerkennungsvorschriften gegenüber jenen der EuInsVO günstiger wären. Es verhält sich jedoch so, dass nach § 343 Abs. 1 Nr. 1 InsO das Gericht des Staates der Verfahrenseröffnung aus deutscher Sicht zuständig sein muss. Die internationale Zuständigkeit ist demgegenüber nach Maßgabe von Art. 25 EuInsVO keine Anerkennungsvoraussetzung. Im Übrigen stimmen die Anerkennungvoraussetzungen nach beiden Regimen völlig überein. So muss es sich um ein anerkennungsfähiges Insolvenzverfahren handeln. Nach der hier vertretenen Auffassung ist zur Bestimmung der Anerkennungsfähigkeit auf die in den Anhängen A und B zur EuInsVO genannten Verfahren abzustellen. Demnach kann das autonome Recht diesbezüglich schon nicht günstiger sein. Ferner darf nach beiden Rechtsordnungen die Entscheidung nicht gegen den ordre public verstoßen. Auch hier gelten weitgehend die selben Maßstäbe. Als ungeschriebene Voraussetzung setzt sowohl § 343 InsO als auch Art. 25 EuInsVO voraus, dass die Entscheidung nach dem Recht des Erlassstaates wirksam ist. Darüber hinaus unterliegt auch die Anerkennung von Sicherungsmaßnahmen und von Entscheidungen, die zur Durchführung oder Beendigung des anerkannten Insolvenzverfahrens ergangen sind, nach beiden Rechtsordnungen den selben Voraussetzungen. Daraus folgt, dass die Anerkennungsvoraussetzungen des § 343 InsO gegenüber jenen der EuInsVO nicht günstiger sondern strenger sind. Die hier aufgeworfene Frage der Geltung des Günstigkeitsprinzips dürfte daher wohl rein theoretischer Natur bleiben und sich in der Praxis zumindest solange nicht stellen, wie eine Liberalisierung des § 343 InsO nicht erfolgt ist.

Ob die Geltung des Günstigkeitsprinzips im Verhältnis von Staatsverträgen zu nationalem Recht sachgerecht ist, soll hier nicht beantwortet werden. Es stellt sich aber die grundsätzliche Frage, ob das Günstigkeitsprinzip auch im Anwendungsbereich einer Verordnung nach Art. 249 Abs. 2 EGV zum Tragen kommen kann. Von den Befürwortern der Anwendung des Günstigkeitsprinzips im Verhältnis von einem Staatsvertrag zu nationalem Recht wird vielfach als schlagendes Argument vorgetragen, dass Internationale Rechtshilfe- und Anerkennungsverträge den internationalen Rechtsverkehr erleichtern und nicht erschweren wollen[528]. Es bestünde daher kein Anlass, das autonome na-

---

[526] Hierbei insbesondere das Verhältnis des nunmehr durch die EuGVVO abgelösten EuGVÜ zu nationalem Recht.

[527] BGH, IPRax 1989, S. 104 (106); Gottwald in MüKo, ZPO, § 328, Rn. 14 u. Art. 25 EuGVÜ, Rn. 7; Geimer/Schütze, EuZVR, Art. 25, Rn. 24; Kropholler, 6. Aufl., Art. 25, Rn. 8; Schack, Rn. 62 u. Rn. 808; Siehr, S. 409 (423); Roth in Stein/Jonas, § 328, Rn. 3; a.A.: Martiny in Martiny, Kap. II, Rn. 199.

[528] BGH, IPRax 1989, S. 104 (106); Kropholler, 6. Aufl., Art. 25, Rn. 8; Schack, Rn. 62; Siehr, S. 409 (423).

tionale Recht zu verdrängen, wenn es im Einzelfall leichter zum Ziel führe[529]. Es ist aber mehr als zweifelhaft, ob diese Argumentation auch im Verhältnis von einer europäischen Verordnung zu nationalem Recht überzeugen kann. Dies wäre nur dann der Fall, wenn auch eine europäische Verordnung in erster Linie der Rechtsvereinfachung dienen soll. Dem ist jedoch nicht so. Eine Verordnung und damit auch die EuInsVO dient nicht primär der Rechtsvereinfachung sondern primär der Rechtsvereinheitlichung[530]. Durch die Verordnung wird das Gebot verwirklicht, wonach die Bestimmungen des Gemeinschaftsrechts in der EU so weit wie möglich die gleiche Wirkung entfalten sollen[531]. Die Anwendung des Günstigkeitsprinzips auch im Anwendungsbereich einer Verordnung würde aber im Ergebnis wieder den Rechtsverkehr mit den Unsicherheiten der nationalen Rechtsordnungen belasten, die gerade durch die einheitliche Regelung abgeschafft werden sollten. Zu berücksichtigen ist auch, dass anderenfalls eine Entscheidung möglicherweise in dem einen Mitgliedstaat anerkannt werden kann und einem anderen, in dem kein günstigeres Anerkennungsregime herrscht, nicht. Hierdurch würde die angestrebte Rechtsvereinheitlichung konterkariert. Letztlich folgt auch aus den Erwägungsgründen zur EuInsVO[532] selbst, dass diese primär der Rechtsvereinheitlichung dient. Danach bedarf eines gemeinschaftlichen Rechtsaktes, weil anderenfalls nachteilige Auswirkungen auf das Funktionieren des Binnenmarktes befürchtet werden. Zwar kommt der EuInsVO durchaus auch eine rechtsvereinfachende Komponente zu. Diese tritt aber hinter ihr Ziel, eine einheitliche europaweite Regelung zur Abwicklung grenzüberschreitender Insolvenzverfahren zur Verfügung zu stellen, zurück. Aus alledem folgt, dass die unmittelbare Geltung einer Verordnung und das mit ihr verfolgte Ziel der Rechtsvereinheitlichung der Anwendung des Günstigkeitsprinzips entgegen steht. Sofern somit eine Anerkennung nach Maßgabe von Art. 25 EuInsVO nicht in Betracht kommt, darf von einem deutschen Gericht nicht geprüft werden, ob möglicherweise das nationale Recht die Anerkennung ermöglicht.

3. Vollstreckbarerklärung

Mit der Wirkungserstreckung der Insolvenzeröffnungsentscheidung sowie von sonstigen Entscheidungen im Laufe des Insolvenzverfahrens infolge der Anerkennung ist nicht automatisch die Vollstreckbarkeit dieser Entscheidungen im Inland verbunden[533]. Die einer ausländischen Entscheidung nach dem Recht des Entscheidungsstaates zukommende Vollstreckbarkeit wird nicht anerkannt. Sofern die ausländische Entscheidung, die im Inland für vollstreckbar erklärt wurde, ihre Vollstreckbarkeit wieder verlieren würde, wäre das ausländische Urteil auch im Inland nicht mehr vollstreckbar, wenn es sich bei der

---

[529] Schack, Rn. 62.
[530] Schwarze, Art. 249 EGV, Rn. 18.
[531] Schroeder in Streinz, Art. 249 EGV, Rn. 53.
[532] Erwägungsgrund Nr. 3.
[533] Kemper in Kübler/Prütting, Art. 102 EGInsO, Rn. 92; Frege/Keller/Riedel, Rn. 2686; Geimer/Schütze, § 150, S. 1130.

Vollstreckbarkerklärung nur um eine Wirkungserstreckung handeln würde[534]. Die durch das deutsche Vollstreckungsurteil ausgesprochene Vollstreckbarkeit muss aber auch nach Beendigung der Vollstreckbarkeit im Erststaat aus Gründen der Rechtssicherheit bestehen bleiben[535]. Ferner scheitert die Erstreckung der Vollstreckungsanweisung des Erststaates an den Zweitstaat auch aus völkerrechtlichen Gründen. Die Souveränität fremder Staaten muss respektiert werden. Insbesondere darf nicht der Eindruck entstehen, die deutschen Vollstreckungsorgane würden den Befehlen auswärtiger Gerichte gehorchen[536]. Letztlich wäre der Gerichtsvollzieher wohl auch überfordert, müsste er selbständig die Voraussetzungen der Vollstreckbarkeit eines ausländischen Titels prüfen.

Soll aus dem ausländischen Insolvenzeröffnungsbeschluss oder aus anderen Entscheidungen, die im Laufe des Insolvenzverfahrens ergangen sind, im Inland vollstreckt werden, so bedarf es mithin für diesen Eingriff in verfassungsrechtlich geschützte Positionen der Betroffenen, der Verleihung der inländischen Vollstreckbarkeit[537].

a. § 353 InsO

Die Vollstreckbarkeit von Entscheidungen, die in einem anzuerkennenden ausländischen Insolvenzverfahren ergehen, ist in § 353 InsO geregelt. Aus der Gesetzesbegründung zu § 353[538] geht hervor, welche Entscheidungen unter die Vorschrift fallen sollen. Dies sind die Entscheidung über die Eröffnung des Verfahrens, Entscheidungen des ausländischen Insolvenzgerichts über die Auskunftserteilung, Verfahrensmitwirkung, Vorführung oder Verhaftung von Verfahrensbeteiligten, die Postsperre, die Feststellung bestrittener Forderungen im Insolvenzverfahren und die gerichtliche Bestätigung eines Vergleichs oder Insolvenzplans. Allerdings ist diese Aufzählung nicht abschließend. Dies geht aus der in der Gesetzesbegründung getroffenen Formulierung, dass unter die Vorschrift „insbesondere“ die genannten Entscheidungen fallen, hervor. Durch die offene Formulierung ist zudem sichergestellt, dass auch solche Entscheidungen für vollstreckbar erklärt werden können, die in einem anderen Staat, als jenem der Insolvenzeröffnung, ergangen sind.

Nach § 353 InsO kann die Zwangsvollstreckung aus solchen Entscheidungen nur dann stattfinden, wenn ihre Zulässigkeit durch ein Vollstreckungsurteil ausgesprochen wird. Ferner erklärt § 353 Abs. 1 S. 2 InsO die §§ 722 Abs. 2 und 723 Abs. 1 der ZPO für entsprechend anwendbar. Im Folgenden soll auf die örtliche Zuständigkeit für die Voll-

---

[534] Geimer, Rn. 3101.

[535] Es besteht dann die Möglichkeit durch Vollstreckungsgegenklage gem. § 767 ZPO gegen das deutsche Vollstreckungsurteil vorzugehen.

[536] Geimer in Zöller, § 722, Rn. 2; Wolff in Martiny, Kap. IV, Rn. 9; Rosenberg/Gaul/Schilken, § 12, S. 136.

[537] Für den Begriff der Vollstreckbarkerklärung hat sich auch die Bezeichnung Vollstreckung eingebürgert. Gelegentlich wird auch der der französischen Rechtsterminologie entlehnte Begriff des Exequaturverfahrens verwendet.

[538] Regierungsentwurf vom 25.10.2002, BT – Drs. 15/16, S. 24.

streckbarerklärung im Inland, das Vollstreckbarerklärungsverfahren sowie auf die Voraussetzungen für die Vollstreckbarerklärung näher eingegangen werden.

(1) Örtliche Zuständigkeit

§ 353 Abs. 1 S. 2 InsO verweist auf § 722 Abs. 2 ZPO und damit auf die dort getroffene Regelung zur Bestimmung der örtlichen Zuständigkeit. Demnach ist für die Klage auf Erlass des Vollstreckungsurteils das Gericht[539] zuständig, bei dem der Vollstreckungsgegner seinen allgemeinen Gerichtsstand hat oder hilfsweise der Gerichtsstand des Vermögens gemäß § 23 ZPO[540]. Sofern der Vollstreckungsgegner mit dem Gemeinschuldner nicht identisch ist, gilt gleichermaßen, dass ausschließlich das Gericht örtlich zuständig ist, bei dem der Schuldner seinen allgemeinen Gerichtsstand hat und hilfsweise das Gericht, in dessen Bezirk sich Vermögen des Vollstreckungsgegners befindet. Der Vermögensgerichtsstand ist im Exequaturverfahren jedenfalls sachnah und steht ohne sonstigen Inlandsbezug zur Verfügung[541].
Es stellt sich jedoch die Frage, ob der Gerichtsstand des Vermögens auch im autonomen Internationalen Insolvenzrecht nur hilfsweise gelten soll oder aber, ob die beiden Zuständigkeiten gleichberechtigt nebeneinander stehen und der Antragsteller somit ein Wahlrecht hat, bei welchem Gericht die Vollstreckbarkeit erklärt werden soll. In diesem Sinne wurde in der EuGVVO die Regelung der örtlichen Zuständigkeit gelockert[542]. Ein solches Wahlrecht würde es dem Antragsteller ermöglichen, im Falle der Ablehnung der Vollstreckbarerklärung durch ein Gericht, ein anderes Gericht anzurufen, das möglicherweise anders entscheidet als das erste. Dies hätte wiederum den Vorteil, dass gegen die Entscheidung des erstangerufenen Gerichts kein Rechtsbehelf eingelegt werden müsste. In Anbetracht der Tatsache, dass der Wortlaut des § 722 Abs. 2 ZPO eindeutig ist, würde die Gleichwertigkeit der beiden Zuständigkeitsgründe jedoch außerhalb des Rahmens der zulässigen Auslegung liegen und ist deshalb als contra legem im autonomen Recht abzulehnen.

(2) Vollstreckbarerklärungsverfahren

Dem Gesetzgeber standen für die Ausgestaltung des Vollstreckbarerklärungsverfahrens

---

[539] Zuständig ist das Prozessgericht und nicht das Insolvenzgericht.

[540] Nach der durch das RG begründeten und im Grundsatz durch den BGH fortgeführten Rechtsprechung ist Vermögen jeder Gegenstand mit Geldwert, ohne dass es darauf ankäme, ob er zur Befriedigung des Gläubigers ausreicht oder in einem angemessenen Verhältnis zum Streitwert steht, BGH, NJW 1997, S. 325 (326).

[541] BGH, NJW 1997, S. 325 (326) = RIW 1997, S. 238; Mankowski, RIW 1995, S. 56 (57); Gottwald in MüKo, ZPO, § 722, Rn. 21.

[542] Art. 39 Abs. 2 EuGVVO. Danach bestimmt sich die örtliche Zuständigkeit nach dem Wohnsitz und dem Ort, an dem die Zwangsvollstreckung durchgeführt werden soll. Demgegenüber sah Art. 32 Abs. 2 EuGVÜ eine Haupt- und Hilfszuständigkeit vor.

ausländischer insolvenzrechtlicher Entscheidungen verschiedene Gestaltungsmöglichkeiten zur Verfügung. Zum einen bestand die Möglichkeit, für insolvenzrechtliche Entscheidungen ebenso wie für die Vollstreckbarerklärung sonstiger ausländischer Urteile[543] ein Klageverfahren nach den §§ 722, 723 ZPO zu verlangen. Zum anderen wäre es jedoch auch in Betracht gekommen, ein vereinfachtes Beschlussverfahren, wie es auch der EuInsVO zugrunde liegt, anzuwenden. Der Gesetzgeber hat sich für das autonome Internationale Insolvenzrecht für erstere Möglichkeit entschieden. § 353 Abs. 1 S. 1 InsO bestimmt insofern eindeutig, dass die Zwangsvollstreckung nur dann stattfinden soll, wenn die Zulässigkeit durch Vollstreckungsurteil ausgesprochen ist[544]. Die Vollstreckbarerklärung erfolgt somit im Wege einer Vollstreckungsklage. Die Vollstreckungsklage stellt weder eine vorhandene Vollstreckbarkeit fest noch handelt es sich um eine Leistungsklage aufgrund des ursprünglichen materiellen Anspruchs, denn die Voraussetzungen des Vollstreckungsurteils beziehen sich ausschließlich auf den ausländischen Titel[545]. Die Vollstreckungsklage ist vielmehr eine prozessuale Gestaltungsklage mit dem Ziel, der ausländischen Entscheidung die Vollstreckbarkeit originär zu verleihen. Vollstreckungstitel ist allein das inländische Vollstreckungsurteil[546]. Angesichts der Tatsache, dass die Vollstreckungsklage recht langwierig ist und möglicherweise die Effizienz einer grenzüberschreitenden Insolvenzabwicklung gefährden könnte[547], stellt sich die Frage, ob ein vereinfachtes Beschlussverfahren für die Vollstreckbarerklärung auch im autonomen Recht sachgerechter gewesen wäre. Zur Beantwortung dieser Frage soll zunächst das der EuInsVO zugrundeliegende Verfahren näher betrachtet werden.

(a) Das Vollstreckbarerklärungsverfahren nach Maßgabe der EuInsVO

Die Vollstreckbarerklärung ist in der EuInsVO in Art. 25 geregelt. Dessen Absatz 1 Unterabs. 1 verweist für die Vollstreckbarerklärung aller Entscheidungen des Insolvenzeröffnungsgerichts auf die Art. 31 ff. EuGVÜ mit Ausnahme von Art. 34 Abs. 2 EuGVÜ. Gleiches gilt gem. Art. 25 Abs. 1 Unterabs. 2 EuInsVO auch für insolvenzbezogene Entscheidungen anderer Gerichte[548]. Gemäß Art. 68 Abs. 2 EuGVVO sind Verweise auf das EuGVÜ mit Inkrafttreten der EuGVVO umzudeuten in Verweise auf die EuGVVO. Die Vollstreckbarerklärung von Entscheidungen aus Insolvenzverfahren richtet sich also im Ergebnis nach Art. 38 ff. EuGVVO. Da Art. 34 Abs. 2 EuGVÜ und damit Art. 45 Abs. 1

---

[543] Es sei denn über die Vollstreckbarkeit wird auf staatsvertraglicher Grundlage in einem vereinfachten Verfahren entschieden. So auch innerhalb der EU nach Maßgabe von EuGVÜ bzw. EuGVVO iVm AVAG.

[544] Bereits der ursprüngliche Regierungsentwurf zur InsO sah in § 392 die Vollstreckbarerklärung durch ein Vollstreckungsurteil vor: BT – Drs. 12/2443, S. 69.

[545] Gottwald in MüKo, ZPO, § 722, Rn. 2; Münzberg in Stein/Jonas, § 722, Rn. 3.

[546] Schack, Rn. 941; Gottwald in MüKo, ZPO, § 722, Rn. 2; Geimer in Zöller, § 722, Rn. 3; Rosenberg/Gaul/Schilken, § 12, S. 138.

[547] Schack, Rn. 947; Eidenmüller, IPRax 2001, S. 2 (14); Geimer in Zöller, § 722, Rn. 20.

[548] Und zwar auch für die insolvenzrechtlichen Entscheidungen der Gerichte anderer Mitgliedstaaten, vgl. E. IV. 2. g.

S. 1 EuGVVO nicht zur Anwendung kommen soll, können der Vollstreckbarerklärung nicht die Einwände der Art. 34 und 35 EuGVVO entgegen gehalten werden[549]. Das Verfahren nach Maßgabe der EuGVVO ist zweigeteilt. Der erste Abschnitt bis zur Vollstreckbarerklärung ist ein einseitiges Verfahren, bei dem der Schuldner nicht gehört wird (Art. 41 EuGVVO). Der Antrag auf Erteilung der Vollstreckungsklausel kann grundsätzlich vom Insolvenzverwalter gestellt werden[550]. Das Gericht, welches über die Vollstreckbarkeit entscheidet, ist nicht ermächtigt, Vollstreckungshindernisse zu überprüfen. Der Richter darf somit im Exequaturverfahren nur das Vorliegen der in Art. 53 EuGVVO vorgesehenen Förmlichkeiten prüfen. Dementsprechend hat der Gläubiger nur die in Art. 53 EuGVVO vorgesehenen Urkunden vorzulegen. Dazu gehören eine Ausfertigung der Entscheidung (Art. 53 Abs. 1 EuGVVO) und eine formalisierte Bescheinigung des Erstgerichts, in der die Vollstreckbarkeit bestätigt wird (Art. 53 Abs. 2 iVm Art. 54 EuGVVO). Durch diese Beschränkung der Prüfung auf die formellen Voraussetzungen wird eine wesentliche Beschleunigung des Exequaturverfahrens erwartet. Einwendungen kann der Schuldner erst später im Rechtsbehelfsverfahren erheben (Art. 43 ff. EuGVVO). Durch den Rechtsbehelf wird das einseitige Verfahren der Klauselerteilung als kontradiktorisches Verfahren fortgeführt[551]. Erst dort ist somit Raum für die Erörterung der Anerkennungsvoraussetzungen[552]. Indem Art. 45 Abs. 1 S. 1 EuGVVO von der Verweisung ausgenommen ist, wird zum Ausdruck gebracht, dass die Vollstreckbarkeit der insolvenzrechtlichen Entscheidungen nicht mit dem Hinweis auf solche Gründe versagt werden kann, die an sich nach Art. 34 und Art. 35 EuGVVO zur Verweigerung des Exequaturs berechtigen würden. Maßgeblich sind somit allein die in der EuInsVO genannten Ablehnungsgründe[553]. Zu nennen ist hier insbesondere der in Art. 26 EuInsVO postulierte ordre public Vorbehalt. Ebenso müssen solche Entscheidungen nicht für vollstreckbar erklärt werden, die eine Einschränkung der persönlichen Freiheit oder des Postgeheimnisses zur Folge hätten (Art. 25 Abs. 3 EuInsVO)[554]. Eine Nachprüfung der ausländischen Entscheidung in der Sache darf nicht erfolgen (Art. 45 Abs. 2 EuGVVO).

Gegen die Entscheidung über den Rechtsbehelf ist gemäß Art. 44 in Verbindung mit der Anlage 4 der Verordnung ein weiterer Rechtsbehelf möglich, der allein auf die Überprüfung von Rechtsfragen beschränkt ist. In Deutschland ist dies die Rechtsbeschwerde.

Es stellt sich die Frage, ob ein derartiges vereinfachtes Verfahren für die Vollstreckbarerklärung auch im Verhältnis zu Drittstaaten wünschenswert gewesen wäre.

---

549 Duursma-Kepplinger/Duursma/Chalupsky, Art. 25, Rn. 10.

550 Wimmer in FK, Art. 102 EGInsO, Rn. 117.

551 Micklitz/Rott, EuZW 2002, S. 15 (22).

552 Kropholler, Art. 41, Rn. 5.

553 Balz, ZIP 1996, S. 948 (953); Leible/Staudinger, KTS 2000, S. 533 (566); Duursma-Kepplinger/Duursma/Chalupsky, Art. 25, Rn. 10.

554 Zum Verhältnis von Art. 26 EuInsVO zu Art. 25 Abs. 3 EuInsVO vgl. Duursma-Kepplinger/Duursma/Chalupsky, Art. 26, Rn. 15.

Das der EuInsVO zugrunde liegende Vollstreckbarerklärungsverfahren kann jedoch nur dann für das autonome Recht empfehlenswert sein, wenn es bereits auf europäischer Ebene zu überzeugen vermag. Dies soll im Folgenden untersucht werden.

(i) Argumente für ein vereinfachtes Verfahren auf europäischer Ebene

Für ein vereinfachtes Beschlussverfahren wird grundsätzlich das Interesse an einer zügigen Insolvenzabwicklung vorgebracht. Eine Vollstreckungsklage sei im Gegensatz zu einem Beschlussverfahren langwierig und zudem zeit- und kostenaufwendig[555]. Durch die einseitige Gestaltung des ersten Verfahrensabschnittes könne dem Schuldner die Möglichkeit genommen werden, alle möglichen Einwände vorzubringen und dadurch die Gerichte zu veranlassen, sich mit diesen auseinander zu setzen[556]. Ferner resultiere aus der Vollstreckbarerklärung durch ein derartiges Beschlussverfahren ein gewisser Überraschungseffekt, weil der Vollstreckungsgegner nicht beteiligt ist. Dieser Überraschungseffekt habe zur Folge, dass dem Vollstreckungsgegner unter Umständen keine Zeit verbleibt, sein Vermögen im Zweitstaat dem Vollstreckungszugriff zu entziehen[557]. Zwar könne die Zwangsvollstreckung auch im Anwendungsbereich der EuInsVO solange nicht erfolgen, wie die Frist für die Einlegung eines Rechtsbehelfs läuft oder solange über den Rechtsbehelf nicht entschieden ist. Jedoch bestehe die Möglichkeit, Maßnahmen zur Sicherung vorzunehmen (Art. 25 Abs. 1 Unterabs. 1 EuInsVO iVm Art. 47 Abs. 3 EuGVVO).

Letztlich sei auf europäischer Ebene ein vereinfachtes Verfahren auch aufgrund des großen Vertrauens in die Rechtspflege der europäischen Partnerstaaten und der aus diesem Grund bereits erfolgten Vereinfachung der Anerkennungsvoraussetzungen gerechtfertigt[558].

(ii) Argumente gegen ein vereinfachtes Verfahren auf europäischer Ebene

Gegen ein vereinfachtes Beschlussverfahren ließe sich zunächst anführen, dass Entscheidungen, die innerhalb eines Insolvenzverfahrens ergangen sind, keine stärkere Richtigkeitsgewähr beanspruchen können als gewöhnliche Zivilurteile. Für die Vollstreckung dieser bedürfe es schließlich auch eines Vollstreckungsurteils nach Maßgabe von

---

[555] Schack, Rn. 948; Geimer, Rn. 3125; Geimer/Schütze, § 150, S. 1126; Rosenberg/Gaul/Schilken, § 12, S. 147.

[556] Arnold, AWD 1972, S. 389 (391).

[557] Geimer, Rn. 3126; Arnold, AWD 1972, S. 389 (391). So heißt es auch in dem nach seinem Verfasser benannten „Jenard-Bericht" der Sachverständigen, die die Originalfassung des EuGVÜ ausgearbeitet hatten: „Durch die Aufforderung des Schuldners zur Stellungnahme würde das Überraschungsmoment abgeschwächt, das dem Verfahren auf Zulassung der Zwangsvollstreckung innewohnen muss, wenn man dem Beklagten die Möglichkeit nehmen will, Vermögen der Zwangsvollstreckung zu entziehen" (Abl. EG Nr. C 59, 5.3.1979, S. 50). Der Überraschungseffekt tritt freilich nicht stets ein, weil der Vollstreckungsgegner mit der Klauselerteilung in anderen Ländern rechnen muss.

[558] Vgl. insbesondere den Erwägungsgrund Nr. 17 zur EuGVVO, Abl. EG Nr. L 12 vom 16.1.2001; Leipold in Stoll, Vorschläge und Gutachten, S. 185 (197).

§ 722 ZPO[559]. Auf europäischer Ebene trägt diese Argumentation aber bereits deshalb nicht, weil sich die Vollstreckbarerklärung gewöhnlicher Zivilurteile innerhalb der Gemeinschaft ebenfalls nach der EuGVVO richtet und damit in einem vereinfachten Beschlussverfahren erfolgt.
Gegen ein vereinfachtes Beschlussverfahren wird ferner vorgetragen, dass in diesem kein Raum für eine Erörterung der Anerkennungsvoraussetzungen sei. Diese werden erst im Rechtsbehelfsverfahren überprüft. Die Rechtsstellung des Urteilsschuldners werde somit dadurch erheblich beeinträchtigt, dass ihm eine Instanz verloren gehe[560]. Zudem stelle das Verfahren der Vollstreckbarerklärung den richtigen Ort dar, materielle oder prozessuale Einreden zu erheben, die nach dem ausländischen oder deutschem Recht noch gegen den Anspruch geltend gemacht werden können[561]. Darüber hinaus sei es fragwürdig, ob die Regelung mit dem in Art. 103 Abs. 1 GG normierten verfassungsrechtlichen Anspruch auf rechtliches Gehör vereinbar ist[562].

(iii) Stellungnahme

Die Beantwortung der Frage, ob einem vereinfachten Beschlussverfahren gegenüber der Vollstreckungsklage der Vorrang einzuräumen ist, hängt im Wesentlichen davon ab, ob dem Interesse der Gläubiger an einer zügigen Insolvenzabwicklung und Sicherung der Masse gegenüber dem verfassungsmäßigen Recht des Vollstreckungsgegners auf rechtliches Gehör der Vorrang einzuräumen ist. Jedenfalls würde ein Vollstreckbarerklärungsverfahren, in dem dem Vollstreckungsschuldner jegliches rechtliches Gehör versagt wäre, einen Eingriff in Art. 103 Abs. 1 GG darstellen und ist daher gänzlich abzulehnen. Entsprechend sieht die EuInsVO in Verbindung mit der EuGVVO vor, dass der Vollstreckungsgegner jedenfalls im Rechtsbehelfsverfahren zu hören ist[563]. Fraglich ist jedoch, ob bereits hierdurch das in Art. 103 GG statuierte Recht auf rechtliches Gehör tangiert ist[564]. Das rechtliche Gehör soll nach der Rechtsprechung des Bundesverfassungsgerichts dem Betroffenen Gelegenheit geben, auf eine bevorstehende gerichtliche Entscheidung Einfluss zu nehmen. In der Regel sei daher nur eine vorherige Anhörung des Betroffenen sinnvoll[565]. Die Ausgestaltung der Gewährung rechtlichen Gehörs könne aber bei einzelnen Verfahrensarten unterschiedlich sein und wenn es schutzwürdige Interessen eines Verfahrensbeteiligten erfordern auch zeitlich verzögert erfolgen. Für die Zulässigkeit einer derartigen Verzögerung wurden vom Bundesverfassungsgericht folgende Kriterien aufgestellt: Zum einen muss der Verzicht auf eine vorherige Anhörung notwendig sein, um nicht den Zweck der Maßnahme zu gefährden und zum anderen

---

[559] So in Bezug auf das autonome Recht Leipold in Stoll, Vorschläge und Gutachten, S. 185 (197).
[560] Schütze in FS Bülow, S. 211.
[561] BGHZ 122, S. 373 (382).
[562] Vgl. dazu die Untersuchung von Arnold, AWD 1972, S. 389 ff..
[563] Auf die Vereinbarkeit mit Art. 103 Abs. 1 GG wird im Folgenden näher eingegangen.
[564] Diese Frage wurde im Hinblick auf Art. 34 EuGVÜ bereits in den parlamentarischen Beratungen zum Zustimmungsgesetz diskutiert. Vgl. dazu Arnold, AWD 1972, S. 389 (390).
[565] BVerfGE 9, S. 89 (96).

muss dem Betroffenen nachträglich rechtliches Gehör gewährt werden[566]. Das Bedürfnis nach einem vereinfachten Beschlussverfahren resultiert im vorliegenden Fall daraus, dass dem Vollstreckungsgegner der Anreiz genommen wird, durch Einwendungen die Zwangsvollstreckung zu verschleppen. Ferner sollen durch den Überraschungseffekt die Gläubiger vor Vermögensverschiebungen geschützt werden. Der Verzicht auf eine vorherige Anhörung ist demnach als notwendig zu erachten, um eine umfassende Insolvenzabwicklung im Sinne der par conditio creditorum nicht zu gefährden. Zudem kann sich der Schuldner durch die Einlegung eines Rechtsbehelfs auf einfache Weise nachträglich rechtliches Gehör verschaffen, so dass die vom Bundesverfassungsgericht aufgestellten Kriterien erfüllt sind. Der Verzicht auf eine vorherige Anhörung ist darüber hinaus insofern tragbar, als nicht endgültig, sondern nur vorläufig in die Rechtspositionen des Betroffenen eingegriffen wird und die Maßnahmen von Anfang an der richterlichen Kontrolle unterliegen[567]. Das vereinfachte Verfahren wie es der EuInsVO und EuGVVO zugrunde liegt, ist daher mit Art. 103 Abs. 1 GG vereinbar[568].
Des Weiteren fragt sich, ob der Einwand, dass das Vollstreckbarerklärungsverfahren der richtige Ort sei, materielle oder prozessuale Einreden gegen den Anspruch zu erheben[569], überzeugen kann. Bereits im Anwendungsbereich von §§ 722, 723 ZPO ist es nicht unumstritten, ob der Titelschuldner im Verfahren der Vollstreckbarerklärung eines ausländischen Urteils mit materiellrechtlichen Einwendungen gegen den titulierten Anspruch gehört werden kann. Die herrschende Meinung in Rechtsprechung und Literatur bejaht dies[570]. Für die Prüfung von materiellen Einwänden spricht, dass durch das Exequatur die Vollstreckbarkeit nicht bloß festgestellt, sondern originär verliehen wird. Ferner erhöht die Zulassung von Vollstreckungsgegeneinwänden den Schuldnerschutz[571]. Daneben spricht zudem die Prozessökonomie für die Zulassung von Vollstreckungseinwänden. Eine separate Vollstreckungsabwehrklage wäre zu langwierig[572]. Somit sollten auch materielle Einwände gegen den Anspruch mit der herrschenden Meinung berücksichtigt werden. Ebenso ist im Rahmen des autonomen Rechts die internationale Zuständigkeit des Ausgangsgerichts nachzuprüfen. Auch hierzu sollte dem Gegner die Möglichkeit gegeben werden, seine Ansicht vorzutragen. Diese Umstände sprechen allerdings noch nicht zwingend dafür, dass die Einwände des Vollstreckungsgegners im ersten Abschnitt des Vollstreckbarerklärungsverfahrens gehört werden müssen. Ebenso

---

566 BVerfGE 9, S. 89 (96 ff.); BVerfGE 18, S. 399 (404 f.).

567 BVerfGE 9, S. 89 (96 ff.); BVerfGE 18, S. 399 (404 f.).

568 Kropholler, Art. 41, Rn. 7; Geimer/Schütze, EuZVR, Art. 34, Rn. 2; Gottwald in MüKo, ZPO, Art. 34 EuGVÜ, Rn. 1; Martiny, Band III/ 2, Kap. IV, Rn. 75; Schütze in FS Bülow, S. 211 (212); Arnold, AWD 1972, S. 389 (391); Fahl, S. 26.

569 Leipold in Stoll, Vorschläge und Gutachten, S. 185 (197).

570 BGH NJW 1990, S. 1419 (1420); BGHZ 122, S. 373 (382) = BGH, IPRax 1993, S. 402 (405); Geimer in Zöller, § 722, Rn. 59; Schack, Rn. 945; Geimer, Rn. 3145; Gottwald in MüKo, ZPO, § 722, Rn. 38; a. A. Nelle, S. 405 ff..

571 BGH, NJW 1990, S. 1419 (1420).

572 BGH, NJW 1990, S. 1419 (1420).

genügt es, wenn der Vollstreckungsgegner erst in einem anschließenden Rechtsbehelfsverfahren gehört wird. Er wird durch den, dem Rechtsbehelf innewohnenden, Suspensiveffekt hinreichend geschützt. Zwar geht dem Vollstreckungsgegner hierdurch in der Tat eine Instanz verloren. Allerdings ist dies jedenfalls innerhalb der Gemeinschaft angesichts des Vertrauens in die Rechtspflege der Mitgliedsstaaten hinnehmbar. Dieser Einwand gegen ein vereinfachtes Beschlussverfahren vermag somit ebenfalls nicht zu überzeugen[573].
Es fragt sich somit, ob die für ein vereinfachtes Beschlussverfahren vorgebrachten Argumente tragen. Dies ist jedenfalls im Hinblick auf den „Überraschungseffekt", der mit dem vereinfachten Verfahren einhergehen soll, fragwürdig. Sofern der Schuldner weiß, dass der Schuldner einen vollstreckbaren Titel gegen ihn besitzt, muss er mit der Möglichkeit der Klauselerteilung rechnen. Diese wird ihn somit auch dann nicht mehr überraschen, wenn sie im Wege eines vereinfachten Beschlussverfahrens erfolgt[574]. Sofern der Schuldner sein Vermögen beiseite schaffen will, würde er das spätestens bei Erlass der ausländischen Entscheidung tun. Für das vereinfachte Beschlussverfahren streitet demgegenüber, dass dieses zumindest dadurch eine Verfahrensbeschleunigung zur Folge hat, dass keine mündliche Verhandlung erfolgen muss. Ferner wird der internationale Rechtsverkehr erleichtert[575]. Dies kommt wiederum dem Interesse der Gläubiger an einer schleunigen Sicherung der Insolvenzmasse und an einer zügigen Insolvenzabwicklung entgegen. Die Rechte des Vollstreckungsgegners bleiben dadurch hinreichend geschützt, dass eine Vollstreckung zunächst nur zur Sicherstellung zulässig ist[576]. Nicht rückgängig zu machende Vollstreckungsmaßnahmen können daher noch nicht getroffen werden. Zwar kann der Vollstreckungsgegner auch bei einer bloßen Sicherungsvollstreckung, die durchaus zur Blockade seines gesamten Vermögens führen kann, erhebliche Nachteile erleiden. Jedoch ist dies aufgrund des Vertrauens in die Rechtsprechung innerhalb der Mitgliedstaaten der Europäischen Union hinnehmbar. Letztendlich darf auch der Kostenfaktor nicht unberücksichtigt bleiben. Bei der Vollstreckbarerklärung wird es häufig vorkommen, dass eine Partei ihren Wohnsitz im Ausland hat. Demnach müsste diese sich im Inland vertreten lassen, sofern sie nicht selber am Verfahren teilnehmen will. Hierdurch würden wiederum zusätzliche Kosten verursacht[577].

---

[573] Vgl. zu der streitigen Frage, ob der Vollstreckungsgegner durch eine Schutzschrift vorsorglich eine Stellungnahme bei dem zuständigen Gericht einreichen und dadurch der Erteilung einer Vollstreckungsklausel vorbeugen kann: Schütze in FS Bülow, S. 211 ff.; Fahl, S. 26 ff..

[574] Schütze in FS Bülow, S. 211 (213); Allerdings ist die Zustellung der ausländischen Entscheidung an den Schuldner vor der Vollstreckbarerklärung nach der EuGVVO im Gegensatz zum EuGVÜ (vgl. dort Art. 47 Nr. 1) nicht mehr erforderlich. Dies folgt daraus, dass gem. Art. 42 Abs. 2 EuGVVO dem Schuldner die Entscheidung „soweit dies noch nicht geschehen ist", zusammen mit der Vollstreckbarerklärung zuzustellen ist. Daher ist es möglich, dass eine Vollstreckbarerklärung vor Zustellung der ausländischen Entscheidung erfolgen kann. In diesem Fall würde in der Tat ein Überraschungseffekt eintreten.

[575] Dies bezweifelnd: Schütze in FS Bülow, S. 211 (213).

[576] Art. 47 Abs. 3 EuGVVO.

[577] Wolff in Martiny, Kap. IV, Rn. 66.

Daraus folgt, dass das der EuInsVO zugrunde liegende Vollstreckbarerklärungsverfahren zu überzeugen vermag. Es bietet einen gelungenen Ausgleich zwischen den sich gegenüberstehenden Interessen. Es stellt sich mithin die Frage, ob ein derartiges Beschlussverfahren auch für das autonome Recht empfohlen werden kann.

(b) Befürwortung eines vereinfachten Verfahrens für das autonome IIR ?

Es ist jedoch ausgesprochen zweifelhaft, ob die Vollstreckbarerklärung im Wege eines vereinfachten Beschlussverfahrens auch gegenüber Drittstaaten zu überzeugen vermag. Hiergegen lässt sich in erster Linie anführen, dass auf europäischer Ebene ein vereinfachtes Verfahren aufgrund des großen Vertrauens in die Justiz der europäischen Partnerstaaten und der daraus resultierenden Vereinfachung der Anerkennungsvoraussetzungen gerechtfertigt ist[578]. Die mit diesem Verfahren einhergehende Beeinträchtigung der Rechtsstellung des Vollstreckungsgegners durch den Verlust einer Instanz, in welcher der Vollstreckungsgegner materielle oder prozessuale Einreden erheben könnte, ist hinnehmbar. Im Verhältnis zu Drittstaaten besteht ein solches Vertrauen allerdings nicht. Ebenso bestehen im Verhältnis zu diesen strengere Anerkennungsvoraussetzungen als innerhalb der Europäischen Union[579]. Der Vollstreckungsgegner sollte daher nicht ohne weiteres mit seinen materiellen oder prozessualen Einreden auf das Rechtsbehelfsverfahren vertröstet werden, wie dies auf europäischer Ebene der Fall ist[580]. Es würde über das Ziel hinausschießen, den ausländischen Antragsteller auch in diesem Fall auf schnelle und unbürokratische Weise mit einem Vollstreckungstitel auszustatten und auch dem Interesse des Vollstreckungsgegners, vor nicht wiedergutzumachenden Schäden geschützt zu werden, nicht hinreichend gerecht werden.
Ferner wird gegen die Vollstreckbarerklärung im Wege eines vereinfachten Beschlussverfahrens auf nationaler Ebene eingewendet, dass Entscheidungen, die innerhalb eines Insolvenzverfahrens ergangen sind, keine stärkere Richtigkeitsgewähr beanspruchen können als gewöhnliche Zivilurteile[581]. Für die Vollstreckung dieser bedarf es jedoch eines Vollstreckungsurteils nach Maßgabe der §§ 722, 723 ZPO. Dieser Einwand spricht jedoch nur insofern bedingt für eine Vollstreckungsklage im autonomen Internationalen Insolvenzrecht, als in der Praxis die Vollstreckbarerklärung durch eine Vollstreckungsklage nur noch die Ausnahme ist. In mehr als 95 % aller Fälle richtet sich die Vollstreckbarerklärung ausländischer Entscheidungen nach den hierzu ergangenen deutschen Ausführungsgesetzen, die ein vereinfachtes Beschlussverfahren vorsehen[582]. Demgegenüber lassen sich für eine generelle Vereinfachung des Vollstreckbarerklärungsverfahrens Gerechtigkeitserwägungen anführen. Die ZPO sieht zur Durchsetzung materieller An-

---

[578] Vgl. insbesondere den Erwägungsgrund Nr. 17 zur EuGVVO, ABl. EG Nr. L 12 vom 16.1.2001; Leipold in Stoll, Vorschläge und Gutachten, S. 185 (197).
[579] So muss der ausländische Staat aus deutscher Sicht international zuständig sein.
[580] BGHZ 122, S. 373 (378); Leipold in Stoll, Vorschläge und Gutachten, S. 185 (197).
[581] Leipold in Stoll, Vorschläge und Gutachten, S. 185 (197).
[582] Gottwald in MüKo, ZPO, § 722, Rn. 4; Schack, Rn. 931.

sprüche in gewissen Fällen besondere Verfahrensarten vor, die den beteiligten Interessen gerechter werden als das ordentliche Urteilsverfahren. Zu nennen ist hier beispielsweise das Mahnverfahren, das dem Bedürfnis des Gläubigers an einer beschleunigten, sofort vollstreckbaren Entscheidung entgegen kommt. Ein solches Verfahrenssystem steht für die Vollstreckbarerklärung ausländischer Entscheidung dagegen nicht zur Verfügung. Sofern man an dem ordentlichen Urteilsverfahren festhält, würde der Gläubiger eines im Ausland titulierten Anspruchs gegenüber Gläubigern nicht titulierter Forderungen benachteiligt sein[583].

Ferner gilt auch auf nationaler Ebene, dass durch eine Vollstreckungsklage dem Vollstreckungsgegner die Möglichkeit eröffnet ist, das Verfahren zu verschleppen und damit die Zwangsvollstreckung hinauszuzögern. Die Aussicht auf eine mutwillige Verschleppung würde zugegebenermaßen ihren Reiz verlieren, wenn der Gläubiger bereits im Besitz eines im Inland vollstreckbaren Titels wäre.

Letztlich ließe sich gegen das Erfordernis eines Vollstreckungsurteils auf nationaler Ebene argumentieren, dass dieses nicht mehr zeitgemäß sei. Sofern bereits auf europäischer Ebene ein Entwurf über den europäischen Vollstreckungstitel für unbestrittene Forderungen diskutiert wird, nach dem die Prüfung von Anerkennungs- bzw. Vollstreckbarerklärungsvoraussetzungen und das gesamte Vollstreckbarerklärungsverfahren entfallen sollen[584], so sollte für Entscheidungen aus Drittstaaten jedenfalls ein Beschlussverfahren genügen. Allerdings würde bei einer derartige Argumentation außer Acht gelassen, dass ein zunehmendes Vertrauen in die Rechtsstaatlichkeit innerhalb der Gemeinschaft nicht zwingend mit einem Vertrauenszuwachs gegenüber Drittstaaten verbunden ist, welcher eine Beeinträchtigung der Rechte des Vollstreckungsgegners rechtfertigen könnte. Ein solches Vertrauen ist gegenüber einer Vielzahl von Staaten gerade nicht gegeben.

Auch wenn somit Gerechtigkeitsgesichtspunkte sowie das Interesse der Gläubiger, eine Verfahrensverschleppung zu verhindern, für ein vereinfachtes Beschlussverfahren im autonomen Internatonalen Insolvenzrecht sprechen, treten diese Argumente aber hinter das schützenswerte Interesse des Vollstreckungsgegners, vor nicht wiedergutzumachenden Schäden durch eine voreilige Vollstreckbarerklärung bewahrt zu werden, zurück. Daher sollte im Inland vor der Vollstreckbarerklärung einer ausländischen insolvenzrechtlichen Entscheidung geprüft werden, ob diese überhaupt anerkennungsfähig ist. Zumindest aber sollte der Vollstreckungsgegner gehört werden, welche Einwände er gegen eine Vollstreckbarerklärung vorbringen kann. Anderenfalls könnte gegebenenfalls im Inland in das Vermögen des Gemeinschuldners oder eines Dritten vollstreckt werden, obwohl die Gerichte des Staates, in dem die ausländische Entscheidung ergangen ist, beispielsweise aus deutscher Sicht gar nicht international zuständig war. Dieser Fall ist insbesondere dann denkbar, wenn der Vollstreckungsgegner die Rechtsbehelfsfrist ver-

---

[583] Wolff in Martiny, Kap. IV, Rn. 65.

[584] Maßnahmenprogramm des Rates vom 25.11.2000, Abl. EG Nr. C 12 v. 15.1.2001, S. 1 ff.; Geimer, IPRax 2002, S. 69 (71).

säumt hat[585]. Selbst die bloße Sicherungsvollstreckung kann aber bereits zur Blockade des gesamten Vermögens des Schuldners führen, wodurch dieser unter Umständen erhebliche Schäden erleiden kann. Daraus folgt, dass das der EuInsVO zugrunde liegende Vollstreckbarerklärungsverfahren gegenüber Drittstaaten nicht zu befürworten ist. Das mangelnde Vertrauen in die Rechtspflege gewisser Staaten steht dem entgegen. Allerdings tragen diese Bedenken nicht im Hinblick auf solche Insolvenzverfahren, die nach Art. 1 Abs. 2 EuInsVO von deren sachlichen Anwendungsbereich ausgenommen sind. Sofern über das Vermögen eines Versicherungsunternehmens, eines Kreditinstituts oder einer Wertpapierfirma in einem Mitgliedstaat das Insolvenzverfahren eröffnet würde, wäre auch die Vollstreckbarerklärung von insolvenzrechtlichen Entscheidungen dieses Verfahrens im Wege eines vereinfachten Beschlussverfahrens aufgrund des in der Gemeinschaft geltenden Vertrauens durchaus angezeigt. Eine vom geltenden Recht abweichende Ausnahmeregelung für die Vollstreckbarerklärung von Entscheidungen aus derartigen Insolvenzverfahren wäre daher wünschenswert.

Es stellt sich die Frage, ob die soeben vorgetragenen Bedenken gegen eine Anwendung des der EuInsVO zugrunde liegenden Vollstreckbarerklärungsverfahrens zwingend die Vollstreckbarerklärung im Wege der Vollstreckungsklage erforderlich machen, wie dies § 353 Abs. 1 InsO vorsieht. In Betracht käme ebenso ein Verfahren, für das sich bereits die Mehrheit der Sonderkommission zur Umsetzung des EU – Übereinkommens über Insolvenzverfahren im deutschen Recht[586] ausgesprochen hatte. Diese befürwortete gegenüber Drittstaaten ein vereinfachtes Beschlussverfahren, in welchem dem Vollstreckungsgegner - im Gegensatz zu dem Verfahren, das der EuGVVO zugrunde liegt - rechtliches Gehör bereits im Klauselerteilungsverfahren zu gewähren ist[587]. Für ein solches Verfahren spricht, dass sich einerseits die gegen das der EuInsVO zugrunde liegende Beschlussverfahren angeführten Bedenken insofern ausräumen lassen, als der Vollstreckungsgegner mit seinen Einwänden gehört werden kann und das zuständige Gericht nicht nur auf die Prüfung gewisser Förmlichkeiten beschränkt ist, sondern auch das Vorliegen der Anerkennungsvoraussetzungen überprüfen kann. Andererseits würde das Beschlussverfahren dem Interesse der Antragsteller an einer zügigen und effizienten Insolvenzabwicklung entgegen kommen, da keine mündliche Verhandlung erfolgen muss. Darüber hinaus wird es bei der Vollstreckbarerklärung häufig vorkommen, dass eine Partei ihren Wohnsitz im Ausland hat. Sofern man an dem Prinzip der Mündlichkeit festhält, müsste sich diese Partei im Inland vertreten lassen, falls sie nicht selber teilnehmen will. Hierdurch würden zusätzliche Kosten entstehen[588]. Ein Beschlussverfahren, in dem der Vollstreckungsgegner zu hören ist, würde somit die Vorteile des der EuInsVO / EuGVVO zugrunde liegenden Verfahrens mit jenen des Verfahrens nach §§

---

585 Vgl. Art. 43 Abs. 5 EuGVVO.

586 Vorschläge und Gutachten vorgelegt von Hans Stoll.

587 Stoll, Vorschläge und Gutachten, S. 253; in der neueren Literatur hierfür auch Eidenmüller, IPRax 2001, S. 2 (14).

588 Wolff in Martiny, Kap. IV, Rn. 66.

722, 723 ZPO vereinen und ist daher als vorzugswürdig zu erachten. Allerdings sollte de lege ferenda die Regelung eines hier favorisierten Vollstreckbarerklärungsverfahrens die Möglichkeit, in gewissen Fällen eine mündliche Verhandlung durchzuführen, nicht gänzlich ausschließen. Es ist durchaus denkbar, dass in komplizierten Fällen das für die Vollstreckbarerklärung zuständige Gericht zu der Auffassung gelangt, dass eine mündliche Verhandlung Sinn macht oder sogar erforderlich ist. Dann sollte auch die Möglichkeit zur Durchführung einer solchen bestehen.

Als Ergebnis ist mithin festzuhalten, dass ein Beschlussverfahren, wie es der EuInsVO / EuGVVO zugrunde liegt, im Verhältnis zu Drittstaaten nicht wünschenswert ist. Die Skepsis gegenüber der Rechtsordnung gewisser Staaten sowie der Verlust einer Verfahrensinstanz sprechen gegen eine derartige Lösung[589]. Jedoch überzeugt auch die in § 353 InsO getroffene Regelung, wonach die Vollstreckbarerklärung zwingend im Wege eines kontradiktorischen Klageverfahrens erfolgen muss, nicht völlig. Sie wird dem Interesse an einer zügigen Insolvenzabwicklung zur Erreichung einer umfassenden Gläubigergleichbehandlung nicht hinreichend gerecht. Vorzugswürdig wäre demgegenüber eine flexible Lösung. Grundsätzlich sollte die Vollstreckbarerklärung in einem Beschlussverfahren, in welchem dem Vollstreckungsgegner rechtliches Gehör gewährt wird, erfolgen. In komplizierten Fällen sollte allerdings weiterhin die Möglichkeit bestehen, eine mündliche Verhandlung durchzuführen. Ein solches vereinfachtes und flexibles Verfahren sollte sowohl für Vollstreckungsmaßnahmen gegen den Insolvenzschuldner als auch gegen Dritte gleichermaßen zur Verfügung stehen[590].

(3) Vollstreckbarerklärungsvoraussetzungen

Da Anerkennung und Vollstreckbarerklärung ihrem Wesen nach voneinander verschieden sind, sind die Anerkennungsvoraussetzungen logisch von den Vollstreckbarerklärungsvoraussetzungen zu trennen.

(a) Anerkennung

Es stellt sich die Frage, ob die Anerkennung einer ausländischen insolvenzrechtlichen Entscheidung nach Maßgabe von § 343 InsO zwingende Voraussetzung für die Vollstreckbarerklärung nach § 353 InsO ist. Im Gegensatz zu § 353 InsO ist § 723 Abs. 2 ZPO für die Vollstreckung ausländischer Urteile insofern eindeutiger, als er klarstellt, dass das Vollstreckungsurteil nicht zu erlassen ist, wenn die Anerkennung des Urteils ausgeschlossen ist. Die Anerkennung der ausländischen Entscheidung ist demnach also wesentliche Voraussetzung eines Vollstreckungsurteils[591]. Da eine derartige Klarstellung

---

[589] Obgleich dies nicht für solche innergemeinschaftlichen Insolvenzverfahren gilt, die aus dem sachlichen Anwendungsbereich der EuInsVO ausgenommen sind.

[590] Eidenmüller, IPRax 2001, S. 2 (14).

[591] Gottwald in MüKo, ZPO, § 723, Rn. 3; Rosenberg/Gaul/Schilken, § 12, S. 137.

im autonomen Internationalen Insolvenzrecht nicht getroffen wurde und § 723 Abs. 2 ZPO auch nicht entsprechend anwendbar ist, könnte angenommen werden, dass eine Vollstreckbarerklärung auch dann erfolgen kann, wenn die ausländische Entscheidung nicht anerkennungsfähig ist, etwa weil dem Entscheidungsstaat nach deutschem Recht die internationale Zuständigkeit nicht zukommt. Diese Ansicht ist jedoch abzulehnen. Es wäre widersprüchlich, wenn die deutsche Rechtsordnung einer ausländischen Entscheidung die Wirkungserstreckung mangels Anerkennung versagen würde, den schwerwiegenderen Eingriff in verfassungsmäßige Rechte des Einzelnen durch die Zwangsvollstreckung aber gestatten würde[592]. Aus der Gesetzesbegründung zu § 353[593] lässt sich zudem entnehmen, dass der Gesetzgeber ebenfalls davon ausgeht, dass ohne das Vorliegen der Anerkennungsvoraussetzungen eine Vollstreckbarerklärung nicht möglich ist, da dort der in § 343 Abs. 1 S. 2 InsO enthaltene ordre public Vorbehalt explizit als Vollstreckbarerklärungsvoraussetzung genannt wird. Die Anerkennung der Insolvenzeröffnungsentscheidung sowie der einzelnen insolvenzbezogenen Entscheidungen ist somit Voraussetzung für deren Vollstreckbarerklärung[594]. Eine dem § 723 Abs. 2 S. 2 ZPO entsprechende Verweisungsnorm auf die Anerkennung nach § 343 InsO wurde vermutlich schlicht vergessen. Dies ist als der Rechtsklarheit abträglich zu bemängeln.
Zu berücksichtigen ist aber, dass dies noch nicht bedeutet, dass die Anerkennung die Vollstreckbarerklärung ohne weiteres nach sich zieht. So können Urteile ihre Vollstreckbarkeit beispielsweise nachträglich durch Erfüllung verlieren. In diesem Fall ist der ausländischen Entscheidung das Exequatur zu verweigern, auch wenn die Anerkennungsvoraussetzungen vorliegen[595].

(b) Gerichtliche Entscheidung

Fraglich ist ferner, ob es für die Vollstreckbarerklärung eine Voraussetzung ist, dass die ausländische Entscheidung von einem Gericht ergangen ist[596]. Der Wortlaut von § 353 Abs. 1 InsO ist insofern nicht eindeutig, als er lediglich von „Entscheidungen, die in einem ausländischen Insolvenzverfahren ergehen" spricht. Ebenso ist die Gesetzesbegründung zu § 353 in diesem Punkt nicht ergiebig. Für das Erfordernis einer gerichtlichen Entscheidung könnte jedoch die in § 343 Abs. 1 Nr. 1 InsO getroffene Formulierung sprechen, wonach für die Anerkennung die „Gerichte des Staates der Verfahrenseröffnung nach deutschem Recht zuständig sein müssen". Allerdings wird wiederum in der Gesetzesbegründung zu § 343[597] klargestellt, dass unter „Gericht" jede Stelle subsumiert

---

[592] So auch Wolff in Martiny, Kap. IV, Rn. 19.
[593] Regierungsentwurf vom 25.10.2002, BT – Drs. 15/16, S. 24.
[594] Dies klingt auch in BGH, IPRax 1993, S. 402 (405, 406) an, wenn der BGH für die Vollstreckbarerklärung nach damaligen Recht nicht nur auf die §§ 722 ff. ZPO Bezug nimmt, sondern auch auf § 328 ZPO.
[595] Wolff in Martiny, Kap. IV, Rn. 12.
[596] Dies wurde von Leipold in Stoll, Vorschläge und Gutachten, S. 185 (196) aus Rechtsschutzgesichtspunkten für das autonome Recht vorgeschlagen.
[597] Regierungsentwurf vom 25.10.2002, BT – Drs. 15/16, S. 21.

werden kann, die befugt ist, ein Insolvenzverfahren zu eröffnen oder im Laufe des Verfahrens Entscheidungen zu treffen. Sofern also selbst die Insolvenzeröffnung von jeder Stelle anerkannt wird, wäre es widersprüchlich, für die Vollstreckbarerklärung eine gerichtliche Entscheidung zu verlangen. Eine solche ist mithin für die Vollstreckbarerklärung nicht erforderlich.

(c) Vollstreckbarkeit nach dem Recht des Eröffnungsstaates

Voraussetzung ist ferner, dass die Entscheidung nach dem ausländischen Recht einen vollstreckbaren Titel darstellt. Die Vollstreckbarkeit nach dem Recht des Eröffnungsstaates ist somit für die originäre Verleihung der Vollstreckbarkeit durch das deutsche Exequaturgericht zwingend[598]. Zu berücksichtigen ist aber, dass es auch ausländische Vollstreckungstitel gibt, für die eine Vollstreckbarerklärung nicht in Betracht kommt. Zu nennen ist hier insbesondere das Verbot der Doppelexequatur. Das heißt, die Vollstreckbarerklärung von drittstaatlichen Urteilen wird von § 353 InsO nicht erfasst. Die Vollstreckbarerklärung ist territorial begrenzt und verleiht nur das Recht zur Vollstreckung für den betreffenden Staat[599]. Jeder Staat bestimmt selbständig, welche ausländischen Entscheidungen er anerkennt und lässt sich von anderen Staaten nichts vorschreiben[600]. Ebenso gilt dies für Leistungsurteile, die ein ausländisches Gericht aufgrund einer actio judicati[601] erlassen hat. Es handelt sich dabei zwar nicht um eine bloße Vollstreckbarerklärung, sondern um ein Leistungsurteil, aber dieses ist einzig und allein aufgrund der Rechtskraft einer ausländischen Entscheidung ergangen[602]. Streitig ist die Zulässigkeit der Vollstreckbarerklärung von Schiedssprüchen. Da diese nach den meisten Rechtsordnungen nicht per se vollstreckbar sind, bedürfen sie eines Exequaturs durch das staatliche Gericht[603]. Eine Doppelexequatur kommt nach deutschem Recht jedoch nicht in Betracht. Anders hat der BGH[604] allerdings in einem Fall entschieden, in dem der Schiedsspruch in dem Bestätigungsurteil völlig inkorporiert wurde. Dem ist jedoch entgegen zu halten, dass sich dadurch an der territorial begrenzten Wirkung des Bestätigungsurteils nichts ändert. Die Vollstreckbarerklärung von Schiedssprüchen kann somit

---

[598] Geimer, Rn. 3368; Kolmann, S. 166; Geimer/Schütze, § 150, S. 1133; Wolff in Martiny, Kap. IV, Rn. 20.

[599] Gottwald in MüKo, ZPO, § 722, Rn. 18; Geimer in Zöller, § 722, Rn. 11; Geimer, Rn. 3110; Münzberg in Stein/Jonas, § 722, Rn. 10.

[600] Schack, Rn. 936.

[601] Im Fall der actio judicati erlässt das Gericht ein Leistungsurteil, allerdings ohne eigene Sachprüfung, sondern nur im Hinblick auf die Bindung an die (anzuerkennende) Rechtskraft des Urteils eines anderen Staates. Entscheidungsgrundlage ist nicht die eigene Sachverhaltsfeststellung und Subsumtion, sondern einzig und allein die Rechtskraft der Entscheidung eines Gerichts eines anderen Staates, Geimer, Rn. 3111.

[602] Geimer, Rn. 3111; Schack, Rn. 936.

[603] Geimer, Rn. 3112.

[604] BGH, NJW 1984, S. 2765 = IPRax 1985, S. 157.

im Inland nicht nochmals für vollstreckbar erklärt werden[605]. Sofern ein insolvenzbezogener Schiedsspruch vollstreckbar sein sollte, müsste der Anwendungsbereich des § 353 InsO zu dem des § 1061 Abs. 1 ZPO abgegrenzt werden.

(d) Bestimmtheit der Entscheidung

Um vollstreckbar zu sein, muss die ausländische Entscheidung grundsätzlich hinreichend bestimmt sein. Im Verfahren der Vollstreckbarerklärung ist aber eine gewisse Konkretisierung des ausländischen Titels noch möglich[606]. Der Umfang der Leistungspflicht muss sich dann aber aus den gesetzlichen Vorschriften des Auslandes oder sicher feststellbaren Umständen ergeben[607].

(e) Keine révision au fond

Indem § 353 Abs. 1 S. 2 InsO auf § 723 Abs. 1 ZPO verweist, wird klargestellt, dass eine révision au fond nicht erfolgt. Das heißt das Vollstreckungsurteil erfolgt ohne Prüfung der Gesetzmäßigkeit der ausländischen Entscheidung.

(f) Ordre public

Die Anerkennung einer ausländischen Entscheidung nach § 343 InsO ist Voraussetzung für die Vollstreckbarerklärung. Da bei einem Verstoß gegen den inländischen ordre public die Anerkennung nach § 343 Abs. 1 Nr. 2 InsO zu versagen ist, kann folglich in diesem Fall auch keine Vollstreckbarerklärung erfolgen[608].

(g) Rechtskraft der ausländischen Entscheidung

§ 353 Abs. 1 S. 2 InsO verweist lediglich auf § 723 Abs. 1 ZPO. § 723 Abs. 2 ZPO wird nicht für anwendbar erklärt. Für die Vollstreckbarerklärung ist es somit nicht erforderlich, dass die ausländische Entscheidung rechtskräftig ist. Fraglich ist, ob die Neuregelung insofern überzeugen kann.

(i) Argumente gegen das Rechtskrafterfordernis

Für den getroffenen Verzicht auf die Rechtskraft der für vollstreckbar zu erklärenden Entscheidung spricht, dass dadurch eine zügige Durchführung des Insolvenzverfahrens

---

[605] Gottwald in MüKo, ZPO, § 722, Rn. 19; Geimer, Rn. 3107, 3112; Schack, Rn. 937; a.A. Münzberg in Stein/Jonas, § 722, Rn. 10; Dolinar, in FS Schütze, S. 187 (196 ff.); Rosenberg/Gaul/Schilken, § 12, S. 139; a.A. Schlosser, IPRax 1985 S. 141 ff.

[606] BGH, NJW 1990, S. 3084; Gottwald in MüKo, ZPO, § 722, Rn. 17; Geimer in Zöller, § 722, Rn. 41; Münzberg in Stein/Jonas, § 722, Rn. 23.

[607] BGH, IPRax 1994, S. 367 (369).

[608] Regierungsentwurf vom 25.10.2002, Begründung zu § 353, BT – Drs. 15/16, S. 24.

gewährleistet wird[609]. Ferner wird durch den Verzicht ein Einklang mit den Anerkennungsvoraussetzungen hergestellt, da für § 343 die Rechtskraft der ausländischen Entscheidung auch nicht erforderlich ist. Letztlich wird durch die Regelung die Vollstreckbarerklärung auch solcher Entscheidungen ermöglicht, die nach dem Recht des Erlassstaates gar keiner Rechtskraft fähig sind[610].

(ii) Argumente für das Rechtskrafterfordernis

Für das Rechtskrafterfordernis spricht grundsätzlich, dass dadurch vermieden werden kann, dass die Vollstreckbarerklärung wieder aufgehoben werden muss, etwa weil das ausländische Urteil nach Erteilung des Exequaturs abgeändert oder aufgehoben wurde[611].

Ferner wird für das Rechtskrafterfordernis vorgebracht, dass eine Entscheidung in einem anderen Staat nicht mehr Wirkungen entfalten könne, als ihr im Erlassstaat zukommen[612]. Zudem sei nicht einzusehen, warum bei Titeln aus dem Insolvenzverfahren etwas anderes gelten solle, wenn das autonome Recht bei der Vollstreckung von Urteilen die formelle Rechtskraft zur Voraussetzung macht[613].

(iii) Stellungnahme

Fraglich ist, ob die Eilbedürftigkeit der Insolvenzabwicklung als Argument gegen das Rechtskrafterfordernis zu überzeugen vermag. Hiergegen wird von Einigen eingewendet, dass die Vollstreckbarerklärung im Gegensatz zur Anerkennung nicht so eilbedürftig sei. Die Anerkennung stehe im Vordergrund, da mit ihr die Vermögensbeschlagnahme im Inland eintrete. Lediglich für die Anerkennung sei somit eine Eilbedürftigkeit im Interesse der Gläubigergesamtheit zu bejahen[614]. In der Tat verhält es sich so, dass im Interesse einer umfassende Massesicherung die Vermögensbeschlagnahme als Folge der Anerkennung auch im Inland zügig erfolgen muss. Allerdings ist zu berücksichtigen, dass den Gläubigern wenig geholfen ist, wenn der Gemeinschuldner oder Dritte, die sich im Besitz von Massegegenständen befinden, trotz der Vermögensbeschlagnahme weiterhin den Zugriff auf das Massegut haben und dieses unter Umständen in das Ausland verschieben könnten. Hiervor können die Gläubiger nur dann umfassend geschützt werden, wenn der Insolvenzverwalter die geltend zu machenden Ansprüche zwangsweise durchsetzen kann. Den Anspruchsinhaber zunächst auf vorläufige Schutzmaßnahmen nach den §§ 916 ff. ZPO mit seinen engen Voraussetzungen zu verweisen[615] würde nur eine weitere Verkomplizierung und Verzögerung darstellen, die es zu vermeiden gilt. Darüber hinaus sollen vorläufige Schutzmaßnahmen nach der hier vertretenen Auffassung nur

---

609 Regierungsentwurf vom 25.10.2002, Begründung zu § 353, BT – Drs. 15/16, S. 24.
610 Etwa wenn das ausländische Insolvenzrecht unbefristete Rechtsmittel zulässt.
611 Wolff in Martiny, Kap. IV, Rn. 38.
612 Kemper in Kübler/Prütting, Art. 102 EGInsO, Rn. 92.
613 Leipold in Stoll, Vorschläge und Gutachten, S. 185 (196).
614 Leipold in Stoll, Vorschläge und Gutachten, S. 185 (196); Trunk, S. 283.
615 So Trunk, S. 284.

solange zulässig sein, bis feststeht, dass das Verfahren endgültig anerkennungsfähig ist[616]. Es besteht somit ebenso ein erhebliches Interesse an einer zügigen Vollstreckbarerklärung. Die Tatsache, dass die Anerkennung für die Vermögensbeschlagnahme ausschlaggebend und damit vordergründig ist, steht dem nicht entgegen. Das dem Insolvenzverfahren immanente Eilbedürfnis rechtfertigt zugleich auch die Abweichung von der sonstigen Rechtslage, wonach für die Vollstreckung von Urteilen die Rechtskraft der Entscheidung zur Voraussetzung gemacht wird. Auch die Gefahr der notwendigen Aufhebung der Vollstreckbarerklärung aufgrund einer zwischenzeitlichen Änderung der ausländischen Entscheidung ist demgegenüber das geringere Übel.

Darüber hinaus würde das Rechtskrafterfordernis in den Fällen zu Schwierigkeiten führen, in denen eine ausländische Entscheidung nach dem Recht des Erlassstaates nicht formell rechtskräftig werden kann. Dementsprechend wollen Einige in diesen Fällen eine Ausnahme vom Rechtskrafterfordernis zulassen[617]. Die sauberere Lösung wäre dann aber, auf das Rechtskrafterfordernis gänzlich zu verzichten.

Das gegen das Rechtskrafterfordernis vorgetragene Argument des Einklangs von Anerkennungs- und Vollstreckungsvoraussetzungen kann dagegen nicht überzeugen. Obwohl die Anerkennung ohne die Vollstreckbarerklärung bei Urteilen in der Tat von nur geringem Wert ist[618], sind die Anerkennung und die Vollstreckbarerklärung ihrem Wesen nach völlig verschieden, so dass ihre jeweiligen Voraussetzungen strikt zu trennen sind.

Im Ergebnis überwiegen die Argumente, die gegen das Rechtskrafterfordernis sprechen. Die Neuregelung vermag in dieser Hinsicht somit zu überzeugen[619].

(h) Gegenseitigkeit

Die Verbürgung der Gegenseitigkeit ist für die Vollstreckbarerklärung keine Voraussetzung. Sonst ergäbe sich ein Widerspruch zu der in § 343 InsO getroffenen Grundentscheidung, dass die Eröffnung eines ausländischen Insolvenzverfahrens auch dann anzuerkennen ist, wenn das Gegenrecht nicht gewährt wird. Zwar sind die Anerkennungs- und Vollstreckbarerklärungsvoraussetzungen strikt voneinander zu trennen, den Insolvenzgläubigern wäre aber wenig geholfen, wenn die Anerkennung der ausländischen Entscheidung in Inland erfolgt, deren zwangsweise Durchsetzung mangels Gegenseitigkeit dann aber nicht möglich wäre.

(4) Die Vollstreckbarerklärung von Sicherungsmaßnahmen

§ 353 Abs. 2 InsO erklärt für die in § 343 Abs. 2 InsO genannten Sicherungsmaßnah-

---

[616] Vgl. zu der streitigen Frage, ob einstweiliger Rechtsschutz trotz Einzelrechtsverfolgungsverbot zulässig ist: E. IV. 2. i. (3).

[617] Trunk, S. 283; Kolmann, S. 167.

[618] Leipold in Stoll, Vorschläge und Gutachten, S. 185 (196).

[619] Für das Rechtskrafterfordernis: Leipold in Stoll, Vorschläge und Gutachten, S. 185 (196); kritisch auch Kolmann, S. 167.

men § 353 Abs. 1 InsO für entsprechend anwendbar. Diese Regelung ist erforderlich, da nach § 343 Abs. 2 InsO auch die vom ausländischen Insolvenzgericht erlassenen Sicherungsmaßnahmen ohne weitere Förmlichkeiten anerkannt werden. Es muss somit festgelegt sein, wie sie gegebenenfalls für vollstreckbar erklärt werden.

(5) Folgen der Vollstreckbarerklärung

Nach der Vollstreckbarerklärung kann die ausländische Entscheidung auf die gleiche Weise vollstreckt werden, wie eine inländische Entscheidung. Die zulässigen Vollstreckungshandlungen und Rechtsbehelfe bestimmen sich ausschließlich nach autonomem Recht. Dies gilt unabhängig davon, ob der Ursprungsstaat derartige Maßnahmen kennt[620].

b. Rechtsvergleichung

(1) Frankreich

Wie bereits ausgeführt erfolgt im französischen Recht die Anerkennung nicht automatisch, sondern sie muss in einem Exequaturverfahren durch ein Urteil festgestellt werden. Ein solches Exequaturteil ist ebenfalls Voraussetzung dafür, dass aus einem ausländischen Titel in Frankreich vollstreckt werden kann[621]. Das Verfahren ist mit dem in § 722 ZPO geregelten Verfahren, an dessen Ende ein Vollstreckungsurteil steht, vergleichbar. Die Anerkennungs- und Vollstreckbarerklärung erfolgt in einem Gesamtexekutionsverfahren[622]. Die Exequaturvoraussetzungen beschreibt für das autonome französische Recht die Leitentscheidung Munzer[623].

(2) England

Zwar erfolgt in England die Anerkennung automatisch, sofern die entsprechenden Voraussetzungen vorliegen. Für die Vollstreckbarerklärung einer ausländischen Entscheidung bedarf es aber auch in England eines Exequaturverfahrens. Hierfür stehen verschiedene Verfahren zur Verfügung. Die Vollstreckbarerklärung kann entweder im regulären Klageverfahren (action upon the judgment) erfolgen oder unter bestimmten Voraussetzungen in einem von drei vereinfachten Registrierungsverfahren. So erfolgt die

---

[620] Gottwald in MüKo, ZPO, § 722, Rn. 41; Geimer in Zöller, § 722, Rn. 56, 67; Münzberg in Stein/Jonas, § 722, Rn. 23.

[621] Batiffol/Lagarde, Rn. 712; Audit, Rn. 446; Loussouarn/Bourel, Rn. 509; Witz/Zierau, RIW 1989, S. 929 (932).

[622] Martin-Serf, JDI 1995, S. 31 (45); Dostal, ZIP 1998, S. 969 (974); Das Exequaturverfahren steht aber auch demjenigen offen, der lediglich die Anerkennung eines ausländischen Urteils in Frankreich, nicht aber dessen Vollstreckbarerklärung begehrt.

[623] Cour de Cassation, 7. janvier 1964, Rev. cr. dr. int. pr. 1964, S. 344 ff..

Registrierung von Entscheidungen aus bestimmten ehemaligen Commonwealth Staaten nach dem Administration of justice Act 1920[624]. Die Registrierung von Urteilen anderer Staaten, mit denen England bilaterale Vollstreckungsverträge geschlossen hat, regelt der Foreign Judgments reciprocal enforcement Act 1933[625]. Die Registrierung von Urteilen aus Vertragsstaaten der EuGVVO erfolgt nach dem Civil Jurisdiction and Judgments Act 1982.
Die Vollstreckungsklage wird auf das Ersturteil gestützt und kann in einem beschleunigten Verfahren (summary judgment) vom Gericht entschieden werden. Die Registrierungsverfahren sehen ein gegenüber der Vollstreckungsklage vereinfachtes Verfahren vor[626].

(3) Italien

Ebenso wie im französischen und englischen Recht, existiert auch im italienischen Recht keine spezielle Vorschrift für die Vollstreckbarerklärung ausländischer Insolvenzeröffnungsentscheidungen. Daher gelten für insolvenzbezogene Entscheidungen dieselben Voraussetzungen wie für sonstige ausländische Urteile auch. Das autonome italienische Recht verlangt für die Vollstreckbarerklärung ein Exequaturverfahren. Für die Vollstreckbarerklärung („attuazione di sentenze") ist der Corte d`appello zuständig[627]. Das Appellationsgericht stellt das Vorliegen der Anerkennungsvoraussetzungen fest. Die ausländische Entscheidung bildet zusammen mit der Verfügung des Appellationsgerichts den Titel für die Durchführung der Zwangsvollstreckung[628]. Der in Italien vorliegende Entwurf zur Neuregelung des Internationalen Insolvenzrechts enthält soweit ersichtlich keine eigenständige Regelung für die Vollstreckbarerklärung ausländischer insolvenzrechtlicher Entscheidungen.

(4) Zusammenfassung

Die Vollstreckbarerklärung einer ausländischen Insolvenzeröffnungsentscheidung erfolgt in Frankreich, England und Italien ebenso wie auch in Deutschland im Wege eines Exequaturverfahrens. Dieses ist in der Regel auch ein kontradiktorisches Klageverfahren. England kennt darüber hinaus aber auch vereinfachte Registrierungsverfahren für Entscheidungen aus gewissen Ländern, insbesondere solchen, mit denen bilaterale Vollstreckungsverträge geschlossen wurden. Entsprechend sieht auch das deutsche Recht eine Verfahrensvereinfachung durch das AVAG für Entscheidungen aus Ländern, mit denen ein Vollstreckungsabkommen besteht, vor. Wie im deutschen Recht setzt die Vollstreckbarerklärung in den genannten Rechtsordnungen zuvor die Anerkennung der

---

[624] Vgl. North/Fawcett, S. 462 ff..
[625] S. die Aufzählung bei North/Fawcett, S. 465.
[626] Baur/Stürner, Band I, Rn. 59.53 ff.; Nelle, S. 103 f..
[627] Art. 67 Abs. 1, L. 31.5.1995, n. 218; Baur/Stürner, Band I, Rn. 59.69.
[628] Art. 67 Abs. 2, L. 31.5.1995, n. 218.

Entscheidung voraus. Eine eigenständige Regelung der Vollstreckbarerklärung im Internationalen Insolvenzrecht, die dem § 353 InsO entspricht, enthalten die genannten Rechtsordnungen dagegen nicht. Zu konstatieren ist jedenfalls, dass die Verfahren und Voraussetzungen für die Vollstreckbarerklärung in allen Rechtsordnungen sehr ähnlich sind und sich dementsprechend auch kein Änderungsbedürfnis für das autonome Recht aus der Betrachtung des ausländischen Rechts ergeben kann.

c. Vergleich mit der EuInsVO

Nachdem die Konzeption des Vollstreckbarerklärungsverfahrens und die Voraussetzungen der Vollstreckbarerklärung nach Maßgabe von § 353 InsO näher untersucht worden sind, bleibt festzustellen, welche Rückschlüsse sich daraus auf die anfangs aufgestellte These ergeben, dass die EuInsVO ein sachgerechtes Regelungswerk auch gegenüber Drittstaaten darstellen könnte und es daher der getroffenen Neuregelung nicht zwingend bedurft hätte.

Die Vollstreckbarerklärung nach der EuInsVO wurde oben bereits eingehend dargestellt. Sie unterscheidet sich von der in § 353 InsO getroffenen Regelung insbesondere durch das Vollstreckbarerklärungsverfahren. Nach der EuInsVO, die bezüglich der Vollstreckbarerklärung auf die EuGVVO verweist, erfolgt die Vollstreckbarerklärung in einem vereinfachten Beschlussverfahren, in dem der Vollstreckungsgegner nicht gehört wird (Art. 25 Abs. 1 Unterabs. 1 EuInsVO i.V.m. Art. 41 EuGVVO). Im Gegensatz dazu erfolgt die Vollstreckbarerklärung im autonomen Insolvenzrecht im Wege eines kontradiktorischen Klageverfahrens an dessen Ende ein Vollstreckungsurteil steht. Die Europäische Insolvenzverordnung und das autonome Internationale Insolvenzrecht differieren in diesem Punkt somit wesentlich. Im Hinblick auf die Vollstreckbarerklärungsvoraussetzungen liegen die beiden Regelungswerke dagegen wieder nah beieinander. Nach Beiden ist die Vollstreckbarkeit der Entscheidung im Erlassstaat Voraussetzung für die Vollstreckbarerklärung. Die Rechtskraft der Entscheidung soll dagegen gleichermaßen nicht erforderlich sein. Die Vollstreckbarerklärung ist zu versagen, wenn sie gegen den inländischen ordre public verstoßen würde.

Aus alledem folgt, dass die Geltung der Vorschriften der EuInsVO auch gegenüber Drittstaaten dem Anliegen des inländischen Gesetzgebers, die Vollstreckbarerklärung durch ein Vollstreckungsurteil vorzunehmen, nicht gerecht geworden wäre. Damit ist freilich noch keine Beurteilung dahingehend getroffen, ob ein Verzicht auf die gewählte Verfahrensart als Preis für eine einheitliche Anwendung der EuInsVO gegenüber allen Staaten sachgerecht wäre. Die Beantwortung dieser Frage soll einer abschließenden Abwägung an späterer Stelle[629] überlassen bleiben. Unabhängig davon wäre ein flexibleres Verfahren, welches die Vollstreckbarerklärung auch im Wege eines vereinfachten Beschlussverfahrens, in welchem dem Vollstreckungsgegner allerdings rechtliches Gehör zu gewähren ist, ermöglicht, nach der hier vertretenen Auffassung auch im autonomen Inter-

---

[629] Vgl. E. V..

nationalen Insolvenzrecht aus den bereits genannten Gründen wünschenswerter.

4. Partikularverfahren über das Inlandsvermögen

Bislang wurde in dieser Arbeit die internationale Zuständigkeit, die Anerkennung und die Vollstreckbarerklärung eines ausländischen Hauptinsolvenzverfahrens sowie von insolvenzbezogenen Entscheidungen behandelt. Das deutsche Internationale Insolvenzrecht eröffnet darüber hinaus auch die Möglichkeit ein territoriales, auf das Inlandsvermögen beschränktes, Insolvenzverfahren zu eröffnen. Der folgende Abschnitt widmet sich diesen sogenannten „Partikularverfahren über das Inlandsvermögen". Sie haben in den §§ 354 – 358 InsO eine ausführliche Regelung erfahren.

a. Terminologie

Bevor auf die erfolgten Neuregelungen näher eingegangen wird, soll jedoch an dieser Stelle zunächst versucht werden, die in der Literatur und der Gesetzgebung immer noch bestehenden terminologischen Unklarheiten zu beseitigen. Dieser Versuch wurde in der Literatur bereits vielfach unternommen[630] und auch zu Recht, da mit den Worten Thiemes[631] „das Kind einen Namen haben muss". Allerdings hat sich im Anschluss an diese Bestimmungsbemühungen bislang keine einheitliche Begrifflichkeit herauskristallisiert[632]. Vorweggenommen sei, dass in dieser Arbeit die Begriffsbestimmung der erfolgten Neuregelung der Insolvenzordnung zugrunde gelegt wird, obgleich sie nicht in jeder Hinsicht als besonders geglückt zu erachten ist. Demnach soll als Oberbegriff von *Partikularverfahren* gesprochen werden[633]. Das inländische Verfahren, das zeitgleich neben einem anerkennungsfähigen ausländischen Hauptinsolvenzverfahren eröffnet wird, ist als *Sekundärinsolvenzverfahren* zu bezeichnen[634]. Ferner kann ein auf das inländische Vermögen beschränktes Verfahren im Inland auch dann eröffnet werden, wenn die internationale Zuständigkeit für die Eröffnung eines Hauptinsolvenzverfahrens im Ausland liegt, ein solches dort jedoch nicht oder noch nicht eröffnet worden ist bzw. das eröffnete Verfahren im Inland nicht anerkannt wird. Dieses Verfahren ist als *unabhängiges oder iso-*

---

[630] Vgl. Thieme in Stoll, Stellungnahmen und Gutachten, S. 212 (244 f.); Lüer in Uhlenbruck, Art. 102 EGInsO, Rn. 190.

[631] Thieme in Stoll, Stellungnahmen und Gutachten, S. 212 (245).

[632] Dieser Mangel an einer allgemein akzeptierten Bezeichnung zeigt nach Ansicht von Thieme in Stoll, Stellungnahmen und Gutachten, S. 212 (244), „wie unsicher und unscharf in den Konturen das Institut des Partikularkonkurses geworden ist".

[633] Entsprechend lautet die Überschrift des dritten Abschnitts des Elften Teils der Insolvenzordnung „Partikularverfahren über das Inlandsvermögen", vgl. ebenso Gesetzesbegründung zu § 354 InsO, BT-Drs. 15/16, S. 24 – obgleich sich in der Allgemeinen Begründung auf S. 11 im Hinblick auf die EuInsVO der Oberbegriff „Territorialverfahren" eingeschlichen hat.

[634] Vgl. § 356 InsO, sowie die Gesetzesbegründung zu § 354 und § 356 InsO, BT-Drs. 15/16, S. 24 f..

liertes Partikularverfahren zu bezeichnen[635]. In der Literatur wird hingegen eine Vielzahl von Begriffsbestimmungen verwendet. Als Oberbegriff ist neben der hier favorisierten Bezeichnung der Partikularverfahren[636] auch von Sonderinsolvenzverfahren[637], Territorialverfahren[638], Parallelinsolvenzverfahren[639], Nebeninsolvenzverfahren[640] und gegenständlich beschränkten Insolvenzverfahren[641] die Rede. Die große Akzeptanz des Begriffs „Sonderinsolvenzverfahren" beruht vermutlich auf der Tatsache, dass dieser als Oberbegriff in den Vorschriften des nicht Gesetz gewordenen Regierungsentwurfs zur InsO[642] aus dem Jahre 1992 verwendet wurde[643]. Das Sekundärinsolvenzverfahren wurde in diesem Gesetzesvorhaben wiederum als Parallelinsolvenzverfahren bezeichnet[644].
Eine differenzierte Auseinandersetzung mit den einzelnen Bezeichnungen soll hier nicht erfolgen und wäre müßig. Jede Bezeichnung will den räumlich begrenzten Charakter der Inlandsverfahren hervorheben. Dies erscheint mir insbesondere durch die Begriffe Partikular- und Territorialverfahren besonders geglückt. Gegen den Oberbegriff „Partikularverfahren" streitet allerdings, dass dadurch keine klare Abgrenzung zu den unabhängigen Partikularverfahren möglich ist und Verwechslungen nicht auszuschließen sind. Sofern von Partikularverfahren die Rede ist, wird nicht sofort deutlich, ob damit lediglich die unabhängigen Partikularverfahren gemeint sind oder aber unabhängige Partikularverfahren und Sekundärinsolvenzverfahren im Sinne des Oberbegriffs gleichermaßen. Dies lässt sich künftig nur aus dem Kontext erschließen. Es wäre somit für eine eindeutigen Abgrenzung förderlich gewesen, wenn der Gesetzgeber eine unterschiedliche Bezeichnung für den Oberbegriff und das unabhängige Partikularverfahren gewählt hätte. Dennoch sollte dem Wortlaut des Gesetzes gefolgt werden, da hierin die einzige Chance zu sehen ist, dass sich in Rechtsprechung und Literatur künftig eine einheitliche Bezeichnung der inländischen Verfahren durchsetzt. An diejenigen, die bislang eine andere Terminologie bevorzugen, kann nur appelliert werden, dem zu folgen. Hierfür spricht zudem, dass auch der EuInsVO diese Begrifflichkeit zugrunde liegt[645] und eine einheitliche Bezeichnung der inländischen Verfahren auf nationaler und europäischer Ebene durchaus wünschenswert wäre.

---

[635] So die Formulierung in der Gesetzesbegründung zu § 354 InsO, BT-Drs. 15/16, S. 24.
[636] Otte, RabelsZ, 58, 1994, S. 292 (297); Geimer, Rn. 3391; Thieme in Stoll, Stellungnahmen und Gutachten, S. 212; Bloching, S. 26; Aderhold, S. 208; Reinhart, S. 255.
[637] Flessner, IPRax 1997, S. 1 (2); Trunk, KTS 1994, S. 33 (44); Schack, Rn. 1136; Homann, S. 52, 95, 105; Kemper in Kübler/Prütting, Art. 102 EGInsO, Rn. 243; Weis in Hess/Weis/Wienberg, Art. 102 EGInsO, Rn. 88; Spahlinger, S. 261; Metzger, S. 158 ff.; – kritisch zu dieser Bezeichnung: Geimer, Rn. 3391; Lüer in Uhlenbruck, Art. 102 EGInsO, Rn. 190.
[638] Wimmer in FK, Art. 102 EGInsO, Rn. 18.
[639] Paulus, NZI 2001, S. 505 (514).
[640] Gottwald in Gottwald, § 127, Rn. 9; Trunk, S. 234; Kolmann, S. 13.
[641] Lüer in Uhlenbruck, Art. 102 EGInsO, Rn. 190.
[642] BT-Drs. 12/2443, § 393, S. 69.
[643] Kritisch zu dieser Bezeichnung Lüer in Uhlenbruck, Art. 102 EGInsO, Rn. 190.
[644] BT-Drs. 12/2443, § 395, S. 70.
[645] Vgl. Art. 3 Abs. 2, 3 und 4 EuInsVO.

b. Die Partikularinsolvenz im deutschen Recht

Das Partikularinsolvenzverfahren war schon vor Inkrafttreten der Konkursordnung von 1877 bekannt.
§ 292 der preußischen Konkursordnung von 1855 sah die Möglichkeit eines Partikularinsolvenzverfahrens für den Fall vor, dass im Inland eine Handelsniederlassung des Gemeinschuldners bestand. Diese Partikularinsolvenz umfasste das gesamte inländische Vermögen[646]. Ebenso sahen die §§ 216 – 220 des Entwurfs einer Gemeinschuldordnung von 1873 die Möglichkeit einer Partikularinsolvenz in Bezug auf das inländische Vermögen des Schuldner vor, sofern im Inland eine Niederlassung vorhanden war[647].
§ 292 der preußischen Konkursordnung von 1855 wurde später Vorbild für § 238 der Konkursordnung von 1877[648].

(1) § 238 KO

Das Partikularinsolvenzverfahren war in der Konkursordnung in § 238 normiert. Nach §§ 238 Abs. 1 und 2 KO war ein Partikularverfahren danach zulässig, wenn der Gemeinschuldner keinen allgemeinen Gerichtsstand in Deutschland hatte, aber eine gewerbliche Niederlassung betrieb oder aber wenn er ein mit Wohn- und Wirtschaftsgebäuden versehenes Gut als Eigentümer, Nutznießer oder Pächter bewirtschaftete[649]. Das Partikularverfahren erfasste das gesamte inländische Vermögen des Gemeinschuldners[650] und die Teilnahme an dem Verfahren stand allen in- und ausländischen Gläubigern offen. Aus § 238 Abs. 3 KO folgte, dass die Eröffnung eines ausländischen Hauptinsolvenzverfahrens der Eröffnung eines Partikularverfahrens nicht entgegenstand und ein solches auch ohne vorherige ausländische Eröffnung möglich war[651]. Die praktische Bedeutung des § 238 KO blieb jedoch bis zur „Wendeentscheidung" des Bundesgerichtshofes aus dem Jahre 1985[652], in der Abschied vom Territorialitätsprinzip genommen wurde, äußerst gering[653]. Dies resultierte daraus, dass bis dahin § 237 KO trotz der Eröffnung eines ausländischen universalen Insolvenzverfahrens die Einzelzwangsvollstreckung in das inländische Vermögen des Gemeinschuldners ermöglichte. Für die Eröffnung eines Partikularverfahrens bestand daher wenig Anlass. In der „Wendeentscheidung" erklärte der Bundesgerichtshof, dass § 237 KO die Zwangsvollstreckung während

646 Vgl. Weber, KTS 1965, S. 95 (101).
647 Schmidt, Jürgen, S. 94.
648 Weber, KTS 1965, S. 95 (101).
649 Allerdings wurde auch schon unter der Geltung des § 238 KO von einigen Autoren befürwortet, dass jedes „verwaltete Vermögen" bzw. sogar die bloße Inlandsbelegenheit von Schuldnervermögen eine Partikularinsolvenzzuständigkeit begründet, vgl. Trunk, S. 237.
650 Goetsch in Hess, § 238, Rn. 9; Wenner in Mohrbutter, XXIII.147a.
651 Weber, KTS 1965, S. 95 (118).
652 BGHZ 95, S. 256 ff..
653 Thieme in Stoll, Stellungnahmen und Gutachten, S. 212 (213).

eines ausländischen Insolvenzverfahrens nur noch aus bestehenden Titeln ermögliche, so dass Klagen, die auf die Erlangung eines inländischen Titels zielen, nach der ausländischen Insolvenzeröffnung unzulässig seien[654]. § 238 KO erlangte somit dadurch größerer Bedeutung, dass der Anwendungsbereich von § 237 KO reduziert wurde und zugleich die Eröffnung von zwei parallelen Insolvenzverfahren mit universalem Geltungsanspruch untersagt wurde. Das deutsche Recht erkannte nunmehr den extraterritorialen Geltungsanspruch der ausländischen Insolvenz an.
Die Konkursordnung stellte somit ein bereits besonders ausgeprägtes Regelungssystem der Partikularverfahren in Gestalt des § 238 KO zur Verfügung[655].

(2) §§ 393 – 399 RegE InsO 1992

In dem Regierungsentwurf für eine Insolvenzordnung von 1992 waren die Bestimmungen des Internationalen Insolvenzrechts im Neunten Teil enthalten[656]. Wie an anderer Stelle bereits ausgeführt[657] wurden die Vorschriften des Internationalen Insolvenzrechts aus dem Regelungswerk später wieder herausgenommen. Die Partikularverfahren über das Inlandsvermögen hatten in diesem Entwurf mit den §§ 393 – 399 RegE-InsO eine besonders ausführliche Regelung erfahren. Die Vorschriften stimmen im Wesentlichen mit der jetzt erfolgten Neuregelung der Partikularinsolvenzverfahren in den §§ 354 – 368 InsO überein, so dass diesbezüglich auf die noch folgenden Ausführungen in dieser Arbeit verwiesen werden kann.

(3) Art. 102 Abs. 3 EGInsO

Nachdem das Internationale Insolvenzrecht aus dem allgemeinen Regelungswerk der Insolvenzordnung wieder herausgenommen wurde, erfolgte eine Kodifizierung in Art. 102 EGInsO. Im Gegensatz zu den Vorschriften des Regierungsentwurfes nahm das Internationale Insolvenzrecht nunmehr nur noch einen Artikel mit drei Absätzen ein, dessen Dritter den Partikularverfahren gewidmet war. Nach Satz 1 sollte die Anerkennung eines ausländischen Verfahrens nicht ausschließen, „dass im Inland ein gesondertes Insolvenzverfahren eröffnet wird, das nur das im Inland befindliche Vermögen des Schuldners erfasst". Satz 2 bestimmte, „dass es zur Eröffnung des inländischen Insolvenzverfahrens keines Nachweises der Zahlungsunfähigkeit oder der Überschuldung bedarf, wenn im Ausland bereits ein Insolvenzverfahren gegen den Schuldner eröffnet worden ist".
Die Regelung der Partikularinsolvenzverfahren war somit ausgesprochen lückenhaft[658].

---

[654] BGHZ 95, S. 256 (270).

[655] Thieme in Stoll, Stellungnahmen und Gutachten, S. 212 (213).

[656] BT-Drs. 12/2443, S. 68 ff..

[657] Vgl. oben A..

[658] Lüer in Uhlenbruck, Art. 102 EGInsO, Rn. 189; Bloching, S. 51; Wimmer in FK, Art. 102 EGInsO, Rn. 377; Leipold in FS Henckel, S. 533 (538).

Zum einen wurde die internationale Zuständigkeit für die Eröffnung eines inländischen Partikularverfahrens nicht geregelt und zum anderen ging aus der Vorschrift nicht eindeutig hervor, ob sie auch die Möglichkeit zur Eröffnung eines unabhängigen Partikularverfahrens im Inland vorsah[659]. Entsprechend war daher im Hinblick auf die internationale Zuständigkeit umstritten, wonach sich diese bemisst und speziell, ob sie bereits durch die Belegenheit von Vermögen im Inland begründet werden konnte[660]. Einigkeit bestand unter den Gegnern und Befürwortern eines Vermögensgerichtsstandes jedenfalls dahingehend, dass die internationale Zuständigkeit inländischer Gerichte zur Eröffnung eines Partikularverfahrens jedenfalls dann zu bejahen war, wenn der ausländische Schuldner im Inland eine Niederlassung unterhielt[661].

Trotz der fehlenden expliziten Regelung eines unabhängigen Partikularverfahrens wurde die Zulässigkeit dieses Verfahrens überwiegend aus Gläubigerschutzgründen befürwortet[662].

Festzuhalten ist somit, dass die Regelung der Partikularverfahren in Art. 102 Abs. 3 EGInsO äußerst fragmentarisch war und mehr Ungereimtheiten hervorgerufen hat, als ein sachgerechtes und praktikables Regelungswerk für die Abwicklung der inländischen Verfahren anzubieten. Positive Folge der unbefriedigenden Regelung des Art. 102 EGInsO ist allerdings, dass sie im Anschluss an ihr Inkrafttreten eine Vielzahl von Auseinandersetzungen in der Wissenschaft ausgelöst hat, die wesentlicher Wegbereiter für die jetzt erfolgte Neuregelung des Internationalen Insolvenzrechts war.

c. Grundstruktur der Neuregelung, §§ 354 – 358 InsO

Die Partikularverfahren werden nunmehr im dritten Abschnitt (§§ 354 – 358) des neuen Elften Teils der Insolvenzordnung geregelt.

§ 354 InsO bestimmt, in welchen Fällen die internationale Zuständigkeit der deutschen Gerichte für die Eröffnung eines Partikularverfahrens gegeben ist. Danach wird als Regelfall zur Eröffnung eines Partikularverfahrens im Inland eine Niederlassung des Gemeinschuldners gefordert. Daneben soll ein Partikularverfahren aber auch dann zulässig sein, wenn sonstiges Vermögen des Gemeinschuldners im Inland belegen ist. In diesem Fall muss der Gläubiger, der den Antrag auf Verfahrenseröffnung gestellt hat, ein besonderes Interesse an der Verfahrenseröffnung glaubhaft machen. Ein solches Interesse ist nach § 354 Abs. 2 InsO insbesondere dann gegeben, wenn der Gläubiger in ei-

---

[659] Vgl. Wimmer in FK, Art. 102 EGInsO, Rn. 378; Lüer in Uhlenbruck, Art. 102 EGInsO, Rn. 192.

[660] Dafür: Wimmer in FK, Art. 102 EGInsO, Rn. 377 ff.; Geimer, Rn. 3457; Homann, S. 95; Schack, Rn. 1063; Gottwald in Gottwald, § 128, Rn. 84; dagegen: Lüer in Uhlenbruck, Art. 102 EGInsO, Rn. 196; Kemper in Kübler/Prütting, Art. 102 EGInsO, Rn. 256. Auf den allgemeinen Gerichtsstand im Sinne von § 3 InsO abstellend: Weis in Hess/Weis/Wienberg, Art. 102 EGInsO, Rn. 97; Kemper in Kübler/Prütting, Art. 102 EGInsO, Rn. 297; kritisch hierzu: Lüer in Uhlenbruck, Art. 102 EGInsO, Rn. 68.

[661] Lüer in Uhlenbruck, Art. 102 EGInsO, Rn. 197, Wimmer in FK, Art. 102 EGInsO, Rn. 383; Leipold in FS Henckel, S. 533 (540).

[662] Wimmer in FK, Art. 102 EGInsO, Rn. 378; E. Habscheid, S. 426.

nem ausländischen Verfahren voraussichtlich erheblich schlechter stehen wird als in einem inländischen Verfahren.

§ 355 Abs. 1 InsO regelt, dass im Partikularverfahren die Vorschriften über die Restschuldbefreiung nicht anwendbar sind. § 355 Abs. 2 InsO enthält besondere Bestimmungen für einen Insolvenzplan im Rahmen der Partikularinsolvenz.

Wurde im Ausland bereits ein Hauptinsolvenzverfahren eröffnet, so kann gleichwohl im Inland ein Sekundärinsolvenzverfahren eröffnet werden, dass nur das im Inland belegene Vermögen erfasst. Dies macht § 356 InsO deutlich. In den §§ 357 und 358 InsO wird näher bestimmt, wie das Sekundärinsolvenzverfahren abzuwickeln ist.

d. Einheit, Pluralität oder ein kombiniertes Modell ?

Für die Abwicklung von grenzüberschreitenden Insolvenzen existieren verschiedene Modelle, die unter den Stichwörtern Einheit und Pluralität von Insolvenzverfahren in der Rechtswissenschaft diskutiert werden. Vereinfacht gesagt soll nach dem Einheitsmodell das gesamte Schuldnervermögen weltweit in einem einzigen Verfahren, das sich nach einer einzigen Rechtsordnung richtet, abgewickelt werden, während nach dem Pluralitätsmodell das Vermögen des Gemeinschuldners in mehreren Insolvenzverfahren liquidiert wird. Aus diesen beiden Grundmodellen heraus wurden zudem weitere Abwicklungsmodelle, die eine Kombination aus dem Einheits- und Pluralitätsmodell mit jeweils unterschiedlichen Nuancen darstellen, entwickelt. Im Folgenden sollen die im Internationalen Insolvenzrecht existierenden Abwicklungsmodelle grob skizziert werden. Anschließend sollen die verschiedenen Modelle im Hinblick auf ihre Vor- und Nachteile analysiert werden.

(1) Abwicklungsmodelle im Internationalen Insolvenzrecht

(a) „Idealtypisches" Einheitsmodell

Nach dem Einheitsmodell erfolgt die Insolvenzabwicklung in einem einzigen Verfahren, in dem sich die Verwaltung, die Verwertung und die Verteilung des gesamten, weltweit belegenen Schuldnervermögens nach einem einzigen Recht, dem der lex fori concursus, richtet[663]. Das Einheitsmodell darf dabei nicht mit der Universalität der Insolvenz[664] gleichgesetzt werden[665]. Der Begriff Universalität ist eine Umschreibung für eine irgendwie geartete Wirkungserstreckung von Insolvenzverfahren auf das in einem anderen Land befindliche Vermögen des Schuldners[666]. Universalität und Pluralität schließen sich somit nicht gegenseitig aus[667].

---

[663] Hanisch, ZIP 1994, S. 1 (2); Kolmann, S. 464; Bloching, S. 21; Spahlinger, S. 273.

[664] Vgl. hierzu oben E. II..

[665] So noch Jahr in Jaeger, §§ 237, 238, Rn. 42 ff..

[666] Wimmer in FK, Art. 102 EGInsO, Rn. 23.

[667] Bloching, S. 22; Hanisch, ZIP 1994, S. 1 (2).

Das Einheitsmodell ist indes die „am höchsten entwickelte Form der Universalität, ihre Idealform“[668].

(b) „Eingeschränktes“ Einheitsmodell

Neben dem idealtypischen Einheitsmodell existieren weitere Modelle, die dessen Wirkungen einschränken. Als Gestaltungsmöglichkeit bietet sich hierfür an, den Anwendungsbereich der lex fori concursus kollisionsrechtlich durch Sonderanknüpfungen oder durch sonstige sachrechtliche Vorschriften einzuschränken.

(c) Einheitsmodell mit mehreren Verteilungsordnungen

Darüber hinaus existiert in der Literatur der Ansatz, das Einheitsmodell dadurch zu verwirklichen, dass die kollisionsrechtlichen Anknüpfungsgegenstände aufgespalten werden und nach dem Recht der Verwertung sowie dem Recht der Verteilung des Schuldnervermögens unterschieden wird („differenzierendes“ Einheitsmodell)[669]. Dabei solle für die Entscheidung der Verwertung auf das Recht desjenigen Staates abgestellt werden, in dem der Schuldner seinen Interessenschwerpunkt hat. Hinsichtlich der Verteilung des Schuldnervermögens solle dagegen auf ein Schutzstatut für hilfsbedürftige Gläubigergruppen abgestellt werden[670]. Daneben bestünde grundsätzlich auch noch die Möglichkeit die Verteilungsordnung desjenigen Staates anzuwenden, in dem sich Vermögen des Schuldners befindet.

(d) „Reines“ Pluralitätsmodell

Nach diesem Modell haben mehrere Gerichte die internationale Insolvenzeröffnungszuständigkeit für die sich in dem jeweiligen Staat befindlichen Vermögensmassen des Gemeinschuldners[671]. Das Pluralitätsmodell tritt dann auf, wenn ein Staat dem Territorialitätsprinzip verhaftet ist und daher die Eröffnung eines ausländischen Insolvenzverfahren nicht anerkennt. Folglich besteht in diesem Staat dann die Möglichkeit ein eigenes Hauptinsolvenzverfahren zu eröffnen.

(e) Kombinationsmodelle

Wie Wimmer[672] zutreffend hervorhebt, wird gegenwärtig der Versuch unternommen, in einer Art Synthese, den Prinzipienwiderstreit zwischen Universalität und Territorialität von

---

[668] Hanisch, ZIP 1994, S. 1 (2); Wimmer in FK, Art. 102 EGInsO, Rn. 27; Wimmer, ZIP 1998, S. 982 (983); Aderhold, S. 66; Spahlinger, S. 270.

[669] v. Wilmowsky, WM 1997, S. 1461 ff..

[670] v. Wilmowsky, WM 1997, S. 1461 (1471).

[671] Bloching, S. 20.

[672] Wimmer in FK, Art. 102 EGInsO, Rn. 29.

Insolvenzverfahren einerseits und Einheit und Pluralität von Insolvenzverfahren andererseits durch die Entwicklung von Kombinationsmodellen aufzulösen. Mittels dieser Kombinationsmodelle sollen die Vorteile des Grundsatzes der Universalität mit dem notwendigen Schutz der inländischen Interessen in Einklang gebracht werden. Hierfür werden Elemente des Einheitsmodells mit solchen des Pluralitätsmodells vereinigt[673]. Diese Kombinationslösungen werden unter dem Stichwort der „kontrollierten Universalität" behandelt[674]. Hierunter fällt insbesondere die Möglichkeit der Kombinationen von ausländischen Hauptinsolvenzverfahren mit inländischen Verfahren, wobei verschiedene Ausgestaltungen denkbar sind. Zu berücksichtigen ist aber, dass es sich bei den Kombinationsmodellen letztlich auch um Systeme mit mehreren Insolvenzverfahren handelt, so dass sie gleichsam als ein Unterfall des Pluralitätsmodells betrachtet werden können[675]. Eine eindeutige Kategorisierung ist insofern nicht möglich. Der Klarheit halber sollen sie hier jedoch ausschließlich als Kombinationsmodell bezeichnet werden.

(2) Das der Neuregelung zugrundeliegende Modell

Wie bereits ausgeführt liegt der Neuregelung des Internationalen Insolvenzrechts das Universalitätsprinzip zugrunde. Das deutsche Recht erkennt die Eröffnung eines ausländischen universalen Insolvenzverfahrens im Inland an und erhebt umgekehrt auch selbst einen universalen Geltungsanspruch[676]. Daneben ermöglicht das deutsche Recht neben oder anstatt des ausländischen Hauptinsolvenzverfahrens aber auch die Eröffnung von Partikularverfahren (§§ 354 – 358 InsO) über das im Inland belegene Vermögen des Gemeinschuldners. Diese Partikularverfahren unterliegen deutschem Recht. Die Neuregelung folgt somit nicht dem Einheitsmodell, wonach der grenzüberschreitende Insolvenzfall Gegenstand eines einzigen Verfahrens ist, das sich nach einem einzigen Recht richtet. Da das deutsche Recht demnach auch nicht dem Territorialitätsprinzip verhaftet ist und die Eröffnung eines Hauptinsolvenzverfahrens neben einem bereits eröffneten Hauptinsolvenzverfahren im Ausland nicht möglich ist[677], folgt das deutsche Recht auch nicht dem Pluralitätsmodell im oben genannten Sinne. Bei der Neuregelung handelt es sich vielmehr um ein Kombinationsmodell[678], das die Vorteile des Einheitsmodells mit jenen des Pluralitätsmodells zu verbinden sucht[679]. Der grenzüberschreitende Insolvenzfall kann unter Umständen in einem einzigen Verfahren, das das gesamte in- und ausländische Vermögen des Schuldners erfasst (Hauptinsolvenzverfahren), abgewickelt

---

673 Hanisch, ZIP 1994, S. 1 (6).
674 Wimmer in FK, Art. 102 EGInsO, Rn. 29; Aderhold, S. 64; vgl. auch oben Fn. 21.
675 Ebenso Spahlinger, S. 271.
676 Regierungsentwurf vom 25.10.2002, Begründung zu § 354, BT – Drs. 15/16, S. 25.
677 Es sei denn, das ausländische Hauptinsolvenzverfahren ist aus deutscher Sicht international nicht zuständig und daher auch nicht anerkennungsfähig und Deutschland kommt nach autonomen Recht die internationale Zuständigkeit zu.
678 Aderhold, S. 67; Hanisch, ZIP 1994, S. 1 (7).
679 Auch Modell der „kontrollierten Universalität" genannt: Wimmer in FK, Art. 102 EGInsO, Rn. 29.

werden. Sofern das Bedürfnis besteht, kann anstatt oder neben diesem Hauptinsolvenzverfahren ein auf das inländische Vermögen beschränktes Partikularverfahren eröffnet werden. Zwischen dem Haupt- und dem Sekundärinsolvenzverfahren bestehen dabei enge Kooperationspflichten[680], so dass die Insolvenzverwaltungen eng zusammen arbeiten, wodurch eine möglichst umfassende internationale par conditio creditorum erreicht werden soll.

(3) Analyse der Abwicklungsmodelle

Es stellt sich die Frage, ob das für das autonome deutsche Internationale Insolvenzrecht gewählte Kombinationsmodell ein sachgerechtes Instrumentarium zur Abwicklung grenzüberschreitender Insolvenzverfahren darstellt. Im Folgenden sind daher die oben beschriebenen Abwicklungsmodelle im Hinblick auf ihre Vor- und Nachteile zu analysieren.

(a) Vor- und Nachteile der Einheitsmodelle

(i) „Idealtypisches" Einheitsmodell

Ein erheblicher verfahrensrechtlicher Vorteil des Einheitsmodells ist, dass die gesamte Insolvenzabwicklung in einem einzigen Verfahren nach Maßgabe eines Rechts stattfindet. Hanisch[681] hat die daraus resultierenden Vorzüge treffend zusammengefasst: „Es gibt nur eine Verwaltung, eine Schuldenregulierung, eine Liquidation und Verteilung des Erlöses und gegebenenfalls eine Reorganisation des Schuldnerunternehmens". Es entfällt mithin die gesamte Problematik der Koordination, die nach den anderen Modellen zwischen den Verfahren erforderlich ist[682]. Die Verfahrenseinheit dürfte ferner zu einer größeren Effizienz der Schuldbereinigung führen und vermutlich auch Kosteneinsparungen zur Folge haben[683]. Darüber hinaus ermöglicht die Anwendung eines einzigen Rechts eine größtmögliche Verwirklichung des Grundsatzes der par conditio creditorum, sofern die Gläubigergleichbehandelung der zur Anwendung berufenen Rechtsordnung bekannt ist[684].

Als Hauptargument gegen das „idealtypische Einheitsmodell" wird angeführt, dass seine Realisierung in der Praxis nur schwer durchzuführen sei. Ihr stünden die bestehenden Unterschiede der einzelnen nationalen Insolvenzrechte, sowie der weiteren für die Insolvenz relevanten Rechtsgebiete, entgegen[685]. Die Verfechter dieser Ansicht argumentie-

---

680 Vgl. § 357 InsO.

681 Hanisch, ZIP 1994, S. 1 (2).

682 Spahlinger, S. 273.

683 Eidenmüller, IPRax 2001, S. 2 (5, 11); Hanisch, ZIP 1994, S. 1 (2); Spahlinger, S. 273.

684 Wimmer in FK, Art. 102 EGInsO, Rn. 369; Wimmer, ZIP 1998, S. 982 (983).

685 Regierungsentwurf vom 25.10.2002, Begründung zu § 354 InsO, BT-Drs. 15/16, S. 25; Kolmann, S. 464 f.; Spahlinger, S. 273 ff.; Hanisch, ZIP 1994, S. 1 (2 f.); Otte, RabelsZ 58, 1994, S. 292 (297).

ren hierbei mit dem allgemeinen kollisionsrechtlichen Grundsatz des Prinzips der engsten Verbindung. Da es für eine grenzüberschreitende Insolvenz charakteristisch sei, dass Beziehungen des Schuldners zu mehreren Rechtsordnungen bestünden, sei aus Gründen der Sachgerechtigkeit eine kollisionsrechtlich differenzierende Anknüpfung in der Insolvenz geboten. Eine pauschale Berufung des Rechts der lex fori concursus sei demnach jedenfalls solange nicht gestattet, bis die jeweiligen Sachrechte nur unerheblich voneinander abweichen oder vereinheitlicht wären[686].
Ob das allgemeine kollisionsrechtliche Prinzip der engsten Verbindung dem Einheitsmodell entgegensteht ist jedoch zweifelhaft. Hinter dieser Argumentation steckt letztlich nichts anderes als der Versuch, gewisse Gläubiger vor der Anwendung des Rechts der lex fori concursus zu schützen[687]. Ziel einer grenzüberschreitenden Insolvenzabwicklung sollte aber stets die Gleichbehandlung aller Gläubiger sein und nicht die Bevorzugung einzelner Gläubigergruppen. Die par conditio creditorum ließe sich jedoch zweifelsfrei dann am wirkungsvollsten umsetzen, wenn für alle Gläubiger gleichermaßen dasselbe Recht angewendet wird. Dem mag zwar entgegen gehalten werden, dass in einem System von Haupt- und Partikularverfahren sämtliche Gläubiger zur Teilnahme an den Partikularverfahren berechtigt sein werden[688]. Allerdings wird sich für einen Ausländer die Rechtsverfolgung in Deutschland ebenso schwierig darstellen, wie die Teilnahme für einen Deutschen im Ausland, so dass faktisch niemals alle ausländischen Gläubiger an einem solchen Partikularverfahren teilnehmen werden[689]. Dies führt aber zwangsläufig zu einer Bevorzugung der teilnehmenden meist deutschen Gläubiger und zu einer Beeinträchtigung des Gleichbehandlungsgrundsatzes[690]. Zudem entpuppt sich der immer wieder als notwendig angeführte „abstrakte" Vertrauensschutz der Gläubiger bei näherer Betrachtung als nicht stichhaltig. Zum einen wird kaum ein Gläubiger im Vertrauen auf im Inland belegene Vermögensgegenstände Rechtsgeschäfte tätigen[691]. Darüber hinaus

---

[686] Kolmann, S. 464; Spahlinger, S. 275; Hanisch, ZIP 1994, S. 1 (3); Wimmer in FK, Art. 102 EGInsO, Rn. 373 ff.; auf europäischer Ebene: Virgos/Schmit in Stoll, Vorschläge und Gutachten, Nr. 12.
[687] So Wimmer in FK, Art. 102 EGInsO, Rn. 370.
[688] Entsprechend sieht § 341 Abs. 1 InsO vor, dass jeder Gläubiger seine Forderungen im Hauptinsolvenzverfahren und in jedem Sekundärinsolvenzverfahren anmelden kann.
[689] Hierauf macht auch Lüer in FS Uhlenbruck, S. 843 (850) aufmerksam.
[690] Lüer in Uhlenbruck, Art. 102 EGInsO, Rn. 191; Duursma-Kepplinger/Duursma/Chalupsky, Art. 27, Rn. 3; Bestätigt wird dies durch die Gesetzesbegründung zu § 354 InsO, da dort gesagt wird: „Im Interesse lokaler Gläubiger, aber auch zum Schutz des inländischen Rechtsverkehrs kann eine vollständige Universalität [...] nicht zugelassen werden". Regierungsentwurf vom 25.10.2002, BT-Drs. 15/16, S. 25. Ebenso führt Schack, Rn. 1044 aus: „Das Idealmodell des Einheitsprinzips stößt sich indes am Rechtsschutzinteresse lokaler Kleingläubiger. Ihnen kann man regelmäßig nicht zumuten, ihre Forderungen im weit entfernten Ausland geltend zu machen". Diese Argumentation ist meines Erachtens nicht tragfähig. Die Rechtsverfolgung im Ausland ist einem deutschen Gläubiger durchaus zuzumuten. Die Frage ist, ob ihm auch der mögliche Verlust von Sicherheiten an dem Schuldnervermögen zugemutet werden kann und welche Auswirkungen dies auf den allgemeinen Wirtschaftsverkehr hätte. Zumindest verkennt Schack (Rn. 1138) dabei nicht, dass sich die inländischen Gläubigervorrechte an der par conditio creditorum „versündigen".
[691] v. Wilmowsky, WM 1997, S. 1461 (1470 f.).

kann Vermögen den Eigentümer oder aber den Belegenheitsstaat schnell wechseln. Im Übrigen ist zu bedenken, dass auch ausländische Gläubiger, deren Rechtsordnungen insolvenzfeste Sicherungsrechte möglicherweise nicht kennen, auf die in Deutschland belegenen Haftungsobjekte vertraut haben können[692]. Ihr Vertrauen ist aber dann gebrochen, wenn sie feststellen müssen, dass das Vermögen von einer Vielzahl dinglich gesicherter Gläubiger aufgezehrt wird. Freilich lässt sich diese Gefahr auch bei Zugrundelegung des idealtypischen Einheitsmodells nicht beseitigen. Auch dann können Gläubiger auf die Existenz verschiedener Vermögensgegenstände vertraut haben ohne gewusst zu haben, dass diese primär der Befriedigung von Gläubigern dienen, die nach der lex fori concursus bevorrechtigt sind. Die Belegenheit von Vermögen allein kann somit nicht geeignet sein, einen abstrakten Vertrauensschutz zu gewährleisten. Wer auf Vermögensgegenstände als Haftungsmasse vertrauen will, muss hieran insolvenzfeste Sicherheiten begründen[693]. Gerade diese dinglichen Sicherheiten und die mit diesen verbundenen Rechte auf abgesonderte Befriedigung[694] sowie die Rechte auf Aussonderung[695] sind es, die für Viele den Ausschlag geben, das reine Einheitsmodell abzulehnen und den inländischen Gläubigern durch die Anwendung inländischen Rechts entsprechenden Schutz einzuräumen. Als Beispiele werden stets genannt, dass die lex fori concursus möglicherweise das inländische Sicherungsrecht gar nicht kennt und daher die Sicherheit im Insolvenzfall im Ergebnis leer läuft[696] oder aber ein massefremdes Recht nicht vor dem Zugriff des Insolvenzverwalters geschützt wird. Dieses Argument ist in der Tat nicht von der Hand zu weisen, obwohl es letztlich nur dem Misstrauen gegenüber den Insolvenzrechten anderer Staaten entspringt. Ohne den Abbau dieses Misstrauens kann und wird eine einheitliche Insolvenzabwicklung aber niemals verwirklicht werden. Nach dem Einheitsmodell bliebe für den Fall, dass die lex fori concursus ein inländisches Sicherungsrecht nicht kennt, für die Gläubiger nur die Möglichkeit, das ihnen zustehende Recht zu substituieren. Dies ist aber für die vermeintlich gesicherten Gläubiger keine wirkliche Alternative, zumal nicht abzusehen ist, ob sich das Recht überhaupt substituieren lässt und eine grundsätzliche Bereitschaft zur Substitution besteht[697]. Auch der „Notnagel" des ordre public liefert nicht das entscheidende Argument für das Einheitsmodell. Zwar bliebe die Möglichkeit über den ordre public etwaige Missachtungen der lex fori concursus dergestalt, dass sie die Ansprüche inländischer Gläubiger im Rang nach den

---

[692] Wenner in Mohrbutter, XXIII.27.

[693] Wenner in Mohrbutter, XXIII.27; Kolmann, S. 513.

[694] Zur abgesonderten Befriedigung berechtigen bspw. Pfandrechte, das Recht auf Befriedigung aus einem Grundstück sowie das Sicherungseigentum und die durch Sicherungsabtretung begründete Inhaberschaft an Rechten.

[695] Aussonderungsrechte sind bspw. das Eigentum, der Eigentumsvorbehalt sowie die Inhaberschaft an Forderungen.

[696] Aderhold, S. 66; Bloching, S. 81.

[697] Entsprechend ist für Kemper in Kübler/Prütting, Art. 102 EGInsO, Rn. 244, ein entscheidendes Argument gegen das Einheitsmodell, „dass komplizierte Anpassungen der inländischen Rechtsposition an das ausländische Recht unterbleiben können".

Ansprüchen von lokalen Gläubigern oder etwa gar nicht anerkennt, Rechnung zu tragen und die Eröffnung des ausländischen Hauptinsolvenzverfahrens nicht anzuerkennen. Allerdings wird auch dies im Ergebnis nicht dazu führen, dass die Gläubiger ernsthaft auf den Bestand des ihnen eingeräumten Sicherungsrechtes vertrauen können.
Trotz des hier formulierten Wunsches, Vorbehalte gegen die ausländischen Insolvenzrechte abzubauen, um dadurch dem Einheitsmodell als Ideal Vorschub zu leisten, ist nicht zu leugnen, dass das Einheitsmodell einen erheblichen Unsicherheitsfaktor in sich birgt, der das Vertrauen insbesondere der gesicherten und damit absonderungsberechtigten Gläubiger in nicht hinnehmbaren Maße erschüttert. Die Folgen eines solchen Vertrauensverlustes sind letztlich ausschlaggebend dafür, dass das Einheitsmodell gegenwärtig nicht realisierbar ist. Zu berücksichtigen sind darüber hinaus nämlich auch die wirtschaftlichen Konsequenzen, die die Geltung des Einheitsmodells nach sich ziehen würde. Das reine Einheitsmodell würde zu einer erheblichen Belastung für die potentiellen Gläubiger führen, da diese gezwungen wären, sich bereits bei der Aufnahme von Geschäftskontakten nach dem für die Insolvenz maßgeblichen Recht zu orientieren. Dies ist aber insofern äußerst unsicher, als das für die Bestimmung der lex fori concursus maßgebliche Anknüpfungsmerkmal durch den Schuldner leicht verändert werden kann, indem er beispielsweise den Mittelpunkt seiner selbständigen wirtschaftlichen Tätigkeit in einen anderen Staat verlegt[698]. Folge wäre, dass aufgrund der Unsicherheit, nach welchem Recht im Insolvenzfall eine Abwicklung erfolgen würde, Rechtsgeschäfte mit potentiellen Schuldnern, bei denen die Insolvenzabwicklung nach einer anderen Rechtsordnung möglich erscheint, nicht mehr oder nur noch begrenzt vorgenommen würden. Anderenfalls würden die Gläubiger in der ständigen Ungewissheit leben, ob das ihnen eingeräumte Sicherungsrecht im Insolvenzfall noch etwas wert ist. Darauf werden sich aber nur die Wenigsten einlassen. Die Konsequenz wäre also, dass Kredite nicht mehr oder nur noch zu härteren Konditionen erteilt würden, dadurch das Wirtschaftswachstum sinken würde, was wiederum steigende Arbeitslosenzahlen und ein steigendes Staatsdefizit zur Folge haben könnte. Da dies letztlich nicht in allgemeinem Interesse sein kann, ist das „idealtypische Einheitsmodell" abzulehnen[699]. Überdies ist zu berücksichtigen, dass eine Insolvenz stets auch Auswirkungen im Bereich des Sozial- und Arbeitsrecht hat. Durch die Eröffnung eines inländischen Partikularverfahrens wäre jedenfalls das Teilnahmerecht des Fiskus und der Sozialkassen gewährleistet. Ebenso könnten die Arbeitnehmer auf den Bestand ihrer Insolvenzrechte (Sozialplanansprüche bzw. Ansprüche auf Insolvenzgeld) vertrauen[700].
Letztlich ist in die Überlegung einzustellen, dass die Rechtsverfolgung im Ausland auch heute schwierig und mit Rechtsverlusten verbunden sein kann, zumindest aber nicht selten deren Kosten in einem Missverhältnis zu der Quote stehen. Daher erscheint die

---

[698] Kolmann, S. 465; Spahlinger, S. 279.
[699] So Aderhold, S. 66; Kolmann, S. 465; Hanisch, ZIP 1994, S. 1 (2 f.); Spahlinger, S. 276; Geimer, Rn. 3393, 3414.
[700] Wimmer in FK, Art. 102 EGInsO, Rn. 371.

Möglichkeit, ein Verfahren im Inland zu eröffnen, nicht nur vorteilhafter, sondern sie verhilft darüber hinaus dem Justizgewährungsanspruch des Einzelnen zu umfassender Geltung[701].

Da das „idealtypische" Einheitsmodell somit nicht realisierbar ist, stellt sich die Frage, ob das „eingeschränkte" oder das „differenzierende" Einheitsmodell überzeugt und die soeben vorgetragenen Bedenken ausräumen kann.

(ii) „Eingeschränktes" Einheitsmodell

Das eingeschränkte Einheitsmodell eröffnet die Möglichkeit, den Anwendungsbereich der lex fori concursus kollisionsrechtlich durch Sonderanknüpfungen einzuschränken. Entsprechend sieht auch die Neuregelung des deutschen Internationalen Insolvenzrechts verschiedene Sonderanknüpfungen vor. § 336 InsO bestimmt, dass sich die Wirkungen eines Vertrages über einen unbeweglichen Gegenstand nach der lex rei sitae richten[702]. Ferner sieht § 337 InsO eine Sonderanknüpfung für Arbeitsverhältnisse vor, § 338 InsO für die Aufrechnung, § 339 InsO für die Insolvenzanfechtung und § 340 InsO für bestimmte Geschäfte über Finanzleistungen. § 349 InsO und § 351 endlich enthalten anerkennungssachrechtliche Vorschriften für Verfügungen über unbewegliche Gegenstände und für dingliche Rechte, die Dritte an Gegenständen der Insolvenzmasse haben. Die Gesetzesbegründung führt insoweit aus, „dass das Vertrauen des inländischen Wirtschaftsverkehrs erheblich enttäuscht würde, wenn durch die Auswirkungen eines fremden Insolvenzstatuts dingliche Sicherheiten wesentlich entwertet würden"[703]. Hieraus kann gefolgert werden, dass auch der Gesetzgeber nicht nur den Schutz einzelner inländischer Gläubiger im Auge hatte, sondern die Gefahren für die gesamte Volkswirtschaft erkannt hat, die das „idealtypische" Einheitsmodell mit sich bringen würde. Ein „eingeschränktes" Einheitsverfahren, das für gewisse Rechtsgebiete Sonderanknüpfungen bzw. Sonderregelungen vorsieht, wäre dagegen geeignet, die oben angeführten Bedenken auszuräumen. Insbesondere die dinglich gesicherten Gläubiger könnten getrost auf ihr Sicherungsrecht vertrauen, so dass die befürchteten Folgen für die Gesamtwirtschaft nicht eintreten würden. Über die Frage, welche Rechtsverhältnisse besonders geschützt werden müssen und daher kollisionsrechtlichen Sonderanknüpfungen bzw. Ausnahmeregelungen unterworfen werden müssen, ließe sich durchaus streiten, worauf allerdings in dieser Arbeit nicht weiter eingegangen werden soll.

Zu bedenken bleibt aber, dass als besonderer Vorteil des Einheitsverfahrens gerade die Tatsache gerühmt worden ist, dass die Schuldbereinigung in einem einzigen Verfahren mit einer einzigen Verteilungsordnung erfolgt. Wenn aber nunmehr aufgrund von kollisionsrechtlichen Sonderanknüpfungen unterschiedliche Rechtsordnungen über die Rechte der Gläubiger an dem Schuldnervermögen entscheiden und somit indirekt auch über

---

[701] Bloching, S. 76; Für Kemper in Kübler/Prütting, Art. 102 EGInsO, Rn. 264, können diese tatsächlichen Erschwernisse letztlich aber nicht ausschlaggebend sein.

[702] Hierunter fallen insbesondere Miet- und Pachtverträge.

[703] Regierungsentwurf vom 25.10.2002, Begründung zu § 351, BT-Drs. 15/16, S. 24.

die Verteilung desselben, bleibt von dem viel beschworenen Vorteil des Einheitsprinzips nicht mehr viel übrig. Eine einheitliche Privilegien- und Rangordnung besteht dann jedenfalls nicht mehr[704]. So gesehen könnte sich dieses „eingeschränkte" Einheitsmodell schnell als Bumerang erweisen, das eher zusätzliche Komplikationen schafft, als eine Verfahrensvereinfachung zu bewirken. Und in der Tat ließe sich eine einheitliche Verteilungsordnung nur über den Weg von Angleichung und Substitution erreichen. Dies ist jedoch angesichts der nationalen Unterschiede der Verteilungsordnungen ein äußerst schwieriges Unterfangen, das nicht ernsthaft empfohlen werden kann[705].

Darüber hinaus bestehen auch auf kollisionsrechtlicher Ebene Unterschiede zwischen den einzelnen Rechtsordnungen. Inländische kollisionsrechtliche Sonderanknüpfungen können den Gläubigern nur insoweit helfen, als auch deutsches Kollisionsrecht zur Anwendung gelangt. Dies ist aber nur im Hinblick auf das im Inland belegene Schuldnervermögen der Fall. Denkbar ist allerdings, dass einige Vermögensgegenstände, an denen Sicherungsrechte bestehen, zwischenzeitlich in das Ausland verbracht worden sind. Sofern der Gläubiger also eine gesicherte Forderung vor dem ausländischem Insolvenzgericht der lex fori concursus geltend macht und das ausländische Kollisionsrecht die eigene lex fori concursus für anwendbar erklärt, hilft ihm die autonome Sonderanknüpfung letztlich auch nicht weiter, sofern die lex fori concursus das inländische Sicherungsrecht nicht kennt[706]. Ein umfassender Schutz kann durch die kollisionsrechtliche Sonderanknüpfung demnach auch nicht erreicht werden.

Aus alledem folgt, dass das „eingeschränkte" Einheitsmodell solange nicht als praktikables Abwicklungsmodell zu empfehlen ist, wie die nationalen Privilegien- und Verteilungsordnungen nicht übereinstimmen[707].

(iii) Einheitsmodell mit mehreren Verteilungsordnungen

Möglicherweise könnte aber die Insolvenzabwicklung in einem System mit verschiedenen Verteilungsordnungen, in dem zwischen der Frage der Verwertung und der Verteilung kollisionsrechtlich unterschieden wird, eine Möglichkeit darstellen, das Einheitsmodell zu verwirklichen und zugleich die Schwierigkeiten im Hinblick auf die unterschiedlichen Privilegien- und Verteilungsordnungen zu überwinden.

Von Wilmowsky[708] hat insofern vorgeschlagen die Frage nach der Insolvenzverwertung und die Frage nach der Insolvenzverteilung aufzuspalten und kollisionsrechtlich unterschiedlich anzuknüpfen. In Bezug auf die Frage der Insolvenzverteilung sollen danach – wie im Übrigen in einem Modell mit Partikularverfahren mit eigenen Verteilungsordnun-

---

[704] Spahlinger, S. 280.

[705] Entsprechend stieß der nach dem eingeschränkten Einheitsmodell entwickelte Entwurf eines EG Konkursabkommens von 1980/84 (abgedruckt in ZIP 1980, S. 582) auf diese Schwierigkeiten. So heißt es dazu im Lemontey Bericht, in Kegel/Thieme, S. 93 (170) , „dass auf dem Gebiet der Vorrechte und Sicherheiten keine kollisionsrechtliche Lösung voll befriedigte"; ebenso Kolmann, S. 467.

[706] In diesem Sinne auch Spahlinger, S. 282.

[707] Hanisch, ZIP 1994, S. 1 (3); Spahlinger, S. 283, 285;

[708] v. Wilmowsky, WM 1997, S. 1461 ff..

gen auch – mehrere Rechtsordnungen für die Verteilung des Verwertungserlöses herangezogen werden können. Maßgebend solle diejenige Rechtsordnung sein, die als Schutzstatut für hilfsbedürftige Gläubigergruppen in Betracht kommt[709]. Konkret bedeutet dies, dass beispielsweise über insolvenzspezifische Schutzmaßnahmen von Arbeitnehmern des Schuldners die Insolvenzverteilungsrechte derjenigen Staaten entscheiden, in denen die Arbeitnehmer jeweils beschäftigt sind oder aber für Verbraucher die Rechtsordnung desjenigen Staates maßgebend ist, in dem der Verbrauchervertrag angebahnt wurde[710].

Diesem Lösungsansatz ist immanent, dass das Schuldnervermögen in mehrere Verteilungsordnungen aufgespalten wird. Die oben nach dem „eingeschränkten" Einheitsmodell aufgezeigte Schwierigkeit, eine einheitliche Verteilungsordnung nur über den Weg von Angleichung und Substitution zu erreichen, würde dadurch umgangen. Dennoch würde auch dies nichts daran ändern, dass der viel beschworene Vorteil des Einheitsmodells, das Insolvenzverfahren in einem Verfahren mit einer Verteilungsordnung durchzuführen, ausgehöhlt würde. Gegen diesen Ansatz spricht ferner, dass er zu immensen praktischen Schwierigkeiten führen dürfte, wenn der Insolvenzverwalter die lex causae jedes für schutzwürdig erachteten Statuts berücksichtigen müsste. Darüber hinaus würde dies ein erhebliches Missbrauchspotential eröffnen, wenn bereits die freie Rechtswahl über die Rangstellung einer Forderung in der Insolvenz entscheiden könnte[711]. Letztlich gilt der Gesichtspunkt des Verkehrsschutzes für die Frage der Verwertung und die Frage der Verteilung gleichermaßen. Für den Sicherungsnehmer ist bei der Bewertung der Sicherheit nicht nur das Vorrecht entscheidend, sondern zudem auch die Frage, wie die Sicherheit verwertet werden kann. Eine unterschiedliche kollisionsrechtliche Behandlung der Verwertung einerseits und der Verteilung andererseits wie sie v. Wilmowsky vorschlägt erscheint daher wenig sachgerecht[712].

Erwägenswert wäre allenfalls das Einheitsmodell so zu konzipieren, dass es ebenso wie nach dem Ansatz von v. Wilmowsky mehrere Verteilungsordnungen kennt, es dabei jedoch nicht auf die Anknüpfung an gewisse Schutzstatute ankommt, sondern einzig und allein auf die Vermögensbelegenheit.[713] Dies bedeutet, dass die Insolvenz grundsätzlich in einem einzigen Verfahren abgewickelt wird, allerdings nicht eine einzige Verteilungsordnung zugrunde gelegt wird, sondern die Verteilungsordnungen der Staaten, in denen Vermögen des Schuldners belegen ist. Hierbei stellt sich nur die Frage, inwieweit das Einheitsmodell dabei so entfremdet wird, dass es letztendlich dem Verfahren mit Partikularverfahren entspricht. Die Entwürfe für ein EG Konkursabkommen von 1980 und 1984 sahen eine solche Aufspaltung des Schuldnervermögens in mehrere Verteilungsordnun-

---

[709] v. Wilmowsky, WM 1997, S. 1461 (1471).

[710] v. Wilmowsky, WM 1997, S. 1461 (1471).

[711] Kolmann, S. 478.

[712] Reinhart in MüKo, InsO, Art. 102 EGInsO, Rn. 153.

[713] So Reinhart in MüKo, InsO, Art. 102 EGInsO, Rn. 154, der jedoch eine Anknüpfung an das Sachstatut des Sicherungsgegenstandes sowohl für die Frage der Verwertung als auch für die Frage der Verteilung befürwortet.

gen vor. In diesen wurde darüber hinaus auf die nationalen Rechtsunterschiede dadurch zusätzlich Rücksicht genommen, dass rechnerische Unter-, Teil- oder Sondermassen gebildet werden konnten.
Gegen eine Anknüpfung für die Vermögensverteilung an die Inlandsbelegenheit von Vermögen führt v. Wilmowsky hingegen an, dass es sich um ein zufälliges Anknüpfungsmerkmal handele und ein Schutzbedürfnis zudem unabhängig von der Vermögensbelegenheit bestehe[714]. Hierbei verkennt v. Wilmowsky allerdings, dass eine weitere Verteilungsordnung neben derjenigen des Hauptverfahrens dann leer läuft, wenn zwar ein Schutzbedürfnis besteht, aber kein Vermögen zur Befriedigung des Bedürfnisses zur Verfügung steht[715].
Die Aufteilung des Schuldnervermögens in verschiedene Verteilungsordnungen setzt darüber hinaus ein erhebliches Maß an mathematischen Können voraus, dass den Insolvenzverwalter bzw. die Insolvenzgerichte möglicherweise überfordert. Zudem gilt auch hier, dass der Insolvenzverwalter möglicherweise mit einer Vielzahl von Rechtsordnungen konfrontiert wäre, die ihm nicht geläufig sind. Von den postulierten Vorteilen des Einheitsmodells wie Effizienz und Kostenersparnis bliebe nicht viel übrig[716]. Demgegenüber würde ein Modell mit mehreren Verfahren und mehreren Insolvenzverwaltern übersichtlicher und praktikabler sein. Nur um der Prinzipientreue Willen sollte das Einheitsmodell nicht so sehr dem Modell mit Partikularverfahren angenähert werden, dass es sich letztendlich als kompliziert und unpraktikabel erweist. Entsprechend wurden auch die vorgelegten Entwürfe eines EG Konkursübereinkommens als nicht realisierbar verworfen[717]. Eine Aufteilung des Schuldnervermögens im mehrere Verteilungsordnungen ist somit grundsätzlich im Rahmen des Einheitsmodells nicht zu befürworten[718].

(iv) Ergebnis

Das „idealtypische" Einheitsmodell bleibt ein Traum. Der spezifische Vertrauensschutz der gesicherten Gläubiger sowie die erheblichen wirtschaftspolitischen Bedenken sprechen gegen seine Umsetzung im deutschen Recht. Solange für den inländischen Rechtsverkehr nicht zuverlässig absehbar ist, nach welcher Rechtsordnung sich im Insolvenzfall die Schuldbereinigung richtet, würde das Einheitsmodell nicht wünschenswerte Folgen für die deutsche Volkswirtschaft mit sich bringen. Das Einheitsmodell wird sich daher vermutlich solange nicht durchsetzen, bis eine Angleichung der nationalen Rechte sämtlicher Staaten – und zwar weltweit – erfolgt ist. Nur dann wären die bestehenden Ressentiments gegenüber den Insolvenzrechten anderer Staaten überwunden und das Vertrauen des Wirtschaftsverkehr würde nicht erschüttert.
Auch das „eingeschränkte" Einheitsmodell ist derzeit nicht realisierbar. Die Unterschiede

---

714 v. Wilmowsky, WM 1997, S. 1461 (1470).
715 Hierauf weist zutreffend Kolmann, S. 480, hin.
716 Hanisch, ZIP 1994, S. 1 (3); Spahlinger, S. 285.
717 Wimmer, ZIP 1998, S. 982 (984).
718 Wimmer, ZIP 1998, S. 982 (984); Kolmann, S. 481 u. 486.

zwischen den relevanten Sachrechten, insbesondere den insolvenzrechtlichen Verteilungsordnungen, sind zu groß.

Ferner würde die Aufteilung des „Einheitsvermögens" in mehrere Verteilungsordnungen nicht nur unpraktikabel sein, sondern das „Einheitsmodell" ad absurdum führen.

Die Analyse hat somit ergeben, dass die Bedeutung der Einheitsmodelle zur Zeit lediglich auf ein Prinzipienschema reduziert ist, das zu einer praktikablen Abwicklung grenzüberschreitender Insolvenzen nicht taugt[719].

(b) Vor- und Nachteile des Pluralitätsmodells

Da nach dem „reinen" Pluralitätsmodell die Eröffnung eines Hauptinsolvenzverfahrens über das Vermögen des Schuldners neben einem ausländischen Hauptinsolvenzverfahren möglich ist, richtet sich die Insolvenzabwicklung nach der eigenen lex fori concursus. Diese bestimmt demnach auch über die Behandlung von Sicherungsrechten an Gegenständen, die zur Masse des Insolvenzverfahrens gehören. Gesicherte Gläubiger müssten somit nicht fürchten, dass ihr Recht im Insolvenzfall leer läuft. Der entscheidende Umstand, der jedoch gegen dieses Modell spricht ist, dass es zur Nichtanerkennung der Eröffnung eines ausländischen Hauptinsolvenzverfahrens im Inland führen würde und daher Ausfluss des Territorialitätsprinzips ist[720]. Das „reine" Pluralitätsmodell ist somit nicht mehr zeitgemäß und abzulehnen.

(c) Vor- und Nachteile der Kombinationsmodelle

Nachdem festgestellt wurde, dass die Einheitsmodelle gegenwärtig nicht zu verwirklichen sind und auch das reine Pluralitätsmodell lediglich Ausfluss des Territorialitätsprinzips ist, ist festzustellen, ob die sogenannten Kombinationsmodelle gegenüber den anderen Abwicklungsmodellen vorzugwürdiger sind. Dafür sind im Folgenden die verschiedenen Kombinationsmodelle im Hinblick auf ihre Vor- und Nachteile zu untersuchen.

(i) Kombination von Haupt- mit Partikularinsolvenzverfahren

Auf dem Vormarsch[721] ist zur Zeit das Kombinationsmodell, welches neben oder anstelle eines ausländischen Hauptinsolvenzverfahrens die Eröffnung eines Partikularverfahrens im Inland gestattet. Dabei kann eine Koordinierungs- und Kooperationspflicht zwischen Sekundär- und Hauptinsolvenzverfahren mehr oder weniger stark ausgeprägt werden. Kennzeichnend für dieses Modell ist ferner, dass die Eröffnung eines Partikularverfahrens nicht zwingend zu erfolgen hat, sondern auf Antrag möglich ist.

Dieses Modell liegt zum einen der erfolgten Neuregelung des deutschen Internationalen

---

[719] Hanisch, ZIP 1994, S. 1 (3).

[720] Vgl. Lüer in Uhlenbruck, Art. 102 EGInsO, Rn. 55 f..

[721] Kolmann, S. 463 spricht insofern von einem „Siegeszug".

Insolvenzrechts zugrunde, zum anderen auch der EuInsVO[722]. Die Vorteile eines solchen Systems liegen auf der Hand. Im Rahmen der Partikularinsolvenzverfahren gilt die eigene lex fori, so dass diese auch über die Behandlung von Sicherungsrechten an Massegegenständen bestimmt. Es gilt daher dieselbe Rechtsordnung, die regelmäßig auch schon vor dem Insolvenzfall maßgeblich war und die gesicherten Gläubiger müssen nicht befürchten, dass ihr Recht im Insolvenzfall wertlos ist. Ebenso gilt die Verteilungsordnung des Staates der Partikularinsolvenz, so dass die Ängste, nach der Rangordnung eines ausländischen Rechts nicht hinreichend berücksichtigt zu werden, unbegründet sind. Der komplizierten Bildung von Untermassen bedarf es in diesem Fall auch nicht[723]. Die entscheidende Funktion der Partikularverfahren ist daher, dass sie den nach inländischem Recht privilegierten Gläubigern den Zugriff auf das im Inland belegene Vermögen ermöglicht. Daneben werden die Ansprüche des Fiskus sowie die insolvenzrechtlichen Ansprüche der Arbeitnehmer gewahrt. Dies wird allgemein als Schutzfunktion des Partikularverfahrens bezeichnet[724]. Diese Schutzfunktion stellt somit sicher, dass die befürchteten negativen Auswirkungen auf die Volkswirtschaft, die das Einheitsmodell mit sich bringen würde, vermieden werden. Einem solchen System ist daher eine gewisse Berechenbarkeit, Vorhersehbarkeit und Rechtssicherheit immanent, die durch das Einheitsmodell nicht gewährleistet werden kann.

Ferner ist zu berücksichtigen, dass auch nach dem Einheitsmodell der Insolvenzverwalter das Recht des jeweiligen Belegenheitsstaates beachten müsste, soweit es etwa um die dortige prozessuale Durchsetzung der Befugnisse des Verwalters geht. Auch nach diesem Modell käme es somit zu einer Kumulation mehrerer Rechtsordnungen. Fundierte Kenntnisse dieser Rechtsordnungen wird der ausländische Verwalter in der Regel aber nicht haben, so dass es durchaus Sinn macht, die Verwaltung in jedem Land einem rechtskundigen Verwalter zu übertragen, wie es nach dem Modell mit Partikularverfahren der Fall ist[725]. Zugleich würden dadurch etwaige Sprachschwierigkeiten beseitigt. Das Sekundärinsolvenzverfahren vermag somit das Hauptinsolvenzverfahren zu erleichtern. Darüber hinaus kann es vom Verwalter des Hauptinsolvenzverfahrens auch gezielt eingesetzt werden, um etwa die Insolvenz eines Großunternehmens mit zahlreichen Niederlassungen überschaubar abwickeln zu können[726]. Daher kommt dem Sekundärinsol-

---

[722] Virgos/Schmit in Stoll, Vorschläge und Gutachten, Nr. 13, „kombinierte Lösung".

[723] Hanisch, ZIP 1994, S. 1 (4); Wimmer, ZIP 1998, S. 982 (984).

[724] Kolmann, S 212; Trunk, S. 398; Spahlinger, S. 293, Lüke, ZZP 111, S. 275 (298); Duursma-Kepplinger/Duursma/Chalupsky, Art. 27, Rn. 7 ff. und Metzger, S. 149, bezeichnen die Schutzfunktion dagegen als Vorzugsfunktion.

[725] Kolmann, S. 484.

[726] Regierungsentwurf vom 25.10.2002, Begründung zu § 356 InsO, BT-Drs. 15/16, S. 25; Wimmer, ZIP 1998, S. 982 (985) – dies verkennt im Übrigen v. Wilmowsky, WM 1997, S. 1461 (1471), wenn er den überwiegenden Zweck der Partikularverfahren darin sieht, zum Schutz der inländischen Interessen die am Ort der Belegenheit des Schuldnervermögens geltende Verteilungsordnung zu verwirklichen.

venzverfahren auch eine Hilfsfunktion zu[727]. Ein weiterer Vorteil des Abwicklungsmodells mit Partikularverfahren ist, dass dadurch die Eröffnung eines inländischen Insolvenzverfahrens (in der Form des isolierten Partikularverfahrens) ermöglicht wird, auch wenn das ausländische Hauptinsolvenzverfahren noch nicht eröffnet wurde oder aber die in diesem Hauptinsolvenzverfahren angeordnete Sperre der Einzelrechtsverfolgung im Inland aus irgendwelchen Gründen nicht anerkannt wird. Dieser Vorteil wird als Ersatzfunktion des Partikularverfahrens bezeichnet[728].

Nachteilig an dem Kombinationsmodell ist dagegen auf dem ersten Blick, dass die Insolvenzabwicklung nicht in einem einheitlichen Verfahren erfolgt[729]. Die Gläubiger müssen daher gegebenenfalls an mehreren Verfahren teilnehmen, um eine größtmögliche Befriedigung zu erlangen. Dem ist jedoch entgegen zu halten, dass dies der Preis dafür ist, dass bestehende Sicherungsrechte durch die Partikularverfahren geschützt werden können. Dieser Nachteil ist den Gläubigern daher zuzumuten[730].

An dem Modell mit Partikularverfahren wird ferner kritisiert, dass es zur „Nichtanerkennung des Hauptverfahrens" führen oder gar die „Rückkehr zum Territorialitätsprinzip" bedeuten würde[731]. Diese Beurteilung ist aber zu pauschal und auch nicht zutreffend. In der Tat führt die Eröffnung eines Sekundärinsolvenzverfahrens zwar zur Einschränkung der Wirkungen des ausländischen Hauptinsolvenzverfahrens im Inland. Dieses würde aber bei Vorliegen der entsprechenden Voraussetzungen zunächst vollständig anerkannt. Zudem ist die Eröffnung eines Sekundärinsolvenzverfahrens nicht zwingend erforderlich, so dass es durchaus bei dem einen, im Ausland eröffneten, Verfahren verbleiben kann. Von der „Nichtanerkennung des Hauptverfahrens" kann daher keine Rede sein. Zudem liegt eine Rückkehr zum Territorialitätsprinzip schon deshalb nicht vor, weil sämtliche Gläubiger des Gemeinschuldners zur Teilnahme an dem inländischen Verfahren berechtigt sind, das Sekundärinsolvenzverfahren eng mit dem Hauptinsolvenzverfahren kooperiert und ein etwaiger Überschuss in der Regel an den Verwalter des Hauptinsolvenzverfahrens herauszugeben ist[732].

Ebenso vermag die Kritik nicht zu überzeugen, dass die durch das Kombinationsmodell gewünschte kontrollierte Universalität „unkontrollierbar werden dürfte und keinesfalls in-

---

[727] Kolmann, S. 213; Spahlinger, S. 294; Trunk, S. 398; Duursma-Kepplinger/Duursma/Chalupsky, Art. 27, Rn. 7; Metzger, S. 148.

[728] Lüke, ZZP 111, S. 275 (298); Kolmann, S. 213; Kemper in Kübler/Prütting, Art. 102 EGInsO, Rn. 245; Otte, RabelsZ 58, 1994, S. 292 (299); Metzger, S. 146.

[729] Spahlinger, S. 287.

[730] Spahlinger, S. 290.

[731] Wenner in Mohrbutter, XXIII.25; Lüer in Uhlenbruck, Art. 102 EGInsO, Rn. 191, spricht insofern von einem „partiellen Festhalten am Territorialitätsprinzip"; vgl. ebenso Lüer in Stoll, Stellungnahmen und Gutachten, S. 96 (130).

[732] So für das deutsche Recht § 358 InsO.

solvenzrechtlich effizient ist“[733]. Dem könnte allenfalls dann zugestimmt werden, wenn die verschiedenen Verfahren völlig unabhängig voneinander durchgeführt werden würden. Solange aber ein Netz von Kooperations- und Koordinierungspflichten besteht, kann die notwendige Kontrolle hinreichend gewährleistet werden. Zudem wurde bereits festgestellt, dass die Rechtsfindung in der Pluralität für die Verwalter einfacher ist als in der Einheit, in der regelmäßig Insolvenz- und Wirkungsstatut aus verschiedenen Rechtsordnungen zusammentreffen. Ebenso ist es nicht zutreffend, dass das Kombinationsmodell insolvenzrechtlich ineffizient ist. Im Einheitsmodell besteht die Gefahr, dass ein einzelner Verwalter gar nicht in der Lage ist, eine weltweit verteilte Masse zügig zu sichern, wie es einer Zahl von dezentral agierenden Insolvenzverwaltern möglich ist[734]. Darüber hinaus ist auch die Kenntnis der Sprache sowie der Rechtsordnung des fremden Belegenheitsstaates gerade für einen zügigen Zugriff auf die Insolvenzmasse unverzichtbar[735]. Sofern eine effiziente Sicherung der Insolvenzmasse erfolgen soll, ist es somit sogar angezeigt, ein System mit mehreren Verfahren, in dem mehrere Verwalter agieren, zu verwirklichen.

Ferner wird gegen ein System mit mehreren Verfahren angeführt, „dass das im Einzelfall zur Anwendung gelangende Insolvenzrecht für den Gläubiger nicht mehr vorhersehbar sei und daher eine insolvenzfeste Sicherung der Gläubiger undenkbar“[736]. Diese Kritik vermag jedoch nicht zu überzeugen. Sofern ein Partikularverfahren im Inland eröffnet wird, erfolgt die gesamte Verfahrensabwicklung nach autonomen Recht. Wenn dem inländischen Gläubiger somit ein Sicherungsrecht an einem unbeweglichen Gegenstand im Inland bestellt wurde, kann er auch darauf vertrauen, dass deutsches Recht zur Anwendung gelangt, wenn ein Partikularverfahren im Inland eröffnet wird. Gleiches gilt für Sicherungsrechte an beweglichen Gegenständen, obgleich hier die Gefahr größer ist, dass der Vermögensgegenstand bereits zuvor in das Ausland verbracht wurde und daher nicht mehr dem inländischen Recht unterliegt. Daher kann in der Tat eine gewisse Unsicherheit für den gesicherten Gläubiger nicht geleugnet werden. Er muss auf zwei Dinge vertrauen: Zum einen muss sich der Vermögensgegenstand noch im Inland befinden und zum anderen muss im Inland auch ein Partikularverfahren eröffnet werden. Dieselbe Unsicherheit bestünde für den Gläubiger allerdings auch bei Geltung des Einheitsmodells. Hier kann der Gläubiger auf die Anwendung der lex fori concursus des Landes X vertraut haben. Sofern der Schuldner allerdings den maßgeblichen Anknüpfungspunkt in einen anderen Staat Y verlegt, hilft ihm sein Vertrauen auch nicht weiter. Überdies besteht kein weltweit einheitliches Kriterium für die Bestimmung der lex fori concursus, so dass diese ohnehin nicht mit Sicherheit vorausgesehen werden könnte.

---

[733] Wenner in Mohrbutter, XXIII.29; Auch in der Gesetzesbegründung zu dem nicht Gesetz gewordenen § 393 InsO (BT-Drs. 12/2443, S.237) wird eingeräumt, „dass die Eröffnung paralleler Insolvenzverfahren im Einzelfall eine unnötige Komplikation der Verfahrensabwicklung bedeuten kann“. Hierauf weist ebenso Geimer, Rn. 3393 u. 3415, hin.

[734] Trunk, S. 398.

[735] Bloching, S. 106.

[736] Wenner in Mohrbutter, XXIII.30.

Daher hält sich das Kriterium der Vorhersehbarkeit des anwendbaren Rechts nach dem Kombinations- und dem Einheitsmodell die Waage. Im Übrigen werden die Gläubiger, denen ein dingliches Recht an einem unbeweglichen Gegenstand zusteht, nach geltendem Recht durch die Sonderanknüpfung des § 336 InsO zusätzlich geschützt.
Als Nachteil dieses Abwicklungsmodells wird darüber hinaus angeführt, dass die Insolvenzabwicklung in mehreren Verfahren eine Kostenzunahme zur Folge hätte[737]. In der Tat müssen mehrere Verwalter bestellt werden, mehrere Tabellen aufgestellt und mehrere Verteilungspläne erarbeitet werden. Allerdings wurde bereits festgestellt, dass sich das Einheitsmodell allenfalls in seiner eingeschränkten Form mit Sonderanknüpfungen oder durch die Bildung mehrerer Verteilungsordnungen verwirklichen ließe. Die nach diesen Systemen aufwendige Bildung einer einheitlichen Verteilungsordnung bzw. von unterschiedlichen Verteilungsordnungen und Massen dürfte demgegenüber aber kaum kostengünstiger sein[738], so dass die Kostenfrage weder für die eine noch für die andere Grundkonzeption spricht.
Die besondere Schwierigkeit des Kombinationsmodells liegt letztlich darin, dafür Sorge zu tragen, dass am Ende der Verfahren ein sachgerechtes Gesamtergebnis vorliegt. Hierbei muss stets der Grundsatz der par conditio creditorum berücksichtigt werden. Daher ließe sich gegen die Pluralität einwenden, dass sie die Gleichbehandlung der Gläubiger dann nicht gewährleistet, wenn die Ausschüttung in den verschiedenen Verfahren unterschiedlich hoch ist und einzelne Gläubiger eine Mehrfachbefriedigung erlangen[739]. Es muss daher gewährleistet werden, dass jeder Gläubiger nach der Ausschüttung in allen Insolvenzverfahren insgesamt soviel erhält, wie er erhalten hätte, wenn nur ein einziges Verfahren stattgefunden hätte[740]. Dies sicherzustellen ist die Aufgabe von ausdifferenzierten Kooperations- und Koordinationsregeln, auf deren Ausgestaltung an späterer Stelle noch zurückzukommen sein wird.
Zu berücksichtigen bleibt allerdings, dass nach dem Kombinationsmodell die Eröffnung von Partikularverfahren nicht die Regel ist. Im Gegenteil ist man bemüht, beispielsweise über das die Eröffnungszuständigkeit begründende Anknüpfungsmerkmal oder über die Antragsberechtigung, die tatsächliche Eröffnung eines Partikularverfahrens einzuschränken[741]. Ob dadurch im Endeffekt die Insolvenzabwicklung oftmals in einem einheitlichen Verfahren erfolgen wird, ist allerdings zu bezweifeln. Da die Neuregelung des deutschen Internationalen Insolvenzrechts jedenfalls eine Vielzahl von Sonderanknüpfungen und Sonderregelungen vorsieht, bleibt das Kombinationsmodell die Beantwortung der Frage schuldig, nach welcher Verteilungsordnung sich im Ergebnis die Insolvenzabwicklung richtet. Erinnert sei nur daran, dass das „eingeschränkte" Einheitsmodell mit dem Argument verworfen wurde, dass der aus den Sonderanknüpfungen resultierende indirekte

---

[737] Laut, S. 141; Lüke, ZZP 111, S. 275 (284, 306); Wimmer, ZIP 1998, S. 982 (983); Schack, Rn. 1045.
[738] Spahlinger, S. 288; Kolmann, S. 482; Bloching, S. 101; Metzger, S. 151.
[739] Bloching, S. 85.
[740] Aderhold, S. 216.
[741] Vgl. zu diesen Fragenkomplexen unten E. IV. 4. e..

Einfluss auf die ausländische Verteilungsordnung nur durch die schwerfälligen Instrumente von Substitution und Angleichung berücksichtigt werden kann[742]. Im Ergebnis sollte es jedenfalls im Interesse einer umfassenden Gläubigergleichbehandlung bei der Geltung der Verteilungsordnung der lex fori concursus verbleiben[743]. Die bevorrechtigten Gläubiger müssen dann darauf vertrauen, dass ihr Vorrecht im Ausland substituiert werden kann und die entsprechende Bereitschaft dazu besteht. In der Regel wird es in den komplexen Insolvenzfällen daher ohnehin zur Eröffnung eines inländischen Partikularverfahrens nach Maßgabe der inländischen Verteilungsordnung kommen, so dass sich die Frage der Substitution und Angleichung gar nicht erst stellt. Hieran zeigt sich jedenfalls deutlich, dass das der Neuregelung zugrundeliegende Kombinationsmodell in der Tat lediglich einen Kompromiss darstellt, der nicht stets zu befriedigenden Lösungen führen kann. Es wäre allenfalls zu überlegen, ob ein Kombinationsmodell ohne kollisionsrechtliche Sonderanknüpfungen bzw. ohne solche Vorschriften, die Einfluss auf die Verteilungsordnung nach der lex fori concursus nehmen können, vorzugswürdig wäre. Es würden sich dann jedenfalls die Fragen von Angleichung und Substitution im Hinblick auf die Verteilungsordnung nicht mehr stellen, sofern sich aus der jeweiligen Vorschrift ein indirekter Einfluss auf diese ergibt. Entsprechend wird in der Literatur vertreten, dass eine Auflockerung der Verteilungsordnung der lex fori concursus durch kollisionsrechtliche Sonderanknüpfungen unterbleiben sollte[744]. Danach sei eine Einzelforderung in die Kategorien der Verteilungsordnung nach der lex fori concursus einzuordnen und entsprechend dieser Qualifikation zu befriedigen. Für diese Lösung spricht zunächst, dass es in der Tat mit erheblichen Schwierigkeiten verbunden ist, den tatsächlichen Wert des ausländischen lex causae Vorrechts zu bemessen[745]. Trunk[746] hat insofern vorgeschlagen ein hypothetisches Partikularverfahren zugrunde zu legen und die Befriedigungsmöglichkeit des Gläubigers in diesem Verfahren als den wirtschaftlichen Wert der Forderung anzusehen. Zur Berechnung des Werts der Forderung ein hypothetisches Partikularverfahren heranzuziehen ist zwar durchaus möglich, jedoch zugleich ausgesprochen komplex, so dass eine derartige Vorgehensweise grundsätzlich nicht im Sinne einer zügigen Insolvenzbereinigung ist. Demgegenüber würde die einheitliche Geltung der Rangordnung der lex fori concursus eine effiziente Schuldbereinigung und eine größtmögliche Verwirklichung des Grundsatzes der par conditio creditorum ermöglichen, sofern dieser

---

[742] Daher stellt sich die Frage, ob ein Abwicklungsmodell mit Partikularverfahren aber ohne Sonderanknüpfungen vorzugswürdig ist. Dazu sogleich.

[743] a.A. Reinhart in MüKo, InsO, Art. 102 EGInsO, Rn. 154, der für die Frage der Verwertung und Verteilung an das Sachstatut des Sicherungsgegenstandes anknüpfen will. Demzufolge könne nur dadurch der Schutz des Wirtschaftsverkehrs konsequent umgesetzt werden. Hierbei wird allerdings nicht hinreichend berücksichtigt, dass die dadurch erforderliche Bildung von Untermassen äußerst unpraktikabel ist, das Einheitsmodell hierdurch ad absurdum geführt würde und im Falle einer zu erwartenden Schlechterstellung im Hauptinsolvenzverfahren ohnehin ein Partikularverfahren im Inland eröffnet würde.

[744] So Kolmann, S. 495 ff..

[745] Kolmann, S. 496.

[746] Trunk, S. 394 f. (im Hinblick auf Arbeitnehmervorrechte).

Grundsatz dem zur Anwendung berufenem Recht bekannt ist. Ferner spricht für ein solches Abwicklungsmodell ohne kollisionsrechtliche Sonderanknüpfungen bzw. Regelungen die die Wirkungen des Hauptinsolvenzverfahrens begrenzen, dass hierdurch zumindest theoretisch die Möglichkeit eröffnet wird, das „idealtypische Einheitsmodell" zu verwirklichen. Dadurch würden alle Sicherungsrechte im Ergebnis völlig gleich behandelt. Einer möglichen Auszehrung der Masse durch fremde Sicherungsrechte könnte dadurch vorgebeugt werden. Dies wäre auch im Interesse einer etwaigen Sanierung des Schuldnerunternehmens[747]. Letztlich ließe sich noch argumentieren, dass die Gläubigerinteressen bereits durch die Zulässigkeit von Partikularverfahren im Inland hinreichend gewahrt sind.

Diese Betrachtungsweise lässt aber die Schutzfunktion der kollisionsrechtlichen Sonderanknüpfungen bzw. der anerkennungssachrechtlichen Vorschriften, welche auf die Verteilungsordnung der lex fori concursus Einfluss nehmen, außer Betracht. Es ist gar nicht gewährleistet, dass stets im Inland ein Partikularverfahren eröffnet werden kann, da die Eröffnung eines solchen inländischen Verfahrens an gewisse Voraussetzungen geknüpft ist. So muss beispielsweise auch im Rahmen der Partikularverfahren nach Maßgabe von § 26 Abs. 1 InsO die inländische Masse zur Deckung der Verfahrenskosten ausreichen. Sofern dies nicht der Fall ist, kann auch kein Partikularverfahren eröffnet werden. Die Folge wäre, dass die befürchteten negativen Folgen für die deutsche Volkswirtschaft[748] durch die Möglichkeit, ein Partikularverfahren zu eröffnen, nicht gänzlich ausgeräumt werden könnten. Falls mithin beispielsweise der ausländischen lex causae das vergleichbare Befriedigungsrecht eines bevorrechtigten Gläubigers unbekannt ist, würde dessen Recht unter Umständen leer laufen. Um die bevorrechtigten Gläubiger zu schützen, sieht § 351 Abs. 1 InsO vor, „dass das Recht eines Dritten an einem Gegenstand der Insolvenzmasse, der zur Zeit der Eröffnung des ausländischen Insolvenzverfahrens im Inland belegen war, und das nach inländischen Recht einen Anspruch auf Aussonderung oder auf abgesonderte Befriedigung gewährt, von der Eröffnung des ausländischen Verfahrens nicht berührt wird"[749]. Hierbei handelt es sich zwar nicht um eine kollisionsrechtliche Sonderanknüpfung, sondern um eine anerkennungssachrechtliche Vorschrift. Jedoch kann auch sie ebenso wie eine Sonderanknüpfung Einfluss auf die Verteilungsordnung der lex fori concursus haben. Diese Vorschrift stellt mithin eine Art „Rückversicherung" für die dinglich gesicherten Gläubiger des Schuldners dar, damit

---

[747] Taupitz, ZZP 111, S. 315 (331).

[748] Das Vertrauen des Wirtschaftsverkehrs würde erschüttert, wenn Sicherungsrechte entwertet würden. Die Folge wäre, dass Finanzierungsmöglichkeiten erheblich eingeschränkt würden.

[749] An § 351 Abs. 1 InsO wird kritisiert, dass lediglich ein Schutz von dinglichen Rechten an im Inland belegenen Gegenständen bei Auslandsverfahren vorgesehen ist und nicht auch ein Schutz von dinglichen Rechten an im Ausland belegenen Gegenständen bei Inlandsverfahren. Vgl. Eidenmüller, IPRax 2001, S. 2 (13). Auch die EuInsVO hat sich zugunsten des Belegenheitsstaates entschieden, vgl. Art. 5 Abs. 1 EuInsVO. Erwähnenswert ist, dass § 351 Abs. 1 im Gegensatz zu der kritikwürdigen Formulierung von § 390 Abs. 1 des Regierungsentwurfs von 1992 nunmehr auch den Eigentumsvorbehalt, die Sicherungsübereignung sowie die Sicherungszession umfasst. Vgl. zur Kritik an § 390 RegEInsO: Trunk, KTS 1994, S. 33 (42).

deren Sicherungsrecht nicht in der Situation versagt, für die es konzipiert ist[750]. Das berechtigte Interesse der gesicherten Gläubiger, sich im Insolvenzfall aus dem Sicherungsgut nach den Regeln des ihnen bekannten und ihrer Abmachung zugrunde liegenden Recht befriedigen zu können, muss gewahrt werden[751]. Die Erforderlichkeit dieser auf die Verteilungsordnung der lex fori concursus Einfluss nehmenden Vorschrift ist somit bereits aus diesem Grund zu bejahen[752]. Des Weiteren lässt sich für die Notwendigkeit von Sonderanknüpfungen anführen, dass gewisse sozial schwache Gruppen im Insolvenzfall geschützt werden müssen. So werden beispielsweise sozial schwache Mieter und Pächter von den für sie kaum überschaubaren Auswirkungen der Insolvenz durch die Regelung des § 336 InsO geschützt. Arbeitnehmer werden wiederum durch die in § 337 InsO getroffene Sonderregelung geschützt. Dies folgt daraus, dass für den Arbeitnehmer überschaubar sein muss, wie sich die Insolvenz seines Arbeitgebers auf seinen Arbeitsplatz auswirkt[753]. Ferner berührt die Beendigung des Arbeitsverhältnisses die soziale Ordnung, so dass das Recht des Arbeitsverhältnisses auch in der Insolvenz maßgeblich sein sollte. Das Bedürfnis für derartige Sonderregelungen resultiert somit aus Rechtssicherheitsgründen sowie daraus, dass ein Großteil der ausländischen Staaten eine dem deutschen Recht entsprechende soziale Absicherung nicht enthält. In dieser Hinsicht muss die deutsche Rechtsordnung zur Anwendung gelangen[754]. Ein Kombinationsmodell ohne kollisionsrechtliche Sonderanknüpfungen bzw. ohne eine Vorschrift zum Schutz von dinglichen Rechten würde diesem Schutzbedürfnis nicht gerecht und würde zudem das Vertrauen des inländischen Wirtschaftsverkehrs sowie der inländischen Sozialordnung erheblich erschüttern[755]. Es kann somit nicht befürwortet werden.

Insgesamt überwiegen somit die Vorteile des der Neuregelung zugrunde liegenden Abwicklungsmodells. Insbesondere stellt es deshalb ein sachgerechtes und flexibles Instrumentarium zur Abwicklung grenzüberschreitender Insolvenzen dar, weil es die Eröffnung eines Partikularverfahrens nicht statisch vorschreibt, sondern auch die Abwicklung in einem einzigen Verfahren ermöglicht. Dies bietet sich stets dann an, wenn zum Beispiel das Inlandsvermögen so gering ist, dass es in keinem Verhältnis zu den Verfahrenskosten stehen würde, wenn nur wenige Gläubiger beteiligt wären oder aber grund-

---

[750] Regierungsentwurf vom 25.10.2002, Begründung zu § 351 InsO, BT-Drs. 15/16, S. 23; Leible/Staudinger, KTS 2000, S. 533 (552); Spahlinger, S. 279; Wimmer in FK, Art. 102 EGInsO, Rn. 312.

[751] Kemper in Kübler/Prütting, Art. 102 EGInsO, Rn. 143.

[752] a.A. für Mobiliarsicherheiten: Favoccia, S. 28 ff.; Neben dem Schutz dinglicher Rechte vor den Auswirkungen ausländischer Verfahren dient diese Ausnahmevorschrift nach der Begründung zum Regierungsentwurf von 1992, BT-Drs. 12/2443, S. 243, zugleich der Vereinfachung der Abwicklung des Insolvenzverfahrens. Danach weise das Recht der Kreditsicherheiten rechtsvergleichend betrachtet einen außerordentlichen Formenreichtum auf. Die Einbeziehung dinglicher Rechte aus anderen Staaten als des Insolvenzeröffnungsstaates würde schwierige Anpassungsprobleme aufwerfen.

[753] Wimmer in FK, Art. 102 EGInsO, Rn. 328; Wimmer, ZIP 1998, S. 982 (984).

[754] Diese Ausnahmen von der Geltung der lex fori concursus ausdrücklich befürwortend: Geimer, Rn. 3546; Schack, Rn. 1092 f..

[755] Ebenso Regierungsentwurf vom 25.10.2002, Begründung zu § 351 InsO, BT-Drs. 15/16, S. 23.

sätzlich in einfach gelagerten Fällen. Dies hat zur Folge, dass die Insolvenzabwicklung einfacher, schneller und unter Umständen auch kostengünstiger erfolgt. Die Vorteile der Pluralität (Schutz-, Hilfs- und Ersatzfunktion) werden somit mit den Vorteilen des Einheitsmodells (zügige und eine umfassende Gläubigergleichbehandlung gewährleistende Insolvenzabwicklung in einfach gelagerten Fällen) kombiniert. Die diesem Modell immanente Beeinträchtigung des Gleichbehandlungsgrundsatzes, die im Falle der Eröffnung eines Partikularverfahrens[756] nicht gänzlich ausgeschlossen werden kann, muss hinter den besagten Vorteilen zurücktreten und ist hinzunehmen.
Über die Praktikabilität des jeweiligen Modells mit Partikularverfahren entscheidet letztlich die Ausgestaltung im Einzelfall. Hierauf wird im Folgenden noch näher eingegangen.

(ii) Ergänzungsverfahren der USA und der Schweiz

Neben dem oben skizzierten Modell von Haupt- und Partikularinsolvenz besteht zudem die Möglichkeit neben dem Hauptinsolvenzverfahren so genannte Ergänzungsverfahren zuzulassen. Diesen Weg haben das amerikanische und das schweizerische Recht beschritten[757].
Nach amerikanischem Recht kann der Verwalter eines ausländischen Hauptinsolvenzverfahrens bezüglich des in den USA belegenen Vermögens ein Ergänzungsverfahren (sog. ancillary proceedings) nach s. 304 US Bankruptcy Code beantragen[758]. Eine formelle Anerkennung der ausländischen Eröffnung des Insolvenzverfahrens ist dabei nicht erforderlich. Die Entscheidung, ob das amerikanische Vermögen ausgeliefert wird oder die Verteilung im Rahmen eines amerikanischen Hauptinsolvenzverfahrens erfolgt, liegt im Ermessen des Insolvenzgerichts[759]. Der Richter kann die Eröffnung des Ergänzungsverfahrens aber nur dann ablehnen, wenn den Interessen der Gläubiger und des Schuldners dadurch besser gedient ist[760]. Sofern in dem amerikanischen Hilfsverfahren die Auslieferung des amerikanischen Schuldnervermögens an den ausländischen Verwalter angeordnet wird[761], ist das ausländische Verfahren ein Einheitsverfahren. Das

---

[756] An dem inländischen Verfahren wird sich vermutlich niemals die gleich Anzahl von Gläubigern beteiligen, wie an einem Einheitsverfahrens, was zu einer faktischen Bevorzugung der am Inlandsverfahren teilnehmenden Gläubiger führen wird.

[757] Vgl. zur Möglichkeit eines Hilfsverfahrens nach s. 426 IA im englischen Recht E. IV. 4. f. (2).

[758] Dieses ist dadurch gekennzeichnet, dass keine Insolvenzmasse vorliegt. Daneben kennt das amerikanische Recht kein Partikularverfahren über das in den USA belegene Vermögen des Schuldners. Ein Hauptinsolvenzverfahren ist in den USA unabhängig von einem ausländischen Hauptinsolvenzverfahren immer dann möglich, wenn eine Person in den USA ansässig ist, sie dort ihr domicile oder eine Niederlassung hat oder in den USA nur Vermögen besitzt (s. 109 a. US BC). Ein solches paralleles Hauptinsolvenzverfahren kann auch der ausländische Verwalter nach s. 303 b.4. US BC beantragen. Vgl. dazu im einzelnen Kolmann, S. 396 ff.; vgl. ferner zu den Voraussetzungen für die Beantragung eines Hilfsverfahrens: Kolmann, S. 371 ff.; ausführlich auch E. Habscheid, S. 216 ff.

[759] E. Habscheid, S. 233.

[760] s. 305 a.1. US Bankruptcy Code.

[761] Turnover Order nach s. 304 b.2. US Bankruptcy Code.

amerikanische Hilfsverfahren ist dann kein sekundäres Insolvenzverfahren[762]. Das Hilfsverfahren bietet für den ausländischen Verwalter die Möglichkeit beim Insolvenzgericht Maßnahmen zur Unterstützung seines Verfahrens zu beantragen. Insbesondere kann der ausländische Verwalter nach der Generalklausel des s. 304 b.3. US Bankruptcy Code neben dem speziell geregelten Verbot der Einzelrechtsverfolgung[763] und der Herausgabe des US Vermögens an ihn[764] jede andere geeignete Maßnahme beantragen. Hieran zeigt sich ein nicht unerhebliches Maß an Flexibilität dieses Ergänzungsverfahrens.
Es stellt sich somit die Frage, ob ein solches System, welches letztlich dem Insolvenzgericht die Entscheidung darüber belässt, welches Verfahren eröffnet und welche Maßnahmen ergriffen werden sollen, im deutschen Recht realisierbar ist.
Hiergegen sprechen jedoch mehrere Gründe. Indem dem Richter ein Ermessenspielraum eingeräumt wird, besteht zunächst die Gefahr einer uneinheitlichen Rechtsprechung, die mit einem Verlust an Rechtssicherheit und Vorhersehbarkeit verbunden ist[765]. Die Rechtssicherheit hat jedoch im Gegensatz zur anglo-amerikanischen Rechtstradition selbst im Anwendungsbereich von Generalklauseln im kontinentaleuropäischen Recht einen viel größeren Stellenwert.
Ferner resultiert das Bedürfnis nach der Eröffnung eines solchen Hilfsverfahrens in den USA daraus, dass ein ausländisches Universalverfahren in den USA keine unmittelbaren Wirkungen entfaltet. Nur die von einem amerikanischen Gericht angeordneten Maßnahmen wirken sich auf das in den USA belegene Schuldnervermögen aus[766]. Indem aber die Beschlagnahmewirkung des ausländischen Verfahrens nicht das in den USA belegene Vermögen des Schuldners erfasst, sondern das Verbot der Einzelrechtsverfolgung nach s. 304 b.2. US BC erst ausdrücklich vom Gericht angeordnet werden muss, wird der Zweck des Insolvenzverfahrens, eine zügige und umfassende Gläubigerbefriedigung zu erreichen, erheblich gefährdet[767]. Die Gläubiger können sich grundsätzlich weiterhin aus dem in den USA belegenen Vermögen befriedigen. Zudem bleibt auch der Schuldner weiterhin verfügungsbefugt. Das ausländische Einheitsverfahren sollte aber im Interesse einer zügigen Schuldbereinigung und umfassenden Gläubigergleichbehandlung unmittelbar extraterritorial wirken können.
Darüber hinaus wird das amerikanische Ergänzungsverfahren zwar als ausgesprochen flexibel gelobt[768], dies betrifft allerdings nur Teilbereiche des Verfahrens selbst. Eine Kooperation zwischen den verschiedenen Verfahren ist dagegen beispielsweise nicht vorgesehen[769]. Dies ist ein weiterer malus, der nicht im Interesse einer optimalen Globalbe-

---

[762] E. Habscheid, S. 233.
[763] s. 304 b.1. US Bankruptcy Code.
[764] s. 304 b.2. US Bankruptcy Code.
[765] Spahlinger, S. 216, 304; Hanisch, ZIP 1994, S. 1 (5).
[766] Scoles/Hay/Borchers/Symeonides, S. 1132 f.; Kozyris in Fletcher, National and Comperative studies, S. 243 (247); Spahlinger, S. 309; Kolmann, S. 368.
[767] Spahlinger, S. 309.
[768] Drobnig in Stoll, Stellungnahmen und Gutachten, S. 51 (71); Breitenstein, S. 83.
[769] Hanisch, ZIP 1994, S. 1 (5).

reinigung des Schuldnervermögens liegt. Das amerikanische Modell ist daher für das deutsche Recht nicht zu empfehlen[770].

Das schweizerische Hilfsverfahren nach Art. 166 – 175 IPRG[771] setzt zunächst die Anerkennung der ausländischen Insolvenzeröffnung voraus. Die Anerkennung können der ausländische Verwalter sowie jeder Gläubiger beantragen[772]. Ein solches Anerkennungsverfahren ist auch dann notwendig, wenn sich nur wenige Vermögenswerte in der Schweiz befinden. Die Anerkennung hat zur Folge, dass im Hinblick auf das gesamte in der Schweiz belegene Vermögen schweizerisches Insolvenzrecht zur Anwendung kommt[773]. Dadurch stellt die Schweiz sicher, dass ihre Vorstellungen von einer Insolvenzabwicklung in großem Umfang verwirklicht werden können[774]. Kennzeichnend für dieses Verfahren ist, dass nur die dinglich gesicherten und bevorrechtigten Gläubiger, sowie gewisse privilegierte und in der Schweiz domizilierte Gläubiger, zur Teilnahme berechtigt sind[775]. Erst nach der Befriedigung dieser Gläubigergruppen erhält der ausländische Verwalter Zugriff auf das verbliebene Vermögen in der Schweiz. Das schweizerische Verfahren enthält damit eine extrem territorialistische Komponente, die für das deutsche Recht nicht ernsthaft in Betracht gezogen werden sollte[776], da hierdurch der Grundsatz der par conditio creditorum in erheblichem Maße konterkariert wird. Vorschriften über die Koordination und Kooperation der Verfahren enthält das schweizerische Recht ebenfalls nicht.

Ein erheblicher Nachteil des amerikanischen und des schweizerischen Verfahrens ist ferner, dass sie praktisch immer beantragt und eröffnet werden müssen, wenn der ausländische Insolvenzverwalter auf das inländische Vermögen Zugriff nehmen will. Es ist aber äußerst fraglich, ob es verhältnismäßig ist, auch im Fall von nur geringem Inlandsvermögen ein Ergänzungsverfahren zu eröffnen. Es erscheint in diesen Fällen vielmehr vollkommen ausreichend, wenn der ausländische Verwalter Zugriff auf das im Inland belegenen Vermögen nehmen kann[777]. Ein Ergänzungsverfahren sollte nur dann in Betracht gezogen werden, wenn das Auslandsvermögen des Schuldners komplex ist. Zu-

---

[770] Ebenso Spahlinger, S. 304; Hanisch, ZIP 1994, S. 1 (5); dagegen hält Drobnig in Stoll, Stellungnahmen und Gutachten, S. 51 (71), die Möglichkeit eines solchen Hilfsverfahrens auch im deutschen Recht für sinnvoll; ebenso Lüer in Uhlenbruck, Art. 102 EGInsO, R. 193, der darauf hinweist, dass eine Übereinstimmung des autonomen IIR mit den Vorschriften des UNCITRAL Modellgesetzes erstrebenswert wäre. Kolmann, S. 487, hält für die Verwaltung und Verwertung eigene Hilfsnebenverfahren für überlegenswert.

[771] Daneben kennt das schweizerische Recht noch den Konkurs über das Vermögen einer Zweigniederlassung. Vgl. dazu und insbesondere zu der Frage des Verhältnisses des IPRG Konkurses zu dem Niederlassungskonkurs: Kolmann, S. 56 ff..

[772] Art. 166 Abs. 1 IPRG.

[773] Art. 170 Abs. 1 IPRG; Das Modell weicht somit insofern von dem amerikanischem ab, als nach der formellen Anerkennung eines ausländischen Hauptinsolvenzverfahrens gleichzeitig ein auf das Inlandsvermögen beschränktes Verfahren eröffnet wird.

[774] Kolmann, S. 61.

[775] Vgl. Art. 172 IPRG der Schweiz – ausführlich hierzu: E. Habscheid, S. 25 f..

[776] Hanisch, ZIP 1994, S. 1 (5).

[777] Wimmer, ZIP 1998, S. 982 (985); Hanisch, ZIP 1994, S. 1 (5).

dem soll jedes Insolvenzverfahren – auch in Gestalt eines Ergänzungsverfahrens – der geordneten Befriedigung der Gläubiger dienen. Es ist allerdings widersinnig ein weiteres Verfahren durchzuführen, wenn niemand, insbesondere kein Gläubiger, ein solches Verfahren wünscht[778]. Daher sind die Ergänzungsverfahren, wie sie das amerikanische und das schweizerische Recht vorsehen grundsätzlich nicht zu befürworten.

(d) Zusammenfassung

Vertrauensschutzgesichtspunkte sowie die erheblichen wirtschaftspolitischen Bedenken sprechen gegen die Umsetzung des „idealtypischen" Einheitsmodells im deutschen Recht. Ebenso ist das „eingeschränkte" Einheitsmodell angesichts der Unterschiede der betroffenen Sachrechte, insbesondere der jeweiligen Verteilungsordnungen, derzeit nicht realisierbar[779]. Das Einheitsmodell, das wiederum mehrere Verteilungsordnungen zulässt, erweist sich als zu kompliziert und unpraktikabel. Demgegenüber können die Kombinationsmodelle diese Schwierigkeiten weitgehend vermeiden. Dies folgt daraus, dass nach diesen für die Partikularverfahren das inländische Recht gilt und sich etwaige Sicherungsrechte an dem Schuldnervermögen nach diesem Recht richten und ebenso die deutsche Verteilungsordnung zur Anwendung gelangt. Zugegebenermaßen gilt dies allerdings dann nicht, wenn auch im Rahmen des Kombinationsmodells die Insolvenzabwicklung in einem einzigen Verfahren erfolgt. In diesem Fall kommen aufgrund von Sonderanknüpfungen unterschiedliche Rechtsordnungen zur Anwendung, so dass die aufgezeigten Schwierigkeiten im Hinblick auf die unterschiedlichen Verteilungsordnungen[780] gleichermaßen bestehen[781]. Tröstlich kann hier allenfalls sein, dass es in den schwierigen und komplexen Fällen wohl in der Regel zur Eröffnung eines inländischen Partikularverfahrens kommen wird. Auf die Sonderanknüpfungen kann jedenfalls auch im Rahmen des Kombinationsmodells aufgrund der diesen immanenten Schutzfunktion nicht verzichtet werden.

Die Ergänzungsverfahren, wie sie das amerikanische und das schweizerische Recht vorsehen sind dagegen nicht zu befürworten. Diese enthalten zum einen keine Vorschriften über die Kooperation und Koordination der verschiedenen Verfahren, zum anderen müssen sie immer dann eröffnet werden, wenn der ausländische Verwalter auf das im Inland belegene Vermögen zugreifen will. Dies erscheint aber in gewissen Fällen nicht als besonders ökonomisch, gerade wenn es sich lediglich um geringes Schuldnervermögen handelt und die Sachlage völlig eindeutig ist. Darüber hinaus ist die Ausgestaltung des schweizerischen Verfahrens, an dem nur solche gesicherten Gläubiger teilnehmen

---

[778] Spahlinger, S. 301.

[779] Für ein Einheitsmodell plädieren: Eidenmüller, IPRax 2001, S. 2 (5); Wenner in Mohrbutter, XXIII.32; Lüer in Uhlenbruck, Art. 102 EGInsO, Rn. 55 ff.; Lüer in Stoll, Stellungnahmen und Gutachten, S. 96 (130); nicht eindeutig: Schollmeyer, IPRax 1995, S. 150 (152).

[780] Fragen der Angleichung und Substitution.

[781] Aus diesem Grund plädiert Kolmann (S. 495 ff.) dafür, eine Auflockerung der Verteilungsordnung der lex fori concursus durch Sonderanknüpfungen zu unterlassen.

dürfen, die auch in der Schweiz domiziliert sind[782], äußerst territorialistisch und nicht im Sinne einer umfassenden par conditio creditorum.
Vorzugswürdig ist daher das Kombinationsmodell, das neben dem Hauptinsolvenzverfahren die Eröffnung von inländischen Partikularverfahren ermöglicht[783]. Die Vorteile des Einheitsmodells werden sachgerecht mit den Vorteilen des Pluralitätsmodells kombiniert. Damit steht zugleich auch fest, dass das der Insolvenzordnung zugrundeliegende Abwicklungsmodell grundsätzlich zu begrüßen ist. Ob es sich auch im Einzelnen als ausgewogen und praktikabel erweist, ist im Folgenden festzustellen.

e. Das Kombinationsmodell im deutschen Internationalen Insolvenzrecht

Nachdem festgestellt wurde, dass das der Neuregelung zugrundeliegende Kombinationsmodell, welches die Abwicklung einer grenzüberschreitenden Insolvenz sowohl in einem einzigen Verfahren als auch in mehreren Verfahren ermöglicht, zu befürworten ist, soll nunmehr die in der Insolvenzordnung erfolgte Ausgestaltung der Partikularverfahren über das Inlandsvermögen näher untersucht werden.

(1) Internationale Zuständigkeit zur Eröffnung von Partikularverfahren

Die Eröffnung eines inländischen Partikularverfahrens (gleich ob in der Form des Sekundärinsolvenzverfahrens oder des isolierten Partikularverfahrens) ist an bestimmte Voraussetzungen geknüpft. Diese bemessen sich nach § 354 ff. InsO.

(a) Subsidiarität der Partikularverfahren

Primäre und insoweit auch logische Voraussetzung für die Eröffnung eines Partikularverfahrens ist zunächst, dass die internationale Zuständigkeit eines deutschen Gerichts zur Eröffnung eines Insolvenzverfahrens über das gesamte Vermögen des Schuldners nicht gegeben ist[784]. Demnach ist das Partikularverfahren gegenüber dem deutschen Hauptinsolvenzverfahren mit extraterritorialem Geltungsanspruch subsidiär. Die Eröffnung eines Partikularverfahrens, welches auf das Inlandsvermögen des Schuldner begrenzt ist, ist somit nicht zulässig, wenn zugleich die internationale Zuständigkeit eines deutschen Gerichts zur Eröffnung eines Hauptinsolvenzverfahrens vorliegt.

---

[782] Vgl. Art. 172 IPRG der Schweiz.

[783] Ebenso Otte, RabelsZ 58, 1994, S. 292 (297); Schack, Rn. 1044 u. 1138; Wimmer in FK, Art. 102 EGInsO, Rn. 370; Hanisch, ZIP 1994, S. 1 (6 ff.); Spahlinger, S. 296 ff.; Kolmann, S. 481 ff. u. 564; Bloching, S. 118; Mankowski, ZIP 1995, S. 1650 (1651); Metzger, S. 153; nicht überzeugt, aber keine Lösung anbietend: Drobnig in Stoll, Stellungnahmen und Gutachten, S. 51 (71).

[784] § 354 Abs. 1 InsO.

(b) Eröffnungszuständigkeit

Die internationale Zuständigkeit der deutschen Gerichte zur Eröffnung eines Partikularverfahrens setzt gemäß § 354 InsO voraus, dass der Schuldner im Inland eine Niederlassung oder sonstiges Vermögen hat. Für den Fall, dass ein Partikularverfahren aufgrund der bloßen Belegenheit von Vermögen im Inland eröffnet werden soll, muss der Gläubiger darüber hinaus ein besonderes Interesse an der Eröffnung des Verfahrens glaubhaft machen[785]. Ein solches ist insbesondere dann gegeben, wenn der Gläubiger in einem ausländischen Verfahren erheblich schlechter stehen würde als in einem inländischen Verfahren[786]. Aus dieser Systematik wird deutlich, dass als Regelfall zur Eröffnung eines Verfahrens im Inland eine Niederlassung des Schuldners erforderlich ist[787].
Die örtliche Zuständigkeit des deutschen Insolvenzgerichts bemisst sich schließlich nach § 354 Abs. 3 InsO. Danach ist ausschließlich das Insolvenzgericht zuständig, in dessen Bezirk die Niederlassung bzw. das Vermögen des Schuldner belegen ist. Kompetenzkonflikte werden dadurch vermieden, dass § 3 Abs. 2 InsO für entsprechend anwendbar erklärt wird.
Aufgrund welcher Anknüpfungsmerkmale ein Partikularverfahren im Inland eröffnet werden kann, war und ist Gegenstand einer kontroversen Auseinandersetzung, die durch die Neuregelung keineswegs ihren Abschluss gefunden hat. Maßgeblich geht es dabei um die Frage, ob für die Eröffnung eines Partikularverfahrens die bloße Belegenheit von Vermögen im Inland genügen kann. Die Anknüpfung an das im Inland belegene Vermögen ermöglicht zweifelsohne in einem sehr weitgehenden Maße die Eröffnung von Partikularverfahren. Dagegen sind die Eröffnungsmöglichkeiten beschränkter, wenn die Eröffnung eines Partikularverfahrens von der Belegenheit einer Niederlassung im Inland abhängig gemacht wird[788]. Diesen Weg hat die EuInsVO beschritten, wonach es zur Eröffnung eines Partikularverfahrens zwingend einer Niederlassung bedarf[789]. Eine Einschränkung der Anknüpfungsmerkmale zur Bestimmung der internationalen Zuständigkeit ist darüber hinaus aber auch dadurch möglich, dass etwa ein besonders enger oder besonders weiter Niederlassungsbegriff zugrunde gelegt wird[790]. Daneben bietet es sich an, die Eröffnungszuständigkeit für Partikularverfahren aufgrund von im Inland belegenem Vermögen dadurch einzuschränken, dass besondere Anforderungen an den Umfang des Vermögens gestellt werden oder aber der Gläubiger darüber hinaus ein beson-

---

[785] § 354 Abs. 2 InsO.

[786] § 354 Abs. 2 InsO.

[787] So auch in der Begründung zu § 354 des Regierungsentwurfes vom 25.10.2002, BT-Drs. 15/16, S. 25.

[788] Obgleich freilich eine Niederlassung auch nur eine besonders qualifizierte Form von Vermögen ist.

[789] Art. 3 Abs. 2 EuInsVO; vgl. auch Virgos/Schmit in Stoll, Vorschläge und Gutachten, Nr. 80.

[790] So enthält die EuInsVO z.B einen im Vergleich zur EuGVVO weiten Niederlassungsbegriff (vgl. Art. 2 h) EuInsVO). Dieser weite Niederlassungsbegriff stellt einen Kompromiss zwischen den Staaten dar, die schon bei bloßer Belegenheit von Vermögen ein Partikularverfahren befürworteten und jenen, die auf einen viel engeren Niederlassungsbegriff abstellen wollten. S. Lüke, ZZP 111, S. 275 (299); Wimmer in FK, Art. 102 EGInsO, Rn. 130.

deres Interesse an einem inländischen Verfahren glaubhaft machen muss, wie es nach § 354 Abs. 2 InsO der Fall ist[791].

Die Auseinandersetzung hinsichtlich der Reichweite der Eröffnungszuständigkeit von Partikularverfahren ist auch insofern von Bedeutung, als mit ihr eng die Frage verknüpft ist, wie stark das Universalitätsprinzip durch die Zulässigkeit von Partikularverfahren eingeschränkt werden sollte.

Ob somit die in § 354 InsO getroffene Regelung der Eröffnungszuständigkeit sachgerecht ist, soll im Folgenden untersucht werden. Zunächst ist daher zu prüfen, ob die Anknüpfung an im Inland belegenes Vermögen – ohne dass zugleich eine Niederlassung im Inland unterhalten wird – grundsätzlich zu befürworten ist.

(i) Gründe gegen den Zuständigkeitsgrund der Vermögensbelegenheit[792]

Gegen die internationale Zuständigkeit der deutschen Gerichtsbarkeit aufgrund der Inlandsbelegenheit von Vermögen wird angeführt, dass diese zu einer uferlosen Eröffnungszuständigkeit führen würde[793], wodurch das Universalitätsprinzip in nicht hinnehmbaren Maße eingeschränkt würde[794]. Die Einschränkung des Universalitätsprinzips durch die bloße Möglichkeit der Eröffnung von Partikularverfahren wurde bereits erörtert und lässt sich auch nicht leugnen. Entsprechend wird dieser Einwand insbesondere von jenen Autoren erhoben, die ein Kombinationsmodell gänzlich ablehnen und für die Insolvenzabwicklung in einem einheitlichen Verfahren plädieren[795]. Ihr Bemühen, wenigstens die Eröffnungszuständigkeit für Partikularverfahren einzuschränken ist insofern verständlich. Allerdings vermag das Festhalten an einem in der Praxis zur Zeit nicht realisierbaren Prinzip kein schlagendes Argument gegen die Eröffnungszuständigkeit aufgrund von Inlandsvermögen zu liefern. Entscheidend sollten vielmehr die Gründe herangezogen werden, aus denen die Einschränkung des Universalitätsprinzips gerechtfertigt ist. Dies ist maßgeblich die Schutzfunktion des Kombinationsmodells. Durch die Möglichkeit ein Partikularverfahren im Inland durchzuführen, das sich nach deutschem Recht und somit auch der deutschen Verteilungsordnung richtet, können die gesicherten Gläubiger darauf vertrauen, dass ihr Recht im Insolvenzfall nicht wertlos ist. Dies hat wiederum positive Folgen für die deutsche Wirtschaft und den Arbeitsmarkt. Einige Gegner der Eröffnungszuständigkeit aufgrund von Inlandsvermögen führen hierzu aus, dass die – insbesondere inländischen – Gläubiger primär auf die Forderungserfüllung durch eine im Inland tätige

---

[791] Ebenso sah bereits § 396 Abs. 2 des nicht Gesetz gewordenen Regierungsentwurfes zur InsO aus dem Jahre 1992 dieses Erfordernis vor.

[792] Gegen den Zuständigkeitsgrund der Vermögensbelegenheit: Eidenmüller, IPRax 2001, S. 2 (12); Kolmann, S. 499 f.; Lüer in Kölner Schrift, S. 297 (311 f.); Lüer in Uhlenbruck, Art. 102 EGInsO, Rn. 191 f.; Lüke, ZZP 111, S. 275 (299 ff.); Leipold in Stoll, Stellungnahmen und Gutachten, S. 72 (79); Schollmeyer, IPRax 1995, S. 150 (152); Mankowski, ZIP 1995, S. 1650 (1659); lediglich Bedenken geltend machend: Thieme in Stoll, Stellungnahmen und Gutachten, S. 212 (217).

[793] Eidenmüller, IPRax 2001, S. 2 (12).

[794] Lüer in Stoll, Stellungnahmen und Gutachten, S. 96 (130).

[795] So insbesondere Lüer in Uhlenbruck, Art. 102 EGInsO, Rn. 191.

Niederlassung im Rahmen von deren normaler Geschäftstätigkeit vertrauten und allenfalls sekundär auf die Möglichkeit des Vollstreckungszugriffs auf Inlandsvermögen[796]. Dabei wird allerdings verkannt, dass durch die Zulassung von Partikularverfahren nicht das abstrakte Vertrauen der Gläubiger, im Insolvenzfall auf das inländische Vermögen zugreifen zu können, geschützt werden soll, sondern ausschließlich das spezifische Vertrauen von gesicherten Gläubigern. Durch die Anknüpfung an die Belegenheit von Vermögen im Inland würde der angestrebte Schutz dieser Gläubiger auch keineswegs „über das angestrebte Ziel hinausschießen“[797]. Sicherheiten können den Gläubigern an Vermögensgegenständen im Inland nämlich durchaus auch bestellt worden sein, ohne dass eine Niederlassung des Schuldners im Inland besteht[798]. Das ausschließliche Anknüpfungskriterium der Niederlassung würde somit unter Umständen die Einbeziehung von Sicherungsrechten Dritter in die Insolvenzabwicklung beschränken. Von Lüer[799] wird hiergegen wiederum eingewendet, dass es einer Anknüpfung an die bloße Vermögensbelegenheit deshalb nicht bedarf, weil ein großer Teil der Sicherheiten, die den Gläubigern am Vermögen des ausländischen Schuldners bestellt worden sind, trotz des ausländischen Insolvenzverfahrens ohnehin nach deutschem materiellen Recht zu beurteilen wären. In der Tat kennt die Neuregelung mit § 351 InsO auch eine Sonderanknüpfung für dingliche Sicherheiten. Es wurde aber bereits im Rahmen der Untersuchung, welches Abwicklungsmodell für das deutsche Internationale Insolvenzrecht zu empfehlen ist, festgestellt, dass durch die Sonderanknüpfung die deutsche Verteilungsordnung gerade nicht zur Anwendung gelangt. Die inländischen Sicherungsrechte müssten somit im Rahmen der Verteilungsordnung der lex fori concursus berücksichtigt werden. Dies wiederum erfordert die Möglichkeit und die Bereitschaft zur Angleichung und Substitution im Insolvenzeröffnungsstaat. Abgesehen von der Frage, ob eine solche Bereitschaft überhaupt besteht, wäre ein solches Vorgehen mit zusätzlichen Schwierigkeiten verbunden. Demgegenüber ist die Berufung der deutschen Verteilungsordnung durch die Eröffnung eines Partikularverfahrens eine Alternative, die mit einem höheren Maß an Rechtssicherheit und Vorhersehbarkeit verbunden ist.

Gegen die Vermögenszuständigkeit wird ferner mit dem Prinzip der engsten Verbindung argumentiert. Die Vermögensbelegenheit allein könne danach einen besonderen Bezug des Schuldners zu der inländischen Rechtsordnung nicht rechtfertigen[800]. Dagegen würde der inländische Rechtsverkehr durch eine Niederlassung stärker betroffen[801]. Auch hierbei wird wiederum die Schutzfunktion der Partikularverfahren außer Betracht gelassen. Es geht nicht darum, in welchem Maße die inländische Rechtsordnung betroffen ist - wobei vor allem die Grenzziehung äußerst fraglich ist - , sondern darum, den Schutz

---

[796] Eidenmüller, IPRax 2001, S. 2 (12); Leipold in Stoll, Stellungnahmen und Gutachten, S. 72 (81).

[797] Leipold in Stoll, Stellungnahmen und Gutachten, S. 72 (79); Eidenmüller, IPRax 2001, S. 2 (12); Kolmann, S. 499.

[798] Reinhart, S. 280; Duursma-Kepplinger/Duursma/Chalupsky, Art. 3, Rn. 68.

[799] Lüer in FS Uhlenbruck, S. 842 (853).

[800] Kolmann, S. 499.

[801] Mankowski, ZIP 1995, S. 1650 (1659).

der gesicherten Gläubiger umfassend zu gewährleisten. Das Prinzip der engsten Verbindung kann somit nicht gegen die Eröffnung von Partikularverfahren aufgrund von Vermögen herangezogen werden.
Ebenso kann auch das Argument, dass es für die Gläubiger eine erhebliche Belastung darstellt, ihre Interessen überall dort verfolgen zu müssen, wo Vermögen des Schuldners belegen ist[802], nicht überzeugen. Dies ist der Preis dafür, dass die Berücksichtigung von Sicherungsrechten in der Insolvenz gewährleistet wird und daher den Gläubigern zuzumuten[803].
Neben dem Gläubigerschutz hat das Partikularverfahren jedoch noch weiter Funktionen. So ermöglicht es beispielsweise in besonders komplexen und umfassenden Insolvenzfällen eine übersichtliche Schuldbereinigung und insbesondere eine zügige Massesicherung. Diesbezüglich ließe sich erwägen, ob das Ergreifen von einzelnen Vermögenswerten, die gerade nicht in der Form einer Niederlassung aber dennoch kompakt im Inland vorliegen, für den ausländischen Verwalter so einfach ist, dass sich die Durchführung eines Partikularverfahrens erübrigt[804]. Dies kann aber zum einen nicht allgemeingültig festgestellt werden und zum anderen ist es durchaus denkbar, dass die inländischen Verhältnisse auch ohne Niederlassung äußerst komplex oder gar komplexer sind.
Schließlich würde dieses Anknüpfungsmerkmal auch nicht zu einer „Zerfaserung des Insolvenzverfahrens“ führen, die für den Verwalter des Hauptinsolvenzverfahrens kaum noch angemessen zu bewältigen wäre[805]. Im Fall von Partikularverfahren verhält es sich ja gerade so, dass mehrere Insolvenzverwalter die Abwicklung vornehmen, so dass der Hauptinsolvenzverwalter im Gegenteil sogar entlastet wird. Dies wurde unter dem Stichwort der Hilfsfunktion des Partikularverfahrens bereits an anderer Stelle erörtert[806].
Gegen die Eröffnung von Partikularverfahren aufgrund der Belegenheit von Schuldnervermögen im Inland lassen sich letztlich nur zwei Argumente anführen. Zum einen das leidige Kostenargument[807] und zum anderen die Gefahr von Zuständigkeitsmanipulationen.
Ob die Insolvenzabwicklung im mehreren Verfahren mit höheren Kosten verbunden ist, kann nur anhand einer empirischen Untersuchung festgestellt werden. Jedenfalls dürfte die einheitliche Insolvenzabwicklung demgegenüber kaum kostengünstiger sein, wenn inländische Sicherungsrechte aufgrund der Sonderanknüpfungen ebenso im Rahmen der Verteilung berücksichtigt werden müssten.
Im Gegensatz zu einer Anknüpfung an eine Niederlassung im Inland eröffnet die Vermögenszuständigkeit allerdings leichter die Möglichkeit zu Zuständigkeitsmanipulationen[808].

[802] Leipold in Stoll, Stellungnahmen und Gutachten, S. 72 (82).
[803] Spahlinger, S. 290.
[804] In Betracht ziehend aber ablehnend: Bloching, S. 121.
[805] So aber der Hinweis in der Begründung zum Regierungsentwurf vom 25.10..2002, BT-Drs. 15/16, S. 25.
[806] Vgl. oben E. IV. 4. d. (3).
[807] Kolmann, S. 500.
[808] Lüer in Kölner Schrift, S. 297 (312).

(ii) Gründe für den Zuständigkeitsgrund der Vermögensbelegenheit[809]

Für die Eröffnungszuständigkeit aufgrund der Belegenheit von Schuldnervermögen im Inland streiten demgegenüber mehrere Gründe.

Maßgebliches Argument ist, dass ansonsten Zuständigkeitslücken in den Fällen zu beklagen sind, in denen der Schuldner zwar erhebliche Vermögenswerte im Inland besitzt, gleichwohl aber keine Niederlassung unterhält[810]. Der durch die Partikularverfahren beabsichtigte umfassende Schutz der gesicherten Gläubiger könnte in diesen Fällen nicht realisiert werden. Diese Ungleichbehandlung wäre aber nicht recht einzusehen, da das Schutzbedürfnis in beiden Fällen gleichermaßen besteht[811].

Ferner ist zu bedenken, dass dem isolierten Partikularverfahren auch eine Ersatzfunktion für die Fälle zukommt, in denen ein ausländisches Verfahren im Inland beispielsweise nicht anerkannt werden kann. Für diese Fälle ist es im Interesse der Gläubigergleichbehandlung angezeigt, eine zügige Massesicherung auch dann zu ermöglichen, wenn im Inland keine Niederlassung sondern nur Vermögen des Schuldners vorhanden ist[812].

Darüber hinaus würde auch die Hilfsfunktion des Partikularverfahrens in den Fällen zum Tragen kommen, in denen aufgrund der Belegenheit von Vermögen die Insolvenzabwicklung im Inland ebenso komplex oder komplexer ist, als im Fall einer Niederlassung[813].

(iii) Zwischenergebnis

Gegen die Berücksichtigung von im Inland belegenem Schuldnervermögen im Rahmen der internationalen Zuständigkeit für Partikularverfahren spricht lediglich, dass dieses Anknüpfungsmerkmal leicht manipuliert werden kann. Demgegenüber streiten für die Berücksichtigung der Vermögenszuständigkeit die Schutz-, Ersatz- und Hilfsfunktion des Partikularverfahrens. Eine Differenzierung zwischen einer Niederlassung und sonstigem Vermögen des Schuldners ist mithin nicht sachgerecht. Die in § 354 InsO getroffene Neuregelung ist somit insofern zu begrüßen, als sie das Inlandsvermögen des Schuldners als Anknüpfungsmerkmal kennt. Aus der Gesetzessystematik folgt allerdings, dass zentrales Anknüpfungsmerkmal die Niederlassung ist.

Wenn im Inland somit sowohl eine Niederlassung als auch an anderen Orten belegenes

---

[809] Für den Zuständigkeitsgrund der Vermögensbelegenheit: Hanisch in Stoll, Vorschläge und Gutachten, S. 202 (212); Hanisch, ZIP 1994, S. 1 (6 f.); Trunk, KTS 1994, S. 33 (44); Trunk, S. 402; Hess/Weis/Wienberg, Art. 102 EGInsO, Rn. 92; Bloching, S. 120 f.; Duursma-Kepplinger/Duursma/Chalupsky, Art. 3, Rn. 68; Spahlinger, S. 324 f.; Reinhart, S. 280; einschränkend: Taupitz, ZZP 111, S. 315 (337 f.).

[810] Regierungsentwurf vom 25.10.2002, Begründung zu § 354 InsO, BT-Drs. 15/16, S. 25.

[811] Trunk, S. 402.

[812] Hierauf weisen zutreffend Trunk, KTS 1994, S. 33 (44), sowie Wimmer in FK, Art. 102 EGInsO, Rn. 381 hin.

[813] Hanisch, ZIP 1994, S. 1 (6 f.); Duursma-Kepplinger/Duursma/Chalupsky, Art. 3, Rn. 68; Bloching, S. 120; Spahlinger, S. 324.

Vermögen vorhanden ist, wirkt stets die Niederlassung zuständigkeitsbegründend[814]. Eine Aussage darüber, ob diese „weite" Eröffnungszuständigkeit in irgendeiner Form einzuschränken ist, ist damit aber noch nicht getroffen.

(iv) Einschränkung des Zuständigkeitsgrundes der Vermögensbelegenheit?

Es stellt sich die Frage, ob der Zuständigkeitsgrund der Vermögensbelegenheit einzuschränken ist, um eine „uferlose Ausdehnung von Partikularverfahren"[815] zu verhindern. Insbesondere ließe sich hierdurch das Universalitätsprinzip, welches im Einheitsmodell zum Ausdruck kommt, stärken. Zu berücksichtigen ist aber, dass eine Einschränkung der Eröffnung von Partikularverfahren nicht zwingend an der Eröffnungszuständigkeit ansetzen muss. Denkbar wäre ebenso eine Begrenzung des Antragsrechts[816]. Entsprechend ist eine solche Einschränkung in § 354 Abs. 2 InsO erfolgt, wonach der Gläubiger für den Fall, dass im Inland keine Niederlassung belegen ist, bei der Antragstellung ein besonderes Interesse an der Verfahrenseröffnung nachweisen muss.

Eine Einschränkung könnte jedenfalls durch die Forderung nach einer besonders qualifizierten Form von Vermögen erfolgen. In Betracht käme insofern zunächst, für die Eröffnung eines Partikularverfahrens die Belegenheit von Vermögen, welches einen bestimmten Umfang hat, zu verlangen. Dies wäre aber nicht nur mit erheblichen Rechtsunsicherheiten verbunden, sondern es müsste zudem geregelt werden, wer über den Wert des Inlandsvermögens zu entscheiden hat und nach welchen Kriterien dies zu erfolgen hat. Vor allem wäre eines solche Begrenzung auch nicht einleuchtend, da die Schutz-, Ersatz- oder Hilfsfunktion des Partikularverfahrens auch bei vergleichsweise geringem Vermögen zum Tragen kommen könnte[817]. Eine Einschränkung im Hinblick auf den Wert des Vermögens folgt allerdings bereits daraus, dass auch bei Partikularverfahren die Masse zur Deckung der Verfahrenskosten im Sinne von § 26 Abs. 1 InsO ausreichen muss[818].

Ferner bietet es sich an, eine beschränkte insolvenzrechtliche Zuständigkeit zur Eröffnung eines Insolvenzverfahrens über solches Vermögen zu schaffen, dessen rechtlichen Verhältnisse wesentlich durch das Recht des Lageortes geprägt sind[819]. Das Prinzip der engsten Verbindung ist für eine Einschränkung aber insofern ungeeignet, als dadurch wiederum die Schutz-, Ersatz- und Hilfsfunktion der Partikularverfahrens außer Betracht gelassen würde. Es ist durchaus denkbar, dass ein Bedürfnis nach einem Partikularverfahren besteht, ohne dass der Vermögensgegenstand besonders durch das Recht des

---

[814] Wimmer in FK, Art. 102 EGInsO, Rn. 383.

[815] Wimmer in FK, Art. 102 EGInsO, Rn. 381.

[816] Nach Reinhart in MüKo, InsO, Art. 102 EGInsO, Rn. 209, taugt das Kriterium der internationalen Zuständigkeit grundsätzlich nicht als Korrektiv für die generelle Frage der Zulässigkeit eines inländischen Partikularverfahrens.

[817] Trunk, S. 402.

[818] Vgl. die Gesetzesbegründung zu dem nicht Gesetz gewordenen § 393 InsO von 1992, BT-Drs. 12/2443, S. 245; Spahlinger, S. 324, Trunk, S. 403.

[819] Dafür: Taupitz, ZZP 111, S. 315 (338).

Lageortes geprägt ist. Eine Form von „qualifizierten Vermögen" scheidet daher als Einschränkung des Zuständigkeitsgrundes der Vermögensbelegenheit aus.
Zu Recht weist allerdings Spahlinger[820] darauf hin, dass durchaus Fälle denkbar sind, in denen die Eröffnung eines Partikularverfahrens nicht angemessen erscheint. Als Beispiel sei hier genannt, dass sich das im Inland belegene Vermögen dort nur vorübergehend befindet. Die Bestimmung dieser Ausnahmen kann aber der Rechtsprechung überlassen bleiben, die das Anknüpfungsmerkmal des Inlandsvermögens grundsätzlich teleologisch restriktiv auslegen sollte.
Eine Einschränkung der Eröffnung von Partikularverfahren kann somit nur über eine Regelung des Antragsrechts erfolgen. Hierauf wird noch zurückzukommen sein[821].

(v) Niederlassungsbegriff

In § 354 Abs. 1 InsO wird bewusst nicht von einer „gewerblichen Niederlassung" gesprochen, sondern allgemein von einer Niederlassung, um auch die Tätigkeit der freien Berufe und der Landwirte zu erfassen[822]. Die Neuregelung selbst enthält zwar keine Definition des Niederlassungsbegriffs, es kann jedoch davon ausgegangen werden, dass der InsO derselbe Niederlassungsbegriff zugrunde liegt, wie der EuInsVO[823]. Danach ist eine Niederlassung jeder Tätigkeitsort, an dem der Schuldner einer wirtschaftlichen Aktivität von nicht vorübergehender Art nachgeht, die den Einsatz von Personal und Vermögenswerten voraussetzt[824]. Insbesondere kann auch auf die Konkretisierung im Erläuternden Bericht zum EuInsÜ zurückgegriffen werden[825]. Danach müsse es sich um die Entfaltung wirtschaftlicher Aktivität zum Markt hin handeln, die von gewisser Dauerhaftigkeit ist und mit einem Mindestmaß an Organisation verbunden ist. Zwar stellt der weite Niederlassungsbegriff der EuInsVO einen Kompromiss zwischen den Staaten dar, die schon bei bloßer Belegenheit von Vermögen eine Partikularinsolvenz im Inland befürworteten und jenen, die auf einen viel engeren Niederlassungsbegriff abstellen wollten[826]. Da jedoch im autonomen deutschen Internationalen Insolvenzrecht ein Partikularinsolvenzverfahren aufgrund von im Inland belegenen Vermögen zulässig ist, sind keinerlei Gründe ersichtlich, die gegen einen solchen weiten Niederlassungsbegriff sprechen. Dieser Niederlassungsbegriff hätte darüber hinaus den Vorteil der Harmonisierung zwischen EuInsVO und nationalem Recht[827].

---

[820] Spahlinger, S. 324 f..
[821] Vgl. wie folgt.
[822] So bereits die Begründung zum nicht Gesetz gewordenen RegE zur InsO aus dem Jahre 1992, BT-Drs. 12/2443, S. 245.
[823] Dies empfehlend: Hanisch in Stoll, Vorschläge und Gutachten, S. 202 (208); Zur Kritik am Niederlassungsbegriff der EuInsVO vgl. Duursma-Kepplinger/Duursma/Chalupsky, Art. 27, Rn. 21.
[824] Vgl. Art. 2 h) EuInsVO.
[825] Virgos/Schmit in Stoll, Vorschläge und Gutachten, Nr. 71; vgl. ebenso Duursma-Kepplinger/Duursma/Chalupsky, Art. 3, Rn. 63 ff..
[826] Lüke, ZZP 111, S. 275 (299).
[827] Hanisch in Stoll, Vorschläge und Gutachten, S. 202 (208).

(vi) Ergebnis

Die in § 354 InsO getroffene Regelung, ein Partikularverfahren auch dann zu eröffnen, wenn sich Vermögen des Schuldners im Inland befindet, ist vorzugswürdig. Eine Einschränkung der Eröffnung von Partikularverfahren dadurch, dass an das Schuldnervermögen besonders qualifizierte Anforderungen gestellt werden, sollte nicht erfolgen. Eine solche Einschränkung wäre mit dem Zweck der Partikularverfahren nicht zu vereinbaren. Es käme allenfalls in Betracht, die Zulässigkeit von Partikularverfahren über eine Regelung des Antragsrechts einzuschränken. Von besonderem Interesse dürfte dabei grundsätzlich sein, ob eine solche Einschränkung überhaupt geboten ist.
Ferner liegt der Neuregelung des autonomen Internationalen Insolvenzrechts derselbe Niederlassungsbegriff zugrunde, wie der EuInsVO. Es kann daher auf die in Art. 2 h) EuInsVO enthaltene Legaldefinition zurückgegriffen werden.

(2) Antragsbefugnis zur Eröffnung von Partikularverfahren

Hinsichtlich der Antragsberechtigung gelten für das Sekundärinsolvenzverfahren und das isolierte Partikularverfahren unterschiedliche Maßstäbe, so dass zwischen den beiden Verfahrenstypen unterschieden werden muss.

(a) Antragsbefugnis für die Eröffnung eines Sekundärverfahrens

Ein Sekundärinsolvenzverfahren kann grundsätzlich von jedem Gläubiger des Insolvenzschuldners beantragt werden. Dies folgt aus § 354 Abs. 1 InsO, wonach „auf Antrag eines Gläubigers ein besonderes Insolvenzverfahren über das inländische Vermögen des Schuldners zulässig ist", wenn die bereits genannten Voraussetzungen vorliegen. Darüber hinaus bestimmt § 356 Abs. 2 InsO, dass zum Antrag auf Eröffnung des Sekundärinsolvenzverfahrens auch der ausländische Verwalter berechtigt ist.
Das Antragsrecht der Gläubiger des Insolvenzschuldners ist sachgerecht[828]. Das Sekundärinsolvenzverfahren dient primär dem Schutz der gesicherten Gläubiger. Es bestünde aber die Gefahr, dass dieser Schutz leer laufen würde, wenn lediglich der ausländische Verwalter antragsberechtigt wäre, da er geneigt sein könnte, primär die Interessen „seines" Staates und „seiner" Gläubiger zu vertreten und deshalb auf die Eröffnung eines Sekundärinsolvenzverfahrens zu verzichten[829]. Aus diesem Grund vermag auch die Kritik nicht zu überzeugen, dass das Antragsrecht der Gläubiger eine erhebliche Einschränkung des Ideals der Universalität und Einheitlichkeit darstelle[830]. Die Gefahr einer Aushöhlung der Schutzfunktion des Partikularverfahrens besteht aber gleichermaßen nach der von Paulus[831] favorisierten Lösung, wonach das Antragsrecht der

---

[828] a.A. Metzger, S. 176.
[829] In diesem Sinne auch Thieme in Stoll, Stellungnahmen und Gutachten, S. 212 (231).
[830] Paulus, NZI 2001, S. 505 (514).
[831] a.a.O.

Gläubiger von der Zustimmung des ausländischen Insolvenzverwalters abhängig zu machen sei. Aus diesem Grunde ist dieser Vorschlag abzulehnen.
Ebenso ist das Antragsrecht des Verwalters des ausländischen Hauptinsolvenzverfahrens sachgerecht. Ein solches gebietet die Hilfsfunktion des Sekundärinsolvenzverfahrens. Der ausländische Verwalter kann somit das Partikularverfahren gezielt zur Strukturierung völlig unübersichtlicher Vermögensverhältnisse einsetzen[832]. Zustimmung verdient ferner die Entscheidung, dass dem Insolvenzschuldner kein Antragsrecht zusteht, da die Partikularverfahren nicht seinem Schutz dienen[833]. Ansonsten bestünde die Gefahr, dass der Insolvenzschuldner in den Fällen ein Sekundärinsolvenzverfahren beantragt, in denen ein solches nicht angezeigt wäre, um dadurch eine zügige Insolvenzabwicklung zu behindern.

(i) Glaubhaftmachung eines „besonderen Interesses" der Gläubiger

Das Antragsrecht der Gläubiger zur Eröffnung eines Partikularverfahrens[834] wird aber insofern eingeschränkt, als der Antrag des Gläubigers nur dann zulässig ist, wenn dieser ein „besonderes Interesse" an der Eröffnung des Verfahrens glaubhaft macht (§ 354 Abs. 2 InsO)[835]. Ein solches besonderes Interesse soll insbesondere dann gegeben sein, wenn der Gläubiger in einem ausländischen Verfahren voraussichtlich erheblich schlechter stehen wird als in einem inländischen Verfahren. Der Nachweis eines besonderen Interesses ist allerdings nur dann erforderlich, wenn der Schuldner im Inland keine Niederlassung hat, das heißt wenn sich der Gläubiger auf im Inland belegenes Vermögen des Schuldners zur Eröffnung des Partikularverfahrens beruft. Daraus lässt sich entnehmen, dass in dem Fall, in dem der Schuldner eine Niederlassung im Inland unterhält, eine unwiderlegbare Vermutung für ein besonderes Interesse des Gläubigers an der Verfahrenseröffnung besteht[836].
Die Einschränkung des Antragsrechts der Gläubiger bezweckt, eine uferlose Ausdehnung von Partikularverfahren zu verhindern, um dadurch dem Ideal des Einheitsverfahrens zumindest in den Fällen Vorschub zu leisten, in denen die genannten Funktionen des Partikularverfahrens ein solches nicht zwingend erfordern. Es stellen sich somit zwei Fragen. Zum einen, ob es einer Einschränkung des Antragsrechts der Gläubiger überhaupt bedarf und zum anderen, ob das „besondere Interesse" ein sachgerechtes Kriterium für eine solche Einschränkung darstellt.
Zweifelsohne eröffnet die Anknüpfung an das im Inland belegene Vermögen des

---

832 Regierungsentwurf vom 25.10.2002, Begründung zu § 356 InsO, BT-Drs. 15/16, S. 25; Spahlinger, S. 325; Eidenmüller, IPRax 2001, S. 2 (12); Hanisch in Stoll, Vorschläge und Gutachten, S. 202 (213).
833 Eidenmüller, IPRax 2001, S. 2 (12).
834 Dies gilt für Sekundärinsolvenzverfahren als auch für isolierte Partikularverfahren gleichermaßen.
835 Das „besondere Interesse" ist dabei nicht identisch mit dem rechtlichen Interesse im Sinne von § 14 InsO. Das in § 14 geforderte Interesse will nur einen Missbrauch des Insolvenzantrags ausschließen, BT-Drs. 12/2443, S. 113. Reinhart in MüKo, Art. 102 EGInsO, Rn. 215 f., will dagegen den Rechtsgedanken des § 14 InsO für Partikularverfahren entsprechend anwenden.
836 Wimmer in FK, Art. 102 EGInsO, Rn. 382.

Schuldners für die Gläubiger in vielen Fällen die Möglichkeit, ein Partikularverfahren zu eröffnen. Darauf, dass es dabei unter Umständen auch Konstellationen geben kann, in denen trotz der Inlandsbelegenheit die Eröffnung eines Partikularverfahrens nicht sachgerecht sein könnte[837], wurde schon hingewiesen. Dabei wurde dafür plädiert, dass die Entwicklung von Fallgruppen, in denen die Eröffnung eines Partikularverfahrens nicht angezeigt ist, im Sinne einer teleologisch restriktiven Anwendung der Vermögenszuständigkeit der Rechtsprechung überlassen bleiben sollte.

Grundsätzlich verhält es sich so, dass eine Insolvenzabwicklung in einem einheitlichen Verfahren nur in den einfach gelagerten Fällen erfolgen sollte. Es ließe sich daher argumentieren, dass die Gläubiger in diesen einfach gelagerten Fällen kaum geneigt sein werden, ein unter Umständen hinsichtlich der Kosten zu ihren Lasten gehendes Partikularverfahren zu beantragen, wenn für sie offenkundig ist, dass ihre Rechte auch in dem ausländischen Verfahren berücksichtigt werden. Sofern demnach davon ausgegangen werden könnte, dass die Gläubiger ein Partikularverfahren nur in solchen Fällen beantragen werden, in denen sie befürchten müssten, in dem ausländischen Verfahren schlechter zu stehen, wäre es nicht recht einzusehen, wieso es überhaupt einer Einschränkung des Antragsrechts der Gläubiger bedarf. Das „besondere Interesse" wäre in diesen Fällen sowieso gegeben. Ferner ließe sich anführen, dass es widersprüchlich wäre, sich für ein Kombinationsmodell und darüber hinaus auch für die Begründung der internationalen Zuständigkeit aufgrund von im Inland belegenen Vermögen zu entscheiden, um die Zuständigkeit hinterher wieder einzuschränken[838]. Dem lässt sich allerdings entgegen halten, dass die inländischen Gläubiger in der Regel keine Kenntnisse der lex fori concursus haben werden. Zu unterstellen ist zudem, dass sich die Wenigsten auch in den einfach gelagerten Fällen die Mühe machen werden, zu prüfen, ob ihr Recht nach der lex fori concursus berücksichtigt wird. Die Kosten eines diesbezüglichen Gutachtens mag vermutlich auch niemand freiwillig tragen. Daher wird es für die meisten Gläubiger bequemer und einfacher sein, die Eröffnung eines Partikularverfahrens zu beantragen. Von einer Selbstregulierung in der Praxis derart, dass in den einfach gelagerten Fällen, in denen Schutz-, Ersatz- und Hilfsfunktion des Partikularverfahrens nicht greifen, die Abwicklung quasi automatisch in einem einzigen Verfahren erfolgen wird, kann somit nicht ausgegangen werden. Ein Bedürfnis für eine Einschränkung ist daher grundsätzlich zu bejahen[839], um die Insolvenzabwicklung zumindest dann in einem einheitlichen Verfahren zu ermöglichen, wenn dies sachgerecht ist. Dies hätte zudem einen positiven Ne-

---

[837] Etwa bei nur vorübergehender Belegenheit des Vermögens im Inland.

[838] Dies ist daher auch für Eidenmüller, IPRax 2001, S. 2 (12), ein Grund, die Vermögenszuständigkeit gänzlich abzulehnen.

[839] Gegen eine Beschränkung des Gläubigerantragsrechts: Kolmann, S. 220; Eidenmüller, IPRax 2001, S. 2 (12); Für eine Begrenzung der Eröffnungszuständigkeit und daher den Nachweis eines besonderen Interesses ablehnend: Lüer in Kölner Schrift, S. 297 (314). Entsprechend wurde auch in den Beratungen zur EuInsVO eine Einschränkung des Gläubigerantragsrechts durch den Nachweis eines besonderen Interesses fallengelassen, weil die EuInsVO nur den Zuständigkeitsgrund der Niederlassung kennt, vgl. dazu Wimmer in FK, Art. 102 EGInsO, Rn. 130.

beneffekt im Hinblick auf die Interessen des Gemeinschuldners. Dieser müsste sich nicht stets in einem weiteren Land verteidigen[840].
Eine Einschränkung sollte meines Erachtens aber auch in den Fällen erforderlich sein, in denen der Gläubiger im Inland eine Niederlassung unterhält. Der Eröffnungszuständigkeitsgrund der Niederlassung wird stets damit begründet, dass in diesem Fall die Tätigkeit des Schuldners typischerweise zu einer Vielzahl von Rechtsgeschäften im Niederlassungsstaat führe[841]. Dies mag zwar in der Regel zutreffend sein, ist aber dennoch nicht zwingend. Die Differenzierung zwischen Niederlassung und sonstigem Vermögen, wie sie der Insolvenzordnung zugrunde liegt, ist daher insofern nicht nachvollziehbar, als es durchaus auch Fälle geben kann, in denen das sonstige im Inland belegene Vermögen viel umfassender ist und die damit verbundenen Rechtsverhältnisse viel komplexer, als im Falle der Inlandsbelegenheit einer Niederlassung. Auch in letzterem Fall ist es durchaus denkbar, dass keine der Funktionen des Partikularverfahrens tangiert ist. Die Insolvenzabwicklung könnte daher auch dann ebenso gut in einem einzigen Verfahren erfolgen. Um dies zu gewährleisten bedarf es aber einer Einschränkung des Gläubigerantragsrechts. Insbesondere vermag es nicht zu überzeugen, die Notwendigkeit des Eröffnungsgrundes der Niederlassung mit der deutschen Tradition oder der internationalen Verbreitung dieses Eröffnungsgrundes zu begründen[842]. Die gesetzliche Vermutung, dass ein „besonderes Interesse" des Gläubigers stets bei der Inlandsbelegenheit einer Niederlassung des Schuldners gegeben ist, kann mithin nicht befürwortet werden.
Da eine Niederlassung zugleich auch immer einen Vermögenswert des Schuldners darstellt, wäre zudem der Zuständigkeitsgrund der Inlandsbelegenheit von Schuldnervermögen ausreichend gewesen. Einer Differenzierung zwischen Niederlassung und Vermögen hätte es daher gar nicht bedurft.

Ferner stellt sich die Frage, ob die im konkreten Fall getroffene Einschränkung des Gläubigerantragsrechts sachgerecht ist und wann ein „besonderes Interesse" des Gläubigers besteht.
Das Kriterium des „besonderen Interesses" würde sich jedenfalls dann als sachgerecht erweisen, wenn davon die Schutz- Hilfs- und Ersatzfunktion des Partikularverfahrens erfasst würde. Denn dann würde sichergestellt, dass ein Partikularverfahren nur in den Fällen eröffnet wird, in denen ein Bedürfnis dafür besteht.
Nach Maßgabe von § 354 Abs. 2 InsO soll ein besonderes Interesse dann vorliegen, wenn der Gläubiger in einem ausländischen Verfahren voraussichtlich erheblich schlechter stehen wird, als in einem inländischen Verfahren. Dies dürfte immer dann der Fall sein, wenn die Schutzfunktion des Partikularverfahrens greift[843], das heißt also in den

---

[840] So die Bedenken Leipolds in FS Baumgärtel, S. 291 (308 f.).
[841] Leipold in Stoll, Stellungnahmen und Gutachten, S. 72 (81).
[842] So aber Hanisch in Stoll, Vorschläge und Gutachten, S. 202 (207).
[843] In diesem Sinne auch Reinhart in MüKo, InsO, Art. 102 EGInsO, Rn. 215, der allerdings das Kriterium der Schlechterstellung als zu unklar ablehnt.

Fällen, in denen die gesicherten Gläubiger im Ausland nicht mit der (vollen) Berücksichtigung ihres Sicherungsrechtes rechnen können. Hiervon erfasst wären aber auch die Fälle, in denen beispielsweise eine unstreitige Forderung eines Gläubigers im Ausland diskriminiert oder schlicht nicht berücksichtigt würde. Da in diesen Fällen aber zumeist auch der ordre public berührt sein wird, stünde allerdings schon die Anerkennung des ausländischen Insolvenzverfahrens in Frage. Entsprechend muss ein besonderes Interesse auch stets im Falle des Eingreifens der Ersatzfunktion des Partikularverfahrens bejaht werden, da der Gleichbehandlungsgrundsatz eine zügige Beschlagnahme des Schuldnervermögens im Inland gebietet, um so dem Schuldner den Zugriff auf sein Vermögen zu entziehen und möglichst alle Gläubiger gerecht zu befriedigen. Die Ersatzfunktion betrifft allerdings nur die Antragsbefugnis für das isolierte Partikularverfahren, worauf im Folgenden noch näher eingegangen wird.

In Bezug auf die Hilfsfunktion des Partikularverfahrens wird ein besonderes Interesse der Gläubiger allerdings kaum nachzuweisen sein. Dafür besteht jedoch auch kein Bedürfnis, da die Entscheidung, ob die Insolvenz übersichtlicher und effizienter in mehreren Verfahren abgewickelt werden kann, naturgemäß ohnehin nur der Hauptinsolvenzverwalter treffen kann. Diesem steht aber ebenfalls ein Antragsrecht zu.

Daraus folgt, dass die in der Insolvenzordnung getroffene Einschränkung des Gläubigerantragsrechts sicherstellen würde, dass ein Sekundärinsolvenzverfahren nur in solchen Fällen eröffnet wird, in denen die Schutzfunktion des Partikularverfahrens betroffen ist. Zu beachten ist dabei stets, dass der Gläubiger in dem ausländischen Verfahren „erheblich" schlechter stehen muss. Insofern kann nicht jede vom deutschen Recht abweichende Rangordnung im ausländischen Insolvenzrecht ein entsprechendes Interesse rechtfertigen. Erforderlich ist vielmehr ein evidenter Widerspruch zu den Grundsätzen des deutschen Insolvenzrechts[844]. Entgegen einer in der Literatur verbreiteten Ansicht[845] gibt es somit durchaus sachgerechte Kriterien für die Beurteilung, ob ein besonderes Interesse des Gläubigers vorliegt. Gegen die Berücksichtigung der Schutzfunktion des Partikularverfahrens zur Konkretisierung des „besonderen Interesses" kann auch nicht angeführt werden, dass diese einer zügigen und effizienten Insolvenzabwicklung entgegen stünde, da dass Insolvenzgericht bei Antragstellung eines Gläubigers stets darüber zu befinden habe, wie die potentielle Rechtsstellung des Gläubigers in dem ausländischen Insolvenzverfahren sein werde[846]. Dies folgt daraus, dass es einer langwierigen Überprüfung dieser Voraussetzungen durch das Insolvenzgericht deshalb nicht bedarf, weil der Antragsteller selbst das besondere Interesse glaubhaft machen muss[847].

Nach einer Auffassung in der Literatur[848] soll das Gläubigerantragsrecht dagegen dadurch eingeschränkt werden, dass nur diejenigen Gläubiger antragsbefugt sind, „die mit

---

[844] Liersch, NZI 2003, S. 302 (309).

[845] Spahlinger, S. 325; Metzger, S. 176 ff..

[846] Kolmann, S. 220.

[847] § 354 Abs. 2 S. 2 InsO.

[848] Spahlinger, S. 325.

ihren Forderungen bei einer Verteilung im Sekundärinsolvenzverfahren berücksichtigt werden können". Diese Ansicht kann jedoch nicht überzeugen. Vom Insolvenzgericht würde bereits bei Antragstellung verlangt, die Masse und spätere Quote zu berechnen, was kaum möglich und auch nicht im Interesse einer zügigen Insolvenzabwicklung ist.
Das „besondere Interesse" ist somit hinreichend konkretisierbar und ein sachgerechtes Kriterium zur Einschränkung der Antragsberechtigung.

(ii) Ergebnis

Somit steht fest, dass ein Bedürfnis für eine Einschränkung des Gläubigerantragsrechts besteht. Dies folgt aus der Vermutung, dass selbst in den einfachen und überschaubaren Insolvenzfällen, die eine Abwicklung in einem einzigen Verfahren nahe legen, die Gläubiger dazu geneigt sein werden, das inländische Partikularverfahren gegenüber dem ausländischen Verfahren vorzuziehen. Solange aber die Funktionen des Partikularverfahrens nicht betroffen sind, besteht auch kein Bedürfnis für ein solches.
Der Nachweis eines „besonderen Interesses" an der Eröffnung des Partikularverfahrens stellt dabei ein sachgerechtes Kriterium dar, die Eröffnung von Partikularverfahren zu begrenzen[849]. Der Gläubiger wird in dem ausländischen Verfahren immer dann schlechter stehen, wenn die Schutzfunktion des Partikularverfahrens tangiert ist.
Die gesetzliche Vermutung, dass ein „besonderes Interesse" des Gläubigers immer dann anzunehmen ist, wenn sich eine Niederlassung des Schuldners im Inland befindet, ist dagegen nicht zu befürworten. Die Schutz-, Ersatz- bzw. Hilfsfunktion des Partikularverfahrens muss in diesem Fall nicht zwingend betroffen sein. Daher sollte de lege ferenda eine Differenzierung zwischen Niederlassung und sonstigem Vermögen nicht erfolgen und der Nachweis eines „besonderen Interesses" auch dann erforderlich sein, wenn eine Niederlassung des Schuldners im Inland belegen ist.

(b) Antragsbefugnis für die Eröffnung eines isolierten Partikularverfahrens

Aus § 354 Abs. 1 InsO folgt, dass auch zur Beantragung eines isolierten Partikularverfahrens jeder Gläubiger des Insolvenzschuldners berechtigt ist. Eine Beschränkung auf Gläubiger, die einen besonderen Inlandsbezug aufweisen, ist dabei nicht erfolgt.
Die Antragsberechtigung des Verwalters des ausländischen Hauptinsolvenzverfahrens kommt in diesem Fall nicht in Betracht, weil ein anerkennungsfähiges ausländisches Verfahren nicht stattfindet.
Aus § 354 InsO geht zudem hervor, dass der Schuldner nicht berechtigt ist, ein isoliertes Partikularverfahren zu beantragen[850].
Die Antragsberechtigung des Gläubigers zur Eröffnung eines isolierten Partikularverfahrens ist gleichermaßen eingeschränkt, wie jene zur Eröffnung eines Sekundärinsolvenzverfahrens. Wiederum muss der Gläubiger ein „besonderes Interesse" an der Eröffnung

---

[849] Kritsch: E. Habscheid, NZI 2003, S.238 (242).
[850] Regierungsentwurf vom 25.10.2002, Begründung zu § 354, BT-Drs. 15/16, S. 25.

des Verfahrens nachweisen. Hier gilt ebenfalls, dass ein solches Interesse dann gegeben ist, wenn eine der Funktionen des Partikularverfahrens betroffen ist. Namentlich sind dies in diesem Fall die Schutz- und die Ergänzungsfunktion. Sobald voraussehbar ist, in welchem Staat das Hauptinsolvenzverfahren eröffnet wird und feststeht, dass die Rechte des Gläubigers in diesem Staat nicht berücksichtigt würden, besteht auch ein besonderes Interesse an der Eröffnung eines isolierten Partikularverfahrens. Ferner kommt in dem isolierten Partikularverfahren in erheblichem Maße die Ersatzfunktion zum Ausdruck. Sofern ein Hauptinsolvenzverfahren im Ausland nicht eröffnet wird und die Eröffnung eines solchen in Deutschland mangels internationaler Zuständigkeit nicht möglich ist, besteht immer noch die Alternative, ein isoliertes Partikularverfahren zu eröffnen. Auch in diesem Fall ist ein besonderes Interesse der Gläubiger gegeben. Dies folgt aus dem Gleichbehandlungsgrundsatz, der eine zügige Beschlagnahme des Schuldnervermögens im Inland gebietet, um so möglichst alle Gläubiger gerecht zu befriedigen. Zwar besteht in diesem Fall nicht die Gefahr, dass die Gläubiger „in einem ausländischen Verfahren voraussichtlich erheblich schlechter stehen", da ein solches gar nicht existiert. Allerdings ist die in § 354 Abs. 2 InsO getroffene Formulierung nur ein Beispiel für einen Fall des besonderen Interesses und nicht abschließend[851].
Eine derart weite Einschränkung des Gläubigerantragsrechts, wie sie der EuInsVO zugrunde liegt, wurde dagegen im autonomen deutschen Recht nicht vorgenommen. Danach kann ein unabhängiges Partikularverfahren nur dann eröffnet werden, wenn die Eröffnung des Hauptinsolvenzverfahrens nicht möglich ist oder aber die Eröffnung von einem Gläubiger beantragt wird, der einen besonderen Inlandsbezug aufweist[852]. Letztere können ein isoliertes Partikularverfahren auch dann beantragen, wenn keine Zweifel an der rechtlichen Zulässigkeit eines Hauptinsolvenzverfahrens am Mittelpunkt der hauptsächlichen Interessen des Schuldners bestehen. Die der EuInsVO zugrunde liegende Regelung wird jedoch der Funktion des isolierten Partikularverfahrens nicht hinreichend gerecht. Zum einen muss die Ersatzfunktion auch schon dann eingreifen, wenn das ausländische Hauptinsolvenzverfahren vorübergehend nicht eröffnet werden kann. Dies gebietet der Grundsatz der par conditio creditorum, der nur bei einer zügigen Vermögensbeschlagnahme umfassend zu verwirklichen ist. Zum anderen ist nicht einzusehen, wieso die Gläubiger, die einen besonderen Inlandsbezug aufweisen, privilegiert werden sollten. Die Schutz- und die Ersatzfunktion betrifft sämtliche Gläubiger gleichermaßen. Eine derartige Einschränkung der Zulässigkeit von isolierten Partikularverfahren mag im Anwendungsbereich des EuInsVO angezeigt sein, um zum Ausdruck zu bringen, dass isolierte Partikularverfahren vor der Eröffnung des Hauptverfahrens grundsätzlich unerwünscht sind. Innerhalb der Gemeinschaft kann allerdings auch von der Anerkennungsfähigkeit der ausländischen Hauptinsolvenzverfahren ausgegangen werden. Dies ist gegenüber Drittstaaten jedoch nicht der Fall. Die der EuInsVO zugrunde liegende

---

[851] Dies folgt aus dem Wortlaut, da dort von „insbesondere" die Rede ist.

[852] Vgl. Art. 3 Abs. 4 a) und b) EuInsVO; eine solche Einschränkung auch im autonomen Recht befürwortend: Eidenmüller, IPRax 2001, S. 2 (12).

Einschränkung würde daher im Ergebnis die Ersatzfunktion des isolierten Partikularverfahrens auch dann konterkarieren, wenn ein ausländisches Hauptinsolvenzverfahren im Inland nicht anerkennungsfähig ist. Die im autonomen Recht getroffene Einschränkung ist somit sachgerechter[853].
Die Einschränkung des Gläubigerantragrechts auch für isolierte Partikularverfahren ist aus den bereits genannten Gründen zu begrüßen. Dem Einheitsverfahren sollte ein größtmöglicher Anwendungsbereich verbleiben. Dies wäre aber dann nicht gewährleistet, wenn die Eröffnung eines isolierten Partikularverfahrens ohne weiteres bei bloßer Vermögensbelegenheit im Inland möglich wäre. Dies resultiert daraus, dass sich das isolierte Partikularverfahren automatisch in ein Sekundärinsolvenzverfahren umwandelt, sofern das ausländische Hauptinsolvenzverfahren später noch eröffnet wird und anerkennungsfähig ist[854].

(3) Insolvenzeröffnungsgründe bei Partikularverfahren

Die Eröffnung eines Insolvenzverfahrens setzt gemäß § 16 InsO voraus, dass ein Eröffnungsgrund gegeben ist. Eine eigenständige Regelung von Insolvenzeröffnungsgründen ist in den Vorschriften des deutschen Internationalen Insolvenzrechts nicht erfolgt. Dies bedeutet allerdings nicht, dass es zur Eröffnung eines Partikularverfahrens keines Eröffnungsgrundes bedürfte. § 356 Abs. 3 InsO besagt, dass im Inland ein Sekundärinsolvenzverfahren eröffnet werden kann, ohne dass gesondert ein Eröffnungsgrund festgestellt werden müsste. Im Umkehrschluss folgt daraus, dass für die Eröffnung eines isolierten Partikularverfahrens ein Eröffnungsgrund vorliegen muss. Die Insolvenzgründe unterliegen der jeweiligen lex fori concursus, so dass sie für ein isoliertes Partikularverfahren in Deutschland dem deutschen Insolvenzrecht zu entnehmen sind[855]. Zur Feststellung eines solchen Eröffnungsgrundes ist daher auf die §§ 17 – 19 InsO zurückzugreifen, die die Zahlungsunfähigkeit, die drohende Zahlungsunfähigkeit und die Überschuldung als Voraussetzung für die Eröffnung eines Insolvenzverfahrens benennen.
Sofern die Eröffnung eines Sekundärinsolvenzverfahrens beantragt wird, besteht somit die gesetzliche unwiderlegbare Vermutung, dass der Schuldner auch im Inland zah-

---

[853] So im Ergebnis auch E. Habscheid, S. 450.
[854] Kolmann, S. 239.
[855] LAG Frankfurt/M., ZIP 1994, S. 1626 (1627); Mankowski, ZIP 1995, S. 1650 (1652); Lüer in Uhlenbruck, Art. 102 EGInsO, Rn. 203.

lungsunfähig oder überschuldet ist[856]. Zudem wird durch § 356 Abs. 3 InsO klargestellt, dass ein inländisches Sekundärinsolvenzverfahren auch dann durchgeführt werden kann, wenn das ausländische Recht Eröffnungsgründe kennt, die im Inland unbekannt sind[857]. Hierdurch wird ein größtmöglicher Schutz der inländischen Interessen gewährleistet. Der Verzicht auf den Nachweis eines Insolvenzeröffnungsgrundes im Falle eines Sekundärinsolvenzverfahrens ist insofern sachgerecht, als die einmalige Prüfung, ob ein Schuldner insolvent ist, genügen muss[858].
Demgegenüber ist die Feststellung eines Eröffnungsgrundes im Falle eines isolierten Partikularverfahrens nicht unproblematisch. Der Auslandsbezug sowie die Besonderheiten der Partikularinsolvenz könnten Modifikationen gegenüber dem Normalfall der Inlandsinsolvenz erforderlich machen. So ist fraglich, ob zur Bestimmung der Insolvenzgründe der Zahlungsunfähigkeit bzw. der Überschuldung ein weltweiter Maßstab oder lediglich ein inlandsbezogener Maßstab anzulegen ist. Diese Frage ist Gegenstand einer kontroversen Auseinandersetzung, auf die im Folgenden näher einzugehen ist. Hierbei ist zwischen Zahlungsunfähigkeit einerseits und Überschuldung andererseits zu unterscheiden.

(a) Zahlungsunfähigkeit

Zahlungsunfähigkeit liegt nach § 17 Abs. 2 S. 1 InsO dann vor, wenn der Schuldner nicht in der Lage ist, die fälligen Zahlungspflichten zu erfüllen. Für die Feststellung der Zahlungsunfähigkeit des Schuldners ließe sich zum einen global auf das gesamte Vermögen des Schuldners abstellen oder aber partiell auf das im Inland befindliche Vermögen.
Überwiegend wird gefordert, für die Feststellung der Zahlungsunfähigkeit einen weltweiten Maßstab anzulegen[859]. Dies wird damit begründet, dass das Partikularverfahren die Funktion eines allgemeinen Insolvenzverfahrens habe, das allen in- und ausländischen

---

[856] Regierungsentwurf vom 25.10.2002, Begründung zu § 356 InsO, BT-Drs. 15/16, S. 25; Kolmann, S. 218; Kemper in Kübler/Prütting, Art. 102 EGInsO, Rn. 266; Wimmer, ZIP 1998, S. 982 (986); Demgegenüber hält es Mankowski, ZIP 1995, S. 1650 (1652) für verfehlt von einer unwiderleglichen Vermutung der Zahlungsunfähigkeit oder Überschuldung zu sprechen, da das ausländische Insolvenzverfahren auch aus einem anderen Grunde als der Zahlungsunfähigkeit bzw. Überschuldung eröffnet werden kann. Hierbei verkennt Mankowski allerdings, dass das deutsche Recht nur diese Eröffnungsgründe kennt. Sofern somit das Verfahren im Ausland aus einem anderen Grund eröffnet wird, kann es im Inland dennoch nur auf die dort bekannten Eröffnungsgründe ankommen. Es ist somit zutreffend von einer unwiderlegbaren Vermutung der Zahlungsunfähigkeit oder Überschuldung zu sprechen.

[857] Regierungsentwurf vom 25.10.2002, Begründung zu § 356 InsO, BT-Drs. 15/16, S. 25.

[858] Liersch, NZI 2003, S. 302 (309).

[859] Kemper in Kübler/Prütting, Art. 102 EGInsO, Rn. 268; Geimer, Rn. 3393a; Mankowski, ZIP 1995, S. 1650 (1659); Lüer in Uhlenbruck, Art. 102 EGInsO, Rn. 205 f., der allerdings davon ausgeht, dass das mit dem Eröffnungsantrag befasste Insolvenzgericht bei der Glaubhaftmachung die Anforderungen um so geringer stellt, je entlegener und unzugänglicher die Zahlungsvorgänge des Schuldners stattfinden ; Trunk, S. 238; a.A.: Wimmer in FK, Art. 102 EGInsO, Rn. 133; Eidenmüller, IPRax 2001, S. 2 (12); Hanisch in Stoll, Vorschläge und Gutachten, S. 202 (212); nicht eindeutig: Kolmann, S. 216 f..

Gläubigern offen stehe. Insoweit müsse das gesamte Zahlungsverhalten des Schuldners in Betracht gezogen werden[860]. Zudem werde bei einer rein inländischen Betrachtung dem Schuldner die Möglichkeit genommen, noch im Ausland befindliche Zahlungsmittel in das Inland zu transferieren[861]. Darüber hinaus verbleibe dem Gläubiger die Möglichkeit, seine Forderungen dort vollstrecken zu lassen, wo der Schuldner noch liquide ist[862]. Letztlich könne ein Schuldner, der nur im Inland illiquide erscheint, jedoch im Ausland über Zahlungsmittel verfügt, schwerlich als zahlungsunfähig angesehen werden[863]. Für die Feststellung der Zahlungsunfähigkeit im Hinblick auf das im Inland befindliche Vermögen des Schuldners wird dagegen angeführt, dass eine weltweite Betrachtung kaum praktikabel sei[864]. Zudem seien für eine weltweite Feststellung derart langwierige Ermittlungen notwendig, durch die die Eröffnung des Partikularverfahrens unnötig verzögert würde[865].

Der BGH hat sich in einem Fall, in dem der Schuldner Inhaber eine Unternehmens ist, gegen eine rein niederlassungsbezogene Feststellung der Zahlungsunfähigkeit ausgesprochen[866]. Allerdings hat der BGH auch erkannt, dass die Anforderungen an die Glaubhaftmachung einer weltweiten Zahlungseinstellung nicht überzogen werden dürfen. Dies folge aus dem Zweck der Partikularverfahren, die Gläubiger zu schützen. Daher hat der BGH insofern eine differenzierende Handhabe vorgeschlagen, als Maßstab für die Liquidität das Zahlungsverhalten der inländischen Niederlassung, der Hauptniederlassung und allenfalls der Niederlassungen in anderen europäischen Staaten zu berücksichtigen sei[867].

Sämtliche für und gegen die jeweilige Beurteilung angeführten Argumente vermögen meines Erachtens zu überzeugen. In der Tat verhält es sich so, dass im Rahmen eines Universalverfahrens ein Schuldner, der im Ausland noch liquide ist, im Inland schwerlich als zahlungsunfähig bezeichnet werden kann. Andererseits ist es einem Gläubiger kaum zumutbar nachzuweisen, dass der Schuldner, der möglicherweise Inhaber eines weltweit verzweigten Unternehmens ist, global nicht in der Lage ist seine fälligen Verbindlichkeiten zu erfüllen. Daher ist die vom BGH gewählte differenzierende Lösung grundsätzlich zu begrüßen. Sie ermöglicht einerseits einen „Blick über die Grenze" und verlangt vom

---

[860] Dies führt auch der BGH an: BGH, ZIP 1991, S. 1014; Kemper in Kübler/Prütting, Art. 102 EGInsO, Rn. 268.

[861] Kemper in Kübler/Prütting, Art. 102 EGInsO, Rn. 268; Mankowski, ZIP 1995, S. 1650 (1659).

[862] Wimmer, ZIP 1998, S. 982 (986).

[863] Lüer in Uhlenbruck, Art. 102 EGInsO, Rn. 205; ähnlich: Trunk, S. 238.

[864] Kolmann, S. 216; Wimmer, ZIP 1998, S. 982 (986).

[865] Hanisch in Stoll, Vorschläge und Gutachten, S. 202 (212); Duursma-Kepplinger/Duursma/Chalupsky, Art. 3, Rn. 100.

[866] BGH, ZIP 1991, S. 1014 (1014 f.).

[867] BGH, ZIP 1991, S. 1014 (1015); dem folgend Wimmer, ZIP 1998, S. 982 (986); Wimmer in FK, Art. 102 EGInsO, Rn. 133; Reinhart in MüKo, InsO, Art. 102 EGInsO, Rn. 226, der die Rechtsprechung allerdings als eine Beweiserleichterung für das Vorliegen der weltweiten Zahlungsunfähigkeit auffasst; im Sinne des BGH wohl auch Flessner, EWiR 1991, S. 1107.

Gläubiger andererseits keine unerfüllbaren Nachweise. Allerdings ist die vom BGH postulierte Handhabe insofern kritikwürdig, als danach zur Ermittlung der Zahlungsunfähigkeit auch das Zahlungsverhalten der Niederlassungen in anderen europäischen Staaten heranzuziehen sei. Es ist jedoch kaum nachvollziehbar, wieso international operierende Unternehmen, deren Tätigkeitsschwerpunkt außerhalb von Europa liegt, anhand der europäischen Niederlassungen beurteilt werden sollen[868]. Abzustellen ist daher ausschließlich auf das Zahlungsverhalten der inländischen Niederlassung sowie auf das Zahlungsverhalten am Mittelpunkt der selbständigen wirtschaftlichen Tätigkeit. Gegen die Berücksichtigung der Liquidität des Schuldners am Ort der Hauptniederlassung bzw. am Mittelpunkt der selbständigen wirtschaftlichen Tätigkeit wird zwar von Einigen angeführt, dass die inländischen Gläubiger dann nicht hinreichend geschützt seien, wenn der Schuldner lediglich die Zahlung im Inland einstellt. Eine Insolvenzeröffnung wäre in diesem Fall unmöglich[869]. Dem ist jedoch entgegen zu halten, dass den Gläubigern immer noch die Möglichkeit der Einzelrechtsverfolgung und Zwangsvollstreckung verbleibt und zwar hinsichtlich des inländischen als auch hinsichtlich des im Ausland belegenen Vermögens. Hierdurch sind die Gläubiger hinreichend geschützt[870]. Ein Bedürfnis für ein Gesamtvollstreckungsverfahren bestünde insofern überhaupt gar nicht.
Die Differenzierung des BGH erfolgte allerdings lediglich für den Fall, dass der zahlungsunfähige Schuldner Inhaber eines Unternehmens ist. Zu natürlichen Personen als Schuldner hat der BGH dagegen nicht Stellung genommen. Meines Erachtens sollte aber auch für den Fall, dass es sich bei dem Schuldner um eine natürliche Person handelt, nichts anderes gelten. Dies ist allein schon deshalb erforderlich, weil die Eröffnung eines Partikularverfahrens im Inland nach § 354 Abs.1 InsO nicht zwingend an das Vorliegen einer inländischen Niederlassung geknüpft ist, sondern auch bei der bloßen Inlandsbelegenheit von Vermögen des Schuldners zulässig ist. Die Zahlungsunfähigkeit ist somit auch in diesem Fall einerseits anhand der inländischen Verhältnisse zu beurteilen. Andererseits muss die Zahlungsunfähigkeit des Schuldners zumindest auch am Mittelpunkt seiner selbständigen wirtschaftlichen Tätigkeit glaubhaft gemacht werden.

(b) Überschuldung

Ebenso stellt sich die Frage, wie der Insolvenzeröffnungsgrund der Überschuldung bei einem weltweit agierenden Schuldner festzustellen ist. Die Feststellung der Überschuldung erfolgt durch einen Vergleich von Vermögen und Verbindlichkeiten[871]. Für einen solchen Vergleich bieten sich verschiedene Möglichkeiten an, die Mankowski[872] treffend

---

[868] Ebenso Kemper in Kübler/Prütting, Art. 102 EGInsO, Rn. 270.
[869] Duursma-Kepplinger/Duursma/Chalupsky, Art. 3, Rn. 109, die dafür plädieren die Zahlungsunfähigkeit bereits dann unwiderleglich zu vermuten, wenn die Niederlassung ihre Zahlungen eingestellt hat. Ebenso Eidenmüller, IPRax 2001, S. 2 (12).
[870] So auch Trunk, S. 238.
[871] Vgl. § 19 Abs. 2 S. 1 InsO; Schmerbach in FK, § 19, Rn. 6.
[872] ZIP 1995, S. 1650 (1654).

zusammengefasst hat. Möglich wäre danach erstens, die weltweiten Verbindlichkeiten den inländischen Vermögenswerten gegenüber zu stellen[873]. Zweitens könnten die inländischen Verbindlichkeiten mit den inländischen Vermögenswerten verglichen werden. Drittens ist es auch denkbar, die weltweiten Verbindlichkeiten in Bezug zu dem weltweiten Vermögen zu setzen[874]. Letztere Möglichkeit bezeichnet Mankowski auch als „Globalbilanzprinzip".
Zunächst ist somit festzustellen, welche Verbindlichkeiten im Rahmen des Vergleichs zu berücksichtigen sind (Passivenseite). Vordergründig scheinen die überwiegenden Argumente für die Berücksichtigung aller weltweit begründeten Verbindlichkeiten zu sprechen. Dies folgt daraus, dass alle Gläubiger des Schuldners unabhängig vom Bezug ihrer Forderungen zum Inland und unbeschränkt zur Teilnahme an der inländischen Partikularinsolvenz berechtigt sind[875]. Ferner wird die Notwendigkeit, sämtliche Verbindlichkeiten des Schuldners zu berücksichtigen dann besonders deutlich, wenn es sich bei dem Schuldner um ein Unternehmen mit inländischer Niederlassung handelt. Diese hat nämlich keine eigene Rechtspersönlichkeit, da sie ansonsten Subjekt einer eigenen Universalinsolvenz im Inland wäre. Forderungen gegenüber einer nicht rechtsfähigen Niederlassung kann es aber schon begrifflich nicht geben[876]. Da die Partikularinsolvenz keine Insolvenz der deutschen Niederlassung ist, sondern eine Insolvenz über das inländische Vermögen des Gesamtunternehmens, spricht dies dafür, für die Feststellung der Überschuldung sämtliche Verbindlichkeiten des Schuldners zu berücksichtigen[877].
Es bliebe zu ermitteln, welchen Vermögensmassen die weltweiten Verbindlichkeiten des Schuldners gegenüberzustellen sind. Einerseits könnten lediglich die inländischen Vermögensmassen berücksichtigt werden, andererseits sämtliches weltweites Vermögen des Schuldners. Für ersteres spricht zunächst, dass das Partikularinsolvenzverfahren nur das im Inland belegene Vermögen des Schuldners erfasst. Das inländische Vermögen ist somit als isolierte Einheit im Sinne einer eigenständigen Insolvenzmasse verselbständigt. Für letzteres spricht dagegen wiederum, dass eine Niederlassung keine eigene Rechtspersönlichkeit ist. Rechtsträger ist vielmehr das Gesamtunternehmen, so dass es Sinn macht, sämtliches Vermögen des Unternehmens zu berücksichtigen[878]. Ferner würde es gegen den Grundsatz wirtschaftlicher Vernunft verstoßen, sofern man die weltweit bestehenden Verbindlichkeiten allein den inländischen Vermögenswerten gegenüberstellen wollte. Es müsste dann nämlich fast zwangsläufig die Überschuldung des

---

[873] So Reinhart, S. 278.
[874] Im Anschluss daran ebenso: Wimmer, ZIP 1998, S. 982 (986); Duursma-Kepplinger/Duursma/Chalupsky, Art. 3, Rn. 103; Reinhart in MüKo, InsO, Art. 102 EGInsO, Rn. 228.
[875] Kemper in Kübler/Prütting, Art. 102 EGInsO, Rn. 271; Mankowski, ZIP 1995, S. 1650 (1655).
[876] LAG Frankfurt/M., ZIP 1994, S. 1626 (1627); Mankowski, ZIP 1995, S. 1650 (1656).
[877] Mankowski, ZIP 1995, S. 1650 (1656); Kemper in Kübler/Prütting, Art. 102 EGInsO, Rn. 271.
[878] Mankowski, ZIP 1995, S. 1650 (1659); Wimmer, ZIP 1998, S. 982 (986).

Unternehmens angenommen werden[879]. Dadurch bestünde aber die Gefahr, dass der Schuldner von seinen Randbereichen her in die Insolvenz getrieben würde[880].
Die überwiegendenden Argumente sprechen daher zunächst für die Berücksichtigung des weltweiten Vermögens des Schuldners. Dies würde im Ergebnis somit auf die Anwendung des Globalbilanzprinzips zur Ermittlung des Eröffnungsgrundes der Überschuldung hinauslaufen. Die weltweiten Verbindlichkeiten des Schuldners wären mit dem weltweiten Vermögen desselben zu vergleichen[881]. Es ist allerdings wenig befriedigend, wenn für den Insolvenzeröffnungsgrund der Zahlungsunfähigkeit und den Insolvenzeröffnungsgrund der Überschuldung unterschiedliche Maßstäbe gelten. Die Zahlungsunfähigkeit kann im Anschluss an die differenzierende Lösung des BGH bereits dann glaubhaft gemacht werden, wenn auf die Verhältnisse im Inland sowie im Staat des Mittelpunktes der selbständigen wirtschaftlichen Tätigkeit des Schuldners abgestellt wird. Für die Überschuldung müsste dagegen eine weltweite Betrachtung erfolgen. In der Tat würde diese Handhabe wohl dazu führen, dass dem Eröffnungsgrund der Überschuldung kein großes Gewicht zukommen wird[882]. Es wäre daher erwägenswert, die vom BGH zur Ermittlung der Zahlungsunfähigkeit praktizierte differenzierende Lösung auch zur Ermittlung der Überschuldung heranzuziehen. Dies würde jedenfalls zu einer Wertungsharmonie bei den Insolvenzeröffnungsgründen führen, da vermieden würde für den einen Insolvenzgrund eine globale und für den anderen eine eingeschränkte Perspektive einzunehmen. Ferner würden für eine solche Lösung in entscheidendem Maße Praktikabilitätsgründe sprechen. Für die Gläubiger dürfte die Ermittlung sämtlicher weltweiter Aktiva und Passiva des Schuldners kaum möglich und zudem mit einem erheblichen Zeitaufwand verbunden sein. Nur durch eine eingeschränkte Betrachtungsweise im Sinne der vom BGH zum Insolvenzeröffnungsgrund der Zahlungsunfähigkeit entwickelten Rechtsprechung ließe sich vermeiden, dass der Eröffnungsgrund der Überschuldung leer läuft. Es ließe sich zwar argumentieren, dass in der Regel im Falle der Überschuldung des Schuldners auch dessen Zahlungsunfähigkeit vorliegen wird, so dass es dieses Eröffnungsgrundes letztlich gar nicht bedarf. Allerdings greift diese Argumentation zu kurz, da Überschuldung ohne Zahlungsunfähigkeit beispielsweise bei hinreichendem Kredit des Schuldners vorliegen kann[883]. Zudem bedarf es des Eröffnungsgrundes der Überschuldung schon deshalb, um zu verhindern, dass die Insolvenz einer überlebensfähigen Gesellschaft bis zur Zahlungsunfähigkeit hinausgezögert wird[884]. Hierdurch kann

---

[879] Kemper in Kübler/Prütting, Art. 102 EGInsO, Rn. 271; Lüer in Uhlenbruck, Art. 102 EGInsO, Rn. 204; Wimmer, ZIP 1998, S. 982 (986); Trunk, S. 238; Mankowski, ZIP 1995, S. 1650 (1657); Reinhart in MüKo, InsO, Art. 102 EGInsO, Rn. 227.
[880] Kolmann, S. 217.
[881] Kemper in Kübler/Prütting, Art. 102 EGInsO, Rn. 271; Lüer in Uhlenbruck, Art. 102 EGInsO, Rn. 204; Mankowski, ZIP 1995, S. 1650 (1659); Wimmer in FK, Art. 102 EGInsO, Rn. 134; Reinhart in MüKo, InsO, Art. 102 EGInsO, Rn. 228.
[882] Wimmer, ZIP 1998, S. 982 (986).
[883] Schmerbach in FK, § 19, Rn. 4.
[884] Schmerbach in FK, § 19, Rn. 4.

verhindert werden, dass sich die Befriedigungschancen der Gläubiger verringern. Es sprechen somit beachtliche Argumente dafür, auch zur Ermittlung der Überschuldung im Sinne des BGH lediglich auf die inländischen Verhältnisse und zudem auf die Verhältnisse des Schuldners am Mittelpunkt seiner wirtschaftlichen Betätigung abzustellen. Zwar ließe sich hiergegen einwenden, dass schließlich auch im Falle der Eröffnung eines Hauptinsolvenzverfahrens zur Ermittlung der Überschuldung ein weltweiter Maßstab anzulegen ist[885], so dass für die Eröffnung eines Partikularverfahrens nichts anderes gelten könne[886]. Jedoch würden dabei die Besonderheiten der Partikularinsolvenz, namentlich dessen Schutzfunktion, außer Betracht bleiben[887]. Es sind durchaus Konstellationen denkbar, in denen in Deutschland ein Hauptinsolvenzverfahren mangels internationaler Zuständigkeit nicht eröffnet werden kann und ein solches auch im Ausland nicht eröffnet wird oder schlicht nicht anerkennungsfähig ist. In diesem Fall ermöglicht das isolierte Partikularverfahren die Beschlagnahme des inländischen Vermögens des Schuldners. Dieses wird damit dem allgemeinen Vollstreckungszugriff entzogen, um im Sinne einer umfassenden par conditio creditorum eine gleichmäßige Gläubigerbefriedigung zu erzielen. Ferner wird durch die Eröffnung des inländischen Verfahrens verhindert, dass Vermögensgegenstände durch den ausländischen Verwalter in das Ausland verbracht werden oder schlicht verwertet werden[888]. Nur durch eine zügige Vermögensbeschlagnahme im Inland lässt sich der Gefahr vorbeugen, dass etwaige Sicherungsrechte, die an den inländischen Vermögensgegenständen bestehen, entwertet würden. Dieser Schutz gerade der gesicherten Gläubiger ist jedoch ein maßgebliches Argument für die Zulässigkeit von Partikularverfahren neben oder anstelle eines Hauptinsolvenzverfahrens. Es besteht daher ein grundsätzliches Bedürfnis, die Eröffnung des inländischen Partikularverfahrens zügig zu ermöglichen. Dem würde es aber aus den genannten Gründen widersprechen, für den Insolvenzeröffnungsgrund der Überschuldung das Globalbilanzprinzip zugrunde zu legen. Vielmehr sollte zur Ermittlung der Überschuldung lediglich eine Betrachtung der inländischen Verhältnisse sowie der Verhältnisse am Mittelpunkt des selbständigen wirtschaftlichen Interesses des Schuldners erfolgen. Die dortigen Aktiva und Passiva sind somit miteinander zu vergleichen. Zwar besteht hierdurch durchaus die Gefahr, dass das Kriterium der Überschuldung konturenlos wird. Dies ist jedoch in Anbetracht der mit dieser Vorgehensweise verbundenen Vorteile hinzunehmen. Zusätzlich bietet es sich an, im Rahmen des Antragsverfahrens keine allzu großen Anforderungen an die Glaubhaftmachung der Überschuldung zu stellen, falls die Verhältnisse des Schuldners derart verzweigt sind und der Mittelpunkt des selbständigen Interesses derart entlegen ist, dass der Nachweis der Überschuldung für den Gläubiger kaum erbracht werden kann[889].

---

[885] Vgl. Schmerbach in FK, § 19, Rn. 11 und 12.

[886] So die Argumentation von Mankowski, ZIP 1995, S. 1650 (1659).

[887] Der Gläubigerschutz war für den BGH für die Entwicklung der differenzierenden Lösung zur Bestimmung des Eröffnungsgrundes der Zahlungsunfähigkeit ausschlaggebend, vgl. ZIP 1991, S. 1014 (1015).

[888] So auch die Argumentation des BGH, ZIP 1991, S. 1014 (1015).

[889] Ähnlich Lüer in Uhlenbruck, Art. 102 EGInsO, Rn. 200.

(4) Passivmasse

Unter dem Begriff der Passivmasse wird die Frage diskutiert, welche Gläubiger zur Teilnahme an einem inländischen Partikularverfahren berechtigt sind. Wie bereits mehrfach erwähnt sind zur Teilnahme an einem Partikularverfahren alle in- und ausländischen Gläubiger berechtigt, unabhängig von deren Staatsangehörigkeit und deren Wohnsitz. Dies folgt aus dem Wortlaut von § 354 Abs. 1 InsO, wonach „auf Antrag *eines Gläubigers* ein Partikularverfahren über das inländische Vermögen des Schuldners zulässig ist". Wenn demnach ein ausländischer Gläubiger antragsberechtigt ist, muss er auch zur Teilnahme an dem inländischen Verfahren berechtigt sein[890].
Die Gläubiger haben somit grundsätzlich die Wahl, in welchem Verfahren sie ihre Forderungen geltend machen.

(a) Beschränkung der Passivmasse ?

Das unbeschränkte Teilnahmerecht sämtlicher Gläubiger ist allerdings nicht unumstritten[891]. Insbesondere Thieme[892] plädiert dafür, dass nicht jeder Gläubiger sondern nur der potentiell schutzbedürftige zur Teilnahme an einem Partikularverfahren berechtigt sein soll. Dies rechtfertige sich bereits daraus, dass die Partikularinsolvenz als Ausnahme vom Universalitätsprinzip aus Schutzgründen überhaupt erst gestattet werde[893]. Demnach sollen nur diejenigen Gläubiger Befriedigung nach der Verteilungsordnung des Nebenverfahrens erlangen können, bei denen ein schützenswertes Vertrauen auch tatsächlich besteht. Erforderlich sei daher ein besonderer Inlandsbezug des Gläubigers[894].
Eine derartige Beschränkung der Teilnahmeberechtigung enthält beispielsweise das schweizerische Recht. Danach können an einem Partikularverfahren nur dinglich gesicherte Gläubiger, deren Sicherungsgegenstand in der Schweiz belegen ist und bevorrechtigte Gläubiger mit Wohnsitz in der Schweiz teilnehmen[895]. Ebenso ist die Passivmasse nach dem Istanbul-Abkommen des Europarates[896] beschränkt. Nach dessen Art. 21 können nur Forderungen, die nach der lex fori particularis[897] bevorrechtigt, dinglich

---

[890] So auch die überwiegende Auffassung in der Literatur: Geimer, Rn. 3418; Trunk, S. 254; Kolmann, S. 231; Reinhart, S. 285; Duursma-Kepplinger/Duursma/Chalupsky, Art. 27, Rn. 51; ebenso die Begründung zum damaligen Regierungsentwurf von 1992, BT-Drs. 2443, S. 237; Die EuInsVO ist insofern deutlicher, als sie in Art. 32 Abs. 1 ausdrücklich besagt, dass jeder Gläubiger seine Forderung im Hauptinsolvenzverfahren und in jedem Sekundärinsolvenzverfahren anmelden kann – zur Rechtslage nach der EuInsVO vgl. Duursma-Kepplinger/Duursma/Chalupsky, Art. 27, Rn. 44 ff..

[891] Für eine Beschränkung der Passivmasse bei Sekundärinsolvenzverfahren im Ergebnis: Spahlinger, S. 315 ff., 345; Kolmann, S. 502 ff..

[892] In Stoll, Stellungnahmen und Gutachten, S. 212 (250 f.).

[893] Thieme in Stoll, Stellungnahmen und Gutachten, S. 212 (250).

[894] So auch Kolmann, S. 506.

[895] Vgl. Art. 172 schweizerisches IPRG.

[896] Abgedruckt im Frankfurter Kommentar zur Insolvenzordnung, Anhang I, Rn. 414.

[897] Reinhart in MüKo, InsO, vor Art. 102 EGInsO, Rn. 29 spricht insofern von der lex fori concursus separati.

gesichert oder öffentlich rechtlicher Natur sind und Forderungen, die der Tätigkeit einer Niederlassung des Schuldners oder einem Dienstverhältnis im Staat des Sekundärverfahrens entstammen, aus der Masse des Partikularverfahrens befriedigt werden.
Ferner wird gegen ein unbeschränktes Teilnahmerecht angeführt, dass dieses im Ergebnis zu einer Aushöhlung des mit dem Partikularverfahren angestrebten Schutzes führen würde[898]. Dies resultiere daraus, dass der Umfang der inländischen Insolvenzmasse im Vergleich zur Masse des Hauptinsolvenzverfahrens in aller Regel wesentlich geringer sei. Sofern sich aber alle Gläubiger aus ihr befriedigen sollen, werde bei einer kleinen Verteilungsmasse der auf den einzelnen fallende Anteil sehr gering sein. Darüber hinaus würde ein unbeschränktes Teilnahmerecht den Gläubigern die Möglichkeit eröffnen, durch mehrere Verfahren ihr Verhältnis untereinander ständig neu und in Abweichung der Rangordnung vom Recht des Universalverfahrens zu ordnen, wodurch die Bedeutung des Universalverfahrens für die Abwicklung grenzüberschreitender Insolvenzen faktisch verdrängt würde[899]. Zu berücksichtigen ist allerdings, dass eine Beschränkung der Passivmasse überwiegend nur für das Liquidationsverfahren befürwortet wird[900]. Eine Sanierung unter Ausschluss bestimmter Gläubiger mache danach keinen Sinn.

(b) Stellungnahme

Die für eine Beschränkung der Passivmasse vorgetragenen Argumente vermögen nicht zu überzeugen.
Sofern damit argumentiert wird, dass das Partikularverfahren dem Schutz gewisser Gläubiger dient und daher auch nur diese zur Teilnahme berechtigt sein sollen, wird verkannt, dass dem Partikularverfahren neben der Schutzfunktion auch eine Ersatz- und Hilfsfunktion zukommt. Es wäre aber nur schwer nachzuvollziehen, einige Gläubiger von der Teilnahme an einem inländischen Partikularverfahren auszuschließen, wenn das ausländische Hauptinsolvenzverfahren aus welchen Gründen auch immer gar nicht eröffnet wird. Dies würde unter Umständen dazu führen, dass diese Gläubiger ihre Forderungen in gar keinem Verfahren geltend machen könnten[901]. Die Ersatzfunktion des Partikularverfahrens soll aber allen Gläubigern gleichermaßen zugute kommen[902]. Die Hilfsfunktion des Sekundärinsolvenzverfahrens dient zwar in erster Linie dem Hauptinsolvenzverwalter, mittelbar soll aber die nach Einschätzung des Insolvenzverwalters effizientere Insolvenzabwicklung in mehreren Verfahren auch den Gläubigern zugute kom-

---

[898] Kolmann, S. 232 f. u. S. 504.

[899] Kolmann, S. 505; für Spahlinger, S. 318 ist die Aufwertung des Hauptinsolvenzverfahrens entscheidend.

[900] Spahlinger, S. 319.

[901] Auf diese Gefahr im Hinblick auf die EuInsVO hinweisend: Duursma-Kepplinger/Duursma/Chalupsky, Art. 27, Rn. 49.

[902] In diesem Fall bestünde freilich nur die Möglichkeit zur Eröffnung eines isolierten Partikularverfahrens im Inland. Soweit ersichtlich beziehen die Befürworter einer Beschränkung der Passivmasse diese nur auf das Sekundärinsolvenzverfahren. So Spahlinger, S. 315 ff., 345; Kolmann, S. 503 ff..

men und zwar allen Gläubigern gleichermaßen. Auch dies würde bei einer Beschränkung der Passivmasse nicht hinreichend berücksichtigt.

Ferner würde eine Teilnahmebeschränkung diejenigen Gläubiger, die nicht über den entsprechenden Inlandsbezug verfügen, in unzulässiger Weise diskriminieren[903]. Der auch im Partikularverfahren geltende Grundsatz der par conditio creditorum gebietet aber eine umfassende Gleichbehandlung sämtlicher Gläubiger. Sofern diesbezüglich darauf verwiesen wird, dass das Gebot der Gläubigergleichbehandlung einer Differenzierung aus sachlichen Gründen nicht entgegen stünde[904], bleiben diese Autoren eine Konkretisierung des legitimen Zwecks schuldig. Spahlinger[905] will einen legitimen Zweck darin erblicken, dass mit der Durchführung eines Partikularverfahrens eine Ergänzung und Korrektur des ausländischen Universalinsolvenzverfahrens verfolgt wird. Dies ist zwar richtig, damit begründet Spahlinger aber lediglich die Notwendigkeit für eine Ausnahme vom Universalprinzip. Ein legitimer Zweck für eine Differenzierung im Hinblick auf das Teilnahmerecht an den einzelnen Verfahren ist hierdurch aber noch lange nicht gewonnen.

Kolmann[906] will der mit der von ihm befürworteten Beschränkung der Teilnahmeberechtigung einhergehenden Gläubigerungleichbehandlung durch die Entwicklung einer eigenen Verteilungsordnung entgegen treten. Seiner Meinung nach dürften die anderen Gläubiger von den dem Partikularinsolvenzverfahren unterstehenden Vermögenswerten nicht ausgeschlossen werden. Daher bedürfe es eines Verteilungssystems, das gewährleistet, dass in allen Verfahren das Verhältnis zwischen dem jeweils zur Verfügung stehenden Aktivvermögen und der Summe aller in diesen Verfahren angemeldeten Verbindlichkeiten identisch seien. Dies solle gegebenenfalls durch eine Angleichung derart erfolgen, dass Vermögenswerte an das andere Verfahren herauszugeben sind.

Bereits die von Kolmann als erforderlich erachtete Entwicklung eines neuen Verteilungsmodells offenbart jedoch die Schwächen, die einer Beschränkung der Passivmasse innewohnen. Durch sie würden nur zusätzliche Probleme provoziert, die sich auch nicht ohne weiteres lösen lassen. So überzeugt auch das von Kolmann favorisierte Verteilungsmodell letztlich nicht. Es erfordert stets die exakte Berechnung des Verhältnisses von Aktiva und Passiva in den jeweiligen Verfahren. Zu berücksichtigen ist aber, dass es durchaus noch zu einem späteren Zeitpunkt zur Eröffnung eines weiteren Partikularinsolvenzverfahrens kommen kann. In diesem Fall würde die gesamte zuvor erfolgte Berechnung und ein eventuell schon erfolgter Vermögensaustausch zusammenbrechen. Ferner ist das Erfordernis, Schuldnervermögen von einem Staat in einen anderen Verbringen zu müssen, nicht nur äußerst umständlich, es würde unter Umständen zudem zu einer erheblichen Verzögerung der Schuldbereinigung führen. Eine solches Ver-

---

[903] Lüke, ZZP 111, S. 275 (301); Metzger, S. 171; Duursma-Kepplinger/Duursma/Chalupsky, Art. 3 Rn. 114; Schack, Rn. 1140; a.A. Kolmann, S. 506; Spahlinger, S. 316 f..

[904] Spahlinger, S. 316; Kolmann, S. 506.

[905] S. 317.

[906] S. 509 ff..

teilungssystem ist somit für die Praxis untauglich. Zudem würde auch dieser Versuch, die par conditio creditorum umfassend zu verwirklichen dann auf ihre Grenzen stoßen, wenn die unterschiedlichen Verteilungsordnungen unterschiedliche Rangregelungen für die privilegierten Gläubiger enthalten[907]. Letztlich würde es sogar die mit einem Partikularinsolvenzverfahren beabsichtigte Schutzfunktion konterkarieren. Es stellt sich nämlich die Frage, welche Vermögenswerte an das ausländische Verfahren herauszugeben sind. Hiervon können unter Umständen auch solche Vermögenswerte erfasst sein, an denen Sicherungsrechte bestehen. Gerade der Zugriff der gesicherten Gläubiger auf diese Vermögenswerte legitimiert aber unter anderem die Insolvenzabwicklung in einem Kombinationsmodell mit Partikularverfahren. Die Veränderung bzw. Verschiebung der vorhandenen Verteilungsmasse auf die einzelnen Verteilungsordnungen stellt somit meines Erachtens keine „vorzugswürdige Alternative zum bisher vorgeschlagenen Gläubigertourismus von Verfahren zu Verfahren dar"[908].

Für eine unbeschränkte Passivmasse streitet zudem, dass alle Gläubiger vor Eintritt der Insolvenz in das gesamte Vermögen des Schuldners vollstrecken können, egal wo dieses belegen ist. Es wäre aber widersprüchlich, wenn mit Eintritt der Insolvenz plötzlich eine haftungsrechtliche Beschränkung eintreten würde[909]. Im Übrigen könnten auch dann sämtliche Gläubiger an einem deutschen Insolvenzverfahren teilnehmen, wenn der Schuldner nur deutsches Vermögen hätte[910].

Ferner führt das Teilnahmerecht sämtlicher Gläubiger im Ergebnis auch nicht zur einer Aushöhlung des mit dem Partikularverfahren angestrebten Schutzes. Im Rahmen des Partikularverfahrens gilt die deutsche Verteilungsordnung. Daher würden die schutzwürdigen gesicherten Gläubiger auch entsprechend durch ihr Recht auf Aus- oder Absonderung bevorzugt. Dass auf die übrigen Gläubiger im Ergebnis eine nur verhältnismäßig geringe Quote entfallen wird, steht dem Sinn und Zweck des Partikularverfahrens nicht entgegen.

Auch das zuletzt genannte Argument, dass durch eine unbeschränkte Teilnahmeberechtigung das Universalverfahren faktisch verdrängt würde, trägt nicht. Die Notwendigkeit der Zulässigkeit von Partikularverfahren wurde bereits eingehend erörtert[911]. Dass damit Einschränkungen des Universalitätsprinzips und damit auch des Hauptinsolvenzverfahrens verbunden sind, wurde bei der zu treffenden Entscheidung für dieses Abwicklungsmodell hinreichend berücksichtigt. Dem Universalitätsprinzip durch eine Einschränkung der Teilnahmeberechtigung zu einem größeren Anwendungsbereich zu verhelfen, kann angesichts des Grundsatzes der Gläubigergleichbehandlung nicht überzeugen. Im Übrigen ist die Forderung nach einer Beschränkung der Passivmasse durch den Nach-

---

907 Bloching führt dazu aus, „dass die differenzierte Behandlung in den verschiedenen Verfahren ausnahmsweise hingenommen werden kann, solange die Zahl der privilegierten Gläubiger im Verhältnis zu den einfachen Gläubigern nicht allzu groß ist" – Bloching, S. 98.

908 So aber Kolmann, S. 515.

909 Reinhart, S. 284.

910 Metzger, S. 171.

911 S. oben E. IV. 4. d. (3).

weis einer besonderen Inlandsbezogenheit, wie es im schweizerischen Recht der Fall ist, nichts anderes als ein Schritt zurück zum Territorialitätsprinzip, da die entsprechenden Bezüge zumeist nur die autonomen Gläubiger vorweisen können[912]. Durch ein unbeschränktes Teilnahmerecht kommt demgegenüber die Liberalität und Weltoffenheit der deutschen Rechtsordnung zum Ausdruck[913], wie sie auch dem Ideal des Universalitätsprinzips innewohnen. Letztlich wäre es auch nicht recht einzusehen, dass für das sanierende Partikularverfahren etwas anderes gelten soll, als für das liquidierende Partikularverfahren[914].

Aus alledem folgt, dass eine Beschränkung der Teilnahmeberechtigung für das deutsche Recht nicht zu empfehlen ist. Allerdings wird dabei nicht verkannt, dass ein unbeschränktes Teilnahmerecht auch nicht zu unterschätzende Komplikationen mit sich bringt. Um im Sinne einer umfassenden par conditio creditorum ein möglichst gerechtes Gesamtergebnis zu erzielen, müssen die durch die Gläubiger in den verschiedenen Verfahren erzielten Erlöse angerechnet werden. Je mehr Gläubiger an mehreren Insolvenzverfahren teilnehmen, desto größer werden im Ergebnis die Anrechnungsfälle, woran die Effektivität der Verfahrensabwicklung leidet[915]. Zudem werden bei einer unbeschränkten Passivmasse auch kein Überschüsse zu erwarten sein, die an den Verwalter der Hauptinsolvenzverfahrens herausgegeben werden könnten[916]. Auf diese Problematik wird an späterer Stelle noch zurückzukommen sein[917].

(5) Aktivmasse

Der Begriff der Aktivmasse umschreibt all jene Vermögensgegenstände des Schuldners, die von den Wirkungen eines Partikularverfahrens im Inland erfasst werden. Aus § 354 Abs. 1 InsO folgt, dass das Partikularverfahren das „inländische Vermögen" des Schuldners erfasst. Die eindeutige Bestimmung des inländischen Vermögens des Schuldners ist von großer Bedeutung, weil das Partikularverfahren in einem Konkurrenzverhältnis zu dem eröffneten oder potentiellen ausländischen Hauptinsolvenzverfahren steht. Auch das anerkennungsfähige ausländische Hauptinsolvenzverfahren mit universalem Geltungsanspruch erfasst das inländische Vermögen des Schuldners. Die Wirkungen des Hauptinsolvenzverfahrens werden jedoch mit Eröffnung eines Sekundärinsolvenzverfahrens im Inland verdrängt[918].

Die Belegenheit des Schuldnervermögens entscheidet somit einerseits darüber, in welche Masse der Vermögensgegenstand fällt und andererseits, nach welchem Recht sich

---

[912] Der Irrglaube der Befürworter einer Beschränkung der Passivmasse liegt darin, dass sie gerade dadurch das Universalitätsprinzip unterstützt sehen. „Territorialität in der Partikularität" ist aber ebenso abzulehnen.

[913] So Geimer, Rn. 3418.

[914] Für Sanierungsverfahren wird soweit ersichtlich eine Beschränkung der Passivmasse nicht vertreten.

[915] Spahlinger, S. 318 u. 345.

[916] So das Erfordernis nach § 358 InsO.

[917] Vgl. E. IV. 4. e. (8).

[918] Geimer, Rn. 3392.

die insolvenzrechtliche Abwicklung im Hinblick auf diesen Gegenstand richtet[919]. In diesem Zusammenhang stellen sich daher mehrere Fragen. Zum einen, wann ein Vermögensgegenstand als im Inland belegen anzusehen ist und zum anderen, auf welchen Zeitpunkt diesbezüglich abzustellen ist. Ferner ist fraglich, wie die Aktivmasse eines möglichen Sekundärinsolvenzverfahrens vor dem Zugriff des ausländischen Verwalters geschützt werden kann.

(a) Die Belegenheit von Schuldnervermögen

Die Insolvenzordnung trifft keine Aussage darüber, wann ein Vermögensgegenstand als im Inland belegen anzusehen ist. Die Bestimmung der Belegenheit dürfte bei körperlichen Gegenständen allerdings keine Schwierigkeiten bereiten[920]. Eine Sache befindet sich im Inland, wenn sie dort ihren tatsächlichen physischen Lageort hat[921]. Anders verhält es sich allerdings bei unkörperlichen Gegenständen, wie zum Beispiel Forderungen, Gesellschaftsanteilen und Immaterialgüterrechten. Zur Bestimmung des Belegenheitsortes dieser Rechte stellt die herrschende Meinung[922] aufgrund der Wertungsähnlichkeit zutreffend auf den Belegenheitsbegriff des Internationalen Einzelzwangsvollstreckungsrechts ab. Auch in diesem Fall geht es um die Durchsetzung privater Forderungen gegen einen Schuldner[923]. Die Belegenheitsregeln des IPR und des IZPR werden dabei ergänzend herangezogen[924].

Konkret bedeutet dies für Forderungen, dass diese am Sitz des Drittschuldners belegen sind[925]. Hierbei wird auf die Belegenheitsbestimmung von Forderungen in § 23 S. 2, 1. Alt. ZPO zurückgegriffen[926]. Mit § 23 S. 2, 2. Alt. ZPO wird auch die Belegenheit von dinglich gesicherten Forderungen begründet. Sie gelten insolvenzrechtlich sowohl am Wohnsitz des Drittschuldners als auch am Lageort der Sache belegen[927]. Dies resultiert daraus, dass dinglich gesicherte Forderungen typischerweise durch die Verwertung des Sicherungsgutes durchgesetzt werden. Da der Gläubiger dazu jedoch nicht verpflichtet ist und er den Schuldner möglicherweise auch an dessen Wohnsitz verfolgen muss, ist es insofern konsequent, die Belegenheit des Sicherungsgutes nur als alternativen Bele-

---

919 Kolmann, S. 221.

920 Trunk, S. 240 ff.; Kolmann, S. 221 ff..

921 Reinhart in MüKo, InsO, Art. 102 EGInsO, Rn. 231 f..

922 Trunk, S. 241; Kolmann, S. 222; Gottwald, IPRax 1991, S. 285 (288 ff.).

923 Trunk, S. 241.

924 Die EuInsVO ist eindeutiger und gibt mit Art. 2 g) eine Hilfestellung zur Ermittlung der Aktivmasse. Art. 2 g) EUInsVO enthält eine Legaldefinition des „Vertragsstaates, in dem sich ein Vermögensgegenstand befindet".

925 Kolmann, S. 222; Trunk, S. 241; Reinhart, S. 282; Reinhart in MüKo, InsO, Art. 102 EGInsO, Rn. 234; so auch die Begründung zum nicht Gesetz gewordenen Regierungsentwurf von 1992, BT-Drs. 12/2443, S. 243.

926 Trunk, S. 241 u. S. 405; Kolmann, S. 222; Aderhold, S. 209.

927 Reinhart in MüKo, InsO, Art. 102 EGInsO, Rn. 235; Kolmann, S. 222; Trunk, S. 243.

genheitsort vorzusehen[928]. Die Belegenheit von in Wertpapieren verkörperten Forderungen bestimmt sich dagegen allein nach der Belegenheit des Papiers[929]. Gesellschaftsanteile sind nach herrschender Meinung sowohl am Sitz der Gesellschaft als auch am Wohnsitz der Gesellschafter belegen[930]. Immaterialgüterrechte gelten nach allgemeiner Auffassung als in demjenigen Land belegen, für dessen Bereich sie gewährt wurden[931].

(b) Der maßgebliche Zeitpunkt für die Ermittlung der Vermögensbelegenheit

§ 354 InsO trifft ebenso keine Aussage darüber, zu welchem Zeitpunkt ein Vermögensgegenstand im Inland belegen sein muss, damit er in die Masse des Partikularverfahrens fällt.

Sinnvoll erscheint auf dem ersten Blick, auf die Eröffnung des Insolvenzverfahrens abzustellen, da mit dieser der Insolvenzschuldner seine Verfügungsbefugnis über das Vermögen verliert.

Im Falle der Eröffnung eines Sekundärinsolvenzverfahrens neben einem ausländischen Hauptinsolvenzverfahren käme zum einen in Betracht auf den Zeitpunkt der Eröffnung des Hauptinsolvenzverfahrens abzustellen, zum anderen auf den Zeitpunkt der Eröffnung des Sekundärinsolvenzverfahrens[932]. Für ersteres spricht, dass die verschiedenen Massen sich letztendlich so darstellen würden, wie sie zum Zeitpunkt der erstmaligen Feststellung der Insolvenz des Schuldners vorgelegen haben. Mögliche Verschiebungen von Massegegenständen könnten sich in diesem Fall auch nicht nachteilig auf die eine oder andere Masse auswirken, insbesondere wenn das Insolvenzgericht bereits vor der Verfahrenseröffnung Sicherungsmaßnahmen angeordnet hat. Dennoch vermag dies nicht zu überzeugen. In der Praxis kann zwischen der Eröffnung des Hauptinsolvenzverfahrens und der Eröffnung des Sekundärinsolvenzverfahrens ein nicht unerheblicher Zeitraum liegen. Es wird daher kaum nachvollziehbar sein, welche Vermögensgegenstände sich zum Zeitpunkt der Eröffnung des Hauptinsolvenzverfahrens bereits im Staat des Sekundärverfahrens befanden. Diesbezügliche Nachforschungen wären zudem mit einem unverhältnismäßigen Aufwand verbunden. Für die Berücksichtigung des Zeitpunktes der Eröffnung des Sekundärinsolvenzverfahrens spricht dagegen grundsätzlich, dass erst ab diesem Zeitpunkt eine zusätzlich Haftungsmasse gebildet wird[933]. Allerdings würde dann nicht hinreichend beachtet, dass das Insolvenzgericht vor der Verfahrenseröffnung unter Umständen massesichernde Maßnahmen angeordnet hat. Diese würden

---

[928] Trunk, S. 243; Patzina in MüKo, ZPO, § 23, Rn. 19.

[929] RGZ 107, S. 44 (47); Trunk, S. 244; Kolmann, S. 222; Schumann in Stein/Jonas, § 23, Rn. 23; Reinhart in MüKo, InsO, Art. 102 EGInsO, Rn. 238.

[930] Schumann in Stein/Jonas, § 23, Rn. 21; Trunk, S. 244, der allerdings nur auf den Gesellschaftssitz abstellen will; kritisch im Hinblick auf die Anknüpfung an den Gesellschaftersitz auch Reinhart in MüKo, InsO, Art. 102 EGInsO, Rn. 236.

[931] Trunk, S. 245.

[932] So Kolmann, S. 225; Trunk, S. 246.

[933] Daher auf die Eröffnung des Sekundärinsolvenzverfahrens abstellend: Trunk, S. 246; Kolmann, S. 225.

aber leer laufen, wenn der Vermögensgegenstand noch vor der Eröffnung des Partikularverfahrens in das Ausland verbracht würde[934]. Um diese Gefahr auszuschließen, sollte nach der hier vertretenen Auffassung als Zeitpunkt zur Bestimmung der Aktivmasse auf den Eingang des Eröffnungsantrages bei Gericht abgestellt werden[935]. Dadurch würden die vom Insolvenzgericht unter Umständen angeordneten Sicherungsmaßnahmen hinreichend berücksichtigt. Zudem würde gewährleistet, dass das Vertrauen desjenigen, der zum Zeitpunkt der Antragstellung auf die Zugehörigkeit eines Vermögensgegenstandes zur Aktivmasse vertraut hat, nicht dadurch erschüttert wird, dass der Gegenstand nach Antragstellung und vor Eröffnung des Verfahrens in das Ausland verbracht wird. Möglicherweise war nämlich genau dieser Vermögensgegenstand erst ausschlaggebend für die Beantragung des Partikularverfahrens.

Ebenso wie für das Sekundärinsolvenzverfahren sollte auch für das isolierte Partikularverfahren zur Bestimmung der Aktivmasse auf den Zeitpunkt der Antragstellung bei dem Insolvenzgericht abgestellt werden.

Da die herrschende Meinung auf den Zeitpunkt der Eröffnung des Partikularverfahrens abstellt, ist es konsequent, dass nach dieser Auffassung Vermögensgegenstände, die erst nach der Eröffnung des Partikularverfahrens in das Inland gelangen, nicht zur Aktivmasse des Partikularverfahrens gehören[936]. Dahinter steckt das Bemühen, Konflikte mit einem ausländischen Insolvenzverfahren zu vermeiden. Konsequenterweise gilt dann nach der hier vertretenen Auffassung, dass bereits solche Vermögensgegenstände, die nach der Antragstellung bei Gericht in das Inland gelangen, nicht zur Aktivmasse des Partikularverfahrens gehören. Sofern auch andere Staaten der hier vertretenen Auffassung folgen und auf den Zeitpunkt der Antragstellung bei Gericht abstellen, ließen sich dadurch Konflikte mit diesen Verfahren wirksam vermeiden. Umgekehrt gehört ein Vermögensgegenstand, der nach der Beantragung des Partikularverfahrens in das Ausland verbracht worden ist, weiterhin zur Aktivmasse des inländischen Partikularverfahrens[937]. Die Aktivmasse des Partikularverfahrens ist daher nicht territorial sondern gegenständlich beschränkt[938].

Hinsichtlich der Insolvenzanfechtung gilt, dass der Insolvenzverwalter des Partikularverfahrens nur solche Rechtshandlungen anfechten kann, die zu einer Beeinträchtigung der inländischen Aktivmasse geführt haben. Es ist daher zu prüfen, ob der Vermögensgegenstand bei seiner Verschiebung als im Inland belegen galt. Auf die Belegenheit zum Zeitpunkt der Anfechtung kommt es dagegen nicht an[939].

Ferner gehören auch solche Vermögensgegenstände zur Aktivmasse des Partikularver-

---

934 Die Eröffnung des Partikularverfahrens wird in der Regel einige Zeit dauern, da das Insolvenzgericht zunächst die Eröffnungsvoraussetzungen prüfen muss.

935 Kolmann, S. 341, will dagegen nur ausnahmsweise auf den Zeitpunkt der Antragstellung abstellen, wenn das Gericht Sicherungsmaßnahmen angeordnet hat.

936 Kolmann, S. 225.

937 Auf den Zeitpunkt der Eröffnung des Partikularverfahrens abstellend: Metzger, S. 155; Kolmann, S. 226.

938 Duursma-Kepplinger/Duursma/Chalupsky, Art. 27, Rn. 71; Kolmann, S. 226.

939 Kolmann, S. 226.

fahrens, die der Insolvenzschuldner während des Verfahrens erwirbt. Dies folgt aus § 35 InsO, der aufgrund der Geltung der lex fori concursus particularis Anwendung findet.

(c) Schutz der Aktivmasse

(i) Bedürfnis nach einem Schutz der Aktivmasse

Das ausländische Hauptinsolvenzverfahren wird in der Regel eher eröffnet werden als das inländische Sekundärinsolvenzverfahren. Dadurch besteht die Gefahr, dass der ausländische Hauptinsolvenzverwalter im Interesse einer zügigen Insolvenzabwicklung frühzeitig auch das im Inland befindliche Vermögen sichtet und dieses in das Ausland verbringt. Sofern dies vor der Beantragung eines Sekundärinsolvenzverfahrens geschieht, würden diese Vermögensgegenstände nicht mehr in die Aktivmasse des Partikularverfahrens fallen. Unter Umständen könnte dies sogar dazu führen, dass sämtliches Vermögen vor der Antragstellung bereits in das Ausland verbracht wurde, so dass die Eröffnung eines Sekundärinsolvenzverfahrens im Inland mangels Eröffnungszuständigkeit gar nicht mehr möglich wäre. In diesem Falle würde der mit dem Sekundärverfahren beabsichtigte Schutz völlig ausgehöhlt[940]. Sofern ferner die Beantragung eines Sekundärinsolvenzverfahrens für die Gläubiger die einzige Möglichkeit darstellt, das inländische Vermögen zu sichern, wird dies vermutlich zwangsläufig dazu führen, dass die Eröffnung eines Sekundärinsolvenzverfahrens vorbeugend beantragt wird[941]. Dies ist aber nicht im allgemeinen Interesse, da die Insolvenzabwicklung in den einfach gelagerten Fällen in einem einzigen Verfahren erfolgen sollte.
Angesichts dieser Bedenken erscheint Partikularität ohne angemessene Sicherung des sie bestimmenden Anknüpfungsmerkmals schlicht sinnlos[942]. Es besteht somit ein Bedürfnis für den Schutz der Aktivmasse[943].

(ii) Lösungsmöglichkeiten

In der Literatur werden verschiedene Lösungsmöglichkeiten diskutiert, wie die potentielle Aktivmasse eines Sekundärinsolvenzverfahrens vor dem Zugriff durch den Hauptinsolvenzverwalter geschützt werden kann. Die Neuregelung des Internationalen Insolvenzrechts trifft hierzu keine Aussage[944].
Otte will de lege ferenda eine Sicherung der Aktivmasse dadurch erreichen, dass eine Vorschrift aufgenommen wird, wonach die Gläubiger entsprechend den Arrestvorschriften der ZPO innerhalb von zwei Monaten ab dem ausländischen Eröffnungsbeschluss

---

[940] Otte, RabelsZ 1994, S. 292 (302); Laut, S. 140; Spahlinger, S. 311.
[941] Kolmann, S. 237.
[942] Otte, RabelsZ 58, 1994, S. 292 (303).
[943] Insofern bereits oben E. IV. 2. i. (3).
[944] § 343 InsO regelt lediglich den Fall, dass ein ausländischer vorläufiger Insolvenzverwalter zur Beantragung von Sicherungsmaßnahmen nach § 21 InsO berechtigt ist. Hierdurch wird aber kein Schutz vor dem ausländischen Insolvenzorgan selbst gewährleistet.

Maßnahmen zur Sicherung des inländischen Vermögens erwirken können[945]. Das Bedürfnis für eine solche Regelung resultiere daraus, dass insolvenzrechtliche Sicherungsmaßnahmen nach § 21 InsO an die Stellung eines Insolvenzantrages und an eine inländische Verfahrenseröffnung gebunden seien[946]. Eine direkte Anwendung des Arrestes nach § 917 ZPO scheide deshalb aus, weil das Prozess- und Vollstreckungsverbot des ausländischen Insolvenzstatuts vollstreckungsrechtlich jeglichen Arrestgrund beseitige[947]. Andere möchten wiederum die extraterritorialen Handlungsmöglichkeiten des ausländischen Insolvenzverwalters begrenzen. Spahlinger[948] plädiert dabei für die Aufnahme einer „Schutzfrist", mit der die unmittelbaren Wirkungen eines ausländischen Universalinsolvenzverfahrens im Inland vorübergehend beschränkt werden. Danach seien alle Wirkungen und Handlungen, die über die Beschlagnahme des Schuldnervermögens hinausgehen, für den Zeitraum von zwei Monaten ausgeschlossen. Metzger[949] dagegen erachtet es für ausreichend, wenn der Hauptinsolvenzverwalter den Erlös aus der Verwertung des inländischen Vermögens solange nicht in das Ausland verschaffen darf, bis sich herausgestellt hat, dass ein Sekundärinsolvenzverfahren nicht eröffnet werden wird. Die Verwertung des Inlandsvermögens solle demnach zulässig bleiben.

(iii) Stellungnahme

Zwischen der Eröffnung des ausländischen Hauptinsolvenzverfahrens und der Beantragung und Eröffnung eines inländischen Sekundärinsolvenzverfahrens wird in der Regel ein gewisser Zeitraum liegen. Angesichts der Gefahr, dass der ausländische Hauptinsolvenzverwalter in diesem Zeitraum das gesamte inländische Schuldnervermögen an sich zieht und in das Ausland verbringt, ist ein Bedürfnis für einen Schutz der Aktivmasse zu bejahen.

Die vorgeschlagenen Lösungsmöglichkeiten stellen alle gleichermaßen eine effektive Handhabe dar, das inländische Partikularverfahren vor dem ausländischen Insolvenzorganen zu schützen.

Dennoch bedarf es weder der Schaffung einer Norm, die die entsprechende Anwendung der Arrestvorschriften ermöglicht, noch der Schaffung einer Schutzfrist. Nach der hier vertretenen Auffassung soll nämlich der einstweilige Rechtsschutz nach den §§ 916 ff. ZPO trotz der Eröffnung des ausländischen Hauptinsolvenzverfahrens solange möglich bleiben, bis feststeht, dass das Hauptinsolvenzverfahren endgültig anerkennungsfähig ist und kein Antrag auf die Eröffnung eines Sekundärinsolvenzverfahrens gestellt wird[950]. Das Prozess- und Vollstreckungsverbot des ausländischen Insolvenzstatuts stehen ei-

---

[945] Otte, RabelsZ 58, 1994, S. 292 (323); zustimmend: Laut, S. 140.

[946] Otte, RabelsZ 58, 1994, S. 292 (304).

[947] Otte, RabelsZ 58, 1994, S. 292 (307); ebenso Laut, S. 138.

[948] Spahlinger, S. 312 f.. Dabei orientiert sich Spahlinger an Art. 11 Abs. 1 des Istanbul Abkommens des Europarates (abgedruckt im Frankfurter Kommentar zur Insolvenzordnung, Anhang I, Rn. 414), welcher eine derartige Schutzfrist vorsieht.

[949] Metzger, S. 66 f..

[950] Vgl. oben E. IV. 2. i. (3); a.A. BGH, ZIP 1990, S. 246 (247); Bloching, S. 227.

nem Arrestgrund nicht entgegen[951]. Dieser resultiert aus der Befürchtung, dass der ausländische Hauptinsolvenzverwalter das im Inland befindliche Vermögen in das Ausland schafft. In diesem Fall würde die potentielle Eröffnung eines Sekundärinsolvenzverfahrens vereitelt. Sofern sich das ausländische Hauptinsolvenzverfahren aus welchen Gründen auch immer als doch nicht anerkennungsfähig erweisen sollte oder es gar eingestellt würde, wäre nach der Verbringung des Vermögens in das Ausland die Vollstreckung ebenso vereitelt oder wesentlich erschwert. Zumindest müsste die Vollstreckung dann im Ausland erfolgen (§ 917 Abs. 2 ZPO). De lege lata ist ein einstweiliger Schutz des in das potentielle Sekundärinsolvenzverfahren fallenden Vermögens somit nicht erst dann möglich, wenn die Eröffnung eines Sekundärinsolvenzverfahrens beantragt wurde[952]. Bereits vor der Antragstellung besteht nach der hier vertretenen Auffassung das Bedürfnis zu einstweiligen Sicherungsmaßnahmen[953]. Dies gilt jedenfalls solange, wie die endgültige Anerkennung des ausländischen Hauptinsolvenzverfahrens nicht feststeht und nicht sicher ist, dass kein Sekundärinsolvenzverfahren im Inland eröffnet wird. Der Rückgriff auf das einstweilige Sicherungsrecht der ZPO hat gegenüber der Schaffung einer Schutzfrist den Vorteil, dass die Vollziehung des Arrestes in bewegliches Vermögen durch Pfändung bewirkt wird (§ 930 Abs. 1 ZPO). Die gesicherten Gläubiger befinden sich somit in einer stärkeren Rechtsposition, als wenn sie schlichtweg darauf vertrauen müssten, dass sich der ausländische Hauptinsolvenzverwalter an die ihm gesetzte „Schutzfrist" hält. Es ist zudem durchaus denkbar, dass sich der ausländische Verwalter dieser Frist widersetzt. Die Begrenzung der extraterritorialen Handlungsmöglichkeiten des ausländischen Verwalters ist somit gegenüber der Zulassung der einstweiligen Sicherung nachteilig.

Erwägenswert wäre aber der lege ferenda in der Tat die Einführung einer Frist, die bestimmt, ab wann die endgültige Anerkennungsfähigkeit des Hauptinsolvenzverfahrens und die Nichteröffnung eines Sekundärinsolvenzverfahrens vermutet wird. Dies würde zu einer erheblichen Verfahrenserleichterung beitragen, da das Insolvenzgericht nicht mehr prüfen müsste, ob eine Einstellung bzw. die Nichtanerkennung des Hauptinsolvenzverfahrens zu vermuten ist oder aber ob jemand beabsichtigt, noch ein Sekundärinsolvenzverfahren zu beantragen. Eine Frist von zwei Monaten erschiene dafür angemessen[954]. Nach diesen zwei Monaten müsste ein zuvor angeordneter Arrest allerdings nach § 927 ZPO aufgehoben werden, um das Schuldnervermögen im Interesse einer zügigen Insolvenzabwicklung nicht unnötig dem Zugriff durch den ausländischen Insolvenzverwalter zu entziehen.

---

[951] So aber Otte, RabelsZ, 58, 1994, S. 292 (307).

[952] So aber de lege lata Spahlinger, S. 311 f..

[953] Schack, Rn. 1124; Flessner, IPRax 1997, S. 1 (6); Flessner in FS Merz, S. 93 (102 ff.).

[954] Ebenso Otte, RabelsZ 58, 1994, S. 292 (323); Spahlinger stellt hinsichtlich der Schutzfrist auch auf einen Zeitraum von 2 Monaten ab, S. 313.

(6) Das Verhältnis von Partikular- und Hauptinsolvenzverfahren

Wie bereits erörtert besteht zwischen dem ausländischen Hauptinsolvenzverfahren und dem inländischen Partikularverfahren ein Spannungsverhältnis. Beide Verfahren beanspruchen hinsichtlich ihrer Wirkungen dasselbe im Inland belegene Vermögen des Schuldners. Die Lösung diese Konkurrenzverhältnisses ist jedoch eindeutig: Das inländische Partikularverfahren[955] verdrängt sämtliche Wirkungen des ausländischen Hauptinsolvenzverfahrens[956]. Sofern es sich um ein isoliertes Partikularverfahren neben einem Hauptinsolvenzverfahren handelt, folgt dies logischerweise bereits daraus, dass das Hauptinsolvenzverfahren im Inland gar nicht anerkennungsfähig ist und daher auch keine Wirkungen entfaltet.

Mit der Eröffnung eines Sekundärinsolvenzverfahrens im Anschluss an ein Hauptinsolvenzverfahren gilt nicht mehr die ausländische lex fori concursus, sondern die lex fori concursus particularis, mithin deutsches Recht. Es findet somit ein Statutenwechsel hinsichtlich des maßgeblichen Insolvenzrechts statt[957]. Dieser betrifft allerdings nur die Wirkungen, die als insolvenzrechtlich zu qualifizieren sind und die keinen Sonderanknüpfungen unterliegen. Der Statutenwechsel wirkt zudem nur ex nunc, so dass diejenigen Wirkungen, die das ausländische Insolvenzrecht herbeigeführt hat, bestehen bleiben[958]. Dies wirft allerdings einige Abgrenzungsfragen auf, sofern sich die Wirkungen des ausländischen Hauptinsolvenzverfahrens und des inländischen Sekundärinsolvenzverfahrens nicht decken. Es kann sich dann beispielsweise die Frage stellen, ob die Befugnis zur Aufrechnung nach § 94 InsO wieder auflebt, obwohl die lex fori concursus des Hauptinsolvenzverfahrens etwas anderes vorsah. Hierzu wird vertreten, dass die ex nunc Wirkung des Statutenwechsels streng genommen die Aufrechnungsbefugnis nicht wieder aufleben lassen kann[959]. Diese Ansicht vermag jedoch nicht zu überzeugen. Die ex nunc Wirkung des Statutenwechsel bedeutet nichts anderes, als dass die Geltung der lex fori concursus particularis ab dem Zeitpunkt der Eröffnung des Sekundärinsolvenzverfahrens wirkt. Daher kann eine vor diesem Zeitpunkt trotz des Aufrechnungsverbots nach der lex fori concursus erklärte Aufrechnung nicht rückwirkend wirksam werden. Die ex nunc Wirkung soll aber nicht bedeuten, dass sämtliche vom Recht der lex fori concursus abweichende Wirkungen ab dem Zeitpunkt der Eröffnung des Partikularverfahrens nicht gelten sollten. Anderenfalls würde das Partikularverfahren zwangsläufig dem ausländischen Hauptinsolvenzverfahren zu sehr angenährt, was dessen Sinn und Zweck

---

[955] Gleich, ob es sich um ein Sekundärinsolvenzverfahren neben einem anerkennungsfähigen Hauptinsolvenzverfahren handelt oder aber um ein isoliertes Partikularverfahren neben einem Hauptinsolvenzverfahren, das nicht anerkennungsfähig ist.

[956] BGHZ 95, S. 256 (270); Spahlinger, S. 96 u. 311; Geimer, Rn. 3392 u. 3412 f.; Flessner, IPRax 1997, S. 1 (4); Trunk, S. 345; E.Habscheid, S. 49 und S. 459; ebenso bereits die Begründung zum nicht Gesetz gewordenen Regierungsentwurf von 1992, BT-Drs. 12/2443, S. 236.

[957] Schollmeyer, S. 125, 170; Kolmann, S. 234; Bloching, S. 245 ff..

[958] Kolmann, S. 234.

[959] Kolmann, S. 235.

zuwiderlaufen würde. Die dem Kombinationsmodell zugrundeliegende Lösung der Wirkungsüberlagerung vermag daher trotz der im Einzelnen auftretenden Abgrenzungsfragen zu überzeugen[960].

Obwohl das inländische Sekundärinsolvenzverfahren die Wirkungen des Hauptinsolvenzverfahrens überlagert, ist es diesem dennoch untergeordnet[961]. Dies folgt daraus, dass die Wirkungen des Sekundärinsolvenzverfahrens auf das Inland beschränkt sind und auch der ausländische Hauptinsolvenzverwalter die Eröffnung des Sekundärverfahrens beantragen kann. Ferner kommt dies dadurch zum Ausdruck, dass nach Maßgabe von § 358 InsO Überschüsse des Sekundärverfahrens an den ausländischen Verwalter herauszugeben sind.

Sofern das im Inland eröffnete Partikularverfahren ein isoliertes Partikularverfahren ist, ohne dass im Ausland bislang ein Hauptinsolvenzverfahren eröffnet wurde, bleibt die Eröffnung eines ausländischen Hauptinsolvenzverfahrens möglich und anerkennungsfähig[962]. Fraglich ist allerdings, wie es sich auf ein inländisches isoliertes Partikularverfahren auswirkt, wenn im Ausland ein anerkennungsfähiges Hauptinsolvenzverfahren eröffnet wird. Die Fortführung des isolierten Partikularverfahrens kommt nicht in Betracht. Dies folgt bereits aus der hier befürworteten Konzeption von eng miteinander verflochtenen Parallelverfahren. Es bleibt somit nur die Möglichkeit, das Partikularverfahren automatisch als Sekundärinsolvenzverfahren fortzuführen oder das Verfahren einzustellen. Das isolierte Partikularverfahren und das Sekundärinsolvenzverfahren sind jedoch nach der hier vertretenen Auffassung sowohl in ihren Eröffnungsvoraussetzungen als auch hinsichtlich der Aktiv- und Passivmasse identisch. Aus diesem Grunde spricht nichts gegen eine automatische Fortführung des isolierten Partikularverfahrens als Sekundärinsolvenzverfahren. Sobald somit im Ausland ein im Inland anerkennungsfähiges Hauptinsolvenzverfahren eröffnet wurde, wandelt sich das inländische isolierte Partikularverfahren automatisch in ein Sekundärinsolvenzverfahren um[963].

(7) Zusammenarbeit der Insolvenzverwalter

Ein erheblicher Nachteil des hier befürworteten Kombinationsmodells ist eine zusätzliche Verkomplizierung der Verfahrensabwicklung. Die Schuldbereinigung erfolgt unter Umständen in mehreren Verfahren und damit auch nach mehreren Rechtsordnungen mit verschiedenen Verteilungsordnungen. Im Interesse einer optimalen Verwertung des schuldnerischen Vermögens sowie der Gleichbehandlung aller Gläubiger ist es daher

---

960 a.A. Kolmann, S. 235; Metzger, S. 183, tritt dafür ein, die Wirkungen des Hauptinsolvenzverfahrens insofern fortbestehen zu lassen, als sie mit dem Recht des Zweitstaates vereinbar sind.

961 Lüke, ZZP 111, S. 275 (304); Duursma-Kepplinger/Duursma/Chalupsky, 1. Abschnitt, Teil 4, Rn. 55.

962 Geimer, Rn. 3392; Homann, S. 105.

963 Kolmann, S. 239; a.A. Spahlinger, S. 343, der zunächst eine Einstellung und anschließend eine Beantragung eines Sekundärinsolvenzverfahrens befürwortet. Ein solches Bedürfnis resultiert für Spahlinger allerdings daraus, dass er hinsichtlich der beiden Verfahren unterschiedliche Passivmassen befürwortet, so dass eine automatische Fortsetzung schlicht nicht möglich ist.

geboten, dass die Verwalter des Haupt- und des Sekundärinsolvenzverfahrens (sofern ein solches eröffnet wird) eng zusammenarbeiten[964].
Dementsprechend enthält die Neuregelung des autonomen Internationalen Insolvenzrechts mit § 357 eine Vorschrift über die Zusammenarbeit der Insolvenzverwalter von Haupt- und Sekundärinsolvenzverfahren[965].

(a) Regelungsgehalt von § 357 InsO

§ 357 Abs. 1 S. 1 InsO enthält zunächst die allgemeine Verpflichtung des Sekundärinsolvenzverwalters, dem ausländischen Verwalter unverzüglich alle Umstände mitzuteilen, die für die Durchführung des ausländischen Verfahrens Bedeutung haben können. In der Begründung zu § 357 InsO[966] ist insofern beispielhaft aufgezählt, welche Umstände für die Durchführung des ausländischen Verfahrens bedeutend sind. Es handelt sich dabei um die Eröffnung des Insolvenzverfahrens, die Vornahme der Verteilung sowie die Aufhebung oder Einstellung des Verfahrens[967]. Die Beschränkung der Unterrichtungspflicht auf bedeutungsvolle Informationen ist dabei sachgerecht, weil die Tätigkeit der Verwalter nicht unerheblich behindert würde, wenn die Informationspflicht auch unwichtige Details umfassen würde.
Auffällig ist, dass die in § 357 Abs. 1 S. 1 InsO postulierte Unterrichtungspflicht lediglich einseitig ausgestaltet ist. Nach dem Gesetzeswortlaut muss der ausländische Hauptinsolvenzverwalter den inländischen Verwalter über die bedeutenden Umstände des Hauptinsolvenzverfahrens nicht informieren. Ferner scheint sich die Regelung in § 357 InsO auf die Zusammenarbeit zwischen dem deutschen Sekundärinsolvenzverfahren und dem ausländischen Hauptinsolvenzverfahren zu beschränken. Ein Bedürfnis zur Zusammenarbeit könnte jedoch auch zwischen mehreren Sekundärverfahren oder auch zwischen unabhängigen Partikularverfahren bestehen. Auf diese Einschränkungen wird im Folgenden noch ausführlicher eingegangen.
Die ihm obliegende Mitteilungspflicht sollte der Sekundärinsolvenzverwalter nicht unterschätzen. Sofern er dieser nur unzureichend oder gar nicht nachkommt, kann der aus-

---

[964] Regierungsentwurf vom 25.10.2002, Begründung zu § 357 InsO, BT-Drs. 15/16, S. 26; Hanisch, ZIP 1994, S. 1 (7); Potthast, S. 118 f..

[965] Dass § 357 InsO lediglich auf die Zusammenarbeit der Verwalter des Haupt- und des Sekundärinsolvenzverfahrens beschränkt ist, folgt aus § 356 Abs. 1 S. 2 InsO. Dieser verweist ausdrücklich darauf, dass für das Sekundärinsolvenzverfahren § 357 InsO gilt.
Nach bisherigem Recht wurde die Pflicht zur Zusammenarbeit und Unterrichtung aus der Hierarchie zwischen Haupt- und Sekundärinsolvenzverfahren abgeleitet, vgl. dazu Wimmer in FK, Art. 102 EGInsO, Rn. 392; a.A. Lüer in Uhlenbruck, Art. 102 EGInsO, Rn. 219.

[966] Regierungsentwurf vom 25.10.2002, Begründung zu § 357 InsO, BT-Drs. 15/16, S. 26.

[967] In der Begründung zum nicht Gesetz gewordenen Regierungsentwurf von 1992, BT-Drs. 12/2443, S. 246, war die beispielhafte Aufzählung noch weitgehender. Hiernach sind von der Unterrichtungspflicht zudem erfasst: die zu Beginn des Verfahrens erstellte Vermögensübersicht, die Ergebnisse des allgemeinen Prüfungstermins sowie der Eintritt der Masseunzulänglichkeit.

ländische Verwalter oder jeder Insolvenzgläubiger eine Maßnahme der Aufsicht nach § 58 InsO beim Insolvenzgericht anregen[968]. Schlimmstenfalls kann das Insolvenzgericht den Insolvenzverwalter nach Maßgabe von § 59 InsO entlassen.
Nach § 357 Abs. 1 S. 2 InsO trifft den inländischen Verwalter zudem die Verpflichtung, dem ausländischen Verwalter Gelegenheit zu geben, Vorschläge für die Verwertung oder sonstige Verwendung des inländischen Vermögens zu unterbreiten. Dies ist insofern von Bedeutung, als nur der Hauptinsolvenzverwalter den Überblick über die gesamte Insolvenzabwicklung hat und er sinnvoll darüber entscheiden kann, ob beispielsweise ein Unternehmen saniert werden kann. Gegebenenfalls ist es aber auch vorteilhafter, das in- und ausländische Vermögen des Schuldners als Gesamtheit zu veräußern. Sofern der ausländische Verwalter die Chance zur Sanierung eines Unternehmens sieht, muss er diesen Vorschlag auch der Gläubigerversammlung unterbreiten können. Deshalb ist er gemäß § 357 Abs. 2 InsO auch berechtigt, an der Gläubigerversammlung teilzunehmen. Aus diesem Recht soll sich laut Gesetzesbegründung implizit die Verpflichtung ergeben, dass der ausländische Verwalter zu jeder Gläubigerversammlung zu laden ist[969].
Sofern die Insolvenzabwicklung im Sekundärinsolvenzverfahren anhand eines Insolvenzplans erfolgt[970], bestimmt § 357 Abs. 3 InsO, dass der Insolvenzplan in Ergänzung zu § 232 InsO auch dem ausländischen Verwalter zur Stellungnahme zuzuleiten ist. Der ausländische Verwalter soll danach aber auch selbst berechtigt sein, einen Insolvenzplan vorzulegen[971].
Im Folgenden sind einzelne Aspekte der Kooperations- und Koordinationsregeln im Hinblick auf ihre Sachgerechtigkeit näher zu untersuchen.

(b) Verallseitigung der Pflichten zur Zusammenarbeit

Wie bereits ausgeführt gilt die in § 357 Abs. 1 S. 1 InsO angeordnete Informationspflicht nur für den Insolvenzverwalter eines inländischen Sekundärinsolvenzverfahrens. Dies folgt aus § 356 Abs. 1 S. 2 InsO, wonach für das Sekundärinsolvenzverfahren § 357 InsO ergänzend gelten soll. Eine Regelung der Zusammenarbeit zwischen einem inländischen Hauptinsolvenzverfahren und einem anerkennungsfähigen ausländischen Sekundärinsolvenzverfahren[972] wurde dagegen nicht getroffen.
Ferner sind die Informations- und die Mitwirkungspflichten nur einseitig ausgestaltet. Ei-

---

[968] Regierungsentwurf vom 25.10.2002, Begründung zu § 357 InsO, BT-Drs. 15/16, S. 26.
[969] Regierungsentwurf vom 25.10.2002, Begründung zu § 357 InsO, BT-Drs. 15/16, S. 26.
[970] Vgl. zum Insolvenzplan ausführlich unten E. IV. 4. e. (9).
[971] Die Rechte der Verwalter sind nach der EuInsVO insofern weitreichender, als diese dazu berechtigt sind, Gläubigerrechte auszuüben. Nach Art. 32 Abs. 2 EuInsVO können Forderungen, die bereits im Haupt- oder im Sekundärinsolvenzverfahren angemeldet wurden, vom Verwalter dieses Verfahrens in den anderen Verfahren angemeldet werden. Dieses Recht sah auch noch § 397 des nicht Gesetz gewordenen Regierungsentwurfs zum IIR von 1992 vor. Die Notwendigkeit eines solchen Rechts bezweifelnd: Spahlinger, S. 328 f..
[972] Zur Anerkennung von Partikularverfahren vgl. unten E. IV. 4. e. (10).

ne Verpflichtung zur Information trifft lediglich den inländischen Verwalter, umgekehrt ist auch nur der Hauptinsolvenzverwalter zur Mitwirkung im inländischen Verfahren berechtigt.

Es stellt sich somit die Frage, ob eine allseitige Generalklausel in Bezug auf die Zusammenarbeit der Insolvenzverwalter sachgerechter gewesen wäre. Dies hängt maßgeblich davon ab, wieweit die Kompetenz des deutschen Gesetzgebers reicht.

Jedenfalls besteht auch in der Konstellation, dass im Inland ein Hauptinsolvenzverfahren eröffnet wird und im Ausland ein anerkennungsfähiges Sekundärinsolvenzverfahren, ein Bedürfnis nach einer Zusammenarbeit der Insolvenzverwalter. Freilich liegt es nicht in der Kompetenz des deutschen Rechts, dem ausländischen Verwalter Informationspflichten zu übertragen. Es besteht aber die Kompetenz, dem inländischen Hauptinsolvenzverwalter gewisse Pflichten aufzuerlegen. Gerade im Falle einer Unternehmenssanierung kann es durchaus sinnvoll sein, dass auch der ausländische Verwalter umfassend informiert wird und er ständig auf dem aktuellen Stand der Dinge ist. Aus diesem Grunde sollte auch den inländischen Hauptinsolvenzverwalter die Verpflichtung treffen, dem ausländischen Sekundärinsolvenzverwalter unverzüglich alle Umstände mitzuteilen, die für die Durchführung des ausländischen Sekundärverfahrens Bedeutung haben können[973].

Für eine solche Informationspflicht spricht insbesondere auch, dass einzig und allein der Hauptinsolvenzverwalter den Überblick über die gesamte grenzüberschreitende Insolvenzabwicklung hat und sich die Informationen aus den verschiedenen beteiligten Ländern bei ihm bündeln. Dem Hauptinsolvenzverfahren obliegt somit eine Leitfunktion für die Koordination von mehreren Verfahren[974].

Gleiches gilt ebenso im Hinblick auf die Mitwirkungspflichten. Zwar liegt es nicht im Kompetenzbereich des deutschen Rechts, dem inländischen Insolvenzverwalter Mitwirkungsrechte an einem ausländischen Insolvenzverfahren einzuräumen. Das deutsche Recht kann aber dem ausländischen Verwalter eines anerkennungsfähigen Sekundärinsolvenzverfahrens Mitwirkungsrechte im deutschen Hauptinsolvenzverfahren gewähren[975]. Das Bedürfnis hierfür lässt sich anhand eines einfachen Beispiels verdeutlichen. Angenommen im Inland wird das Hauptinsolvenzverfahren eröffnet. Ein Großteil der Vermögenswerte des Schuldners befindet sich aber im Land X. Die Vermögenssituation des Schuldners im Land X stellt sich aber viel positiver dar, als in Deutschland. Daraufhin gelangt der Sekundärinsolvenzverwalter des Landes X zu der Erkenntnis, dass eine Sanierung des Schuldnerunternehmens aussichtsreich erscheint. Für diesen Fall sollte auch dem Sekundärinsolvenzverwalter das Recht eingeräumt werden, im Inland Vorschläge für die Verwertung oder sonstige Verwendung des inländischen Vermögens zu unterbreiten. Ebenso sollte der ausländische Sekundärinsolvenzverwalter daher auch berechtigt sein, an der Gläubigerversammlung teilzunehmen.

Darüber hinaus wurde keine Koordinationspflicht für mehrere Sekundärinsolvenzverfah-

---

973 In diesem Sinne auch Metzger, S. 182.

974 Trunk, S. 435.

975 Metzger, S. 182; Trunk, S. 436.

ren, mehrere unabhängige Partikularverfahren oder mehrere Hauptinsolvenzverfahren untereinander getroffen. Dies folgt aus dem Wortlaut von § 357 InsO, der davon spricht, dass „*dem* ausländischen Verwalter alle Umstände mitzuteilen sind". Sofern hiervon auch andere Verwalter erfasst werden sollten, hätte es heißen müssen, dass „*den* ausländischen Verwaltern alle Umstände mitzuteilen sind". Ein Bedarf für eine Regelung der Zusammenarbeit besteht jedoch auch in diesen denkbaren Konstellationen. Eine Abstimmung muss daher auch in dem unwahrscheinlichen Fall der Eröffnung mehrerer Hauptinsolvenzverfahren erfolgen[976]. Ferner macht eine Kooperation auch zwischen parallelen Sekundärinsolvenzverfahren und isolierten Partikularverfahren Sinn[977], insbesondere wenn die Sanierung des Schuldnerunternehmens in Betracht gezogen wird. Zu erwägen wäre daneben auch die Einführung einer Koordinationspflicht bei parallelen Insolvenzverfahren von zwar verschiedenen aber wirtschaftlich miteinander verflochtenen Schuldnern[978].
Nicht geklärt ist, ob und inwieweit eine Zusammenarbeit auch dann erfolgen sollte, wenn das ausländische Hauptinsolvenzverfahren nicht anerkannt werden kann. In diesem Fall würde im Inland höchstwahrscheinlich ein isoliertes Partikularverfahren eröffnet werden, sofern sich Deutschland nicht selbst für internationale zuständig erachtet. Gründe, die gegen eine Unterrichtungspflicht des inländischen Verwalters sprechen, sind auch in diesem Fall nicht ersichtlich. Allerdings sollten dem ausländischen Hauptinsolvenzverwalter keine Mitwirkungsrechte im inländischen Verfahren eingeräumt werden. Die Nichtanerkennung des Hauptinsolvenzverfahrens wird ihre Gründe haben, die zur Zurückhaltung mahnen lassen.
Somit ist die in § 357 InsO getroffene Regelung jedenfalls insofern nicht sachgerecht, als sie sich auf die Regelung der Zusammenarbeit der Verwalter von ausländischem Haupt- und inländischem Sekundärinsolvenzverfahren beschränkt. De lege ferenda sollte § 357 InsO daher zu einer allseitigen Generalklausel ausgestaltet werden, die sämtliche Fälle von in- und ausländischen Verfahren erfasst[979].

(c) Zulässigkeit des Leistungsaustausches zwischen den Vermögensmassen?

Es stellt sich die Frage, ob ein Austausch von Vermögensgegenständen der verschiedenen Insolvenzmassen zulässig ist. Die Insolvenzordnung trifft hierzu keine Aussage.
Ein solcher Austausch von Vermögensgegenständen aus den Insolvenzmassen erscheint in solchen Fällen angebracht, in denen die gemeinsame Veräußerung eines Gegenstandes aus der Masse des Landes X mit einem Gegenstand aus der Masse des Landes Y einen viel höheren Erlös erzielen würde als die getrennte Veräußerung. Der

---

[976] So - allerdings zum europäischen Recht - Virgos/Schmit in Stoll, Vorschläge und Gutachten, Nr. 39.
[977] Kolmann, S. 242 u. 257; Trunk, KTS 1994, S. 33 (45).
[978] Dafür Trunk, S. 434 – wobei er in diesem Fall für eine eingeschränkte Koordinationspflicht plädiert.
[979] Metzger, S. 182; Spahlinger, S. 329; auch Liersch, NZI 2003, S. 302 (310), wünscht sich eine über § 357 InsO hinausgehende Zusammenarbeit der Insolvenzverwalter.

Leistungsaustausch wäre in diesem Fall im allgemeinen Interesse. Dabei muss jedoch sichergestellt werden, dass keine Vermögenswerte zu Lasten einer Masse einseitig entzogen werden. Die Übertragung eines Vermögensgegenstandes in eine andere Masse kann daher nur dann zulässig sein, wenn ein entsprechendes Äquivalent geleistet wird. Fraglich ist allerdings die rechtliche Gestaltung derartiger Vermögensverschiebungen zwischen zwei verschiedenen Haftungsmassen. Einzig sinnvoll wäre eine vertragliche Gestaltung. Hierdurch könnte sichergestellt werden, dass der einen Vermögensgegenstand auskehrenden Masse ein entsprechender Gegenwert zufließt. Im Ergebnis sollten mithin diesbezügliche Verträge der Verwalter untereinander zulässig sein[980].

(d) Haftung der Teilmasse für die Masse des Hauptinsolvenzverfahrens ?

Die Zulässigkeit paralleler Insolvenzverfahren führt zwangsläufig zu der Frage, ob die Teilmasse des Sekundärinsolvenzverfahrens gegenüber der Masse, die im Hauptinsolvenzverfahren abgewickelt wird, haften kann[981]. Hierfür ließe sich anführen, dass Rechtsträger beider Vermögen dieselbe Person ist und die Masse als solche nach herrschender Auffassung kein selbständiges Rechtssubjekt ist[982]. Allerdings ist zu berücksichtigen, dass sowohl das Haupt- als auch das Sekundärinsolvenzverfahren voneinander unabhängig sind. Die Insolvenzmassen sind geteilt. Sollte nunmehr der Zugriff beispielsweise zur Begleichung von Masseverbindlichkeiten auf das Vermögen des anderen Verfahrens möglich sein, würde diese strikte Trennung der Verfahren durchbrochen. Ferner würde dies zu nicht vorhersehbaren Risiken für die Insolvenzabwicklung in den jeweiligen Verfahren führen. Insbesondere um die Chancen für eine Sanierung in einem Verfahren abschätzen zu können, bedarf es einer verlässlichen Vermögensgrundlage, die nicht durch das Risiko der Haftung für eine andere Masse erschüttert werden sollte. Aus diesem Grunde ist eine Haftung der Massen untereinander abzulehnen.

(e) Zusammenfassung

Das Bedürfnis für eine Regelung der Zusammenarbeit der Insolvenzverwalter resultiert bereits aus dem hier befürworten Abwicklungsmodell mit mehreren Verfahren. Daher ist die in § 357 InsO getroffene Regelung notwendig und begrüßenswert[983].
Positiv ist ferner, dass die Informationspflichten des inländischen Verwalters nicht starr festgelegt wurden, sondern eine allgemeine Formulierung getroffen wurde, so dass in

---

[980] Lüke, ZZP 111, S. 275 (306); Kolmann, S. 240 f.; Reinhart, S. 296 ff.; Reinhart in MüKo, InsO, Art. 102 EGInsO, Rn. 199 f..

[981] Dieses Problem aufwerfend jedoch nicht beantwortend: Lüke, ZZP 111, S. 275 (305).

[982] Vgl. zu dem Rechtsstreit bezüglich der Rechtsnatur der Insolvenzmasse: Lwowski in MüKo, InsO, § 35, Rn. 22; Holzer in Kübler/Prütting, Art. 35, Rn. 2.

[983] Zurückhaltend Hanisch in Stoll, Vorschläge und Gutachten, S. 202 (215). Nach dessen Ansicht sollte sich die deutsche Kooperationsbereitschaft nicht aufdrängen, wenn die ausländische Verwaltung des Hauptverfahrens selbst keine Anstalten zur Zusammenarbeit trifft.

der Praxis für den Insolvenzverwalter ein gewisser Ermessensspielraum verbleibt, welche Informationen er für bedeutungsvoll hält.
Ebenso ist erfreulich, dass dem ausländischen Hauptinsolvenzverwalter Mitsprachrechte in Bezug auf die Verwertung und Verwendung des Vermögens eingeräumt werden. Dies wird insbesondere im Fall der Sanierung relevant, aber auch wenn eine einheitliche Veräußerung von Vermögensgegenständen einen größeren Erlös erwarten lässt. Aus diesem Grunde sollte auch der Austausch von Vermögensgegenständen unter den Insolvenzverwaltern grundsätzlich möglich sein.
Eine Normierung des Teilnahmerechts des ausländischen Insolvenzverwalters an der Gläubigerversammlung sowie des Rechts, einen Insolvenzplan vorzulegen, war schon deshalb erforderlich, weil dadurch von den übrigen Normen der Insolvenzordnung (vgl. §§ 74 Abs. 1, 218 InsO) abgewichen wird.
Bedauerlich ist hingegen, dass die Neuregelung eine Verpflichtung zur Zusammenarbeit lediglich zwischen inländischem Sekundär- und ausländischem Hauptinsolvenzverfahren vorsieht. Ein Bedürfnis für eine Zusammenarbeit besteht aber gleichermaßen in dem umgekehrten Fall, dass im Inland ein Hauptinsolvenzverfahren stattfindet und im Ausland ein anerkennungsfähiges Sekundärinsolvenzverfahren. Gleiches gilt für mehrere parallele Haupt- und Partikularinsolvenzverfahren. De lege ferenda sollte § 357 InsO daher zu einer allseitigen Generalklausel weiterentwickelt werden. De lege lata wäre zu erwägen, ob in den übrigen Fällen § 357 InsO analog heranzuziehen ist.
Auch wenn § 357 InsO die Pflicht zur Kooperation und Koordination auf die Insolvenzverwalter beschränkt, folgt daraus im Umkehrschluss nicht, dass eine grenzüberschreitende Zusammenarbeit der Insolvenzgerichte ausgeschlossen sein soll[984].
Eine Haftung der Teilmassen untereinander kommt nicht in Betracht.

(8) Verteilungsordnung

Es stellt sich die Frage, wie in einem System mit mehreren Insolvenzverfahren die Verteilung des Schuldnervermögens erfolgt. Grundsätzlich richtet sich die Verteilung des im Inland belegenen Vermögens des Schuldners nach autonomen Recht. Dies folgt aus der Geltung der lex fori particularis.

(a) Berücksichtigung von Teilerlösen

Wie bereits erörtert, steht jedem Gläubiger die Teilnahme an dem ausländischen Hauptinsolvenzverfahren und zugleich an dem inländischen Partikularverfahren offen[985]. Sofern ein Gläubiger an mehreren Verfahren teilnimmt erzielt er im Ergebnis auch mehrere

---

[984] Dafür auf europäischer Ebene: Leible/Staudinger, KTS 2000, S. 533 (569); eine solche Kooperation befürwortend auch: Thieme in Stoll, Stellungnahmen und Gutachten, S. 212 (256).
[985] Vgl. hierzu E. IV. 4. e. (4); eine unbeschränkte Passivmasse entspricht dem Grundsatz der Gläubigergleichbehandlung und macht daher nicht die Entwicklung einer neuen Verteilungsordnung erforderlich, so aber Kolmann, S. 509 ff.

Erlöse, obwohl freilich die Quote für den Einzelnen umso geringer wird, desto mehr Gläubiger gleichen Ranges ihre Forderungen anmelden.

Im Interesse einer internationalen Gläubigergleichbehandlung müssen die Erlöse aus einer Mehrfachbeteiligung ausgeglichen werden. Das Idealziel wäre dabei, dass jeder Gläubiger nach der Ausschüttung in allen Verfahren insgesamt soviel erhalten hat, wie er erhalten hätte, wenn statt mehrerer Verfahren ein einziges Verfahren durchgeführt worden wäre[986].

(i) Anrechnungslösung nach § 342 Abs. 2 InsO

Um dieses Ziel zu erreichen enthält die Neuregelung des autonomen Internationalen Insolvenzrechts mit § 342 Abs. 2 InsO eine Vorschrift, die bestimmt, dass der Insolvenzgläubiger behalten darf, was er in einem ausländischen Insolvenzverfahren erlangt hat. Er wird bei der Verteilung im Inland jedoch erst berücksichtigt, wenn die übrigen Gläubiger mit ihm gleichgestellt sind. Dies ist dann der Fall, wenn die teilnehmenden und rechtlich gleichgestellten Gläubiger auf ihre Forderungen die gleiche Quote erhalten haben, die ihm durch den Auslandserwerb zugeflossen ist[987].

Der Verwalter des inländischen Verfahrens kann den Grundsatz der Gläubigergleichbehandlung jedoch nur dann verwirklichen, wenn er vom Insolvenzgläubiger auch erfährt, was dieser durch die Teilnahme an einem ausländischen Verfahren erlangt hat. Aus diesem Grund gewährt § 342 Abs. 3 dem Insolvenzverwalter einen Auskunftsanspruch gegen den Gläubiger.

Fraglich ist, ob die Anrechnung des Befriedigungserlöses des ausländischen Verfahrens auf die Quote des inländischen Verfahrens auch dann gilt, wenn das inländische Verfahren ein Sekundärinsolvenzverfahren ist.

Grundsätzlich gebietet der Grundsatz der Gläubigergleichbehandlung sowohl für den Fall, dass das inländische Verfahren ein Hauptinsolvenzverfahren ist als auch für den Fall, dass es sich um ein Sekundärinsolvenzverfahren handelt, gleichermaßen die Anrechnung auf die Quoten. Hierfür spräche als systematisches Argument zudem, dass § 342 InsO als allgemeine Vorschrift den übrigen Normen vorangestellt ist.

Allerdings wird in der Gesetzesbegründung zu § 342 InsO[988] im Hinblick auf den Auskunftsanspruch gesagt, dass dieser dem Verwalter des inländischen „Hauptinsolvenzverfahrens“ zusteht, um zu erfahren, was der Gläubiger in einem ausländischen „Sekundärinsolvenzverfahren“ erlangt hat. Eine derartige Beschränkung enthält der Wortlaut von § 342 Abs. 3 InsO dagegen nicht. Die in der Gesetzesbegründung getroffene Formulierung könnte somit als Redaktionsversehen verstanden werden. Dem ist jedoch nicht so. Grundsätzlich sollte es sich bei dem zuletzt beendeten Verfahren um das Hauptinsolvenzverfahren handeln[989]. In der Praxis sollte es daher niemals dazu kommen, dass das

---

[986] Aderhold, S. 216.

[987] Regierungsentwurf vom 25.10.2002, Begründung zu § 342 InsO, BT-Drs. 15/16, S. 21.

[988] Regierungsentwurf vom 25.10.2002, BT-Drs. 15/16, S. 21.

[989] Spahlinger, S. 341.

Hauptinsolvenzverfahren vor einem inländischen Sekundärinsolvenzverfahren beendet wird. Damit würde sich die Anrechnungsfrage im Falle eines inländischen Sekundärinsolvenzverfahrens auch nicht stellen. Für diese Reihenfolge der Verfahrensbeendigung spricht insbesondere § 358 InsO, wonach Überschüsse des Sekundärinsolvenzverfahrens an den Verwalter des Hauptinsolvenzverfahrens herauszugeben sind[990]. Diese Regelung würde aber weitgehend leer laufen, wenn das Hauptinsolvenzverfahren bereits zuvor beendet worden wäre. Zudem wäre fraglich, wie dann mit dem Überschuss verfahren werden sollte. Für das autonome Internationale Insolvenzrecht gilt somit, dass ein in Deutschland eröffnetes Hauptinsolvenzverfahren erst nach Beendigung sämtlicher Sekundärinsolvenzverfahren über dasselbe Schuldnervermögen beendet werden kann. Eine diesbezügliche gesetzliche Klarstellung wäre durchaus wünschenswert gewesen.
Für den unwahrscheinlichen Fall, dass ein ausländisches Hauptinsolvenzverfahren dennoch vor einem inländischen Sekundärinsolvenzverfahren beendet wird, ist es aber im Sinne der par conditio creditorum geboten, dass die in diesem Verfahren erzielte Quote auf den Erlös des Sekundärverfahrens angerechnet wird. Ein etwaiger Überschuss muss dann nach Maßgabe von § 199 InsO an den Schuldner herausgegeben werden.

Zu untersuchen bleibt, ob das der Neuregelung zugrundeliegende „Anrechnungsmodell" zu überzeugen vermag.
Gegen die Anrechnungslösung lässt sich grundsätzlich anführen, dass diese nicht verhindern kann, dass einige Gläubiger infolge des forum shopping eine höhere Gesamtquote erhalten, obwohl die Forderungen der Gläubiger aus der Sicht der Verteilungsordnung des Hauptinsolvenzverfahrens gleichrangig sind[991]. Dies resultiert daraus, dass ein Gläubiger die Dividende aus einem Verfahren behalten darf. Eine Verpflichtung zur Herausgabe an die Masse des weiteren Verfahrens besteht gemäß § 342 Abs. 2 S. 1 InsO ausdrücklich nicht[992]. Eine solche Herausgabe des im Ausland erlangten Erlöses wurde in der Vergangenheit als Alternative zu der Anrechnungslösung diskutiert[993].

(ii) Verteilungsordnung nach Kolmann

Kolmann hat dagegen eine eigene Verteilungsordnung für ein System mit mehreren Insolvenzverfahren entwickelt[994], welches im Ergebnis das Bedürfnis nach einer Anrechnung reduziert.
Danach solle eine Verteilung des gesamten zur Verfügung stehenden Vermögens entsprechend den jeweiligen Anteilen der Verbindlichkeiten an den Gesamtverbindlichkeiten erfolgen. Das bedeutet, dass sowohl in dem Haupt- als auch in den Sekundärinsolvenzverfahren die gleichen Relationen zwischen Aktiva und Passiva hergestellt werden

---

[990] Vgl. hierzu wie folgt.
[991] Kolmann, S. 505.
[992] Spahlinger, S. 341.
[993] Vgl. Hanisch, ZIP 1989, S. 273 (277 ff.).
[994] Kolmann, S. 508 ff..

müssten. Stelle sich heraus, dass im Bereich eines Verfahrens die Verbindlichkeiten höher sind als das im Bereich des Verfahrens belegene Aktivvermögen, so müssen Vermögensgegenstände an das andere Verfahren herausgegeben werden. Das Verhältnis zwischen Aktiva und Passiva müsse überall gleich sein. Dies hätte zur Folge, dass für die Gläubiger die Notwendigkeit zu einer Mehrfachteilnahme entfallen würde, weil sie in jedem Verfahren grundsätzlich die gleichen Befriedigungschancen hätten. Ferner würde sich durch eine geringe Mehrfachteilnahme die Anrechungsproblematik in erheblichem Umfang reduzieren[995].

Das Bedürfnis für das von Kolmann entwickelte Modell resultiert allerdings daraus, dass dieser entgegen der hier vertretenen Auffassung für eine Beschränkung der Passivmasse von Sekundärinsolvenzverfahren eintritt[996]. Kolmann hat dabei nicht verkannt, dass eine beschränkte Passivmasse in Konflikt mit dem Grundsatz der Gläubigergleichbehandlung steht. Dementsprechend räumt er ein, „dass die beschränkte Teilnahmeberechtigung die anderen Gläubiger von den dem Sekundärinsolvenzverfahren unterstehenden Vermögenswerten nicht ausschließen dürfe“[997]. Eine Anrechnung würde jedenfalls dann leer laufen, wenn die im Sekundärverfahren in voller Höhe befriedigten Gläubiger an dem Hauptinsolvenzverfahren gar nicht mehr teilnehmen würden. Diese Gefahr ist bei einer beschränkten Passivmasse um ein vielfaches größer als im Fall einer unbeschränkten Passivmasse. Aus diesem Grund hat Kolmann sein Modell entwickelt, bei dem durch Angleichung der Relationen von Aktiva und Passiva letztlich auch die nicht teilnahmeberechtigten Gläubiger von dem im Sekundärstaat belegenen Vermögen profitieren können.

Da hier jedoch eine unbeschränkte Passivmasse favorisiert wird, besteht ein grundsätzliches Bedürfnis für eine von der gegenwärtigen Rechtslage abweichende Verteilungslösung zunächst nicht. Darüber hinaus ist das von Kolmann entwickelte Modell auch nicht überzeugend. Es lässt außer Acht, dass im Nachhinein immer noch ein weiteres Sekundärinsolvenzverfahren in einem Drittstaat eröffnet werden kann. Die bis dahin vorgenommene Angleichung der Aktiva und Passiva wäre hinfällig bzw. müsste korrigiert werden. Ferner würde dieses Modell nicht nur äußerst umständlich sein, sondern darüber hinaus zu einer nicht unerheblichen Verzögerung der Insolvenzabwicklung führen. Zudem rechtfertigt sich das Partikularverfahren unter anderem aufgrund seiner Schutzfunktion. Diese würde aber ausgehöhlt, wenn Vermögenswerte, an denen möglicherweise Sicherungsrecht bestehen, an das andere Verfahren herausgegeben werden müssten. Schließlich kann nicht gänzlich ausgeschlossen werden, dass an einer Vielzahl von im Inland belegenen Gegenständen ein Recht auf Aussonderung besteht. Letztlich kann auch mit dieser Lösung im Ergebnis eine umfassende Gläubigergleichbehandlung nur schwerlich erzielt werden. Zu berücksichtigen ist nämlich, dass in den verschiedenen

---

[995] Kolmann, S. 515.

[996] Kolmann, S. 502 ff..

[997] Kolmann, S. 509; ebenso für eine beschränkte Passivmasse eintretend und den Verstoß gegen den Gleichbehandlungsgrundsatz erkennend: Thieme in Stoll, Stellungnahmen und Gutachten, S. 212 (252).

Verfahren unterschiedliche Rangordnungen gelten. Ob in allen Verfahren die privilegierten Gläubiger gleich behandelt werden ist aber zu bezweifeln.

(iii) Verteilungsordnung nach Bloching

Eine ähnliche Konzeption verfolgt ebenso Bloching. Auch er will bereits eine Angleichung der Quoten und nicht erst nachträgliche Korrekturen an der Ausschüttung vornehmen[998]. Dazu solle dem Hauptverfahren die Koordination dergestalt übertragen werden, dass in jeder der parallelen Insolvenzen dieselbe Höhe der Quote erst erreicht sein müsse, bevor eine weitere Ausschüttung erfolgen dürfe[999]. Ebenso wie Kolmann will Bloching eine Angleichung der Quote durch ein „koordiniertes Ausschütten der Dividende und gegenseitiges Ausfolgen von Vermögen" zwischen den Verfahren erreichen[1000].
Gegen diesen Ansatz lassen sich allerdings dieselben Argumente anführen, die bereits gegen den Ansatz von Kolmann vorgetragen wurden: Die Lösung ist unpraktikabel, sie würde die Insolvenzabwicklung unnötig verzögern, die Schutzfunktion des Partikularverfahrens aushöhlen und letztlich auch keine umfassende Gläubigergleichbehandlung gewährleisten können.

(iv) Stellungnahme

Die der Neuregelung zugrunde liegende Anrechnungslösung überzeugt. Die unbeschränkte Teilnahmeberechtigung sämtlicher Gläubiger an einem inländischen Verfahren ermöglicht diesen, mehrfach Erlöse zu erzielen. Im Interesse der internationalen Gläubigergleichbehandlung muss jedoch gewährleistet werden, dass einzelne Gläubiger durch die Mehrfachbeteiligung nicht Vorteile gegenüber jenen Gläubigern erzielen, die sich lediglich für die Teilnahme an einem einzigen Verfahren entschlossen haben. Insbesondere würden anderenfalls die geschickten und ihre Befriedigungschancen in dem jeweiligen Verfahren ermittelnden Gläubiger auf Kosten der „schwächeren" Gläubiger privilegiert.
Eine Herausgabe des im Ausland erzielten Erlöses an die Masse des Inlandsverfahrens kommt entgegen einiger dies immer noch befürwortender Stimmen[1001] nicht in Betracht[1002]. Die Befürworter einer Ablieferungspflicht argumentieren, dass der Ausschluss der Ablieferungspflicht im Ergebnis zu einer erheblichen Einschränkung der Extraterritorialität des deutschen Insolvenzverfahrens führe und nicht einzusehen sei, dass nach Maßgabe von § 342 Abs. 1 InsO jene Erlöse, die im Ausland im Wege der Einzelzwangsvollstreckung erzielt würden, herauszugeben seien und die im Wege der Gesamtvollstreckung erzielten nicht[1003]. Diese Argumente tragen jedoch nicht. Zum einen

---

[998] Vgl. Bloching, S. 97 ff..
[999] Bloching, S. 98.
[1000] Bloching, S. 98.
[1001] Geimer, Rn. 3405; Lüer in Stoll, Stellungnahmen und Gutachten, S. 96 (119 ff.).
[1002] OLG Köln, ZIP 1989, S. 321; Reithmann/Martiny, Rn. 1803; Kemper in Kübler/Prütting, Art. 102 EGInsO, Rn. 276; Spahlinger, S. 339.
[1003] Geimer, Rn. 3405; Lüer in Stoll, Stellungnahmen und Gutachten, S. 96 (119 ff.).

würde der Gläubiger im Falle einer Ablieferungspflicht Gefahr laufen im Endeffekt weniger zu erhalten, als er bereits im Ausland erzielt hat. Zum anderen würde dies auf eine Bestrafung von besonders tüchtigen Gläubigern hinauslaufen, die jedoch nicht angezeigt ist[1004]. Freilich ließe sich dieses Argument auch gegen die Anrechnungslösung anführen. Diejenigen Gläubiger, die die Mühe einer ausländischen Rechtsverfolgung auf sich genommen haben würden dadurch „bestraft", dass sie bei der Verteilung zunächst nicht berücksichtigt werden. Hiergegen ist allerdings einzuwenden, dass die Angleichung der Quoten nicht nur der Verwirklichung des Gleichbehandlungsgrundsatzes dient, sondern auch dazu, der Auslandsrechtsverfolgung einen gewissen Anreiz zu nehmen, um das Einheitsverfahren zu stärken[1005]. Die Teilnahme an dem ausländischen Verfahren ist für die Gläubiger schließlich nicht zwingend.

Ferner ist eine Einschränkung der Extraterritorialität des deutschen Insolvenzverfahrens durch die Anerkennung ausländischer Partikularverfahren ipso iure gegeben. Sofern man sich jedoch einmal für ein solches Abwicklungsmodell im Internationalen Insolvenzrecht entschieden hat, sollten die daraus resultierenden Wirkungen nicht durch eine Ablieferungspflicht wieder eingeschränkt werden. Im Übrigen würde dadurch unter Umständen die mit der Zulässigkeit von Partikularverfahren beabsichtigte Schutzfunktion beeinträchtigt. Die Unterscheidung zwischen solchen Erlösen, die im Wege der Einzelzwangsvollstreckung im Ausland erlangt wurden und solchen, die im Wege der Gesamtvollstreckung erlangt wurden, rechtfertigt sich ferner damit, dass die Insolvenzquoten des ausländischen Verfahrens – in der Regel – unter dem Postulat der gleichmäßigen Behandlung aller Gläubiger festgelegt und mit Rechtsgrund erzielt wurden[1006]. Letztlich wäre eine Herausgabepflicht des im Ausland erlangten Erlöses an die inländische Masse auch eindeutig contra legem[1007].

Auch die von Kolmann und Bloching entwickelten Modelle, welche im Ergebnis eine Anrechnung dadurch überflüssig machen wollen, dass durch eine Angleichung der Quoten in jedem Verfahren dieselben Befriedigungschancen hergestellt werden, überzeugen aus den bereits genannten Gründen nicht.

Dagegen stellt die Anrechnungslösung eine praktikable Handhabe dar, die Gleichbehandlung sämtlicher Gläubiger zu gewährleisten[1008]. Durch sie wird die Schutzfunktion des Partikularverfahrens nicht angetastet und die Insolvenzabwicklung zumindest in den Sekundärinsolvenzverfahren nicht unnötig verzögert. Zwar lässt sich dadurch das angestrebte Idealziel, dass jeder Gläubiger soviel erhält, wie er in einem einheitlichen Verfahren erzielt hätte, nicht völlig erreichen. Allerdings wird es in der Praxis kaum dazu kommen, dass einzelne Gläubiger durch die Teilnahme an einem Sekundärinsolvenzverfah-

---

[1004] Aderhold, S. 217; Hanisch, ZIP 1989, S. 273 (277 f.).

[1005] Bloching, S. 92.

[1006] Reithmann/Martiny, Rn. 1803; Spahlinger, S. 339.

[1007] Vgl. § 342 Abs. 2 InsO – vgl. zur diesbezüglichen Diskussion nach altem Recht: Hanisch, ZIP 1989, S. 273 (277 f.).

[1008] Ebenso Spahlinger, S. 340; Hanisch, ZIP 1994, S. 1 (7); Hanisch, ZIP 1989, S. 273 (278); Flessner, ZIP 1989, S. 749 (752); Reithmann/Martiny, Rn. 1803; Geimer, Rn. 3403.

ren völlig befriedigt werden und die übrigen Gläubiger letztlich nicht. Dies scheint mir durch die unbeschränkte Teilnahmeberechtigung sämtlicher Gläubiger gewährleistet. Sofern sich in einem Verfahrensstaat gegenüber den übrigen Verfahrensstaaten erhebliche Vermögenswerte befinden, wird wohl kaum ein Gläubiger auf die Teilnahme an diesem Verfahren verzichten. Entsprechend verringert sich dann auch die Quote in diesem Verfahren.

Darüber hinaus enthält die Neuregelung des Internationalen Insolvenzrechts einen zusätzlichen Mechanismus, durch den eine umfassende Gleichbehandlung aller Gläubiger sichergestellt werden soll. § 341 Abs. 2 InsO ermächtigt den Insolvenzverwalter eines Verfahrens, die in diesem Verfahren angemeldeten Forderungen der Gläubiger auch in einem anderen Verfahren über das Vermögen des Schuldners anzumelden[1009]. Hierdurch kann somit gewährleistet werden, dass sämtliche Gläubiger Kenntnis davon erlangen, wenn beispielsweise im Ausland ein Sekundärinsolvenzverfahren eröffnet wird und dieses einen hohen Erlös erwarten lässt. Auch aus diesem Grunde wird es in der Praxis somit kaum dazu kommen, dass Einzelne in einem ausländischen Verfahren ihre Forderungen völlig befriedigen können und die anderen Gläubiger das Nachsehen haben. Angemerkt sei noch, dass die Dispositionsbefugnis über die Forderung letztlich beim Insolvenzgläubiger verbleibt[1010]. Daher steht diesem auch nach § 341 Abs. 2 S. 2 InsO das Recht zu, entweder generell die Anmeldung im ausländischen Verfahren abzulehnen oder eine bereits erfolgte Anmeldung zurückzunehmen.

Wie bereits gesagt gilt die Anrechnungsregelung grundsätzlich für ein inländisches Hauptinsolvenzverfahren. Dieses kann daher erst nach Abschluss sämtlicher ausländischer Sekundärinsolvenzverfahren beendet werden. Dies folgt daraus, dass vermutlich auch eine Vielzahl von ausländischen Rechtsordnungen die Herausgabe von etwaigen Überschüssen an das Hauptinsolvenzverfahren vorsehen, wie das nach § 358 InsO der Fall ist. Diese Herausgabepflicht würde aber leer laufen, wenn das Hauptinsolvenzverfahren zuvor bereits beendet wäre. Ferner besteht eine Koordinations- und Kooperationspflicht de lege lata nur zwischen dem Sekundär- und dem Hauptinsolvenzverwalter. Dem Hauptinsolvenzverfahren kommt somit eine übergeordnete Stellung zu, die es erforderlich macht, das Verfahren als Letztes zu beenden[1011]. Eine dahingehende gesetzliche Regelung wäre wie bereits erwähnt zur Klarstellung durchaus wünschenswert gewesen.

Lediglich für den Fall, dass ein ausländisches Hauptinsolvenzverfahren vor dem inländischen Verfahren beendet wird, kann eine Anrechnung der dort erzielten Quote im Inland

---

[1009] § 341 Abs. 2 InsO unterscheidet sich insofern von dem nicht Gesetz gewordenen Regierungsentwurf, BT-Drs. 12/2443, als der entsprechende § 397 RegInsO lediglich die Anmeldebefugnis des inländischen Sekundärinsolvenzverwalters am ausländischen Hauptinsolvenzverfahren vorsah. Die Neuregelung gestattet die Anmeldung auch dem inländischen Hauptinsolvenzverwalter. Dies ist zu begrüssen, weil eine Erleichterung der Geltendmachung von inländischen Rechten bei ausländischen Sekundärverfahren gleichermaßen besteht.

[1010] Regierungsentwurf vom 25.10.2002, Begründung zu § 341, BT-Drs. 15/16, S. 20.

[1011] a.A. wohl Wimmer in FK, Art. 102 EGInsO, Rn. 395.

in Betracht kommen. Dies gebietet der Grundsatz der Gläubigergleichbehandlung. Eine Anrechnung der Erlöse aus anderen Sekundärinsolvenzverfahren sollte im Rahmen eines inländischen Sekundärinsolvenzverfahrens dagegen niemals erfolgen. Hierdurch wird die Verteilung des Schuldnervermögens vereinfacht und die übergeordnete Stellung des Hauptinsolvenzverfahrens untermauert.

(b) Überschuss bei der Schlussverteilung im Sekundärverfahren

Es ist durchaus denkbar - wenn auch angesichts der unbeschränkten Passivmasse nicht besonders realistisch - , dass in einem inländischen Sekundärinsolvenzverfahren alle Forderungen der teilnehmenden Gläubiger in voller Höhe befriedigt werden und dennoch ein Überschuss verbleibt. Dieser ist gemäß § 358 InsO an den Verwalter des Hauptinsolvenzverfahrens herauszugeben. Damit wird die Regelung des § 199 InsO verdrängt, wonach ein Überschuss bei der Schlussverteilung an den Schuldner herauszugeben ist. Die Herausgabepflicht folgt im Übrigen aber auch schon aus der Anerkennung des Hauptinsolvenzverfahrens, so dass § 358 InsO lediglich ein klarstellender Charakter beizumessen ist[1012].

(9) Restschuldbefreiung und Insolvenzplan

§ 355 InsO enthält Sondervorschriften für die Restschuldbefreiung und den Insolvenzplan im Rahmen von Partikularverfahren[1013].
Gemäß § 355 Abs. 1 InsO sind im Partikularverfahren die Vorschriften über die Restschuldbefreiung nicht anzuwenden.
§ 355 Abs. 2 InsO bestimmt, dass ein Insolvenzplan unter gewissen Umständen in einem Partikularverfahren nur dann bestätigt werden kann, wenn alle betroffenen Gläubiger dem Plan zugestimmt haben.

(a) Restschuldbefreiung

Fraglich ist, ob der Ausschluss der gesetzlichen Restschuldbefreiung in einem Partikularverfahren sachgerecht ist. Für den Ausschluss der Restschuldbefreiung im Rahmen der Partikularverfahren spricht, dass die gesetzliche Restschuldbefreiung[1014] einem Gläubiger des Gemeinschuldners grundsätzlich nur dann zuzumuten ist, wenn das gesamte in- und ausländische Vermögen des Schuldners verwertet worden ist[1015]. Dies kann durch ein Partikularverfahren, in dem nur das inländische Vermögen erfasst wird, aber niemals sichergestellt werden. Daher ist es konsequent und überzeugend, die

---

[1012] Thieme in Stoll, Stellungnahmen und Gutachten, S. 212 (240); Spahlinger, S. 336; Trunk, KTS 1994, S. 33 (45).
[1013] Umfasst sind somit sowohl die isolierten Partikularverfahren als auch die Sekundärinsolvenzverfahren.
[1014] §§ 286 – 303 InsO.
[1015] Reinhart in MüKo, InsO, Art. 102 EGInsO, Rn. 261.

Restschuldbefreiung im Partikularverfahren auszuschließen[1016]. Die umfassende Schuldenbereinigungswirkung des § 301 Abs. 1 InsO und die Chance eines Neuanfangs für den Schuldner sind nur dann gerechtfertigt, wenn zumindest das wesentliche Vermögen des Schuldners festgestellt und verwertet worden ist[1017].
Dies wird allerdings von einigen Autoren bestritten[1018]. Diese argumentieren, dass die Restschuldbefreiung dogmatisch auch als gegenständlich beschränkte denkbar sei. Es komme nicht auf das gesamte Vermögen des Schuldners an, sondern auf eine bestimmte genau beschränkte Vermögensrelation[1019]. Diese Ansicht bleibt allerdings eine Erklärung dafür schuldig, wie sich diese Relation in der Praxis bemessen soll. Ferner wirkt die Restschuldbefreiung gemäß § 301 Abs. 1 InsO gegen alle Insolvenzgläubiger, auch gegen solche, die ihre Forderungen in dem Verfahren gar nicht angemeldet haben. Die Geltung der Restschuldbefreiung müsste somit dazu führen, dass der Schuldner auch von den nicht erfüllten Verbindlichkeiten dieser Gläubiger befreit wird[1020]. Dies kann den Gläubigern jedoch nicht auferlegt werden und wäre im Übrigen auch mit dem Grundsatz der gleichmäßigen Gläubigerbefriedigung nicht zu vereinbaren[1021]. Gleiches gilt auch, wenn man die Wirkungen der Restschuldbefreiung auf die am inländischen Verfahren teilnehmende Forderungen beschränken würde. Es ist keinem Gläubiger zuzumuten, nicht auch im Ausland die Erfüllung seiner Ansprüche zu suchen, wenn er im Inland keine volle Befriedigung erlangt hat[1022]. Außerdem haben die Forderungen gegen den Schuldner keine physische, territorial beschränkte Existenz sondern richten sich immer gegen den einen Schuldner, der in mehreren Ländern präsent ist[1023].
Der Ausschluss der Restschuldbefreiung im Partikularverfahren ist somit sachgerecht[1024].

(b) Insolvenzplan

Für die Partikularverfahren wird durch die Neuregelung des Internationalen Insolvenzrechts nicht vorgeschrieben, um welche Verfahrensart es sich handeln muss. De lege lata kann das Partikularverfahren daher sowohl ein Liquidationsverfahren sein als auch ein Verfahren, in dem ein Insolvenzplan mit dem Ziel der Sanierung beschlossen

---

[1016] Regierungsentwurf vom 25.10.2002, Begründung zu § 355 InsO, BT-Drs. 15/16, S. 25.
[1017] Wimmer in FK, Art. 102 EGInsO, Rn. 398.
[1018] Thieme in Stoll, Stellungnahmen und Gutachten, S. 212 (226 f.); Gottwald in Gottwald, § 128, Rn. 106.
[1019] Thieme in Stoll, Stellungnahmen und Gutachten, S. 212 (226 f.).
[1020] Vgl. § 286 InsO.
[1021] Kemper in Kübler/Prütting, Art. 102 EGInsO, Rn. 281.
[1022] Lüer in Uhlenbruck, Art. 102 EGInsO, Rn. 213.
[1023] Flessner in Stoll, Stellungnahmen und Gutachten, S. 201 (205); Reinhart in MüKo, InsO, Art. 102 EGInsO, Rn. 262.
[1024] Wimmer in FK, Art. 102 EGInsO, Rn. 398; Kemper in Kübler/Prütting, Art. 102 EGInsO, Rn. 281; Lüer in Uhlenbruck, Art. 102 EGInsO, Rn. 213.

wird[1025]. Dies folgt bereits aus der in § 355 Abs. 2 InsO getroffenen Regelung, wonach ein Insolvenzplan, in dem eine Stundung, ein Erlass oder sonstige Einschränkungen der Rechte der Gläubiger vorgesehen sind, nur bestätigt werden kann, wenn alle betroffenen Gläubiger dem Plan zugestimmt haben. Für dieses Zustimmungserfordernis werden die selben Gründe vorgetragen, die für einen Ausschluss des Restschuldbefreiung im Partikularverfahren sprechen: Der Insolvenzplan kann lediglich das inländische Vermögen des Schuldners umfassen. Solange nicht das gesamte in- und ausländische Vermögen des Schuldners verwertet worden ist, sind allgemein wirkende Beschränkungen der Gläubigerrechte diesen nicht zumutbar[1026]. Fraglich ist somit zunächst, ob die Zulässigkeit eines (insbesondere auf Sanierung des Schuldnervermögens gerichteten) Insolvenzplans im Partikularverfahren zu begrüßen ist. Anschließend stellt sich die Frage, ob das in § 355 Abs. 2 InsO postulierte Zustimmungserfordernis sämtlicher Gläubiger sachgerecht ist.

(i) Vereinbarkeit von Partikularverfahren und Insolvenzplan

Die Zulässigkeit eines Sanierungsplanes im Rahmen von Partikularverfahren ist nicht unumstritten[1027]. Hiergegen wird insbesondere vorgetragen, dass die Sanierung sinnvollerweise nur nach einem Insolvenzplan für das gesamte Schuldnervermögen erfolgen könne. Die Sanierung eines Unternehmens an ihren Randbereichen sei nicht möglich. Dies müsse vielmehr vom Zentrum aus geschehen. Ein Sanierungsbedürfnis für Teilbereich werde regelmäßig nur bei Tochtergesellschaften von multinationalen Unternehmen in Betracht kommen und nicht bei unselbständigen Niederlassungen. Zwar sei eine Aufspaltung der Sanierung in eine Pluralität von Sanierungsverfahren theoretisch denkbar, der dafür erforderliche Kooperationsaufwand sei jedoch zu groß[1028]. Dementsprechend bestimmt auf europäischer Ebene Art. 3 Abs. 3 S. 2 EuInsVO, dass zumindest das Sekundärinsolvenzverfahren nur als Liquidationsverfahren geführt werden kann[1029]. Für diese Lösung hat man sich entschieden, um der Gefahr einer Beeinträchtigung des Zwecks und der Ziele des Hauptverfahrens vorzubeugen. Es wurde befürchtet, dass ein auf Sanierung gerichtetes Sekundärverfahren unter Umständen ein ebenfalls auf Sanierung gerichtetes Hauptverfahren negativ beeinflussen könnte[1030].

[1025] Kemper in Kübler/Prütting, Art. 102 EGInsO, Rn. 282; Lüer in Uhlenbruck, Art. 102 EGInsO, Rn. 214; Wimmer in FK, Art. 102 EGInsO, Rn. 399; Kolmann, S. 243; Trunk, S. 258; Gottwald in Gottwald, § 128, Rn. 104.

[1026] Regierungsentwurf vom 25.10.2002, Begründung zu § 355 InsO, BT-Drs. 15/16, S. 25.

[1027] Dagegen bestehen – soweit ersichtlich – gegen einen auf Liquidation gerichteten Insolvenzplan keine Bedenken.

[1028] Hanisch in Stoll, Vorschläge und Gutachten, S. 202 (214); kritisch auch Reinhart, S. 309.

[1029] Es sei denn die Voraussetzungen von Art. 34 Abs. 1 EuInsVO liegen vor. Danach kann u.U. der Hauptinsolvenzverwalter eine Verfahrensbeendigung durch einen Sanierungsplan vorschlagen. Das unabhängige Partikularverfahren kann dagegen ein Sanierungsverfahren sein; vgl. Virgos/Schmit in Stoll, Vorschläge und Gutachten, Nr. 29 und 31.

[1030] Duursma-Kepplinger/Duursma/Chalupsky, Vorbemerkung zur EuInsVO, Rn. 69.

In der Tat ließe sich ein multinational tätiges Unternehmen am sinnvollsten in einem einzigen Verfahren unter Geltung eines Insolvenzplanes sanieren[1031]. Sofern man sich jedoch wie auch in der vorliegenden Arbeit für ein Abwicklungsmodell mit mehreren Insolvenzverfahren entschieden hat, kann die Eröffnung von Partikularverfahren nicht ausgeschlossen werden. Die Zulässigkeit von Partikularverfahren könnte zwar nach dem Vorbild der EuInsVO lediglich auf Liquidationsverfahren beschränkt werden. Die Untersagung eines auf die Sanierung des Unternehmens ausgerichteten Insolvenzplans in einem Partikularverfahren würde allerdings im Ergebnis dazu führen, dass die inländischen Vermögenswerte des Unternehmens dem für das Liquidationsverfahren typischen Zerschlagungsmechanismus ausgeliefert wären und die Sanierung eines transnationalen Unternehmens kaum möglich wäre[1032]. Schließlich ist es durchaus denkbar, dass sich der Verwalter des Hauptinsolvenzverfahrens für eine Sanierung entschlossen hat, weil er ebenso die Vermögensverhältnisse im Sekundärstaat berücksichtigt hat, die ebenfalls für ein Sanierungsverfahren gesprochen haben.

Sofern ein Bedürfnis für eine einvernehmliche Insolvenzbereinigung besteht, sollte die Möglichkeit dazu nicht von vornherein ausgeschlossen werden, auch wenn dies im Endeffekt ein erhöhtes Maß an Kooperation zwischen den einzelnen Verfahren erfordert. Dies gilt für das isolierte Partikularverfahren und das Sekundärinsolvenzverfahren gleichermaßen. Eine Beschränkung der Zulässigkeit von Insolvenzplänen auf isolierte Partikularverfahren nach dem Vorbild der EuInsVO würde zudem deshalb wenig Sinn machen, weil mit der späteren Eröffnung des Hauptinsolvenzverfahrens das isolierte Partikularverfahren als Sekundärinsolvenzverfahren fortgeführt wird[1033].

In Betracht zu ziehen wäre allerdings, die Zulässigkeit eines eigenständigen Insolvenzplans für das Sekundärinsolvenzverfahren dann einzuschränken, wenn im ausländischen Hauptinsolvenzverfahren ein Insolvenzplan ausgehandelt wurde[1034]. Dementsprechend solle nach Reinhart und Kolmann[1035] in diesem Falle auf einen eigenständigen Insolvenzplan verzichtet werden und der Plan des ausländischen Verfahrens im Inland bestätigt werden. Ein derartiger Verzicht findet de lege lata jedoch keine Grundlage. Er käme allenfalls freiwillig in Betracht und wäre angesichts der Vorteile der einheitlichen Insolvenzabwicklung auch durchaus begrüßenswert. Im Übrigen bleibt für den ausländischen Insolvenzverwalter lediglich die Möglichkeit von seinem ihm in § 357 Abs. 3 InsO eingeräumten Planinitiativrecht Gebrauch zu machen, um dadurch den Ablauf des Sekundärinsolvenzverfahrens im Interesse einer optimalen Befriedigung der Gläubiger zu beeinflussen.

Festzuhalten ist somit, dass die Zulässigkeit von sanierenden Insolvenzplänen im Rahmen von Partikularverfahren grundsätzlich zu befürworten ist. Allerdings ist einzuräumen,

---

[1031] So auch das Ergebnis der Untersuchung von Reinhart, S. 322.

[1032] Reinhart, S. 276; Eidenmüller, IPRax 2001, S. 2 (13).

[1033] Vgl. dazu Kolmann, S. 239.

[1034] Reinhart, S. 285 ff.; im Anschluss daran auch Kolmann, S. 250.

[1035] aaO.

dass in einigen Fällen Insolvenzpläne, die auf die Sanierung von Unternehmen ausgerichtet sind, wenig Sinn machen. Bevor ein Insolvenzplan im Rahmen eines isolierten Partikularverfahrens beschlossen wird, sollte stets berücksichtigt werden, dass nach der Aufhebung des Partikularverfahrens die ausländischen Gläubiger in das Vermögen der sanierten Niederlassung vollstrecken können, wenn bis dahin kein Hauptinsolvenzverfahren eröffnet wurde. Ferner müsste ein solches Planverfahren weitere Hindernisse überwinden. Eine Mitwirkung des ausländischen Schuldners wird nämlich kaum in Betracht kommen, da das Verfahren lediglich aufgrund der Belegenheit von Vermögen im Inland eröffnet werden konnte und nicht etwa, weil der Schuldner hier einen allgemeinen Gerichtsstand hat. Zudem kann der Insolvenzverwalter keine Verpflichtungen zu Lasten des ausländischen Schuldner eingehen, da ihm dazu die Rechtsmacht fehlt[1036]. Ebenso ist ein Insolvenzplan im Rahmen eines inländischen Sekundärinsolvenzverfahrens dann nicht sinnvoll, wenn im Hauptinsolvenzverfahren die Liquidation des Schuldnervermögens erfolgt. Mit der rechtskräftigen Bestätigung des Insolvenzplanes im Inland würde das inländische Insolvenzverfahren aufgehoben[1037]. Dies hätte zur Folge, dass der ausländische Insolvenzbeschlag wieder zum Tragen kommen würde und das der inländischen Niederlassung zugeordnete Vermögen in die Masse des ausländischen Liquidationsverfahrens fallen würde[1038]. Darüber hinaus weist Wimmer[1039] zutreffend darauf hin, dass in den Fällen, in denen sich eine Sanierung im Rahmen des Sekundärinsolvenzverfahrens aufgrund umfangreicher Vermögenswerte lohnen würde, derart viele Gläubiger ihre Forderungen in diesem Verfahren anmelden werden, dass das Insolvenzgericht gezwungen sein wird, den inländischen Sanierungsplan nach Maßgabe von § 231 InsO abzulehnen. Ein solcher Plan hätte offensichtlich keinerlei Aussichten, das mit ihm verfolgte wirtschaftliche Ergebnis zu realisieren. Im Rahmen eines Sekundärinsolvenzverfahren wird es somit nur dann zur Sanierung aufgrund eines inländischen Insolvenzplans kommen, wenn auch im Hauptinsolvenzverfahren die Sanierung des Schuldnerunternehmens verfolgt wird. Sofern der ausländische Insolvenzverwalter mit seinem Planinitiativrecht im Inland keinen Erfolg hatte, wird die besondere Schwierigkeit dann darin liegen, einen Ausgleich zu finden, wenn die verschiedenen Sanierungspläne die Forderungen der Gläubiger in unterschiedlicher Höhe kürzen und die Gläubiger an mehreren Verfahren teilnehmen. Nur wenn das Sekundärinsolvenzverfahren mit einem Insolvenzplan endet, der vollkommen dem ausländischen Insolvenzplan gleicht, wird es keine Probleme geben[1040]. Zur Lösung wird daher erwogen, dem inländischen Verfahrensergebnis

---

[1036] Lüer in Uhlenbruck, Art. 102 EGInsO, Rn. 215.
[1037] § 258 Abs. 1 InsO.
[1038] Wimmer in FK, Art. 102 EGInsO, Rn. 403.
[1039] Wimmer in FK, Art. 102 EGInsO, Rn. 403.
[1040] Flessner in Stoll, Stellungnahmen und Gutachten, S. 201 (205).

den Vorrang vor dem ausländischen Insolvenzplan einzuräumen[1041]. Dies ist insofern sachgerecht, als die Wirkungen des Hauptinsolvenzverfahrens mit der Eröffnung des Sekundärverfahrens verdrängt werden. Zwar wird mit der rechtskräftigen Bestätigung des Insolvenzplanes das Insolvenzverfahren nach Maßgabe von § 258 Abs. 1 InsO aufgehoben. Dennoch sollte es auch dann beim Vorrang des inländischen Planes verbleiben, solange bis das Sanierungsverfahren beendet wird. Nach der Beendigung wird die Aufspaltung des Schuldnervermögens in verschiedene Haftungsmassen aufgehoben. Sofern somit im Hauptverfahren dem Gläubiger 50 % seiner Forderungen zugestanden wurden und im inländischen Sekundärinsolvenzverfahren lediglich 30 %, so kann der Gläubiger im Anschluss an das Sanierungsverfahren noch Befriedigung hinsichtlich der über die 30 % hinausgehenden Quote auch aus dem inländischen Vermögen erlangen. Anderenfalls würde die Trennung der Haftungsmassen über die Beendigung des Sanierungsverfahrens hinaus aufrechterhalten[1042]. Freilich muss auch im Fall von parallelen Sanierungsverfahren ebenso wie bei Liquidationsverfahren eine Anrechnung der Quoten erfolgen.

Sollte im Hauptinsolvenzverfahren die Sanierung des Schuldnervermögens verfolgt werden und der inländische Insolvenzverwalter beschließt das Schuldnervermögen zu liquidieren, so hat der Hauptinsolvenzverwalter keine Handhabe, dies zu unterbinden.

Art. 32 Abs. 1 eines Vorentwurfs von Vorschriften zur Neuordnung des Internationalen Insolvenzrechts aus dem Jahre 1989[1043] sah demgegenüber noch das Recht des Hauptinsolvenzverwalters vor, unter gewissen Umständen die Abstimmung über einen Insolvenzplan oder die Verwertung und Verteilung der Insolvenzmasse auf Antrag für die Dauer von drei Monaten auszusetzen. Auf europäischer Ebene kennt Art. 33 Abs. 1 EuInsVO ein solches Recht des Hauptinsolvenzverwalters. Das autonome Internationale Insolvenzrecht enthält eine solche Regelung dagegen nicht. Für eine solche Regelung würde sprechen, dass dadurch dem ausländischen Insolvenzverwalter die Möglichkeit eröffnet würde, auf das inländische Verfahren Einfluss zu nehmen, um eventuell doch noch eine einheitliche Sanierung zu erreichen oder aber auch, um schlicht Vermögenswerte zwischen den Massen auszutauschen, sofern dies für die Sanierung im Hauptinsolvenzverfahren vorteilhaft ist. Allerdings zeugt die Aussetzungsbefugnis des ausländischen Hauptinsolvenzverwalters von einem großen Maß an Vertrauen in diesen. Ein solches Vertrauen ist jedoch nicht gegenüber den Verwaltern sämtlicher Staaten ange-

---

[1041] Flessner in Stoll, Stellungnahmen und Gutachten, S. 201 (206); Kemper in Kübler/Prütting, Art. 102 EGInsO, Rn. 283; Reinhart, S. 308 favorisiert dagegen den Gläubigern kumulativ die Rechte aus den verschiedenen Insolvenzplänen zuzugestehen, so dass im Ergebnis der Insolvenzplan Vorrang genießt, der dem Gläubiger eine weitergehende Befriedigung zusagt. Hierdurch würde aber meines Erachtens der grundsätzliche Vorrang des Sekundärverfahrens vor dem Hauptverfahren nicht hinreichend berücksichtigt.

[1042] So zutreffend Reinhart, S. 307.

[1043] Abgedruckt in Stoll, Stellungnahmen und Gutachten, S. 2 ff..

zeigt[1044]. Zu befürchten wären Missbrauch und die Verzögerung der inländischen Insolvenzabwicklung. Aus diesen Gründen ist ein Aussetzungsrecht für das autonome Insolvenzrecht nicht zu befürworten. Der ausländische Insolvenzverwalter hätte somit die Liquidation des Schuldnervermögens im Inland hinzunehmen[1045].

(ii) Zustimmungserfordernis gemäß § 355 Abs. 2 InsO

Die Möglichkeit im Rahmen eines Partikularverfahrens die Abwicklung des Schuldnervermögens durch einen Insolvenzplan zu erreichen, wird durch die in § 355 Abs. 2 InsO getroffene Regelung erheblich eingeschränkt. Das Zustimmungserfordernis kann sogar dazu führen, dass dadurch im Ergebnis ein Insolvenzplan im Partikularverfahren praktisch ausgeschlossen ist[1046].

Daher wird erwogen zumindest in Sekundärinsolvenzverfahren den Insolvenzplan nach allgemeinen Regeln[1047] zu verabschieden[1048]. Hierfür spreche, dass in diesem Fall eine Verwertung des gesamten Schuldnervermögens typischerweise gewährleistet sei. Dabei wird jedoch verkannt, dass das Partikularverfahren auf das im Inland befindliche Vermögen des Schuldner beschränkt ist und daher dem inländischen Insolvenzplan letztlich die Berechtigung fehlt, beispielsweise Forderungen der Gläubiger zu kürzen[1049]. Die Zustimmung sämtlicher Gläubiger wäre allenfalls dann nicht erforderlich, wenn sich die Modifikation der Forderungen der Gläubiger auf das der Quotenberechnung zugrundeliegende Inlandsvermögen beschränken ließe. Hiergegen spricht aber wiederum, dass Forderungen keine physisch, territorial beschränkbare Existenz haben und daher auch nicht territorial teilbar sind[1050]. Eine Einschränkung der Gläubigerrechte auf das Inland ließe sich aber möglicherweise durch eine Einschränkung der prozessualen Durchsetzbarkeit der Forderungen im Inland erreichen, indem eine Beschränkung der Vollstreckbarkeit angeordnet wird. Allerdings ist eine solche prozessuale Beschränkung nicht praktikabel, da sie nur solange funktioniert, wie auch eine Kürzung der Gläubigerforderungen beabsichtigt ist. Sofern aber eine Umwandlung der Forderungen erfolgt, können diese mit der prozessrechtlichen Einschränkung nicht mehr erfasst werden[1051].

[1044] Hanisch in Stoll, Vorschläge und Gutachten, S. 202 (206); Wimmer in FK, Art. 102 EGInsO, Rn. 405; a.A. Spahlinger, S. 335; Eidenmüller, IPRax 2001, S. 2 (13); Hanisch in Stoll, Vorschläge und Gutachten, S. 202 (216).

[1045] Spahlinger, S. 331; a.A.: Wenner, KTS 1990, S. 429 (434).

[1046] Trunk, KTS 1994, S. 33 (45); ebenso Eidenmüller, IPRax 2001, S. 2 (13); kritisch aus Liersch, NZI 2003, S. 302 (309).

[1047] § 244 InsO, Gläubigermehrheit.

[1048] Trunk, KTS 1994, S. 33 (45); zweifelnd aber nicht eindeutig: Flessner, IPRax 1997, S. 1 (9).

[1049] So die Bedenken von Reinhart, S. 308 f., gegen die Zulässigkeit mehrerer paralleler Insolvenzpläne.

[1050] Flessner in Stoll, Stellungnahmen und Gutachten, S. 201 (205); Reinhart, S. 301.

[1051] Vgl. dazu ausführlich Reinhart, S. 302 f..

Aus diesen Gründen ist es durchaus sachgerecht, die Durchführung eines Insolvenzplans an die Zustimmung sämtlicher Gläubiger zu knüpfen[1052].

(iii) Zusammenfassung

Der Ausschluss der gesetzlichen Restschuldbefreiung im Rahmen von Partikularverfahren ist sachgerecht. Diese kann den Gläubigern des Gemeinschuldners grundsätzlich nur dann zugemutet werden, wenn das gesamte in- und ausländische Vermögen des Schuldners verwertet worden ist. Eine „beschränkte Restschuldbefreiung" kommt schon deshalb nicht in Betracht, weil die Forderungen der Gläubiger sich nicht territorial beschränken lassen.

Insolvenzpläne mit dem Ziel der Sanierung des Schuldnerunternehmens sind im Rahmen von Partikularverfahren zulässig[1053]. Dies ist insofern zu begrüßen, als anderenfalls eine umfassende Sanierung eines multinationalen Unternehmens kaum möglich wäre. Mit der Zulässigkeit von parallelen Sanierungsverfahren sind aber nicht unerhebliche Koordinierungsprobleme verbunden. Sofern die verschiedenen Verfahren die Gläubigerrechte unterschiedlich einschränken, genießt die inländische Regelung grundsätzlich Vorrang. Dies gilt allerdings nur solange, bis das inländische Verfahren beendet wird. Anschließend kommt wiederum der universale Charakter des Hauptinsolvenzverfahrens mit den dort angeordneten Wirkungen zum Tragen. Zudem müssen die in den verschiedenen Verfahren erzielten Erlöse untereinander angerechnet werden.

Darüber hinaus ist auch das Zustimmungserfordernis sämtlicher durch einen Insolvenzplan betroffener Gläubiger zu befürworten. Eine Begrenzung der Gläubigerforderungen auf das Inlandsvermögen kommt nicht in Betracht. Dem inländischen Insolvenzplan fehlt daher die Berechtigung, Gläubigerrechte in toto einzuschränken.

Die im Zusammenhang mit mehreren parallelen Sanierungsverfahren auftretenden Probleme könnten allerdings durch die Sanierung des Schuldnerunternehmens auf der Grundlage eines einzigen Planes vermieden werden. Daher ist an den Verwalter des jeweiligen Hauptinsolvenzverfahrens zu appellieren, von dem ihm in § 357 Abs. 3 S. 2 InsO eingeräumten Recht, selbst einen Insolvenzplan vorzulegen, umfassend Gebrauch zu machen, sofern auch im Hauptinsolvenzverfahren eine Sanierung beabsichtigt wird. Da zudem auch ein inländischer Insolvenzplan dem ausländischen Verwalter stets zur

---

[1052] Regierungsentwurf vom 25.10.2002, Begründung zu § 355 InsO, BT-Drs. 15/16, S. 25; Wimmer in FK, Art. 102 EGInsO, Rn. 398; Kemper in Kübler/Prütting, Art. 102 EGInsO, Rn. 282; Reinhart, S. 303. Liersch, NZI 2003, S. 302 (309) will § 355 Abs. 2 InsO dahingehend auslegen, dass einen Zustimmung aller betroffenen Gläubiger auch dann vorliegt, wenn eine Bestätigung von Insolvenzplänen in allen anderen über das Vermögen des Schuldners parallel eröffneten Insolvenzverfahren erfolgt ist und es sich hierbei zumindest in einem Verfahren um ein Hauptinsolvenzverfahren handelt. Hierfür findet sich de lege lata jedoch keine Stütze. De lege ferenda erscheint mir dies insofern praxisgerecht, als es in der Tat unrealistisch ist, die Zustimmung sämtlicher Gläubiger zu erzielen.

[1053] Dagegen ist Reinhart in MüKo, InsO, Art. 102 EGInsO, Rn. 268 der Auffassung, dass eine Unternehmenssanierung bei parallelen Insolvenzverfahren nur durch einen einzigen, für alle Verfahren einheitlichen Insolvenzplan möglich ist.

Stellungnahme zuzuleiten ist[1054], ist zu hoffen, dass in der Praxis die Insolvenzverwalter im Interesse einer zügigen und gerechten Gläubigerbefriedigung bemüht sind, sich auf einen einheitlichen Insolvenzplan zu einigen, so dass sich die genannten Koordinationsprobleme nicht stellen.

(10) Anerkennung ausländischer Partikularverfahren

Bislang wurde lediglich die Anerkennung eines ausländischen Hauptinsolvenzverfahrens im Inland erörtert[1055]. Fraglich ist, ob auch ein Bedürfnis für die Anerkennung von im Ausland eröffneter Partikularverfahren im Inland besteht.

(a) Anerkennungsbedürfnis

Entgegen einer in der Literatur verbreiteten Ansicht[1056] stellt sich die Frage der Anerkennung auch im Hinblick auf ein im Ausland eröffnetes Partikularverfahren. Sofern ein Bedürfnis nach der Anerkennung von ausländischen Partikularverfahren abgelehnt wird, beruht dies auf der Fehlvorstellung, dass das Partikularverfahren auf den Staat der Verfahrenseröffnung beschränkt sei und daher auch keine Wirkungen außerhalb dieses Staates entwickeln könne. Hierbei wird allerdings verkannt, dass das Partikularverfahren lediglich gegenständlich bezüglich des im Staat der Verfahrenseröffnung belegenen Vermögens beschränkt ist. Ein Bedürfnis für die Anerkennung auch von ausländischen Partikularverfahren im Inland resultiert aber daraus, dass dadurch ein möglicherweise im Inland eröffnetes Hauptverfahren insoweit auf seinen extraterritorialen Geltungsanspruch verzichtet[1057]. Ferner muss es dem ausländischen Verwalter beispielsweise möglich sein, Vermögensgegenstände, die zur Masse des Partikularverfahrens gehören, herauszuverlangen, wenn diese zuvor in das Ausland verbracht worden sind[1058]. Der ausländische Verwalter ist aber nur dann zur Geltendmachung eines Herausgabeanspruches berechtigt, wenn das Partikularverfahren zuvor anerkannt wurde[1059]. Gleiches gilt, wenn der Insolvenzverwalter des Partikularverfahrens Anfechtungshandlungen im Ausland vornehmen will. Letztlich kann eine Kooperation und Koordination zwischen mehreren Verfahren sinnvollerweise auch nur dann erfolgen, wenn die Verfahren sich gegenseitig anerkennen[1060].

[1054] § 357 Abs. 3 S. 1 InsO.

[1055] Vgl. oben E. IV. 2..

[1056] Pielorz, S. 38.

[1057] Laut, S. 145; ebenso im Hinblick auf die EuInsVO Duursma-Kepplinger/Duursma/Chalupsky, Art. 17, Rn. 16.

[1058] Schack, Rn. 1146; Trunk, KTS 1994, S. 33 (40).

[1059] Homann, S. 53; Laut, S. 145; Metzger, S. 155.

[1060] Homann, S. 54.

Ein Bedürfnis für die Anerkennung ausländischer Partikularverfahren ist daher zu bejahen[1061].

(b) Anerkennungsvoraussetzungen

Entgegen des in der Literatur geäußerten Wunsches, für die Partikularinsolvenz eine selbständige Anerkennungsnorm zu schaffen[1062], enthält die Neuregelung der Vorschriften des Internationalen Insolvenzrechts eine solche Anerkennungsnorm nicht. Daher muss auf die allgemeine Anerkennungsvorschrift des § 343 InsO zurückgegriffen werden. Dies ist jedoch auch ohne weiteres möglich, weil der Wortlaut von § 343 InsO von „ausländischen Insolvenzverfahren" spricht und daher die ausländischen Partikularinsolvenzverfahren insoweit nicht ausgeschlossen sind.
Für die Anerkennung ausländischer Partikularinsolvenzverfahren gelten somit die gleichen Voraussetzungen wie für die Anerkennung eines ausländischen Hauptinsolvenzverfahrens, so dass auf die bereits gemachten Ausführungen in dieser Arbeit verwiesen werden kann[1063]. Das Partikularverfahren muss somit als Insolvenzverfahren qualifiziert werden können. Ferner muss die internationale Zuständigkeit des Verfahrensstaates gegeben sein. Diese ist anhand der spiegelbildlichen Anwendung von § 354 Abs. 1 InsO zu ermitteln. Letztlich darf das ausländische Verfahren nicht gegen den inländischen ordre public verstoßen. Ebenso wie die Anerkennung des Hauptinsolvenzverfahrens erfolgt auch die Anerkennung von Partikularverfahren automatisch und nicht in einem gesonderten Exequaturverfahren.
Hinsichtlich des Verhältnisses eines anerkennungsfähigen Hauptinsolvenzverfahrens zu einem anerkennungsfähigen Sekundärinsolvenzverfahrens gelten die gleichen Grundsätze wie zwischen einem ausländischen Hauptinsolvenzverfahren und einem Sekundärinsolvenzverfahren in Deutschland: Das ausländische Sekundärinsolvenzverfahren hat Vorrang im Hinblick auf die Abwicklung des in die Masse dieses Verfahrens fallenden Vermögens. Im Übrigen gelten die Wirkungen des ausländischen Hauptinsolvenzverfahrens. Insbesondere fällt das in Deutschland belegene Schuldnervermögen in dessen Masse[1064].

f. Rechtsvergleichung

Zu untersuchen ist, welche Abwicklungsmodelle die Internationalen Insolvenzrechte Frankreichs, Englands und Italiens verfolgen und ob sich hieraus Änderungsbedürfnisse für das autonome Recht ergeben.

[1061] Thieme in Stoll, Stellungnahmen und Gutachten, S. 212 (219); Laut, S. 144 f.; Schack, Rn. 1146; Homann, S. 52 ff.; Trunk, KTS 1994, S. 33 (40).
[1062] Thieme in Stoll, Stellungnahmen und Gutachten, S. 212 (220).
[1063] Vgl. oben E. IV. 2..
[1064] Trunk, S. 439.

(1) Frankreich

Wie bereits mehrfach erwähnt ist das französische Internationale Insolvenzrecht gesetzlich nicht geregelt. Es wurde weitgehend von der Rechtsprechung und Lehre entwickelt. Dabei verfolgt das französische Recht ähnlich wie das deutsche Recht ein Abwicklungsmodell, das eine Kombination aus Territorialitäts- und Universalitätsprinzip darstellt. Es wird insofern von einem „sytème mixte" gesprochen[1065]. Demnach ist ein territorial beschränktes Insolvenzverfahren („faillite locale francaise") neben einem ausländischen Hauptinsolvenzverfahren auch nach französischem Recht möglich. Die Insolvenzabwicklung richtet sich in diesem Fall nach der lex fori[1066]. Ein „lokales Insolvenzverfahren" nach französischem Recht hat gegenüber dem ausländischen Hauptinsolvenzverfahren auch stets Vorrang[1067]. Allerdings ist die Eröffnung eines lokalen Insolvenzverfahrens nur solange möglich, bis für das ausländischen Hauptinsolvenzverfahren das Exequatur erteilt wurde[1068]. Bis zur Erteilung des Exequaturs entfaltet ein ausländisches Verfahren in Frankreich keine volle Wirkung. Nach der Exequaturerteilung ist die Eröffnung eines lokalen Insolvenzverfahrens wiederum ausgeschlossen[1069]. Die Möglichkeit in Frankreich ein lokales Insolvenzverfahren zu eröffnen ist somit im Vergleich zum deutschen Recht, welches stets die Eröffnung eines Sekundärinsolvenzverfahrens neben einem ausländischen Hauptinsolvenzverfahren gestattet, eingeschränkter. Andererseits weicht das französische Recht insofern von dem deutschen Recht ab, als das ausländische Insolvenzverfahren nach der Eröffnung der faillite locale das Exequatur nicht mehr erhalten kann und das ausländische Verfahren somit in Frankreich auch keine Wirkungen mehr entfaltet[1070]. Daraus folgt, dass das französische Recht nicht dem System der „kontrollierten Universalität" folgt, wie das nach deutschem Recht der Fall ist. Die faillite locale ist vielmehr ein eigenständiges und von dem ausländischen Verfahren unabhängiges Insolvenzverfahren. Das französische Recht enthält insofern eine territorialistischere Komponente als das deutsche Recht.

Die internationale Zuständigkeit zur Eröffnung eines lokalen Insolvenzverfahrens ist dann gegeben, wenn der Schuldner im Inland einen Interessenmittelpunkt hat[1071]. Dies ist beispielsweise dann der Fall, wenn in Frankreich eine Niederlassung des Schuldners belegen ist. Die internationale Zuständigkeit lässt sich aber auch dann begründen, wenn Vermögen des Schuldners im Inland belegen ist oder er dort Rechtsgeschäfte vorgenommen hat[1072]. Zudem ist auch ein Rückgriff auf die Art. 14 und 15 des Code civil mög-

---

[1065] Mayer/Heuzé, Rn. 666-1; Audit, Rn. 770; Loussouarn/Bredin, Rn. 687, spricht von einem, „double aspect".

[1066] Loussouarn/Bredin, Rn. 691.

[1067] Audit, Rn. 769.

[1068] Mayer/Heuzé, Rn. 666-1; Heyers, S. 20; Dostal, ZIP 1998, S. 969 (973).

[1069] Cour de cassation, 11. avril 1995, Rev. cr. dr. int. pr. 1995, S. 742 (1. Leitsatz); Trochu, S. 71.

[1070] Audit, Rn. 770; Trochu, S. 71; Heyers, S. 21.

[1071] Mayer/Heuzé, Rn. 666-1.

[1072] Audit, Rn. 769; Loussouarn/Bredin, Rn. 691.

lich. Danach ist die Internationale Zuständigkeit auch dann gegeben, wenn der Antragsteller oder der Schuldner Franzosen sind[1073]. Somit ist die internationale Zuständigkeit zur Eröffnung eines lokalen Insolvenzverfahrens in Frankreich weiterreichender als im deutschen Recht.

In Bezug auf die Aktivmasse ist das lokale Insolvenzverfahren auf das im Inland belegene Vermögen des Schuldners beschränkt[1074].

Zur Teilnahme an dem lokalen Verfahren sind sämtliche in- und ausländischen Gläubiger berechtigt[1075]. Eine Beschränkung der Passivmasse kennt das französische Recht somit ebenfalls nicht.

Obwohl die Eröffnung eines lokalen Insolvenzverfahrens die Erteilung des Exequaturs für das im Ausland eröffnete Verfahren ausschließt, lässt sich seine Existenz schwerlich leugnen[1076]. So wird im Interesse einer umfassenden Gläubigergleichbehandlung in der französischen Rechtsprechung und Literatur diskutiert, wie Erlöse, die Gläubiger bereits im Ausland erzielt haben, im Inland berücksichtigt werden können[1077]. In einigen älteren Entscheidungen wurden die Gläubiger zur Ablieferung der im Ausland erzielten Quote an die inländische Masse verpflichtet[1078]. Nach anderer Auffassung soll dagegen die im Ausland erzielten Erlöse auf die Quote im Inland angerechnet werden[1079].

(2) England

Ebenso wie das deutsche und das französische Recht kennt auch das englische Internationale Insolvenzrecht die Möglichkeit, ein paralleles Insolvenzverfahren im Inland zu eröffnen. Zusätzlich kennt das englische Recht aber ein weiteres Verfahren in section 426 des Insolvency Act von 1986, das sich als Hilfsverfahren bezeichnen lässt. Das Hilfsverfahren ermöglicht die Unterstützung des ausländischen Verwalters, insbesondere, um die Ergreifung des in England belegenen Schuldnervermögens zu ermöglichen[1080]. Allerdings gilt dies gem. s. 426 (5) nur für solche Verfahren, die anderenorts im Vereinigten Königreich oder in anderen „relevant countries or territories" eröffnet wurden. Gegenwärtig gehören dazu 19 Staaten und Territorien hauptsächlich des Commonwealth[1081].

Das Hilfsverfahren kann nur dann eröffnet werden, wenn ein Gericht der betroffenen

---

[1073] Audit, Rn. 769; Mayer/Heuzé, Rn. 666-1, der dies bedauert.

[1074] Loussouarn/Bredin, Rn. 691.

[1075] Audit, Rn. 769; Rémery, S. 93; Cour de cassation, 14 mai 1996, Rev. cr. dr. int. pr. 1996, S. 475 (476); Cour de cassation, 11.3.1913, D.P. 1914, S. 185 ff..

[1076] In diesem Sinne auch Rémery, S. 92.

[1077] Batiffol/Lagarde, Rn. 745; Rémery, S. 95 f..

[1078] CA Paris, 11.5.1927, JDI 1928, S. 654 f.; CA Paris, 22.7.1929, JDI 1929, S. 1095 ff.; hierfür ebenfalls Batiffol/Lagarde, Rn. 745.

[1079] Grassmann, Rev. cr. dr. int. pr. 1990, S. 421 (435 ff.); befürwortend auch Heyers, S. 28.

[1080] Fletcher, National and Comperative Studies, S. 217 (238).

[1081] Smart, S. 405.

Staaten ein Gericht des Vereinigten Königreichs um Hilfe ersucht[1082]. Die Hilfe, die geleistet werden kann, ist in s. 426 (4) und (5) konkretisiert. Danach sollen die inländischen Gerichte die zuständigen ausländischen Gerichte unterstützen. Dabei handelt es sich sogar um eine Anordnung, was aus der in s. 426 (4) IA getroffenen Formulierung „shall assist" deutlich wird[1083]. Es steht jedoch letztlich im Ermessen des englischen Gerichts, welche Unterstützungshandlungen vorgenommen werden[1084]. Hierdurch erlangt das Hilfsverfahren ein hohes Maß an Flexibilität[1085].

Sofern in England kein Insolvenzverfahren eröffnet wurde, kann der ausländische Verwalter beispielsweise als receiver des in England belegenen Vermögens eingesetzt werden. Andererseits kann das englische Gericht aber auch den Gemeinschuldner zwingen, sein Vermögen auf den ausländischen Verwalter zu übertragen[1086].

Neben dem oben erörterten Hilfsverfahren besteht aber auch nach englischem Recht die Möglichkeit, ein auf das inländische Vermögen beschränktes Insolvenzverfahren zu eröffnen. Die Entscheidung über die Eröffnung eines solchen Verfahrens steht im Ermessen des Insolvenzgerichts. Das Partikularverfahren richtet sich nach der lex fori und somit nach englischem Recht[1087].

Voraussetzung für die Eröffnung eines solchen Partikularverfahrens ist die Belegenheit von Vermögen in England. Dies wurde in mehreren Entscheidungen klargestellt[1088]. So lehnte beispielsweise im Fall Re Artola Hermanos[1089] das englische Insolvenzgericht die Aufhebung eines solchen inländischen Verfahrens mit der Begründung ab, dass ein großer Teil des Schuldnervermögens im Inland belegen sei.

Auch nach englischem Recht besteht die Möglichkeit zur Zusammenarbeit zwischen dem inländischen und dem ausländischen Verfahren. Dies wurde im Fall Ex parte McCulloch sogar ausdrücklich betont[1090]. Die englischen Gerichte haben Vereinbarungen zwischen den Insolvenzverwaltern zu prüfen und gegebenenfalls anzuerkennen, sofern sie einen vernünftigen Interessenausgleich gewährleisten[1091]. Ferner hat sich als allgemeines Prinzip die sogenannten hotchpot rule entwickelt. Danach müssen im Ausland erzielte Erlöse unabhängig davon, ob sie aus einer Einzelzwangsvollstreckung oder

---

1082 Fletcher, National and Comperative Studies, S. 217 (240), Fletcher, S. 190; Smart, S. 405; Dicey/Morris, Rn. 30-100.

1083 Fletcher, S. 192.

1084 Dicey/Morris, Rn. 30-104 f.; Fletcher, National and Comperative Studies, S. 217 (239).

1085 Fletcher, National and Comperative Studies, S. 217 (239).

1086 Re Osborn (1931/32) B.&C.R., S. 189 (194); Fletcher, National and Comperative Studies, S. 217 (234); vgl. zu weiteren Beispielen im Hinblick auf s. 426 IA: Fletcher, S. 198 ff..

1087 Re English, Scottish, and Australian Chartered Bank (1893) III Ch. D., S. 385 (394).

1088 In re Artola Hermanos (1890) 24 Q.B.D., S. 640 (647); Ex parte Robinson (1883), 22 Ch. D., S. 816.

1089 In re Artola Hermanos (1890) 24 Q.B.D. ,S. 640 (647).

1090 Ex parte McCulloch (1880) 14 Ch. D., S 716 ff..

1091 Re MasFadyen & Co (1908) 1 K.B., S. 675 ff.; Zu den Möglichkeiten der Zusammenarbeit in den unwahrscheinlichen Fällen der Eröffnung von zwei parallelen Hauptinsolvenzverfahren durch sog. protocols = Vereinbarungen über die Insolvenzabwicklung, vgl. Paulus, ZIP 1998, S. 977 ff..

einer Gesamtvollstreckung herrühren, im Interesse einer umfassenden Gläubigergleichbehandlung in voller Höhe an die inländische Masse abgeliefert werden[1092]. Anschließend kann der Gläubiger in dem englischen Verfahren die volle Quote erzielen[1093].

(3) Italien

Das Internationale Insolvenzrecht ist in Italien bislang nicht in einem eigenständigen Regelungswerk kodifiziert[1094]. Dennoch ist es auch in Italien möglich, neben einem anerkennungsfähigen ausländischen Hauptinsolvenzverfahren ein Partikularverfahren im Inland zu eröffnen[1095]. Die internationale Eröffnungszuständigkeit ist an die Belegenheit von Schuldnervermögen im Inland geknüpft. Das Partikularverfahren richtet sich nach italienischem Recht. Es erfasst sämtliches im Inland belegenes Schuldnervermögen und jeder Gläubiger kann an diesem Verfahren teilnehmen[1096].
In Italien liegt jedoch bereits ein Gesetzesentwurf für eine Neuregelung des Internationalen Insolvenzrechts vor[1097]. Dieser sieht ebenso wie das deutsche Recht drei verschiedene Verfahrenstypen vor. Zum einen das Hauptinsolvenzverfahren (procedura principale), das isolierte Partikularverfahren (procedura territoriale) und das Sekundärinsolvenzverfahren (procedura secondaria). Die Internationale Zuständigkeit zur Eröffnung von Partikularverfahren ist danach in Art. 2 geregelt. Sie knüpft ebenso wie das deutsche Recht an eine Niederlassung des Schuldners sowie an im Inland belegenes Vermögen an.
Wie sich aus den Definitionen in Art. 1 dieses Gesetzesentwurfes ergibt, richten sich die Partikularverfahren nach italienischem Recht. Ferner umfassen sie das gesamte im Inland belegene Vermögen des Schuldners. Ebenso wie auf europäischer Ebene soll zudem das Sekundärinsolvenzverfahren zwingend ein Liquidationsverfahren sein, während das isolierte Partikularverfahren durchaus auch ein Sanierungsverfahren sein kann. Im Gegensatz zum deutschen Recht soll nach dem Gesetzesentwurf die Passivmasse der Partikularverfahren beschränkt sein. Dies folgt aus Art. 1 c. und d., wonach die Partikularverfahren nur diejenigen Gläubiger betreffen, die in Italien wohnen oder domiziliert sind.
Aus der Anerkennungsvorschrift des Art. 5 folgt, dass sich das isolierte Partikularverfahren in ein Sekundärinsolvenzverfahren umwandelt, sobald das Hauptinsolvenzverfahren im Inland anerkannt wird.

[1092] Die Ablieferungspflicht ist nicht ganz eindeutig. Einige in der rechtsvergleichenden Literatur interpretieren die hotchpot rule wohl als Anrechnungslösung, so Hanisch, ZIP 1989, S. 273 (278); Reinhart, S. 98.
[1093] Dicey/Morris, Rn. 31-035 ff..
[1094] Lupone, S. 3.
[1095] Dies folgt aus Art. 9 Abs. 2 L.F.. Dieser besagt, dass über den Unternehmer, der den Hauptsitz seines Unternehmens im Ausland hat (...), im Inland auch dann das Insolvenzverfahren eröffnet werden kann, wenn im Ausland dieses Verfahren eröffnet worden ist.
[1096] Lupone, S. 8.
[1097] Disegno di legge in materia di insolvenza transfrontaliera, www.giustizia.it/studierapporti/all4_rovelli.htm

Der Gesetzesentwurf enthält in Art. 5 Abs. 3 eine Regelung über die Zusammenarbeit der Insolvenzverwalter, die ebenso wie im deutschen Recht lediglich einseitig ausgestaltet ist.
Ferner enthält der Entwurf in Art. 9 eine mit dem deutschen Recht vergleichbare Anrechnungsregelung, um eine Mehrfachbefriedigung der teilnehmenden Gläubiger zu verhindern.
Die beabsichtigte Regelung der Partikularverfahren in Italien kommt der entsprechenden Regelung im deutschen Recht insgesamt sehr nahe.

(4) Zusammenfassung

Das französische Recht verfolgt in Bezug auf Partikularverfahren eine andere Grundkonzeption als das deutsche Recht. Die Eröffnung eines lokalen Verfahrens ist zwar auch in Frankreich möglich, allerdings nur, solange noch kein anerkennungsfähiges Hauptinsolvenzverfahren eröffnet wurde. Andererseits ist die Anerkennung eines ausländischen Hauptinsolvenzverfahrens nach der Eröffnung des lokalen Verfahrens ausgeschlossen. Diese Konzeption von Partikularverfahren kann für das deutsche Recht jedoch nicht empfohlen werden. Die Schutz- und Hilfsfunktion des Partikularverfahrens kann niemals zum Tragen kommen, wenn die Eröffnung eines lokalen Verfahrens nach der Anerkennung des Hauptinsolvenzverfahrens ausgeschlossen ist. Ferner wäre es schlicht ein Rückfall in das Territorialitätsprinzip, sofern die Anerkennung des ausländischen Hauptinsolvenzverfahrens nach der Eröffnung des lokalen Verfahrens nicht mehr möglich wäre.
Zudem ist auch die im Gegensatz zum deutschen Recht weitergehende Eröffnungszuständigkeit zur Eröffnung eines Partikularverfahrens nicht zu befürworten. Die Zulässigkeit von Partikularverfahren rechtfertigt sich in erster Linie aus ihrer Funktion heraus. Diese ist aber noch lange nicht tangiert, wenn die Eröffnung des lokalen Verfahrens schon deshalb möglich ist, weil der Antragsteller oder der Schuldner Franzosen sind. Im Übrigen bestehen keine Unterschiede zwischen dem französischen und dem deutschen Recht der Partikularinsolvenz.
Eines Hilfsverfahrens, wie es das englische Recht kennt, bedarf es im deutschen Recht nicht[1098]. Die Möglichkeit, ein Sekundärinsolvenzverfahren zu eröffnen, ist insofern völlig ausreichend. Wie bereits erörtert, kann dieses gezielt vom ausländischen Verwalter zur Unterstützung des eigenen Verfahrens eingesetzt werden (Hilfsfunktion). Ferner ist die im deutschen Recht normierte Anrechnungslösung gegenüber der „hotchpot rule" des englischen Rechts vorzugswürdig[1099].
Die beabsichtigte Neuregelung der Partikularverfahren in Italien kommt der Konzeption des deutschen Rechts sehr nahe. Dies ist auch nicht weiter verwunderlich, weil sich der italienische Gesetzgeber ebenso wie der deutsche an den Regeln der EuInsVO orientiert

---

1098 Dies wurde bereits im Rahmen der Frage, welches Abwicklungsmodell zu befürworten ist, klargestellt.
1099 Vgl. oben E. IV. 4. e. (8).

hat. Das italienische Recht weicht nur insofern vom deutschen Recht ab, als danach das Sekundärinsolvenzverfahren zwingend ein Liquidationsverfahren sein muss. Wie bereits erörtert[1100] ist eine derartige Beschränkung für das deutsche Recht nicht zu befürworten. Ferner enthält das italienische Recht eine Beschränkung der Passivmasse. Auch dies kann für das autonome Recht aus Gründen der Gläubigergerechtigkeit jedoch nicht empfohlen werden[1101].

Aus dem vorgenommenen Vergleich der Regelungen der Partikularverfahren miteinander folgt im Ergebnis somit kein Änderungsbedürfnis für das autonome Recht.

g. Partikularverfahren nach Maßgabe der EuInsVO

Zu untersuchen bleibt somit, inwiefern sich das autonome System von Partikularverfahren von jenem der EuInsVO unterscheidet.

Der Verordnungsgeber der EuInsVO hat sich ebenso wie der nationale Gesetzgeber zur Abwicklung grenzüberschreitender Insolvenzen für ein Kombinationsmodell entschieden, welches neben oder anstatt der Insolvenzabwicklung in einem einheitlichen Verfahren zugleich auch die Insolvenzabwicklung in Partikularverfahren gestattet. Die Zulässigkeit solcher Partikularverfahren folgt aus Art. 3 EuInsVO, der die internationale Zuständigkeit sowohl für das Hauptinsolvenzverfahren als auch für die Partikularverfahren regelt. Aus dieser Vorschrift folgt zudem, dass auch auf europäischer Ebenen zwischen einem Sekundärinsolvenzverfahren, welches neben einem Hauptinsolvenzverfahren eröffnet wird, und einem isolierten Partikularverfahren, welches ohne vorherige Eröffnung eines Hauptinsolvenzverfahrens durchgeführt werden kann[1102], unterschieden wird[1103].

Ebenso wie im nationalen Recht ist das Partikularverfahren auf das im Eröffnungsstaat des Schuldners belegenen Aktivvermögen beschränkt[1104]. Es gilt das Recht des Staates der Eröffnung des Partikularverfahrens und dessen Verteilungsordnung[1105]. Die Wirkungen des Partikularverfahrens dürfen als Folge der ipso iure Anerkennung der Eröffnungsentscheidung in den anderen Mitgliedstaaten nicht in Frage gestellt werden[1106]. Ein Partikularverfahren verdrängt somit auch auf europäischer Ebene die Wirkungen eines Hauptinsolvenzverfahrens.

Ebenso sind die Funktionen der europäischen Partikularverfahren mit jenen des autonomen Rechts identisch. Das Partikularverfahren dient dem Schutz inländischer Interes-

---

[1100] Vgl. E. IV. 4. e. (9).

[1101] Vgl. E. IV. 4. e. (4).

[1102] Die im Verhältnis zu Drittstaaten durchaus denkbare Konstellation, dass ein isoliertes Partikularverfahren mangels Anerkennungsfähigkeit des ausländischen Hauptinsolvenzverfahrens neben einem solchen eröffnet wird, ist innerhalb des Anwendungsbereichs der EuInsVO wenig wahrscheinlich.

[1103] Vgl. Art. 3 Abs. 3 EuInsVO.

[1104] Vgl. Art. 3 Abs. 2 S. 2 EuInsVO; Duursma-Kepplinger/Duursma/Chalupsky, Art. 27, Rn. 66.

[1105] Vgl. Art. 28 EuInsVO; ferner folgt dies unmittelbar aus Art. 4 EuInsVO, vgl. Virgos/Schmit in Stoll, Vorschläge und Gutachten, Nr. 89.

[1106] Art. 17 Abs. 2 S. 1 EuInsVO.

sen (Schutzfunktion), es ermöglicht dem Hauptinsolvenzverwalter unter Umständen eine effizientere Insolvenzabwicklung (Hilfsfunktion)[1107] und es hat eine Ersatzfunktion für den Fall, dass am Ort des Mittelpunktes der hauptsächlichen Interessen ein Hauptinsolvenzverfahren nicht eröffnet wird oder nicht eröffnet werden kann[1108].
Aus dem Genannten folgt, dass die autonomen und die europäischen Partikularverfahren hinsichtlich ihrer Grundstruktur und ihrer Funktion identisch sind. Fraglich bleibt somit, inwieweit ihre Ausgestaltungen im Einzelnen miteinander übereinstimmen.

(1) Internationale Zuständigkeit

Die Gerichte eines Mitgliedstaates können ein Partikularinsolvenzverfahren nur dann eröffnen, wenn der Schuldner in diesem Gebiet eine Niederlassung hat[1109]. Der Niederlassungsbegriff ist in Art. 2 h) EuInsVO legaldefiniert. Eine Anknüpfung an im Inland belegenes Schuldnervermögen, wie dies nach § 354 Abs. 1 InsO der Fall ist, ist dagegen nicht erfolgt[1110]. Wie bereits erörtert[1111] ist eine Anknüpfung an im Inland belegenes Schuldnervermögen im Verhältnis zu Drittstaaten durchaus zu befürworten. Dies ist maßgeblich mit der Schutz- und Ersatzfunktion des Partikularverfahrens zu begründen. In diesem Punkt weichen EuInsVO und InsO somit maßgeblich voneinander ab.

(2) Antragsbefugnis

Ebenso wie im autonomen Recht ist die Antragsbefugnis zwischen Sekundärinsolvenzverfahren und isoliertem Partikularverfahren auch nach der Insolvenzverordnung unterschiedlich ausgestaltet.

(a) Sekundärinsolvenzverfahren

Für Sekundärinsolvenzverfahren gilt Art. 29 EuInsVO. Danach kann ein solches Verfahren vom Verwalter des Hauptinsolvenzverfahrens und jeder anderen Person oder Stelle, der das Antragsrecht nach dem Recht des Verfahrensstaates zusteht, beantragt werden. In der Regel wird es sich bei Letzteren um die Gläubiger des Gemeinschuldners handeln[1112]. Hierin sind sich das europäische Recht und das autonome Recht, das ebenfalls ein Antragsrecht des Hauptinsolvenzverwalters und der Gläubiger vorsieht[1113] somit ähn-

---

[1107] Die Hilfsfunktion des Partikularverfahrens kommt im 19. Erwägungsgrund zur EuInsVO explizit zum Ausdruck.

[1108] Duursma-Kepplinger/Duursma/Chalupsky, Art. 27, Rn. 8 ff.; Lüke, ZZP 111, S. 275 (298 f.).

[1109] Art. 3 Abs. 2 S. 1 EuInsVO.

[1110] Dagegen sah ein Vorentwurf zum EuInsÜ aus dem Jahre 1992 (abgedruckt in ZIP 1992, S. 1197 ff.) in Art. 2 Abs. 2 noch die Vermögensbelegenheit als Anknüpfungsmerkmal vor.

[1111] Vgl. oben E. IV. 4. e. (1).

[1112] Duursma-Kepplinger/Duursma/Chalupsky, Art. 29, Rn. 6; Spahlinger, S. 255.

[1113] Vgl. § 354 Abs. 1 und § 356 Abs. 2 InsO.

lich. Eine Beschränkung des Gläubigerantragsrechts auf solche Gläubiger, die ein besonderes Interesse an dem Sekundärinsolvenzverfahren haben, kennt das europäische Recht im Gegensatz zum deutschen Recht dagegen nicht[1114]. Ein Bedürfnis für eine solche Beschränkung besteht deshalb nicht, weil das europäische Recht als Anknüpfungsmerkmal zur Eröffnung eines Partikularverfahrens lediglich die Niederlassung kennt und nicht das Schuldnervermögen als solches[1115]. Im autonomen Recht ist dagegen das Bedürfnis für eine solche Einschränkung zu bejahen, um dem Einheitsverfahren zumindest in den einfach gelagerten Fällen zu seiner Durchsetzung zu verhelfen. Der Nachweis des besonderen Interesses ist nach autonomen Recht bedauerlicherweise dabei allerdings auf die Fälle beschränkt, in denen das Partikularverfahren aufgrund der Inlandsbelegenheit von Schuldnervermögen eröffnet werden soll. Nach der hier befürworteten Auffassung sollte die Einschränkung gleichermaßen dann gelten, wenn das Verfahren aufgrund einer Inlandsniederlassung eröffnet werden soll[1116].

(b) Isolierte Partikularverfahren

Unterschiede zwischen EuInsVO und InsO ergeben sich auch für die Antragsbefugnis in Bezug auf isolierte Partikularverfahren. Diese steht nach autonomen Recht lediglich den Gläubigern zu. Auch hier gilt, dass ein besonderes Interesse an der Verfahrenseröffnung in den Fällen glaubhaft gemacht werden muss, in denen das isolierte Partikularverfahren aufgrund der Belegenheit von Vermögen des Schuldners im Verfahrensstaat eröffnet werden soll.

In der EuInsVO ist das Antragsrecht für isolierte Partikularverfahren in Art. 3 Abs. IV geregelt. Für die Antragsberechtigung ist danach zu unterscheiden, ob die Eröffnung eines Hauptinsolvenzverfahrens rechtlich überhaupt möglich ist oder nicht. Sofern die Eröffnung eines Hauptinsolvenzverfahrens im Staat des Mittelpunktes des hauptsächlichen Interesses rechtlich nicht möglich ist, kann jedermann, dem das Antragsrecht nach der lex fori particularis zusteht, das Verfahren beantragen. Sofern aber die Möglichkeit zur Eröffnung eines Hauptinsolvenzverfahrens gegeben ist, ist das Antragsrecht dahingehend beschränkt, dass nur diejenigen Gläubiger antragsbefugt sind, die einen besonderen Inlandsbezug aufweisen[1117]. Eine derartige Einschränkung mag innerhalb der EU angezeigt sein, um zum Ausdruck zu bringen das isolierte Partikularverfahren grundsätzlich unerwünscht sind. Im Verhältnis zu Drittstaaten verbietet aber die Schutz- und Ersatzfunktion des Partikularverfahrens eine solche Beschränkung. Fraglich ist in diesem Zusammenhang, ob das europäische Recht im Gegensatz zum deutschen Recht auch ein Antragsrecht des Schuldners selbst vorsieht. Nach einer Auffassung stünde der An-

---

[1114] Virgos/Schmit in Stoll, Vorschläge und Gutachten, Nr. 227; Dagegen sah der Vorentwurf zum EuInsÜ vom 3.4.1992 (abgedruckt in ZIP 1992, S. 1197 ff.) in Art. 22 Abs. 2 noch eine solche Beschränkung vor.

[1115] Kolmann, S. 336; Wimmer, ZIP 1998, S. 982 (986); Spahlinger, S. 255.

[1116] Vgl. E. IV. 4. e. (2).

[1117] Vgl. Art. 3 Abs. 4 b) EuInsVO.

nahme eines Eigenantrages des Schuldners aus europarechtlichen Gründen nichts entgegen[1118]. Hiergegen spricht jedoch die Erwägung, dass die Beschränkung des Antragsrechts auf bestimmte Gläubiger den Schuldner gerade auch dazu zwingen soll, das Hauptinsolvenzverfahren zu beantragen, sofern seiner Eröffnung rechtliche Gründe nicht entgegen stehen[1119]. Daher ist ein Antragsrecht des Schuldners für diesen Fall abzulehnen[1120].

(c) Zusammenfassung

Daraus folgt, dass EuInsVO und autonomes Recht zwar nicht so sehr in Bezug auf das Antragsrecht selbst, sondern vielmehr hinsichtlich der Einschränkung der Antragsbefugnis voneinander abweichen. Die EuInsVO kennt nicht den Zuständigkeitsgrund der Vermögensbelegenheit, so dass die Zulässigkeit von Partikularverfahren a priori eingeschränkt ist. Daher bedarf es auch nicht mehr des Nachweises eines besonderen Interesses des Gläubigers, wie es das deutsche Recht vorsieht. Dagegen ist aber die EuInsVO insofern enger, als sie die Zulässigkeit von isolierten Partikularverfahren durch die in Art. 3 Abs. 4 EuInsVO getroffene Regelung erheblich einschränkt. Eine solche Einschränkung ist für das autonome Recht allerdings nicht zu befürworten.

(3) Insolvenzeröffnungsgründe

Hinsichtlich der Insolvenzeröffnungsgründe sind sich das autonome und das europäische Recht wiederum sehr ähnlich.
Für Sekundärinsolvenzverfahren gilt nach Art. 27 S. 1 EuInsVO, dass für die Verfahrenseröffnung die Feststellung eines Eröffnungsgrundes nicht erforderlich ist[1121]. Gleiches bestimmt § 356 Abs. 3 InsO für das autonome Recht. Anderes gilt jedoch wie auch im nationalen Recht für isolierte Partikularverfahren. Für die Eröffnung eines solchen Verfahrens muss ein Insolvenzeröffnungsgrund positiv festgestellt werden[1122]. Darüber, ob ein solcher Eröffnungsgrund vorliegt, entscheidet die lex fori des Verfahrensstaates, so dass sich auch in diesem Zusammenhang die Frage stellt, wie die Insolvenzeröffnungsgründe der (drohenden) Zahlungsunfähigkeit und Überschuldung bei grenzüberschreitenden Insolvenzen zu ermitteln sind. Hierzu kann auf die bereits gemachten Ausführungen verwiesen werden[1123]. Hinsichtlich des Eröffnungsgrundes der Zahlungsunfähigkeit gilt, diese im Hinblick auf die nationalen Gegebenheiten sowie allenfalls anhand der Situation im Staat des Mittelpunktes des wirtschaftlichen Interesses zu ermitteln.

[1118] Kolmann, S. 335.
[1119] Duursma-Kepplinger/Duursma/Chalupsky, Art. 3, Rn. 94.
[1120] Ebenso Duursma-Kepplinger/Duursma/Chalupsky, Art. 3, Rn. 94.
[1121] Virgos/Schmit in Stoll, Vorschläge und Gutachten, Nr. 212 und 218.
[1122] Duursma-Kepplinger/Duursma/Chalupsky, Art. 3, Rn. 99.
[1123] Vgl. oben E. IV. 4. e. (3); ebenso ausführlich zum europäischen Recht: Duursma-Kepplinger/Duursma/Chalupsky, Art. 3, Rn. 99 ff.; Wimmer, ZIP 1998, S. 982 (986).

Gleiches sollte nach der hier vertretenen Auffassung auch für den Insolvenzeröffnungsgrund der Überschuldung gelten.

(4) Passivmasse

Im autonomen Recht gilt nach hier befürworteter Auffassung eine unbeschränkte Teilnahmeberechtigung sämtlicher Gläubiger an den Partikularverfahren. Die EuInsVO ist insofern nur hinsichtlich der Sekundärinsolvenzverfahren eindeutig. Art. 32 Abs. 1 EuInsVO bestimmt, dass jeder Gläubiger seine Forderung im Hauptinsolvenzverfahren und in jedem Sekundärinsolvenzverfahren anmelden kann. Dem Gläubiger steht es somit frei, seine Forderungen nur in einem oder aber auch in mehreren Verfahren anzumelden[1124].

Wie die Ermittlung der Passivmasse für ein isoliertes Partikularverfahren erfolgt, ist dagegen umstritten. Die herrschenden Lehre geht im Anschluss an Art. 32 Abs. 1 EuInsVO von einer unbeschränkten Passivmasse auch für das isolierte Partikularverfahren aus[1125]. Nach anderer Auffassung sei dagegen eine Begrenzung der Passivmasse durch die lex fori particularis durchaus möglich[1126]. Eine ausführliche Auseinandersetzung mit diesem Problem soll an dieser Stelle nicht erfolgen[1127]. Es sollen lediglich die wesentlichen Argumente aufgezeigt werden. Sowohl für als auch gegen die Zulässigkeit einer Beschränkung der Passivmasse für unabhängige Partikularverfahren durch das autonome Recht ließe sich Art. 32 Abs. 1 EuInsVO anführen. Aus der unbeschränkten Teilnahmeberechtigung für Sekundärinsolvenzverfahren könnte gefolgert werden, dass dies gleichermaßen für unabhängige Partikularverfahren gelten müsse. Andererseits spricht die Tatsache, dass das unabhängige Partikularverfahren in Art. 32 Abs. 1 EuInsVO gerade nicht genannt ist, wiederum gegen diese Auffassung. Für die Zulässigkeit einer Beschränkung ließe sich weiter anführen, dass die Antragsberechtigung für Partikularverfahren durch Art. 3 Abs. 4 EuInsVO im Gegensatz zu jener für Sekundärinsolvenzverfahren stark eingeschränkt ist[1128], so dass durchaus auch eine Differenzierung hinsichtlich der Teilnahmeberechtigung in Betracht gezogen werden könnte.

Dennoch überzeugen die Argumente gegen eine Beschränkung der Passivmasse[1129]. Zum einen spricht hiergegen die Regelung des Art. 39 EuInsVO, der ein schriftliches Forderungsanmelderecht für jeden Gläubiger vorsieht. Art. 39 EuInsVO gilt aber ebenso für das isolierte Partikularverfahren[1130]. Ferner besagt auch der Erwägungsgrund Nr. 21

[1124] Virgos/Schmit in Stoll, Vorschläge und Gutachten, Nr. 235; Duursma-Kepplinger/Duursma/Chalupsky, Art. 32, Rn. 1.

[1125] Vgl. Duursma-Kepplinger/Duursma/Chalupsky, Art. 3, Rn. 114 mit weiteren Nachweisen.

[1126] Thieme, IJVO 1995/1996, S. 44 (86); so wohl auch Kolmann, S. 346.

[1127] Vgl. insofern ausführlichst Kolmann, S. 342 ff..

[1128] Thieme, IJVO 1995/1996, S. 44 (91).

[1129] Ebenso Lüke, ZZP 111, S. 301 f.; Wimmer in FK, Art. 102 EGInsO, Rn. 144.

[1130] Duursma-Kepplinger/Duursma/Chalupsky, Art. 3, Rn. 113; Virgos/Schmit in Stoll, Vorschläge und Gutachten, Nr. 265.

zur EuInsVO ausdrücklich, dass jeder Gläubiger das Recht haben sollte, seine Forderung in jedem in der Gemeinschaft anhängigen Insolvenzverfahren anzumelden. Zum anderen streiten dieselben Argumente, die bereits gegen eine Beschränkung der Passivmasse auf nationaler Ebene angeführt wurden, gegen diese Auffassung[1131]. Zu nennen ist insbesondere der mit einer Beschränkung einhergehende Verstoß gegen den Grundsatz der par conditio creditorum[1132], wenn das Hauptinsolvenzverfahren aus welchen Gründen auch immer gar nicht durchgeführt wird und an dem Partikularverfahren nur diejenigen Gläubiger teilnehmen könnten, die dazu nach der jeweiligen lex fori particularis berechtigt wären[1133].
Daraus folgt, dass autonomes und europäisches Recht übereinstimmen. Die Passivmasse der Partikularverfahren ist nicht beschränkt bzw. kann durch das autonome Recht nicht beschränkt werden.

(5) Aktivmasse

Wie nach nationalem Recht bemisst sich auch auf europäischer Ebene die Aktivmasse von Partikularverfahren nach der Inlandsbelegenheit von Schuldnervermögen im Staat der Verfahrenseröffnung[1134]. Im Gegensatz zum nationalen Recht enthält die EuInsVO in Art. 2 g) zugleich auch eine Definition dessen, was unter einem „Mitgliedstaat, in dem sich ein Vermögensgegenstand befindet" zu verstehen ist. Danach gilt für körperliche Gegenstände deren Belegenheit. Gegenstände oder Rechte, bei denen das Eigentum oder die Rechtsinhaberschaft in ein öffentliches Register einzutragen ist, gelten als in dem Mitgliedstaat belegen, in dem die Aufsicht über das Register geführt wird. Forderungen sind dort belegen, wo der zur Leistung verpflichtete Dritte den Mittelpunkt seiner hauptsächlichen Interessen hat. Auch wenn eine derartige explizite Regelung im nationalen Recht fehlt, bemessen sich die Aktivmassen von Partikularverfahren nach der EuInsVO sowie nach nationalem Recht im Wesentlichen nach denselben Grundsätzen[1135].
Ferner sollten sich hinsichtlich des zur Bestimmung der Aktivmasse relevanten Zeitpunktes ebenfalls keine Abweichungen zum nationalen Recht ergeben. Die EuInsVO nimmt hierzu nicht ausdrücklich Stellung. Für das nationale Recht wird in der vorliegenden Arbeit vertreten, dass es auf den Zeitpunkt der Antragstellung bei Gericht und nicht erst auf den Zeitpunkt der Verfahrenseröffnung ankommen soll[1136]. Einen Anhaltspunkt für diese Lösung auch auf europäischer Ebenen enthält Art. 18 Abs. 1 EuInsVO. Danach kann der Verwalter im Gebiet eines anderen Mitgliedstaates alle Befugnisse nach dem Recht des Verfahrenseröffnungsstaates ausüben, solange dort nicht ein weiteres Insolvenzverfahren eröffnet wurde oder eine gegenteilige Sicherungsmaßnahme auf einen Antrag auf

---

[1131] Vgl. oben E. IV. 4. e. (4).
[1132] Vgl. Art. 20 Abs. 2 EuInsVO; ebenso Duursma-Kepplinger/Duursma/Chalupsky, Art. 32, Rn. 5.
[1133] Duursma-Kepplinger/Duursma/Chalupsky, Art. 3, Rn. 114 und Art. 27, Rn. 49 ff..
[1134] Dies folgt bereits aus Art. 3 Abs. 2, S. 2; Art. 27 S. 3 EuInsVO.
[1135] Vgl. oben E. IV. 4. e. (5).
[1136] Vgl. oben E. IV. 4. e. (5).

Eröffnung eines Insolvenzverfahrens hin ergriffen worden ist. Demnach ist es in der EuInsVO jedenfalls geläufig, auch auf den Zeitpunkt der Antragstellung zur Eröffnung eines Partikularverfahrens abzustellen. Das spricht dafür, diesen Zeitpunkt auch im Anwendungsbereich der EuInsVO zur Bemessung der Aktivmasse heranzuziehen[1137].

(6) Das Verhältnis von Partikular- und Hauptinsolvenzverfahren

Die Frage nach dem Verhältnis von Partikular- und Hauptinsolvenzverfahren zueinander stellt sich auch im europäischen Recht. Hiernach verdrängt das Partikularverfahren gleichermaßen die Wirkungen des Hauptinsolvenzverfahrens[1138]. Dies kommt durch Art. 17 Abs. 2 S. 1 EuInsVO zum Ausdruck.

Ferner tritt auch auf europäischer Ebene mit der Eröffnung eines Sekundärinsolvenzverfahrens ein Statutenwechsel hinsichtlich des maßgeblichen Insolvenzrechts ein. Mit der Eröffnung des Sekundärinsolvenzverfahrens gilt nicht mehr die lex fori concursus sondern die lex fori particularis. Dies folgt aus der allgemeinen Kollisionsnorm des Art. 4 EuInsVO, der auf das Haupt- und die Partikularverfahren gleichermaßen Anwendung findet[1139]. Für das Sekundärinsolvenzverfahren wird dies nochmals ausdrücklich in Art. 28 EuInsVO wiederholt.

Der Statutenwechsel wirkt dabei ebenso wie im nationalen Recht nur ex nunc. Sofern das zuvor eröffnete Verfahren andere Wirkungen vorsieht als das Sekundärverfahren können sich daraus Abgrenzungsfragen ergeben. Für eine Vielzahl von Fällen sieht die EuInsVO allerdings bereits Kollisionsnormen vor (Art. 5 – 15 EuInsVO), die schon im Rahmen des Hauptverfahrens auf das Recht des Vermögensbelegenheitsstaates verweisen. In diesen Fällen wird es kaum zu Abgrenzungsschwierigkeiten kommen[1140]. In den übrigen Konstellationen gelten die Wirkungen des Sekundärverfahrens erst ab dessen Eröffnung. Ab diesem Zeitpunkt kommt es zu einer Wirkungsüberlagerung[1141].

Wie im nationalen Recht bleibt auch auf europäischer Ebene das Sekundärverfahren dem ausländischen Hauptinsolvenzverfahren untergeordnet. Dies folgt daraus, dass die Wirkungen des Sekundärverfahrens territorial beschränkt sind, auch der Hauptinsolvenzverwalter zur Eröffnung eines solchen Verfahrens befugt ist, Überschüsse des Sekundärverfahrens an den Verwalter des Hauptinsolvenzverfahrens herauszugeben sind (Art. 35 EuInsVO) und der Hauptinsolvenzverwalter die Aussetzung der Liquidation im

---

[1137] Kolmann, S. 341 will dagegen nur ausnahmsweise auf diesen Zeitpunkt abstellen.

[1138] Virgos/Schmit in Stoll, Vorschläge und Gutachten, Nr. 155 und 156; Duursma-Kepplinger/Duursma/Chalupsky, Art. 17, Rn. 9 und 16; Leible/Staudinger, KTS 2000, S. 533 (562); Balz, ZIP 1996, S. 948 (952); Lüke, ZZP 111, S. 275 (296).

[1139] Virgos/Schmit in Stoll, Vorschläge und Gutachten, Nr. 89; Duursma-Kepplinger/Duursma/Chalupsky, Art. 3, Rn. 116.

[1140] Kolmann, S. 347.

[1141] Duursma-Kepplinger/Duursma/Chalupsky, Art. 17, Rn. 10.

Sekundärverfahren beantragen kann (Art. 33 EuInsVO)[1142]. Trotz der Eröffnung eines isolierten Partikularverfahrens bleibt die Eröffnung eines Hauptinsolvenzverfahrens möglich und anerkennungsfähig[1143]. Sofern es in dieser Konstellation zur Eröffnung des Hauptinsolvenzverfahrens kommt, wird das Partikularverfahren automatisch zum Sekundärinsolvenzverfahren[1144].
Aus alledem folgt, dass das Verhältnis der Verfahren zueinander im nationalen und europäischen Recht im Wesentlichen identisch ist.

(7) Zusammenarbeit der Insolvenzverwalter

Ebenso wie im nationalen Recht können auch nach europäischem Recht das Haupt- und das Sekundärinsolvenzverfahren nur dann zu einer effizienten Verwertung der Insolvenzmasse beitragen, wenn die parallelen Verfahren koordiniert werden[1145].
Aus diesem Grunde enthält auch die EuInsVO Regelungen, die entsprechende Koordinations- und Kooperationspflichten vorsehen.
So enthält Art. 31 Abs. 1 EuInsVO ebenso wie § 357 Abs. 1 InsO eine Unterrichtungspflicht für die Insolvenzverwalter. Die Regelung des Art. 31 Abs. 1 EuInsVO geht aber insofern über jene der InsO hinaus, als die Unterrichtungspflicht nicht nur den inländischen Sekundärinsolvenzverwalter trifft - wie dies nach § 357 Abs. 1 InsO der Fall ist - , sondern auch den Verwalter des Hauptinsolvenzverfahrens. Dies ist Anbetracht der Tatsache, dass in der vorliegenden Arbeit die Einschränkung der Unterrichtungspflicht auf den Sekundärinsolvenzverwalter im autonomen Recht bemängelt und de lege ferenda eine Verallseitigung von § 357 Abs. 1 InsO vorgeschlagen wird[1146], zu begrüßen. Ferner gilt die Unterrichtungspflicht auch für die Sekundärinsolvenzverwalter untereinander. Dies folgt ebenfalls aus dem Wortlaut von Art. 31 Abs. 1 EuInsVO, wonach die Pflicht zur Unterrichtung auch für die „Verwalter der Sekundärinsolvenzverfahren" besteht.
Über die Unterrichtungspflicht hinaus enthält Art. 31 Abs. 2 EuInsVO eine Generalklausel, wonach die Verwalter von Haupt- und Sekundärinsolvenzverfahren zur Zusammenarbeit verpflichtet sind. Eine solche Generalklausel kennt die InsO nicht.
Ebenso wie im nationalen Recht wurde dagegen keine Regelung für die Zusammenarbeit bei mehreren unabhängigen Partikularverfahren getroffen. Dies ist insofern zu bemängeln, als ein Bedürfnis zur Kooperation durchaus auch in diesem Fall zu bejahen ist[1147]. Allerdings lässt der Erläuternde Bericht zur EuInsVO erkennen, dass in dieser Konstellation die Regelungen der EuInsVO über die Koordinierung der Sekundärinsol-

---

[1142] Erwägungsgrund Nr. 20 zur EuInsVO: „dominierende Rolle des Hauptinsolvenzverfahrens"; Duursma-Kepplinger/Duursma/Chalupsky, 1. Abschnitt, Teil 4, Rn. 55; Lüke, ZZP 111, S. 275 (304).
[1143] Dies folgt aus Art. 36 EuInsVO.
[1144] Erwägungsgrund Nr. 17 zur EuInsVO; Duursma-Kepplinger/Duursma/Chalupsky, Art. 28, Rn. 88.
[1145] Erwägungsgrund Nr. 20 zur EuInsVO.
[1146] Vgl. E. IV. 4. e. (7).
[1147] Vgl. insoweit auch für das autonome Recht E. IV. 4. e. (7).

venzverfahren untereinander analog angewendet werden können[1148]. Insgesamt ist festzustellen, dass die allseitige Ausgestaltung der Kooperationspflichten in Art. 31 EuInsVO gegenüber der in § 357 InsO getroffenen Regelung vorzugswürdiger ist.
Ferner sieht Art. 31 Abs. 3 EuInsVO die Verpflichtung des Sekundärinsolvenzverwalters vor, dem Hauptinsolvenzverwalter Gelegenheit zu geben, Vorschläge für die Verwertung oder Verwendung der Masse zu machen. Eine identische Regelung enthält § 357 Abs. 1 S. 2 InsO. Ebenso kennt auch die EuInsVO die weiteren in § 357 Abs. 2 und Abs. 3 enthaltenen Rechte des Hauptinsolvenzverwalters. Dieser kann gemäß Art. 32 Abs. 3 EuInsVO an der Gläubigerversammlung im Sekundärverfahren teilnehmen. Zudem steht im ebenfalls nach Art. 34 Abs. 1 EuInsVO das Recht zu, einen Sanierungsplan vorzulegen. Insoweit stimmen das autonome und das europäische Recht somit weitgehend überein. Darüber hinaus kennt die EuInsVO aber noch das Recht des Hauptinsolvenzverwalters, zumindest für drei Monate die vollständige oder teilweise Aussetzung der Verwertung im Sekundärverfahren zu beantragen[1149]. Durch dieses Recht wird die Dominanz des Hauptinsolvenzverfahrens sichergestellt[1150]. Es macht insbesondere in den Fällen Sinn, in denen der Hauptinsolvenzverwalter die Sanierung des Schuldnerunternehmens in Betracht zieht[1151]. Durch die Verwertungsaussetzung wird dem Verwalter die Möglichkeit eröffnet, die Sanierungsfähigkeit des Unternehmens zu prüfen und entsprechende Verhandlungen mit den Sekundärinsolvenzverwaltern zu führen. Allerdings müssen die Interessen der Gläubiger des Sekundärverfahrens während der Aussetzung geschützt werden. Hierzu sieht Art. 33 Abs. 1 S. 1 EuInsVO vor, dass das Gericht alle angemessenen Maßnahmen zum Schutz der Interessen der Gläubiger anordnen kann. Das autonome deutsche Recht kennt ein solches Aussetzungsrecht des Hauptinsolvenzverwalters dagegen nicht. Dies ist gegenüber Drittstaaten auch insofern zu befürworten, als ein allzu großes Vertrauen diesen gegenüber nicht gerechtfertigt ist.
Ebenso wie im autonomen Recht, ist auch im Anwendungsbereich der EuInsVO ein Leistungsaustausch zwischen den verschiedenen Verfahren auf vertraglicher Grundlage zulässig[1152]. Eine Haftung der Teilmassen untereinander kommt dagegen auch nach europäischem Recht nicht in Betracht[1153].

(8) Verteilungsordnung

Die Verteilung des Schuldnervermögens richtet sich im autonomen Recht nach der lex fori des jeweiligen Verfahrens. Dies gilt auch im Anwendungsbereich der EuInsVO.
Da auch nach europäischem Recht jeder Gläubiger zur Teilnahme an jedem Verfahren berechtigt ist, stellt sich auch hier die Frage, wie die Mehrfacherlöse im Sinne einer um-

---

[1148] Virgos/Schmit in Stoll, Vorschläge und Gutachten, Nr. 39.
[1149] Art. 33 EuInsVO.
[1150] Wimmer, ZIP 1998, S. 982 (988).
[1151] Kolmann, S. 352; Wimmer, ZIP 1998, S. 982 (988).
[1152] Lüke, ZZP 111, S. 275 (306 f.); Kolmann, S. 351.
[1153] Lüke, ZZP 111, S. 275 (305 f.); Kolmann, S. 351.

fassenden Gläubigergleichbehandlung ausgeglichen werden. Die EuInsVO verfolgt dabei ebenso wie die InsO die Anrechnungslösung[1154]. So bestimmt Art. 20 Abs. 2 EuIns-VO, dass ein Gläubiger, der in einem Insolvenzverfahren eine Quote auf seine Forderung erlangt hat, an der Verteilung im Rahmen eines anderen Verfahrens erst dann teilnimmt, wenn die Gläubiger gleichen Ranges oder gleicher Gruppenzugehörigkeit in diesem Verfahren die gleiche Quote erlangt haben[1155]. Hierdurch soll verhindert werden, dass besonders beteiligungsaktive Gläubiger eine bedeutend weitergehende Befriedigung ihrer Forderungen erfahren als Gläubiger, die ihre Forderungen nur in einem oder wenigen Verfahren anmelden[1156]. Dieser Regelung entspricht weitgehend § 342 Abs. 2 S. 2 InsO. Aus dem Wortlaut und der systematischen Stellung von Art. 20 Abs. 2 EuIns-VO folgt ferner, dass die Anrechnungsregel nicht nur auf Haupt- und Sekundärinsolvenzverfahren beschränkt ist[1157]. Demnach findet eine Anrechung auch dann statt wenn der Gläubiger beispielsweise an zwei Sekundärinsolvenzverfahren teilnimmt.

Ebenso wie nach autonomen Recht, sieht Art. 35 EuInsVO vor, dass ein Überschuss im Sekundärinsolvenzverfahren an den Verwalter des Hauptinsolvenzverfahren herauszugeben ist.

Die Verteilung des Schuldnervermögens erfolgt mithin in beiden Rechtsordnungen nach denselben Grundsätzen.

(9) Restschuldbefreiung und Insolvenzplan

Auch im Anwendungsbereich des EuInsVO stellt sich die Frage nach der Zulässigkeit von Restschuldbefreiungen und von Sanierungsplänen im Rahmen der Partikularverfahren.

Eine dem § 355 Abs. 1 InsO vergleichbare ausdrückliche Regelung, wonach die Vorschriften über die Restschuldbefreiung in einem Partikularverfahren nicht anzuwenden sind, enthält die EuInsVO nicht. Dennoch muss die Restschuldbefreiung auch im Anwendungsbereich der EuInsVO ausgeschlossen sein. Hier gilt ebenso, dass die gesetzliche Restschuldbefreiung den Gläubigern nur dann zugemutet werden kann, wenn das gesamte in- und ausländische Vermögen des Schuldners verwertet worden ist. Diese Lösung lässt sich zudem aus Art. 34 Abs. 2 EuInsVO ableiten, wonach jede Beschränkung der Rechte der Gläubiger wie beispielsweise eine Schuldbefreiung im Rahmen ei-

---

[1154] Virgos/Schmit in Stoll, Vorschläge und Gutachten, Nr. 174; Leible/Staudinger, KTS 200, S. 533 (564); Spahlinger, S. 259.

[1155] Das Berechnungsverfahren ist im Erläuternden Bereicht dezidiert beschrieben: Virgos/Schmit in Stoll, Vorschläge und Gutachten, Nr. 175 ff.; Demnach ist stets der ursprüngliche Betrag der Forderung geltend zu machen. Eine Forderung wird bei der Verteilung erst berücksichtigt, wenn die Gläubiger desselben Ranges im Rahmen dieses Verfahrens zum gleichen Prozentsatz befriedigt wurden wie der Inhaber der Forderung im ersten Verfahren. Vgl. zum Verfahren der Quotenanrechnung ebenfalls Duursma-Kepplinger/Duursma/Chalupsky, Art. 20, Rn. 32 ff..

[1156] Duursma-Kepplinger/Duursma/Chalupsky, Art. 20, Rn. 3.

[1157] Ebenso Spahlinger, S. 259; Kolmann, S. 356.

nes Sanierungsplanes oder einer vergleichbaren Maßnahme der Zustimmung aller Gläubiger bedarf. Daher kann auch im Rahmen eines Liquidationsverfahrens eine Restschuldbefreiung jedenfalls ohne die Zustimmung aller Gläubiger nicht in Betracht kommen.

In Bezug auf die Zulässigkeit von Sanierungsplänen weichen EuInsVO und autonomes Recht dagegen erheblich voneinander ab. Dies wird bereits dadurch bedingt, dass im Gegensatz zum deutschen Internationalen Insolvenzrecht[1158] das Sekundärinsolvenzverfahren nach der EuInsVO grundsätzlich ein Liquidationsverfahren sein muss[1159]. Ein Sanierungsplan kommt somit zunächst nur für ein isoliertes Partikularverfahren in Betracht[1160]. Sofern später ein Hauptinsolvenzverfahren eröffnet wird, ermöglicht Art. 37 EuInsVO die Umwandlung des Sanierungsverfahrens in ein Liquidationsverfahren. Sofern die Umwandlung in ein Liquidationsverfahren nicht verlangt bzw. nicht angeordnet wird, wird das isolierte Partikularverfahren als Sanierungsverfahren fortgeführt[1161].

Wie bereits erörtert[1162] ist eine derartige Beschränkung von Sanierungsplänen auf isolierte Partikularverfahren für das autonome Recht nicht zu befürworten.

Des weiteren weicht die EuInsVO insofern von den Regelungen der InsO ab, als sie die Beendigung des Sekundärinsolvenzverfahrens durch einen Sanierungsplan dann für möglich erachtet, wenn die lex fori particularis eine solche Möglichkeit eröffnet und der Hauptinsolvenzverwalter eine solche Maßnahme vorschlägt. Das Insolvenzgericht des Sekundärverfahrens darf diese Maßnahme nur bestätigen, wenn der Verwalter des Hauptinsolvenzverfahrens zugestimmt hat oder, wenn die finanziellen Interessen der Gläubiger des Hauptinsolvenzverfahrens durch die vorgeschlagene Maßnahme nicht beeinträchtigt werden. Einer solchen Regelung bedarf es im deutschen Recht jedoch bereits deshalb nicht, weil danach ein Sanierungsplan im Rahmen des Sekundärinsolvenzverfahrens von Anfang an als zulässig zu erachten ist.

Ebenso wie § 355 Abs. 2 InsO bestimmt Art. 34 Abs. 2 EuInsVO, dass jede Beschränkung der Rechte der Gläubiger in einem Insolvenzplan der Zustimmung aller betroffenen Gläubiger bedarf[1163].

(10) Anerkennung von Partikularverfahren

Das Bedürfnis für die Anerkennung ausländischer Partikularverfahren wurde im autonomen Recht damit begründet, dass anderenfalls der ausländische Insolvenzverwalter in Deutschland keine Anfechtungshandlungen vornehmen könnte oder er nicht berechtigt wäre, Massegegenstände aus dem Inland in das Ausland zurückzubringen. Im Gegen-

---

[1158] Vgl. oben E. IV. 4. e. (9) (b).
[1159] Art. 3 Abs. 3 S. 2 EuInsVO; Virgos/Schmit in Stoll, Vorschläge und Gutachten, Nr. 83.
[1160] Duursma-Kepplinger/Duursma/Chalupsky, Art. 28, Rn. 89.
[1161] Virgos/Schmit in Stoll, Vorschläge und Gutachten, Nr. 259; Kolmann, S. 333; Leible/Staudinger, KTS 2000, S. 533 (549); Duursma-Kepplinger/Duursma/Chalupsky, Art. 37, Rn. 5.
[1162] Vgl. E. IV. 4. e. (9).
[1163] Wimmer, ZIP 1998, S. 982 (988).

satz zum autonomen Recht enthält die EuInsVO dagegen in Art. 18 Abs. 2 eine Regelung, wonach der ausländische Insolvenzverwalter in jedem Mitgliedstaat zur Vornahme genau dieser Handlungen berechtigt ist, so dass Zweifel an einem Anerkennungsbedürfnis durchaus begründet wären.
Da jedoch der Wortlaut von Art. 16 Abs. 1 EuInsVO jedenfalls nicht auf die Anerkennung des ausländischen Hauptinsolvenzverfahrens beschränkt ist, folgt daraus, dass ein in einem Mitgliedstaat eröffnetes Partikularverfahren dennoch nach Maßgabe von Art. 16 Abs. 1 EuInsVO anerkennungsfähig ist[1164].
Die Anerkennung von Partikularverfahren, die außerhalb der Europäischen Gemeinschaft eröffnet wurden, richtet sich dagegen nicht nach den Vorschriften der EuInsVO. Hierfür ist auf das autonome Internationale Insolvenzrecht zurückzugreifen, mithin auf § 343 InsO.

(11) Zusammenfassung

Sowohl der EuInsVO als auch dem autonomen Internationalen Insolvenzrecht liegt zur Abwicklung von grenzüberschreitenden Insolvenzen ein Kombinationsmodell zugrunde, das Partikularverfahren neben oder anstelle eines Hauptinsolvenzverfahrens zulässt. Dabei sind die Wirkungen der Partikularverfahren nach beiden Rechtsordnungen gleichermaßen auf das im Verfahrensstaat belegene Vermögen des Schuldners beschränkt und es gilt das Recht des Verfahrensstaates, die lex fori particularis. Ferner werden die Wirkungen des Hauptinsolvenzverfahrens mit der Eröffnung eines Sekundärinsolvenzverfahrens verdrängt.
Trotz dieser identischen Grundstruktur bestehen zum Teil erhebliche Differenzen zwischen der Ausgestaltung der Partikularverfahren im autonomen Recht und in der Insolvenzverordnung. Lediglich im Hinblick auf die Insolvenzeröffnungsgründe, die Aktivmasse, die Passivmasse, die Verteilungsordnung und die Restschuldbefreiung stimmen die beiden Regelungswerke überein.
Dagegen ist bereits die Internationale Zuständigkeit für Partikularverfahren unterschiedlich geregelt. Die EuInsVO stellt insofern restriktiver auf die Belegenheit einer Niederlassung des Schuldners im Verfahrensstaat ab, während das autonome Recht die bloße Belegenheit von Vermögen genügen lässt. Diese Differenzierung spiegelt sich auch im Rahmen der Antragsberechtigung wieder. Das deutsche Recht versucht die weite Eröffnungszuständigkeit aufgrund von im Inland belegenem Vermögen dadurch wieder einzuschränken, dass der Gläubiger ein besonderes Interesse an der Verfahreneröffnung im Inland glaubhaft machen muss. Die EuInsVO kennt diese Einschränkung zwar nicht, ist aber wiederum im Hinblick auf isolierte Partikularverfahren enger als das deutsche Recht. Die Eröffnung von isolierten Partikularverfahren wird nämlich durch die in Art. 3 Abs. 4 EuInsVO getroffene Regelung erheblich eingeschränkt.

[1164] Virgos/Schmit in Stoll, Vorschläge und Gutachten, Nr. 156; Duursma-Kepplinger/Duursma/Chalupsky, Art. 16, Rn. 9.

Was die Zusammenarbeit der Insolvenzverwalter betrifft, geht die in der EuInsVO getroffene Regelung über jene im autonomen Recht weit hinaus. Zum einen enthält sie neben der allgemeinen Unterrichtungspflicht eine weitere Generalklausel, die die Insolvenzverwalter zur Zusammenarbeit verpflichtet. Zum anderen enthält sie das Recht des Hauptinsolvenzverwalters, die Aussetzung der Liquidation im Sekundärverfahren zu beantragen.

Letztlich kann ein sanierender Insolvenzplan auf europäischer Ebene im Gegensatz zum autonomen Recht grundsätzlich nur im isolierten Partikularverfahren beschlossen werden. Im Rahmen eines Sekundärinsolvenzverfahrens käme dies nur nach Maßgabe von Art. 34 EuInsVO in Betracht.

Dieser Vergleich von InsO und EuInsVO in Bezug auf die Partikularverfahren verdeutlicht, dass die Unterschiede zwischen den Regelungen doch mannigfaltiger sind, als bei einer oberflächlichen Betrachtung zunächst angenommen werden könnte. Ein Änderungsbedürfnis für das autonome Recht folgt jedenfalls aus der auf europäischer Ebene getroffenen vorzugswürdigeren Regelung der Zusammenarbeit der Insolvenzverwalter. Es bleibt zu untersuchen, ob die aufgezeigten Unterschiede der eingangs aufgestellten These, dass anstatt einer Neuregelung im autonomen Recht ebenso eine Verallseitigung der EuInsVO auch gegenüber Drittstaaten in Betracht gekommen wäre, entgegenstehen oder ob die Differenzen durch geringfügige Anpassungen überwunden werden können. Dies soll im folgenden Abschnitt ermittelt werden.

V. Verallseitigung der EuInsVO als Alternative ?

Nunmehr gilt es die eingangs aufgeworfene Frage zu beantworten, ob eine Verallseitigung der EuInsVO gegenüber Drittstaaten ein sachgerechtes und praktikables Regelungswerk darstellen würde und es daher der erfolgten Neuregelung nicht zwingend bedurft hätte. Diese Frage kann in der vorliegenden Arbeit freilich nur im Hinblick auf die verfahrensrechtlichen Regelungen beantwortet werden, da nur diese Gegenstand der Untersuchung sind.

Gegen eine derartige Verallseitigung der EuInsVO werden bereits in der Allgemeinen Begründung zum Regierungsentwurf[1165] beachtliche Argumente angeführt, die ein autonomes Internationales Insolvenzrecht nach der Auffassung des Gesetzgebers „unerlässlich machen". Danach sei das Vertrauen in die Rechtsstaatlichkeit und Funktionsfähigkeit der Justiz der anderen Mitgliedstaaten, wie sie in der EuInsVO zum Ausdruck kommt, im Verhältnis zu Drittstaaten nicht in gleichem Maße gerechtfertigt. Ferner würden Maßnahmen der Vollstreckbarerklärung, für die die EuInsVO auf die EuGVVO verweist, ungeregelt bleiben. Zudem setzte die enge Koordinierung von Haupt- und Sekundärinsolvenzverfahren voraus, dass die Verordnung in den Staaten beider Insolvenzverfahren

---

[1165] Regierungsentwurf vom 25.10.2002, BT-Drs. 15/16, S. 13.

gleichermaßen gelte[1166]. Fraglich ist allerdings, ob diese Argumente zu überzeugen vermögen. Um dies festzustellen, sollen im Folgenden die verfahrensrechtlichen Unterschiede zwischen EuInsVO und autonomen Internationalen Insolvenzrecht nach der InsO nochmals aufgezeigt und miteinander verglichen werden.
Zur Bestimmung der Internationalen Zuständigkeit wird im autonomen Recht § 3 InsO doppelfunktional angewandt. Danach sind die deutschen Gerichte zur Durchführung eines Insolvenzverfahrens international zuständig, wenn der Mittelpunkt einer selbständigen wirtschaftlichen Tätigkeit des Schuldner im Inland liegt. Alternativ wird ferner an den allgemeinen Gerichtsstand angeknüpft. Art. 3 EuInsVO knüpft dagegen lediglich an den Mittelpunkt der hauptsächlichen Interessen des Schuldners an. Die Anknüpfungskriterien zur Bestimmung der internationalen Zuständigkeit weichen somit voneinander ab. Die oben durchgeführte Untersuchung[1167] hat jedoch gezeigt, dass beide Zuständigkeitsregime im Endeffekt zu übereinstimmenden Ergebnissen gelangen. Daher wäre es durchaus auch sachgerecht gewesen für das autonome Recht auf die in der EuInsVO getroffene Zuständigkeitsregelung zurückzugreifen. Dies hätte darüber hinaus den Vorteil gehabt, dass sich die Streifrage nach dem Verhältnis von Tätigkeitsmittelpunkt und allgemeinen Gerichtsstand im Sinne von § 3 InsO auf internationaler Ebene erübrigt hätte. Der Vergleich der beiden Zuständigkeitsregime lässt somit keinerlei Gründe erkennen, die einer Verallseitigung der EuInsVO entgegen stehen könnten.
Die Anerkennung ausländischer Insolvenzverfahren erfolgt sowohl auf nationaler als auch auf europäischer Ebenen automatisch. Weder § 343 InsO noch Art. 16 Abs. 1 EuInsVO setzen ein förmliches Exequaturverfahren voraus. Im Hinblick auf die Anerkennungsvoraussetzungen differieren die beiden Regelungswerke allerdings. So ist nach deutschem Recht erforderlich, dass die Gerichtsbarkeit des Insolvenzeröffnungsstaates aus deutscher Sicht international zuständig ist. Die EuInsVO kennt dieses Anerkennungserfordernis dagegen nicht. Dies resultiert daraus, dass die internationale Zuständigkeit für die Mitgliedstaaten ohnehin einheitlich geregelt ist. Im Übrigen stimmen beide Anerkennungsregime wiederum überein. Es stellt sich daher die Frage, ob auf das Erfordernis, die internationale Zuständigkeit des Insolvenzeröffnungsstaates nachzuprüfen, verzichtet werden könnte. Dies ist jedoch nicht der Fall. Hiergegen spricht in erheblichen Maße das ebenso in der Begründung zum Regierungsentwurf vorgetragene Argument, dass das Vertrauen in die Entscheidungen der Gerichte aus Drittstaaten nicht in gleichem Maße gerechtfertigt ist, wie das Vertrauen in die Entscheidungen der Mitgliedstaaten der EU. Die geäußerte Kritik ist somit im Hinblick auf diesen Aspekt zutreffend. Eine eigenständige Regelung des Internationalen Insolvenzrechts im autonomen Recht ist daher bereits aus diesem Grund gerechtfertigt.
Wie bereits ausgeführt, wird gegen eine entsprechende Anwendung der EuInsVO auch

---

[1166] Ebenso Wimmer in Stoll, Vorschläge und Gutachten, S. 179 (180); Trunk in Stoll, Vorschläge und Gutachten, S. 232 (234); Leipold in FS Henckel, S. 533 (535 f.); eine Verallseitigung ablehnend ebenso Taupitz, ZZP 111, S. 315 (349).
[1167] Vgl. E. IV. 1. h..

gegenüber Drittstaaten in der Begründung zum Regierungsentwurf und auch in der Literatur des Weiteren der Umstand angeführt, dass Maßnahmen der Vollstreckbarerklärung ungeregelt blieben[1168]. Diese Bedenken resultieren daraus, dass die EuInsVO in Art. 25 Abs. 1 Unterabs. 1 für die Vollstreckbarerklärung auf die Vorschriften der EuGVVO verweist. Hiergegen ließe sich jedoch anführen, dass die entsprechende Anwendung der Vorschriften der EuInsVO auch gegenüber Drittstaaten durchaus auch eine entsprechende Anwendung der Vollstreckbarerklärungsvorschriften der EuGVVO beinhalten könnte. Eine Regelungslücke wäre dann nicht gegeben. Dies setzt aber zunächst voraus, dass die Vorschriften der Vollstreckbarerklärung des autonomen Insolvenzrechts mit jenen der EuInsVO bzw. EuGVVO übereinstimmen, so dass eine Verallseitigung der EuInsVO mit den Interessen und Zielen des autonomen Rechts zu vereinbaren ist. Art. 25 Abs. 1 Unterabs. 1 EuInsVO verweist auf die Art. 38 ff. EuGVVO. Danach ist das Vollstreckbarerklärungsverfahren zweigeteilt. Im ersten Abschnitt handelt es sich um ein vereinfachtes Beschlussverfahren, in dem der Schuldner nicht gehört wird. Einwendungen kann der Schuldner erst später im Rechtsbehelfsverfahren erheben. Im Unterschied dazu erfolgt die Vollstreckbarerklärung im autonomen Recht in einem kontradiktorischen Klageverfahren, an dessen Ende ein Vollstreckungsurteil steht. Die EuInsVO und das autonome Recht weichen in diesem Punkt somit erheblich voneinander ab. Der an anderer Stelle[1169] bereits erfolgte Vergleich der beiden Vollstreckbarerklärungsverfahren hat ergeben, dass das vereinfachte Beschlussverfahren, wie es der EuInsVO zugrunde liegt, lediglich auf europäischer Ebene zu begrüßen ist. Für das nationale Recht kann dieses Verfahren aufgrund des mangelnden Vertrauens in die Justiz anderer Staaten und aus Schuldnerschutzgesichtspunkten dagegen nicht empfohlen werden. Allerdings kann auch das in § 353 InsO geregelte Klageverfahren für das autonome Recht nicht überzeugen. Vorzugswürdig ist nach der hier vertretenen Auffassung ein flexibles Modell. Danach sollte die Vollstreckbarerklärung grundsätzlich in einem vereinfachten Beschlussverfahren erfolgen, in welchem dem Vollstreckungsgegner rechtliches Gehör zu gewähren ist. Allerdings sollte weiterhin die Option zur Durchführung einer mündlichen Verhandlung bestehen. Dies folgt daraus, dass die Vollstreckungsklage im Gegensatz zu einem Beschlussverfahren langwierig und kostenaufwendig ist. Zudem wohnt dem vereinfachten Beschlussverfahren ein gewisser Überraschungseffekt inne, der es verhindert, dass der Vollstreckungsgegner sein Vermögen dem Vollstreckungszugriff entzieht. Die Rechte des Vollstreckungsgegners bleiben wiederum dadurch hinreichend gewahrt, dass er bereits in diesem Verfahren gehört werden kann und ihm somit keine Instanz verloren geht. Daraus folgt, dass eine Verallseitigung der EuInsVO in Bezug auf das Vollstreckbarerklärungsverfahren nicht wünschenswert gewesen wäre. Jedenfalls sollte die Vollstreckbarerklärung nicht durch eine entsprechende Anwendung der Vorschriften der EuGVVO erfolgen. Da jedoch die EuInsVO selbst keine weitere Regelung des Voll-

---

[1168] Regierungsentwurf vom 25.10.2002, BT-Drs. 15/16, S. 13; Wimmer in Stoll, Vorschläge und Gutachten, S. 179 (180).

[1169] Vgl. oben E. IV. 3. a. (2).

streckbarerklärungsverfahrens enthält, wäre in der Tat eine Regelungslücke gegeben. Der Schutz des Vollstreckungsgegners rechtfertigt somit eine eigenständige Regelung des Vollstreckbarerklärungsverfahrens im autonomen Recht.

Ebenso wie das autonome Recht verfolgt auch die EuInsVO ein Kombinationsmodell, das auf das Inland beschränkte Partikularverfahren gestattet. Die beiden Kombinationsmodelle sind ferner hinsichtlich ihrer Grundstruktur[1170] und ihrer Funktion[1171] identisch. Im Hinblick auf die nähere Ausgestaltung der Partikularverfahren weichen die beiden Regelungswerke dagegen zum Teil erheblich voneinander ab. Dies zeigt sich bereits in der Regelung der internationalen Zuständigkeit für Partikularverfahren. Die EuInsVO kennt als Anknüpfungsmerkmal lediglich die inländische Niederlassung des Schuldners, während nach der InsO ein Partikularverfahren auch bei im Inland belegenen Vermögen des Schuldners eröffnet werden kann. Wie bereits ausgeführt[1172] ist jedoch die Anknüpfung an im Inland belegenes Schuldnervermögen zur Begründung der internationalen Zuständigkeit zu befürworten. Dies gebietet maßgeblich die Schutz- und Ersatzfunktion des Partikularverfahrens. Eine Verallseitigung der EuInsVO wäre somit in dieser Hinsicht nach der hier vertretenen Auffassung unbefriedigend und würde der Funktion der Partikularverfahren nicht hinreichend gerecht werden[1173]. Allerdings ist fraglich, ob sich hieraus zwingend das Bedürfnis für eine eigenständige Regelung des IIR im autonomen Recht ergibt. Dies wäre lediglich dann nicht der Fall, wenn die Vorteile einer einheitlichen Anwendung der EuInsVO überwiegen würden. Allerdings kann der mit einer Verallseitigung einhergehenden Rechtsvereinheitlichung kein Vorrang gegenüber dem Gläubigerschutz eingeräumt werden. Den Gläubigern sollte stets die Möglichkeit eröffnet werden, ein inländisches Partikularverfahren zu eröffnen, sofern sich Vermögen des Schuldners in diesem Land befindet. Es ist nämlich nicht auszuschließen, dass anderenfalls gewisse Sicherungsrechte der Gläubiger leer laufen würden. Ferner kommt dem Partikularverfahren auch eine Ersatzfunktion gerade für den Fall zu, dass ein Hauptinsolvenzverfahren aus welchen Gründen auch immer nicht eröffnet werden kann.

Die in dieser Hinsicht unbefriedigende Regelung der EuInsVO rechtfertigt somit eine eigenständige Regelung der Internationalen Zuständigkeit zur Eröffnung von Partikularverfahren im autonomen Recht.

Unterschiede bestehen ferner im Hinblick auf die Antragsberechtigung zur Eröffnung eines Partikularverfahrens. Zu unterscheiden ist dabei zwischen dem Sekundärinsolvenzverfahren und dem isolierten Partikularverfahren. Nach Art. 29 EuInsVO kann das Sekundärinsolvenzverfahren von dem Verwalter des Hauptinsolvenzverfahrens und jeder anderen Person oder Stelle, der das Antragsrecht nach dem Recht des Verfahrensstaates zusteht, beantragt werden. Diese Regelung stimmt im Wesentlichen mit der des

---

[1170] Beide Kombinationsmodelle kennen das isolierte Partikularverfahren und das Sekundärinsolvenzverfahren.

[1171] Schutz-, Ersatz- und Hilfsfunktion.

[1172] Vgl. E. IV. 1. d..

[1173] Ebenso Homann, S. 96.

autonomen Rechts überein. Eine Verallseitigung wäre überdies auch deshalb unproblematisch, weil zur Konkretisierung der zuständigen Stelle oder Personen auf die §§ 13 ff. InsO zurückgegriffen werden könnte. Allerdings sieht das autonome Recht im Gegensatz zum europäischen Recht eine Einschränkung des Gläubigerantragsrechts vor. Danach können nur solche Gläubiger ein Sekundärinsolvenzverfahren aufgrund der Belegenheit von Schuldnervermögen im Inland beantragen, die ein besonderes Interesse an der Verfahrenseröffnung glaubhaft machen[1174]. Dieselbe Einschränkung sieht das autonome Recht auch für die Beantragung eines isolierten Partikularverfahrens vor. Ein Bedürfnis für eine solche Einschränkung besteht im autonomen Recht, um dem Einheitsverfahren zumindest in den einfach gelagerten Fällen zu seiner Durchsetzung zu verhelfen. Auf europäischer Ebene bedarf es einer solchen Regelung dagegen deshalb nicht, weil hier nur eine Niederlassung des Schuldners und nicht bereits jegliches Schuldnervermögen zuständigkeitsbegründend wirkt. Wie soeben ausgeführt, sollte im Verhältnis zu Drittstaaten aus Gläubigerschutzgründen ein Partikularverfahren bereits bei der Belegenheit von Schuldnervermögen eröffnet werden können. Eine Verallseitigung der EuInsVO wäre in dieser Hinsicht unbefriedigend, weil sie der Schutz- und Ersatzfunktion der Partikularverfahren nicht hinreichend gerecht würde. Entsprechendes gilt dann auch für die Regelung der Antragsberechtigung. Sofern im nationalen Recht eine weite internationale Zuständigkeit befürwortet wird, muss diese durch eine restriktive Regelung der Antragsberechtigung eingeschränkt werden, um das Einheitsverfahren nicht völlig zu verdrängen. Auch in dieser Hinsicht besteht folglich das Bedürfnis nach einer eigenständigen Regelung.

Erhebliche Unterschiede bestehen zudem bezüglich der Antragsberechtigung von isolierten Partikularverfahren. Diese ist in der EuInsVO in Art. 3 Abs. IV geregelt. Danach kann jedermann, dem das Recht nach der lex fori particularis zusteht, das Verfahren eröffnen, sofern die Eröffnung eines Hauptinsolvenzverfahrens im Staat des Mittelpunktes des hauptsächlichen Interesses nicht möglich ist. Sofern aber die Möglichkeit zur Eröffnung eines Hauptinsolvenzverfahrens gegeben ist, ist das Antragsrecht dahingehend beschränkt, dass nur diejenigen Gläubiger antragsbefugt sind, die einen besonderen Inlandsbezug aufweisen. Im Verhältnis zu Drittstaaten verbietet nach der hier vertretenen Auffassung jedoch die Schutz- und Ersatzfunktion des Partikularverfahrens eine derartige Beschränkung[1175].

Daraus folgt, dass im Hinblick auf die Antragsberechtigung zur Eröffnung von Partikularverfahren eine entsprechende Anwendung der Vorschriften der EuInsVO nicht zu empfehlen ist. Die hier befürwortete „weite" Eröffnungszuständigkeit sowie die Funktion des Partikularverfahrens machen somit eine eigenständige Regelung der Antragsberechtigung im autonomen Recht unerlässlich.

Ebenso wie die Antragsberechtigung ist auch die Zusammenarbeit der Insolvenzverwalter in den beiden Regelungswerken unterschiedlich ausgestaltet. Zunächst ist die Rege-

---

[1174] § 354 Abs. 2 InsO.

[1175] Vgl. E. IV. 4. e. (2).

lung der EuInsVO insofern vorzugswürdiger, als Art. 31 EuInsVO eine allseitige Regelung zur Unterrichtung und Zusammenarbeit der Insolvenzverwalter untereinander vorsieht. Eine Unterrichtungspflicht ist nicht nur - wie dies im autonomen Recht der Fall ist[1176] - für den inländischen Sekundärinsolvenzverwalter vorgeschrieben, sondern auch für den Verwalter des Hauptinsolvenzverfahrens sowie für die Sekundärinsolvenzverwalter untereinander. In dieser Hinsicht wäre somit die Verallseitigung der EuInsVO ausdrücklich zu begrüßen.

Art. 33 EuInsVO sieht das Recht des Hauptinsolvenzverwalters vor, zumindest für drei Monate die vollständige oder teilweise Aussetzung der Verwertung im Sekundärinsolvenzverfahren zu beantragen. Diese Recht sollte dem Insolvenzverwalters eines Drittstaates dagegen nicht eingeräumt werden. Auch hier kommt wiederum das Vertrauensargument zum Zuge: Ein derart weitreichendes Vertrauen in die Arbeit eines Insolvenzverwalters aus Drittstaaten ist nicht gerechtfertigt. Die Missbrauchgefahr ist schlicht zu groß. Daher müsste Art. 33 EuInsVO im Falle einer Verallseitigung der EuInsVO für nicht anwendbar erklärt werden[1177].

Wie bereits eingangs erwähnt, wird gegen eine Verallseitigung der EuInsVO vorgetragen, dass es die in der Verordnung enthaltene enge Koordinierung von Haupt- und Sekundärinsolvenzverfahren erforderlich mache, dass die EuInsVO in den Staaten beider Insolvenzverfahren gilt[1178]. Dieses Argument kann jedoch nicht überzeugen. Ebenso wie die EuInsVO enthält die Neuregelung des Internationalen Insolvenzrechts mit § 357 InsO eine Vorschrift über die Zusammenarbeit der Insolvenzverwalter. Zwar sind die dort normierten Pflichten nicht so weitreichend wie jene der EuInsVO, jedoch wird auch hier nicht verlangt, dass eine gleichartige Verpflichtung im Recht des ausländischen Verfahrensstaates enthalten ist. Das Risiko, dass das Recht des Drittstaates keine entsprechenden Kooperationspflichten vorsieht, besteht daher gleichermaßen. Die Gefahr einer einseitigen Ausnutzung der deutschen Kooperationsbereitschaft bei der Zugrundelegung der EuInsVO gegenüber Drittstaaten besteht ebenso, wie nach aktuellem autonomen Recht. Im Übrigen soll die Kooperationsbereitschaft gegenüber Drittstaaten nach hier befürworteter Auffassung dadurch eingeschränkt werden, dass Art. 33 EuInsVO für nicht anwendbar erklärt wird.

Ein Unterschied zwischen EuInsVO und InsO besteht ferner noch im Hinblick auf die Befugnisse des Verwalters. Art. 18 EuInsVO bestimmt insofern, dass die Verwalter der Haupt- und der Partikularverfahren bestimmte Rechtshandlungen auf dem Gebiet eines anderen Mitgliedstaates ausüben dürfen. Eine solche Regelung besteht im autonomen Recht nicht, weil diesem gar nicht die Kompetenz zukommt, den Verwaltern die Ausübung von Rechten auf dem Hoheitsgebiet eines ausländischen Staates zu übertragen.

1176 Dies folgt aus § 357 InsO.

1177 Hierdurch würde das von Hanisch für das autonome Recht befürwortete Maß an geringerer Kooperationsfreundlichkeit erreicht. Hanisch in Stoll, Vorschläge und Gutachten, S. 202 (206).

1178 Regierungsentwurf vom 25.10.2002, BT-Drs. 15/16, S. 13; Wimmer in Stoll, Vorschläge und Gutachten, S. 179 (180); Hanisch in Stoll, Vorschläge und Gutachten, S. 202 (206).

Art. 18 EuInsVO kann somit im Falle der Verallseitigung der EuInsVO nicht anwendbar sein.
Zudem weichen EuInsVO und autonomes Recht noch im Hinblick auf die Zulässigkeit von Sanierungsplänen voneinander ab. Nach der EuInsVO muss im Gegensatz zum autonomen Recht ein Sekundärinsolvenzverfahren zunächst grundsätzlich ein Liquidationsverfahren sein[1179]. Für diese Lösung hat man sich entschieden, um der Gefahr einer Beeinträchtigung des Zwecks und der Ziele des Hauptverfahrens vorzubeugen, da befürchtet wurde, dass ein auf Sanierung gerichtetes Sekundärverfahren unter Umständen ein auf Sanierung gerichtetes Hauptverfahren negativ beeinflussen könnte[1180]. Eine solche Regelung läuft aber im Ergebnis darauf hinaus, dass die Sanierung eines transnationalen Unternehmens kaum möglich wäre, da die inländischen Vermögenswerte des Unternehmens dem Zerschlagungsmechanismus des Liquidationsverfahrens ausgeliefert wären. Daher ist diese Regelung nach hier vertretener Auffassung nicht überzeugend und folglich auch im Verhältnis zu Drittstaaten nicht zu befürworten.
Darüber hinaus bedarf auch Art. 34 EuInsVO einer näheren Betrachtung. Art. 34 Abs. 1 EuInsVO sieht das Recht des Hauptinsolvenzverwalters vor, die Beendigung des Sekundärinsolvenzverfahrens durch einen Sanierungsplan vorzuschlagen. Dieses Recht korrespondiert mit der in § 357 Abs. 3 InsO getroffenen Regelung, so dass dieser Aspekt einer Verallseitigung der EuInsVO nicht entgegen steht.
Art. 34 Abs. 1 Unterabs. 2 EuInsVO bestimmt, dass eine Beendigung des Sekundärinsolvenzverfahrens ohne Liquidation nur bestätigt werden kann, wenn der Hauptinsolvenzverwalter zugestimmt hat oder, falls dieser nicht zustimmt, wenn die finanziellen Interessen der Gläubiger des Hauptinsolvenzverfahrens durch die vorgeschlagenen Maßnahme nicht beeinträchtigt werden. Eine solche Regelung ist gegenüber Drittstaaten nicht zu befürworten. Hier kommt wiederum das Argument zum Tragen, dass das Vertrauen in die Insolvenzpraxis des ausländischen Staates nicht derart weitreichend ist, dass ein solches Zustimmungserfordernis gerechtfertigt wäre. Art. 34 Abs. 1 Unterabs. 2 EuInsVO ist daher für eine Verallseitigung gegenüber Drittstaaten nicht tauglich.
Nach Art. 34 Abs. 2 EuInsVO kann ein Insolvenzplan, welcher die Einschränkung der Rechte der Gläubiger vorsieht nur bestätigt werden, wenn alle betroffenen Gläubiger dem Plan zugestimmt haben. Diese Regelung stimmt mit § 355 Abs. 2 InsO überein, so dass sich diesbezüglich keine Probleme ergeben.
Art. 34 Abs. 3 EuInsVO nimmt Bezug auf Art. 33 EuInsVO. Da für den Fall der Verallseitigung der EuInsVO jedoch eine Aussetzungsbefugnis im Sinne von Art. 33 EuInsVO nicht befürwortet wird, ist dementsprechend auch Art. 34 Abs. 3 EuInsVO überflüssig.
Letztlich kann auch die Regelung in Art. 38 EuInsVO gegenüber Drittstaaten nicht anwendbar sein. Danach ist der vorläufige Verwalter eines Hauptinsolvenzverfahrens berechtigt, in jedem Mitgliedstaat zur Sicherung und Erhaltung des Schuldnervermögens Maßnahmen zu beantragen. Dem autonomen deutschen Recht kommt jedoch nicht die

---

[1179] Es sei denn die Voraussetzungen von Art. 34 Abs. 1 EuInsVO liegen vor.
[1180] Duursma-Kepplinger/Duursma/Chalupsky, Vorbemerkung zur EuInsVO, Rn. 69.

Kompetenz zu, über die Rechte eines vorläufigen inländischen Verwalters im Ausland zu entscheiden. Darüber hinaus sollte ein solches Recht auch dem ausländischen vorläufigen Verwalter im Inland nicht zugestanden werden, solange die Anerkennung des ausländischen Verfahrens nicht sichergestellt ist. Art. 38 EuInsVO eignet sich daher nicht für die Anwendung gegenüber Drittstaaten[1181].

Der vorgenommene Vergleich der verfahrensrechtlichen Regelungen hat somit ergeben, dass eine uneingeschränkte Anwendung der EuInsVO im Verhältnis zu Drittstaaten nicht in Betracht kommt. Einige Regelungen der EuInsVO würden gegenüber Drittstaaten zu schlicht unbefriedigenden Ergebnissen führen. So kann im Rahmen der Anerkennung gegenüber Drittstaaten auf das Erfordernis, die internationale Zuständigkeit des Insolvenzeröffnungsstaates zu überprüfen, nicht verzichtet werden. Dies folgt daraus, dass das Vertrauen in die Rechtsstaatlichkeit und Funktionsfähigkeit der Justiz gewisser Staaten nicht in gleicher weise gerechtfertigt ist, wie innerhalb der Gemeinschaft. Aus den gleichen Gründen überzeugt auch das der EuInsVO i.V.m. EuGVVO zugrunde liegende Vollstreckbarerklärungsverfahren gegenüber Drittstaaten nicht. Ebenso taugt die Regelung der Internationalen Zuständigkeit für Partikularverfahren in der EuInsVO nicht für eine Verallseitigung. Die Schutz- und die Ersatzfunktion des Partikularverfahrens gebieten es, dieses bereits bei Vorliegen von jeglichem Schuldnervermögen im Inland eröffnen zu können und nicht erst bei der Inlandsbelegenheit einer Niederlassung des Schuldnerunternehmens. Infolgedessen kann auch die in der EuInsVO getroffene Regelung der Antragsberechtigung zur Eröffnung eines Partikularverfahrens gegenüber Drittstaaten nicht überzeugen.
Andere Vorschriften sind wiederum speziell auf die Anwendung innerhalb der Gemeinschaft zugeschnitten und eignen sich daher nicht für eine Verallseitigung[1182].
Außerordentlich zu begrüßen wäre dagegen eine Verallseitigung der EuInsVO lediglich im Hinblick auf die Regelung der Zusammenarbeit der Insolvenzverwalter.
Daraus folgt, dass die aufgezeigten Unterschiede einer Anwendbarerklärung der Vorschriften der EuInsVO auch gegenüber Drittstaaten entgegenstehen und eine eigenständige Regelung des autonomen Internationalen Insolvenzrechts gerechtfertigt ist[1183].

Fraglich ist allerdings, ob die im Elften Teil der Insolvenzordnung erfolgte und 24 Paragraphen umfassende Neuregelung des Internationalen Insolvenzrechts in diesem Umfang erforderlich war. Es wäre durchaus auch in Betracht gekommen, die EuInsVO in modifizierter Form auch gegenüber Drittstaaten anzuwenden. Es hätte demnach in einem einzigen Paragraphen die EuInsVO für entsprechend anwendbar erklärt werden

---

[1181] Ebenso die Bedenken von Hanisch in Stoll, Vorschläge und Gutachten, S. 202 (206).

[1182] Art. 33; Art. 18; Art. 34 Abs. 1 Unterabs. 2; Art. 34 Abs. 3; Art. 38.

[1183] Auch die Sonderkommission zur Umsetzung des EU-Übereinkommens über Insolvenzverfahren im deutschen Recht gelangte zu dem Ergebnis, dass eine pauschale Übernahme des Übereinkommens (bzw. der Verordnung) oder eine Analogie nicht gerechtfertigt sei: Zusammenfassung der wesentlichen Verhandlungsergebnisse in Stoll, Vorschläge und Gutachten, S. 251.

können und in diesem hätten zugleich auch die erforderlichen Abweichungen für das autonome Recht festgelegt werden können. Solange die Modifikationen am Regelungswerk der EuInsVO nur geringfügiger Natur wären, würde der mit einer Verallseitigung der EuInsVO angestrebte Vorteil, nämlich die Zugrundelegung eines einzigen Internationalen Insolvenzrechts für jegliche Konstellation an grenzüberschreitenden Insolvenzen, nicht konterkariert.
Es fragt sich somit, wie eine derartige Regelung im autonomen Recht formuliert sein sollte. Im Folgenden soll daher nochmals knapp erörtert werden bezüglicher welcher Aspekte eine autonome Regelung zwingend ist. Anschließend soll ein entsprechender Vorschlag für eine solche Regelung im autonomen Recht unterbreitet werden. Endlich bleibt festzustellen, ob die entsprechende Anwendung der EuInsVO mit den vorgeschlagenen Modifikationen gegenüber der Neuregelung des Internationalen Insolvenzrechts im Elften Teil der Insolvenzordnung vorzugswürdig wäre.
Zunächst wurde festgestellt, dass die Überprüfung der Internationalen Zuständigkeit des Insolvenzeröffnungsstaates unerlässlich ist. In eine Vorschrift, welche die EuInsVO auch gegenüber Drittstaaten für entsprechend anwendbar erklärt, müsste daher möglicherweise eine Regelung aufgenommen werden, die besagt, dass eine Anerkennung nur dann erfolgt, wenn die Gerichtsbarkeit des Insolvenzeröffnungsstaates aus deutscher Sicht international zuständig ist. Einer solchen Regelung bedürfte es jedoch dann nicht, wenn die EuInsVO im Verhältnis zu Drittstaaten eine entsprechende Auslegung zuließe. Der Wortlaut von Art. 16 Abs. 1 EuInsVO schließt das hier befürwortete Erfordernis, die internationale Zuständigkeit zu überprüfen, allerdings nicht aus. Im Verhältnis zu Drittstaaten ließe sich Art. 16 Abs. 1 EuInsVO daher wie folgt lesen:

Die Eröffnung eines Insolvenzverfahrens durch ein nach Art. 3 ***(international)*** *zuständiges Gericht* ***eines Staates*** *wird anerkannt, sobald die Entscheidung im Staat der Verfahrenseröffnung wirksam ist.*

Durch den Verweis auf das nach Art. 3 EuInsVO zuständige Gericht ließe sich sicherstellen, dass nur die Verfahren solcher Staaten anerkannt werden, die auch aus deutscher Sicht international zuständig sind[1184]. Eine entsprechende Regelung, welche die Überprüfung der Internationalen Zuständigkeit im Rahmen der Anerkennung zwingend vorschreibt, wäre daher nicht unbedingt erforderlich.

Die Möglichkeit die EuInsVO im Hinblick auf das Vollstreckbarerklärungsverfahren im Sinne des autonomen Rechts auszulegen besteht dagegen nicht. Eine Verallseitigung der Vorschriften der EuInsVO würde es demnach erforderlich machen, die EuInsVO entsprechend zu modifizieren und eine Regelung des Vollstreckbarerklärungsverfahrens in dem hier befürworteten Sinne zu treffen. Gleiches gilt für die Internationale Zuständigkeit zur Eröffnung eines Partikularverfahrens. Diese müsste in Abweichung zur EuInsVO

[1184] Auf europäischer Ebene gilt dies aber dennoch nicht. Die Formulierung ist insofern missverständlich.

entsprechend geregelt werden. Ferner müsste eine autonome Regelung zum einen die Zulässigkeit zur Eröffnung von Partikularverfahren aufgrund von im Inland belegenen Schuldnervermögen durch den Nachweis eines besonderen Interesses einschränken. Zudem müsste die in Art. 3 Abs. 4 EuInsVO getroffenen Regelungen für nicht anwendbar erklärt werden. Gleiches gilt letztlich für einige weitere Vorschriften, die im Verhältnis zu Drittstaaten nicht anwendbar sein können.
Eine Vorschrift, welche die EuInsVO auch im Verhältnis zu Drittstaaten für anwendbar erklärt und die oben skizzierten Modifikationen vornimmt, müsste daher wie folgt lauten:

(1) Die Vorschriften der EuInsVO sind auch im Verhältnis zu Drittstaaten entsprechend anzuwenden.

(2) In Abweichung zu Art. 3 Abs. 2 EuInsVO ist ein besonderes Insolvenzverfahren über das inländische Vermögen des Schuldners zulässig, wenn der Schuldner im Inland eine Niederlassung oder sonstiges Vermögen hat.
Hat der Schuldner im Inland keine Niederlassung, so ist der Antrag eines Gläubigers auf Eröffnung eines Partikularverfahrens nur zulässig, wenn dieser ein besonderes Interesse an der Verfahrenseröffnung hat, insbesondere, wenn er in einem ausländischen Verfahren voraussichtlich erheblich schlechter stehen wird als in einem inländischen Verfahren. Das besondere Interesse ist vom Antragsteller glaubhaft zu machen.
Art. 3 Abs. II S. 2 und Abs. IV EuInsVO sind nicht anwendbar.

(3) Die Vollstreckbarerklärung insolvenzrechtlicher Entscheidungen erfolgt in einem Beschlussverfahren, in welchem dem Vollstreckungsgegner rechtliches Gehör zu gewähren ist. In komplizierten Fällen kann die Zulässigkeit der Zwangsvollstreckung durch Vollstreckungsurteil ausgesprochen werden. § 722 Abs. 2 und § 723 Abs. 1 der Zivilprozessordnung gelten entsprechend.

(4) Die Art. 18; 33; 34 Abs. 1 Unterabs. 2 und 38 EuInsVO sind gegenüber Drittstaaten nicht anwendbar.

Festzustellen bleibt, ob der soeben gemachte Vorschlag für eine autonome Regelung, welche die EuInsVO auch im Verhältnis zu Drittstaaten für entsprechend anwendbar erklärt und entsprechende Modifikationen enthält, gegenüber der ausdifferenzierten Neuregelung des autonomen Internationalen Insolvenzrechts im Elften Teil der InsO vorzugswürdig ist.
Für eine derartige Regelung streitet zunächst, dass eine entsprechende Anwendung der EuInsVO auch gegenüber Drittstaaten den nicht unerheblichen Vorteil hätte, dass Deutschland für die Bewerkstelligung von grenzüberschreitenden Insolvenzen stets auf ein und dasselbe Regelungswerk zurückgreifen könnte. Es würden gegenüber sämtlichen Staaten dieselben Maßstäbe gelten und es könnte sich eine einheitliche Rechtsprechung und Abwicklungspraxis herauskristallisieren. Dies würde ein erhebliches Maß

an Rechtssicherheit mit sich bringen[1185]. Darüber hinaus ließe sich argumentieren, dass es dauerhaft kaum sinnvoll ist, unterschiedliche Systeme mit sekundären Insolvenzverfahren nebeneinander anzuwenden[1186].

Dem ist jedoch entgegen zu halten, dass durch die für das autonome Recht befürworteten Modifikationen der EuInsVO von diesem vermeintlichen Vorteil nicht viel übrig bleibt. In wesentlichen Punkten hat sich das der EuInsVO zugrunde liegende Regelungswerk für das autonome Recht als untauglich erwiesen. Dies betrifft beispielsweise zentrale Aspekte wie die Zulässigkeit von Partikularverfahren oder aber das Vollstreckbarerklärungsverfahren. Es handelt sich demnach gerade nicht um bloß geringfügige Modifikationen, die lediglich geringen Einfluss auf das Regelungssystem der EuInsVO nehmen würden. Dies spricht somit maßgeblich für die erfolgte ausdifferenzierte Neuregelung des Internationalen Insolvenzrechts in der Insolvenzordnung und gegen eine Verallseitigung der EuInsVO mit entsprechenden Anpassungen.

Ferner wird für eine eigenständige Neuregelung vorgetragen, dass diese der Rechtsklarheit bei grenzüberschreitenden Insolvenzverfahren mit Drittstaaten dient[1187]. Es ist jedoch zweifelhaft, ob eine Verallseitigung der EuInsVO im Zusammenhang mit geringfügigen Modifikationen gegenüber Drittstaaten ein Weniger an Rechtsklarheit darstellen würde. Zutreffend ist allerdings, dass eine ausformulierte, eigenständige und vor allem in die Insolvenzordnung integrierte Regelung der Vorschriften des Internationalen Insolvenzrechts ein größeres Maß an Anwenderfreundlichkeit beinhaltet.

Des Weiteren wird gegen eine Verallseitigung der EuInsVO angeführt, dass diese nicht gegenüber Kreditinstituten, Versicherungsunternehmen und Wertpapierfirmen gelte[1188], so dass bei diesen Wirtschaftsobjekten eine Regelungslücke bestünde[1189]. Ausweislich der Begründung zum Regierungsentwurf[1190] soll die Umsetzung der insolvenzrechtlichen Vorschriften der Richtlinie 2001/17/EG des Europäischen Parlaments und des Rates vom 19. März 2001 über die Sanierung und Liquidation von Versicherungsunternehmen und der Richtlinie 2001/24/EG des Europäischen Parlaments und des Rates vom 4. April 2001 über die Sanierung und Liquidation von Kreditinstituten mit der Übernahme der Bestimmungen zum autonomen Internationalen Insolvenzrechts in die Insolvenzordnung erfolgen. Spezielle Modifikationen für Versicherungsunternehmen oder Kreditinstitute sind folglich nicht vorgesehen, so dass hierfür ebenso auf die Regelungen der EuInsVO zurückgegriffen werden könnte. Die Umsetzung der Richtlinien könnte somit auch dadurch erfolgen, dass eine entsprechende Vorschrift in die InsO eingestellt wird, welche die EuInsVO auch in Bezug auf Versicherungsunternehmen und Kreditinstitute für entsprechend anwendbar erklärt. Diese Vorschrift müsste wie folgt lauten:

[1185] Lüer in Uhlenbruck, Art. 102 EGInsO, Rn. 193.

[1186] So auch Spahlinger, S. 348.

[1187] Begründung zum Regierungsentwurf vom 25.10.2002, BT-Drs. 15/16, S. 13; Wimmer in Stoll, Vorschläge und Gutachten, S. 179 (181).

[1188] Vgl. Art. 1 Abs. 2 EuInsVO.

[1189] Wimmer in Stoll, Vorschläge und Gutachten, S. 179 (181).

[1190] Regierungsentwurf vom 25.10.2002, BT-Drs. 15/16, S. 14.

In Abweichung von Art. 1 Abs. 2 EuInsVO sind die Vorschriften der EuInsVO auch für Versicherungsunternehmen, Kreditinstitute und Wertpapierfirmen entsprechend anzuwenden.

Eine Regelungslücke würde dann jedenfalls im Falle einer Verallseitigung der EuInsVO nicht bestehen. Freilich müssten für diese Unternehmen, die oben befürworteten Modifikationen der EuInsVO gleichermaßen gelten.
Für die hier zur Debatte stehende Alternative zur Regelung des deutschen Internationalen Insolvenzrechts ließe sich des weiteren vortragen, dass eine entsprechende Heranziehung der Vorschriften der EuInsVO zumindest im Hinblick auf die Regelung der Zusammenarbeit der Insolvenzverwalter durchaus zu begrüßen wäre, weil die in Art. 31 EuInsVO getroffene Regelung der Zusammenarbeit allseitig ausgestaltet ist und nicht einseitig, wie dies in § 357 InsO der Fall ist.
Letztlich ist der oben gemachte Regelungsvorschlag eine Möglichkeit, überflüssige Normierungen einzuschränken.
Die Abwägung der für und gegen eine Verallseitigung der EuInsVO mit den entsprechenden Anpassungen vorgetragenen Argumente ergibt, dass die im Elften Teil der Insolvenzordnung getroffene ausführliche und eigenständige Regelung des deutschen Internationalen Insolvenzrechts zu überzeugen vermag. Dies folgt daraus, dass durch die Modifizierung der EuInsVO auf nationaler Ebene im Ergebnis gerade nicht wie beabsichtigt ein und dasselbe Regelungswerk für die Abwicklung aller grenzüberschreitender Insolvenzen zugrunde gelegt werden kann. Die notwendigen Anpassungen sind auch nicht nur geringfügiger Natur sondern betreffen zentrale Punkte, in denen sich die EuInsVO als für das autonome Recht untauglich erwiesen hat. Demgegenüber ist der mit einer Verallseitigung einhergehende Vorteil, dass die europäische Regelung der Zusammenarbeit der Insolvenzverwalter auch gegenüber Drittstaaten gelten würde, nur geringfügig und sekundär. Die im autonomen Recht erfolgte ausführliche Regelung des Internationalen Insolvenzrechts beinhaltet darüber hinaus ein erheblicheres Maß an Anwenderfreundlichkeit. Zwar ist zweifelhaft, ob sie zugleich auch ein Mehr an Rechtsklarheit beinhaltet. Allerdings ist sie wohl insoweit „klarer", als das komplizierte Zusammenspiel von nationalen Vorschriften und Verordnung, welches die modifizierte Verallseitigung mit sich bringen würde, entfällt. Hierzu ist der mit der Verallseitigung der EuInsVO einhergehende Vorteil der Einschränkung der Normenflut nachrangig. Im Übrigen hat sich an der allzu fragmentarischen Regelung des Art. 102 EGInsO a.F. gezeigt, dass eine knappe Normierung auch nicht stets zu überzeugen vermag.
Im Hinblick auf die hier untersuchten verfahrensrechtlichen Fragen wäre somit eine Verallseitigung der EuInsVO mit den entsprechenden Modifikationen gegenüber der erfolgten Neuregelung keine sinnvolle Alternative gewesen. Eine Antwort in Bezug auf das Kollisionsrecht bzw. materielle Recht kann dagegen nicht gegeben werden. Sofern diesbezüglich die entsprechende Anwendung der Vorschriften der EuInsVO gegenüber Drittstaaten mit erheblichen Vorteilen verbunden wäre, müsste das hier gefundene Ergebnis nochmals auf den Prüfstand gestellt werden.

F. ZUSAMMENFASSUNG DER WESENTLICHEN ERGEBNISSE DIESER ARBEIT

Die in Art. 102 EGInsO normierten Ausführungsvorschriften zur EuInsVO sind bereits deshalb unerlässlich, weil die EuInsVO einige Aspekte den nationalen Rechten zur Regelung überlassen hat. Dies gilt insbesondere für die Bestimmung der örtlichen Zuständigkeit im Inland. So sind durchaus Konstellationen denkbar, in denen § 3 InsO zur Bestimmung der örtlichen Zuständigkeit nicht weiterführt, wenn der deutschen Gerichtsbarkeit die internationale Zuständigkeit zur Eröffnung eines Hauptinsolvenzverfahrens zukommt. Hier hilft Art. 102 § 1 Abs. 1 EGInsO. Allerdings gilt dies nur im Hinblick auf natürliche Personen als Schuldner. Bei Gesellschaften und juristischen Personen als Schuldner bedarf es eines Rückgriffs auf Art. 102 § 1 Abs. 1 EGInsO dagegen nicht.
Insgesamt sind die in Art. 102 EGInsO getroffenen Ausführungsvorschriften zur EuIns-VO jedenfalls notwendig und zu begrüßen.

Eine Normierung der internationalen Zuständigkeit Deutschlands zur Eröffnung eines Hauptinsolvenzverfahrens ist durch die Neuregelung nicht erfolgt. Die internationale Zuständigkeit ergibt sich somit aus der doppelfunktionalen Anwendung von § 3 InsO.
Der Anwendungsbereich der EuInsVO ist dann eröffnet, wenn der Mittelpunkt der hauptsächlichen Interessen des Schuldners in der Gemeinschaft liegt. Ein weiterer Mitgliedstaatenbezug ist dagegen nicht erforderlich. Für die Eröffnung eines Hauptinsolvenzverfahrens in Deutschland aufgrund von § 3 InsO wird demnach wenig Raum bleiben, weil sich die Anknüpfungspunkte von Art. 3 EuInsVO und § 3 InsO sehr ähnlich sind.
Der allgemeine Gerichtsstand und der Mittelpunkt einer selbständigen wirtschaftlichen Tätigkeit im Sinne von § 3 InsO stehen zur Bestimmung der internationalen Zuständigkeit in einem Alternativverhältnis zueinander.
Zur Bestimmung der internationalen Zuständigkeit ist auf den Zeitpunkt des Antrags auf Eröffnung des Insolvenzverfahrens abzustellen.
Im Fall von positiven Kompetenzkonflikten ist abweichend von § 3 Abs. 2 InsO auf die erste wirksame Verfahrenseröffnung abzustellen. Sofern dabei ein Insolvenzverfahren in Deutschland eröffnet wurde gilt nichts anderes. Das deutsche Verfahren ist gegenüber einem ausländischen Verfahren nicht zwingend vorrangig.

Der Neuregelung des Internationalen Insolvenzrechts liegt der verfahrensrechtliche Anerkennungsbegriff zugrunde. Die ausländische Entscheidung entfaltet die Wirkungen, die ihr im Staat ihres Erlasses beigemessen werden (Theorie von der Wirkungserstreckung). Es werden all jene Wirkungen verfahrensrechtlich anerkannt, die Inhalt der Entscheidung selbst und damit Anerkennungsgegenstand sind. Dies sind die prozessualen Wirkungen der Entscheidung. Materiellrechtliche Wirkungen sind über das Kollisionsrecht zu ermitteln.
Die in § 343 InsO normierte Anerkennung ipso iure ist zu befürworten.
Anerkennungsfähig sind sämtliche staatlichen oder staatlich kontrollierten Verfahren, die eine Reaktion auf die (drohende) Insolvenz des Schuldners darstellen und zumindest

auch eine gleichmäßige Befriedigung der Gläubiger bezwecken. Hiervon werden Liquidations- und Sanierungsverfahren gleichermaßen erfasst. Grundsätzlich sollen sämtliche Verfahren, die jenen in den Anhängen A und B zur EuInsVO entsprechen, erfasst werden.

Als weitere Anerkennungsvoraussetzung muss der Staat der Eröffnungsentscheidung in spiegelbildlicher Anwendung der deutschen Vorschriften international zuständig sein und es darf kein Verstoß gegen den deutschen ordre public Vorbehalt vorliegen. Als ungeschriebene Voraussetzung muss die ausländische Insolvenzeröffnungsentscheidung darüber hinaus wirksam sein.

Nach § 343 Abs. 2 InsO werden auch solche Entscheidungen anerkannt, die zur Durchführung oder Beendigung des anerkannten Insolvenzverfahrens ergangen sind. Hiervon werden solche Entscheidungen erfasst, die unmittelbar aufgrund des Insolvenzverfahrens ergehen und in einem engen Zusammenhang damit stehen. Für eine derartige Qualifikation des Verfahrens als „insolvenzrechtlich" ist auf die Rechtsnatur, die systematische Stellung sowie auf den Sinn und Zweck des einer Entscheidung zugrunde liegenden Anspruchs abzustellen. Zudem ist maßgeblich zu berücksichtigen, ob sich die in Rede stehende Entscheidung in den universellen Geltungsanspruch des Insolvenzverfahrens einfügt.

Für die Anerkennung sonstiger insolvenzrechtlicher Entscheidungen gelten zunächst dieselben Anerkennungsvoraussetzungen wie für die Anerkennung der Eröffnung eines ausländischen Insolvenzverfahrens. Darüber hinaus kommt eine Anerkennung aber nur in Betracht, wenn auch der Eröffnungsbeschluss anerkannt wird oder zuvor anerkannt wurde. § 343 InsO erfasst sowohl Entscheidungen des Insolvenzeröffnungsstaates als auch solche aus Drittstaaten.

Trotz der Gefahr von Anerkennungslücken ist eine ausländische vis attractiva concursus, das heißt die Allzuständigkeit des Insolvenzeröffnungsgerichts für sämtliche insolvenzbezogene Streitigkeiten, im Inland nicht beachtlich. Hiergegen streiten unter anderem verfassungsrechtliche Bedenken.

Die in § 352 InsO getroffene Regelung, wonach die Anerkennung eines ausländischen Insolvenzverfahrens die Unterbrechung sämtlicher Aktiv- und Passivprozesse des Gemeinschuldners im Inland zur Folge hat, ist uneingeschränkt zu befürworten.

Die Einzelrechtsverfolgung von Insolvenzgläubigern ist mit der Anerkennung des ausländischen Insolvenzverfahrens nicht mehr zulässig, sofern die lex fori concursus ein entsprechendes Verbot kennt. Eine Ausnahme gilt jedoch für Prozesse, die auf die Feststellung des Bestehens oder Nichtbestehens einer bestrittenen Forderung gerichtet sind. Diese sind trotz des Verbotes der Einzelrechtsverfolgung zulässig, sofern eine allgemeine Zuständigkeit für diese Prozesse gegeben ist.

Die Anerkennung eines ausländischen Insolvenzverfahrens steht der Durchführung von einstweiligem Rechtsschutz im Inland nicht entgegen, auch wenn die lex fori concursus ein solches Verbot anordnet. Das Rechtsschutzbedürfnis hierfür resultiert aus der Möglichkeit, dass das Hauptinsolvenzverfahren wieder eingestellt wird bzw. doch nicht anerkennungsfähig ist und aus der Notwendigkeit, das Partikularverfahren vor dem Hauptin-

solvenzverfahren zu schützen.
Sofern eine Anerkennung nach Maßgabe der EuInsVO nicht möglich ist, kommt kein Rückgriff auf das autonome Anerkennungsrecht in Betracht. Das Günstigkeitsprinzip gilt nicht.

Die Vollstreckbarerklärung von insolvenzrechtlichen Entscheidungen erfolgt gem. § 353 Abs. 1 S. 1 InsO durch Vollstreckungsurteil. Dies ist allerdings nicht zu begrüßen. Im Interesse einer zügigen Insolvenzabwicklung sollte auch im autonomen Recht die Möglichkeit bestehen, dass die Vollstreckbarerklärung ebenso wie nach europäischem Recht in einem vereinfachten Beschlussverfahren erfolgt. Das mangelnde Vertrauen in die Justiz gewisser Staaten und der Schutz des Vollstreckungsgegners machen es jedoch erforderlich, dem Vollstreckungsgegner bereits im Klauselerteilungsverfahren rechtliches Gehör zu gewähren. In komplizierten Fällen sollte jedoch auch weiterhin die Durchführung einer mündlichen Verhandlung möglich sein.
Voraussetzung für die Vollstreckbarerklärung ist zunächst die Anerkennung der betroffenen Entscheidung. Ferner muss die Entscheidung nach dem ausländischen Recht einen vollstreckbaren Titel darstellen und es darf kein Verstoß gegen den inländischen ordre public vorliegen. Die Rechtskraft der ausländischen Entscheidung ist dagegen nicht zu fordern.

Die Einheitsmodelle taugen nicht zu einer praktikablen Abwicklung grenzüberschreitender Insolvenzen. Der spezifische Vertrauensschutz der gesicherten Gläubiger sowie erhebliche wirtschaftspolitische Bedenken sprechen gegen eine Umsetzung des „idealtypischen" Einheitsmodells im deutschen Recht. Ebenso ist das „eingeschränkte" Einheitsmodell nicht realisierbar. Die Unterschiede zwischen den relevanten Sachrechten, insbesondere den insolvenzrechtlichen Verteilungsordnungen, sind zu groß. Ferner ist auch eine Aufteilung des „Einheitsvermögens" in mehrere Verteilungsordnungen im Rahmen eines einzigen Verfahrens nicht zu befürworten. Auch das „reine" Pluralitätsmodell kann nicht befürwortet werden. Es ist als Ausfluss des Territorialitätsprinzips nicht mehr zeitgemäß. Dagegen überzeugt das Kombinationsmodell, welches neben oder anstatt des Hauptinsolvenzverfahrens die Eröffnung von Partikularverfahren im Inland ermöglicht. Dieses vermag die den Einheitsmodellen innewohnenden Schwierigkeiten weitgehend zu vermeiden. Zudem werden die Vorteile des Einheitsmodells sachgerecht mit den Vorteilen des Pluralitätsmodells kombiniert. Das der Neuregelung zugrunde liegende Abwicklungsmodell ist somit grundsätzlich zu begrüßen.
Die in § 354 InsO getroffene Neuregelung, wonach ein Partikularverfahren aufgrund der Inlandsbelegenheit von Schuldnervermögen eröffnet werden kann, ist vorzugswürdig. Hierfür streiten die Schutz-, Ersatz- und Hilfsfunktion des Partikularverfahrens. Eine Einschränkung der Eröffnung von Partikularverfahren dadurch, dass an das Schuldnervermögen besonders qualifizierte Anforderungen gestellt werden, sollte nicht erfolgen.
Ein Bedürfnis für eine Einschränkung des Gläubigerantragsrechts zur Eröffnung von Partikularverfahren ist zu bejahen. Der Nachweis eines „besonderen Interesses" an der Er-

öffnung des Partikularverfahrens stellt dabei ein sachgerechtes Kriterium für eine derartige Begrenzung dar. Die gesetzliche Vermutung dafür, dass ein „besonderes Interesse" des Gläubigers immer dann anzunehmen ist, wenn sich eine Niederlassung des Schuldners im Inland befindet ist dagegen nicht zu befürworten. Die Schutz-, Ersatz- und Hilfsfunktion des Partikularverfahrens muss in diesem Fall nicht zwingend betroffen sein. Daher sollte de lege ferenda eine Differenzierung zwischen Niederlassung und sonstigem Vermögen nicht erfolgen und der Nachweis eines „besonderen Interesses" an der Verfahrenseröffnung in beiden Fällen gleichermaßen erforderlich sein.

Die im Rahmen der EuInsVO (Art. 3 Abs. 4 EuInsVO) weitergehende Einschränkung des Gläubigerantragsrechts für isolierte Partikularverfahren ist für das autonome Recht nicht zu fordern.

Sofern ein isoliertes Partikularverfahren eröffnet werden soll, ist ein Insolvenzeröffnungsgrund nachzuweisen. Hierfür ist auf die §§ 17 – 19 InsO zurückzugreifen, die als Insolvenzeröffnungsgründe die (drohende) Zahlungsunfähigkeit und die Überschuldung benennen. Zur Bestimmung der Zahlungsunfähigkeit ist im Anschluss an den BGH eine differenzierende Betrachtung angezeigt. Demnach muss die Zahlungsunfähigkeit im Inland gegeben sein und darüber hinaus zumindest auch am Mittelpunkt der selbständigen wirtschaftlichen Tätigkeit des Schuldners. Für die Ermittlung des Insolvenzeröffnungsgrundes der Überschuldung kann das von der herrschenden Meinung heran gezogene Globalbilanzprinzip nicht überzeugen. Insbesondere Praktikabilitäts- als auch Gläubigerschutzgesichtspunkte sprechen gegen eine solche Vorgehensweise. Daher wird hier vertreten, die differenzierende Lösung des BGH auch zur Bestimmung der Überschuldung heranzuziehen. Es kommt daher ausschließlich auf die inländischen Verhältnisse und auf die Verhältnisse am Mittelpunkt der selbständigen wirtschaftlichen Tätigkeit des Schuldners an.

Zur Teilnahme an einem Partikularverfahren sind alle in- und ausländischen Gläubiger berechtigt. Eine Beschränkung der Passivmasse ist für das deutsche Recht nicht zu empfehlen.

Zur Bemessung der Aktivmasse von Partikularverfahren sollte auf den Zeitpunkt der Antragstellung bei dem Insolvenzgericht abgestellt werden. Ferner besteht ein Bedürfnis für den Schutz der Aktivmasse des Partikularverfahrens. Dies resultiert daraus, dass zwischen der Eröffnung des ausländischen Hauptinsolvenzverfahrens und der Beantragung und Eröffnung eines inländischen Sekundärinsolvenzverfahrens in der Regel ein gewisser Zeitraum liegt. Es besteht daher die Gefahr, dass der ausländische Hauptinsolvenzverwalter in diesem Zeitraum das gesamte inländische Vermögen an sich zieht und in das Ausland verbringt. Zur Sicherung der Aktivmasse eines potentiellen Sekundärinsolvenzverfahrens kann auf die §§ 916 ff. ZPO zurückgegriffen werden, bis feststeht, dass das Hauptinsolvenzverfahren endgültig anerkennungsfähig ist und kein Sekundärinsolvenzverfahren beantragt wird. De lege ferenda wäre in dieser Hinsicht die Einführung einer Zweimonatsfrist zu befürworten, ab der die endgültige Anerkennungsfähigkeit sowie die Nichteröffnung des Sekundärverfahrens vermutet wird.

Die Regelung der Zusammenarbeit der Insolvenzverwalter in § 357 InsO ist nicht gelun-

gen. Sie ist auf das Verhältnis des inländischen Sekundärinsolvenzverwalters zu dem ausländischen Hauptinsolvenzverwalter beschränkt. De lege ferenda sollte § 357 InsO zu einer allseitigen Generalklausel ausgestaltet werden, die sämtliche Fälle von in und ausländischen Verfahren erfasst.
Die der Neuregelung in § 342 Abs. 2 InsO zugrundeliegende Anrechnungslösung überzeugt. Durch sie wird die Schutzfunktion des Partikularverfahrens nicht angetastet und die Insolvenzabwicklung nicht unnötig verzögert.
Der Ausschluss der Restschuldbefreiung im Partikularverfahren ist sachgerecht. Ferner ist die Zulässigkeit von sanierenden Insolvenzplänen im Rahmen von Partikularverfahren grundsätzlich zu befürworten. Gleiches gilt für das Zustimmungserfordernis sämtlicher durch einen Insolvenzplan betroffener Gläubiger.

Der Vergleich der verfahrensrechtlichen Regelungen, die der EuInsVO und der InsO zugrunde liegen, hat ergeben, dass eine uneingeschränkte Anwendung der EuInsVO auch gegenüber Drittstaaten nicht in Betracht kommt. Einige Regelungen der EuInsVO würden gegenüber Drittstaaten zu unbefriedigenden Ergebnissen führen. Eine Verallseitigung der EuInsVO auch gegenüber Drittstaaten würde daher gewisse Anpassungen im autonomen Recht erforderlich machen. Ein entsprechender Regelungsvorschlag wurde in dieser Arbeit vorgenommen. Im Ergebnis wäre allerdings eine Verallseitigung der EuInsVO mit den entsprechenden Modifikationen im autonomen Recht gegenüber der erfolgten Neuregelung des Internationalen Insolvenzrechts keine vorzugswürdigere Alternative gewesen.

G. ABSCHLIEßENDE STELLUNGNAHME

Das Warten hat sich gelohnt. Nach nunmehr fast zwei Jahrzehnten hat die Umwälzung des deutschen Internationalen Insolvenzrechts, die mit der berühmten Wendeentscheidung des BGH[1191] aus dem Jahre 1985 begonnen hatte, ihren Abschluss gefunden. Die Neuregelung kodifiziert dabei nicht nur die vom BGH in der genannten Entscheidung erstmals postulierten Grundsätze, sie schließt darüber hinaus auch die Lücken, die die vorherige Regelung des deutschen Internationalen Insolvenzrechts hinterlassen hatte. Ferner wird das autonome Recht an die europäische Insolvenzverordnung angepasst.

Insgesamt ist die Kodifizierung des autonomen Internationalen Insolvenzverfahrensrechts im elften Teil der Insolvenzordnung ausgesprochen erfreulich. Mit ihr steht jetzt ein in vielerlei Hinsicht ausdifferenziertes und sachgerechtes Regelungswerk zur Abwicklung grenzüberschreitender Insolvenzen zur Verfügung. Zu diesem Ergebnis haben letztlich auch die seit Jahrzehnten währenden Diskussionen beigetragen, die überwiegend in der Literatur geführt wurden und die bedingt durch die unzureichende Regelung des Internationalen Insolvenzrechts in Art. 102 EGInsO noch gefördert wurden.

Dennoch ist auch die Neuregelung nicht frei von Kritik, die sich jedoch lediglich auf Detailfragen beschränkt. Trotz ihrer Aufgeschlossenheit gegenüber ausländischen Insolvenzverfahren hätte der deutsche Gesetzgeber in gewisser Hinsicht (noch) mehr Mut zeigen können, indem er beispielsweise zusätzlich die Möglichkeit eines vereinfachten Beschlussverfahren, in welchem der Vollstreckungsgegner allerdings zu hören ist, für die Vollstreckbarerklärung eröffnet hätte oder aber indem er auch den inländischen Hauptinsolvenzverwalter zur Kooperation mit den ausländischen Verwaltern von potentiellen Verfahren verpflichtet hätte.

Ihre Praxistauglichkeit muss die Neuregelung erst noch unter Beweis stellen. Zu vermuten ist aber bereits jetzt, dass es in dieser Hinsicht keine nennenswerten Schwierigkeiten geben dürfte. Sofern sich dies bewahrheitet, sollte Deutschland auch auf eine Anpassung der EuInsVO im Bezug auf jene Aspekte hinwirken, die in der vorliegenden Arbeit als sachgerechter gegenüber der europäischen Lösung bewertet wurden. Ein Bericht mit entsprechenden Änderungsvorschlägen ist von der Kommission dem Europäischen Parlament, dem Rat und dem Wirtschafts- und Sozialausschuss bis zum 1. Juni 2012 vorzulegen[1192].

[1191] BGHZ 95, S. 256 ff..

[1192] Vgl. Art. 46 EuInsVO.

ABKÜRZUNGSVERZEICHNIS

a. A.	anderer Ansicht
a. a. O.	am angegebenen Orte
a. F.	alter Fassung
Abl. EG	Amtsblatt EG
Abs.	Absatz
Art.	Artikel
AVAG	Anerkennungs- und Vollstreckungsausführungsgesetz
AWD	Außenwirtschaftsdienst des Betriebs-Beraters
B. & C. R.	Bankruptcy and Companies (Winding-up) Cases
BGHZ	Entscheidungen des Bundesgerichtshofs in Zivilsachen
Bspw.	beispielsweise
BT – Drs.	Bundestags Drucksache
BverfGE	Entscheidung des Bundesverfassungsgerichts
C.c.	Code civil
Ch. D.	Chancery Division
c.p.c.	Codice procedura civile
ders.	derselbe
DöKV	Deutsch-österreichische Konkursvertrag

DöKVAG	Ausführungsgesetz zum deutsch-österreichischen Konkursvertrag
D.P.	Dalloz Périodique
DPCI	Droit et pratique du commerce international
DZWIR	Deutsche Zeitschrift für Wirtschafts- und Insolvenzrecht
EG	Europäische Gemeinschaft
EGInsO	Einführungsgesetz zur Insolvenzordnung
EGV	Römischer Vertrag zur Gründung der Europäischen Wirtschaftsgemeinschaft
EU	Europäische Union
EuGH	Europäischer Gerichtshof
EuGVÜ	Brüsseler EWG-Übereinkommen über die gerichtliche Zuständigkeit und die Vollstreckung gerichtlicher Entscheidungen in Zivil- und Handelssachen
EuGVVO	Verordnung (EG) Nr. 44/2001 des Rates vom 22. Dezember 2000 über die gerichtliche Zuständigkeit und die Anerkennung und Vollstreckung von Entscheidungen in Zivil- und Handelssachen
EuInsÜ	Europäisches Insolvenzübereinkommen
EuInsVO	Verordnung (EG) Nr. 1346/2000 des Rates vom 29. Mai 2000 über Insolvenzverfahren
EuZVR	Europäisches Zivilverfahrensrecht
EuZW	Europäische Zeitschrift für Wirtschaftsrecht
EWS	Europäisches Wirtschafts- und Steuerrecht
FG	Festgabe

FK	Frankfurter Kommentar zur Insolvenzordnung
FS	Festschrift
GG	Grundgesetz
IA	Insolvency Act
IIR	Internationales Insolvenzrecht
IJVO	Internationale Juristenvereinigung Osnabrück
InsO	Insolvenzordnung
IPR	Internationales Privatrecht
IPRax	Praxis des internationalen Privat- und Verfahrensrechts
IZPR	Internationales Zivilprozeßrecht
JDI	Journal du droit international
JZ	Juristen Zeitung
K. B.	King`s Bench Division
KO	Konkursordnung
KTS	Zeitschrift für Insolvenzrecht
LAG	Landesarbeitsgericht
leg. fall.	Legge fallimentare
LugÜ	Luganer Übereinkommen über die gerichtliche Zuständigkeit und die Vollstreckung gerichtlicher Entscheidungen in Zivil- und Handelssachen
n. F.	neue Fassung
NJW	Neue Juristische Wochenschrift

Nr.	Nummer
NZG	Neue Zeitschrift für Gesellschaftsrecht
NZI	Neue Zeitschrift für das Recht der Insolvenz und Sanierung
OLG	Oberlandesgericht
Q. B. D.	Queens Bench Division
RabelsZ	Rabels Zeitschrift für ausländisches und internationales Privatrecht
RG	Reichsgericht
RGZ	Entscheidungen des Reichsgerichts in Zivilsachen
RegE	Regierungsentwurf
Rev. crit. dr. int. pr.	Revue critique de droit international privé
Riv. Dir. Internaz. Priv. e Proc.	Rivista di diritto internazionale privato e processuale
RIW	Recht der Internationalen Wirtschaft
Rn.	Randnummer
s.	siehe
S.	Satz / Seite
UNICITRAL	United Nations Commission on International Trade Law
Vgl.	Vergleiche
WM	Zeitschrift für Wirtschafts- und Bankrecht
ZInsO	Zeitschrift für das gesamte Insolvenzrecht
ZIP	Zeitschrift für Wirtschaftsrecht

Zit.	zitiert
ZPO	Zivilprozeßordnung
ZZP	Zeitschrift für Zivilprozeß

LITERATURVERZEICHNIS

Aderhold, Eltje	Auslandskonkurs im Inland, 1992 (zit.: Aderhold)
Arnold, Hans	Ist Art. 34 des EWG-Gerichtsstands- und Vollstreckungsübereinkommens mit Art. 103 Abs. 1 GG vereinbar?, Außenwirtschaftsdienst des Betriebs-Beraters, 1972, S. 389 (zit.: Arnold, AWD 1972)
Audit, Bernard	Droit international privé, 3. Auflage, 2000 (zit.: Audit)
Ballarino, Tito	Diritto internazionale privato, 2. Auflage, 1996 (zit.: Ballarino)
Balz, Manfred	Das neue Europäische Insolvenzübereinkommen, Zeitschrift für Wirtschaftsrecht, 1996, S. 948 (zit.: Balz, ZIP 1996)
Batiffol, Henri / Lagarde, Paul	Droit international privé, 7. Auflage, Band 2, 1983 (zit.: Batiffol/Lagarde)
Bauer, Max W. / König, Bernhard / Kreuzer, Josef	Italienisches Konkursrecht und andere Insolvenzverfahren, 2. Auflage, 1988 (zit.: Bauer/König/Kreuzer)
Baumbach, Adolf / Lauterbach, Wolfgang / Albers, Jan / Hartmann, Peter	Zivilprozessordnung, 57. Auflage, 1999 (zit.: Bearbeiter in Baumbach/Lauterbach/Albers/Hartmann)
Baur, Fritz / Stürner, Rolf	Zwangsvollstreckungs-, Konkurs- und Vertragsrecht, Band 1, Einzelvollstreckungsrecht, 12. Auflage, 1995 Band 2, Insolvenzrecht, 12. Auflage, 1990 (zit.: Baur/Stürner)

Bloching, Micha	Pluralität und Partikularinsolvenz, 1998 (zit.: Bloching)
Braggion, Antonio	Italien: Neue Vorschriften für die außerordentliche Zwangsverwaltung großer Unternehmen in finanziellen Schwierigkeiten, Recht der Internationalen Wirtschaft, 2000, S. 438 (zit.: Braggion, RIW 2000)
Breitenstein, Stefan	Internationales Insolvenzrecht der Schweiz und der Vereinigten Staaten, 1990 (zit.: Breitenstein)
Campeis, Giuseppe / De Pauli, Arrigo	La procedura civile internazionale, Seconda edizione, 1996 (zit.: Campeis/de Pauli)
De Farra, Giampaolo	Manuale de diritto fallimentare II., 1998 (zit.: de Farra)
Deipenbrock, Gudula	Das neue europäische Internationale Insolvenzrecht – von der „quantité négligeable" zu einer „quantité indispensable", Europäisches Wirtschafts- und Steuerrecht, 2001, S. 113 (zit.: Deipenbrock, EWS 2001)
Dellinger, Markus / Oberhammer, Paul	Insolvenzrecht, 2002 (zit.: Dellinger/Oberhammer)
Dicey, A.V. / Morris, J.H.C.	The Conflict of Laws, Band 2, 13. Auflage, 2000 (zit.: Dicey/Morris)
Dolinar, Hans	Vollstreckung aus einem ausländischen, einen Schiedsspruch bestätigenden Exequaturuteil, in: Festschrift für Rolf A. Schütze, 1999, S. 187 (zit.: Dolinar in FS Schütze)
Dostal, Boris	Französisches Internationales Insolvenzrecht, Zeitschrift für Wirtschaftsrecht, 1998, S. 969 (zit.: Dostal, ZIP 1998)

Drobnig, Ulrich — Die in grenzüberschreitenden Insolvenzverfahren anwendbaren Rechtsordnungen, in: Hans Stoll, Stellungnahmen und Gutachten zur Reform des deutschen Internationalen Insolvenzrechts, 1992, S. 51
(zit.: Drobnig in Stoll, Stellungnahmen und Gutachten)

Duursma-Kepplinger, Henriette - Christine / Duursma, Dieter / Chalupsky, Ernst — Europäische Insolvenzverordnung, Kommentar, 2002
(zit.: Duursma-Kepplinger/Duursma/ Chalupsky)

Duursma-Kepplinger, Henriette - Christine / Duursma, Dieter — Gegensteuerungsmaßnahmen bei ungerechtfertigter Inanspruchnahme der internationalen Zuständigkeit gemäß Art. 3 Abs. 1 EuInsVO, Deutsche Zeitschrift für Wirtschafts- und Insolvenzrecht, 2003, S. 447
(zit.: Duursma/Duursma-Kepplinger, DZWIR 2003)

Ebenroth, Thomas / Kieser, Markus — Die Qualifikation der „action en comblement du passif" nach Art. 180 des neuen französischen Insolvenzrechts, Zeitschrift für Insolvenzrecht, 1988, S. 19
(zit.: Ebenroth/Kieser, KTS 1988)

Ebenroth, Thomas — Die Inlandswirkungen der ausländischen lex fori concursus bei Insolvenz einer Gesellschaft, Zeitschrift für Zivilprozeß 101, 1988, S. 121
(zit.: Ebenroth, ZZP 101)

Ehricke, Ulrich — Die Wirkungen einer ausländischen Restschuldbefreiung im Inland nach deutschem Recht, Rabels Zeitschrift für ausländisches und internationales Privatrecht, 62, 1998, S. 712
(zit.: Ehricke, RabelsZ 62)

Eidenmüller, Horst — Europäische Verordnung über Insolvenzverfahren und zukünftiges deutsches internationales Insolvenzrecht, Praxis des internationalen Privat- und Verfahrensrechts, 2001, S. 2
(zit.: Eidenmüller, IPRax 2001)

Fahl, Christoph Die Stellung des Gläubigers und des Schuldners bei der Vollstreckung ausländischer Entscheidungen nach dem EuGVÜ, 1993
(zit.: Fahl)

Favoccia, Daniela Vertragliche Mobiliarsicherheiten im internationalen Insolvenzrecht, 1991
(zit.: Favoccia)

Ferri, Giuseppe Manuale di diritto commerciale, 1993
(zit.: Ferri)

Flessner, Axel Internationales Insolvenzrecht in Deutschland nach der Reform, Praxis des internationalen Privat- und Verfahrensrechts, 1997,
S. 1
(zit.: Flessner, IPRax 1997)

ders. Das künftige Internationale Insolvenzrecht im Verhältnis zum Europäischen Insolvenzübereinkommen, in: Hans Stoll, Vorschläge und Gutachten zur Umsetzung des EU – Übereinkommens über Insolvenzverfahren im deutschen Recht, 1997, S. 219
(zit.: Flessner in Stoll, Vorschläge und Gutachten)

ders. Das amerikanische Reorganisationsverfahren vor deutschen Gerichten, Praxis des internationalen Privat- und Verfahrensrechts, 1992, S. 151
(zit.: Flessner, IPRax 1992)

ders. Ausländischer Konkurs und inländischer Arrest, Festschrift für Franz Merz, 1992, S. 93
(zit.: Flessner in FS Merz)

ders. Entwicklungen im internationalen Konkursrecht, besonders im Verhältnis Deutschland-Frankreich, Zeitschrift für Wirtschaftsrecht, 1989, S. 749
(zit.: Flessner, ZIP 1989)

ders. Insolvenzplan und Restschuldbefreiung im Internationalen Konkursrecht – Stellungnahme zu den Art. 15 und 16 des Vorentwurfs, in: Hans Stoll, Stellungnahmen und Gutachten zur Reform des deutschen Internationalen Insolvenzrechts, 1992, S. 201
(zit.: Flessner in Stoll, Stellungnahmen und Gutachten)

ders. Kurzkommentar zu BGH, Urt. v. 11.7.1991, Entscheidungen zum Wirtschaftsrecht, 1991, S. 1107
(zit.: Flessner, EWiR 1991)

Fletcher, Ian F. Insolvency in private international law, 1999
(zit.: Fletcher)

ders. Cross-Border Insolvency: National and Comperative studies, 1992
(zit.: Bearbeiter in Fletcher, National and Comperative studies)

Florian, Matthias Das englische internationale Insolvenzrecht, 1989
(zit.: Florian)

Frankfurter Kommentar zur Insolvenzordnung Herausgegeben von Dr. Klaus Wimmer, 3. Auflage, 2002
(zit.: Bearbeiter in FK)

Frege, Michael C. / Keller, Ulrich / Riedel, Ernst Insolvenzrecht, 6. Auflage, 2002
(zit.: Frege/Keller/Riedel)

Geimer, Reinhold Internationales Zivilprozessrecht, 4. Auflage, 2001
(zit.: Geimer)

ders. Salut für die Verordnung (EG) Nr. 44/2001 (Brüssel I – VO), Praxis des Internationalen Privat- und Verfahrensrechts, 2002, S. 69
(zit.: Geimer, IPRax 2002)

Geimer, Reinhold / Schütze, Rolf A. Internationale Urteilsanerkennung,
Band I, 1. Halbband, 1983
Band I, 2. Halbband, 1984
(zit.: Geimer/Schütze)

dies. Europäisches Zivilverfahrensrecht, 1997
(zit.: Geimer/Schütze, EuZVR)

Gottwald, Peter Insolvenzrechtshandbuch,
1. Auflage, 1990
2. Auflage, 2001
(zit.: Bearbeiter in Gottwald)

ders. Die internationale Zwangsvollstreckung, Praxis des Internationalen Privat- und Verfahrensrechts, 1991, S. 285
(zit.: Gottwald, IPRax 1991)

ders. Grundfragen der Anerkennung und Vollstreckung ausländischer Entscheidungen in Zivilsachen, Zeitschrift für Zivilprozeß 103, S. 257
(zit.: Gottwald, ZZP 103)

ders. Grenzüberschreitende Insolvenzen, 1997
(zit.: Gottwald)

Grasmann, Günther Inlandswirkungen des Auslandskonkurses über das Vermögen eines im Konkurseröffnungsstaat ansässigen Gemeinschuldners, Zeitschrift für Insolvenzrecht, 1990, S. 157
(zit.: Grasmann, KTS 1990)

ders. Effets nationaux d`une procédure d`exécution collective étrangère, Revue critique de droit international privé, 1990, S. 421
(zit.: Grassmann, Rev. crit. 1990)

Haas, Ulrich Insolvenzverwalterklagen und EuGVÜ, Neue Zeitschrift für Gesellschaftsrecht, 1999, S. 1148
(zit.: Haas, NZG 1999)

Habscheid, Walther J. Wege zu einem Europäischen Konkursrecht, Festschrift für Franz Matscher zum 65. Geburtstag, 1993, S. 163
(zit.: W. Habscheid in FS Matscher)

Habscheid, Edgar J. Internationales Konkursrecht und Einzelrechtsverfolgung, Zeitschrift für Insolvenzrecht, 1989, S. 593
(zit.: E. Habscheid, KTS 1989)

ders. § 240 ZPO bei ausländischen Insolvenzen und die Universalität des Konkurses, Zeitschrift für Insolvenzrecht, 1998, S. 183
(zit.: E. Habscheid, KTS 1998)

ders. Grenzüberschreitendes (internationales) Insolvenzrecht der Vereinigten Staaten von Amerika und der Bundesrepublik Deutschland, 1998
(zit.: E. Habscheid)

ders. Das deutsche internationale Insolvenzrecht und die vis attractiva concursus, Zeitschrift für Wirtschaftsrecht, 1999, S. 1113
(zit.: E. Habscheid, ZIP 1999)

ders. Konkurs in den USA und seine Wirkungen in Deutschland (und umgekehrt), Neue Zeitschrift für das Recht der Insolvenz und Sanierung 2003, S. 238
(zit.: E. Habscheid, NZI 2003)

Häsemeyer, Ludwig Insolvenzrecht, 2. Auflage, 1998
(zit.: Häsemeyer)

Hagemann, H. Die Handlungsbefugnis des ausländischen Konkursverwalters in Deutschland, Zeitschrift für Insolvenzrecht, 1960, S. 161
(zit.: Hagemann, KTS 1960)

Hanisch, Hans Deutsches Internationales Insolvenzrecht in Bewegung, Zeitschrift für Wirtschaftsrecht, 1983, S. 1289
(zit.: Hanisch, ZIP 1983)

ders. Die Wende im deutschen internationalen Insolvenzrecht, Zeitschrift für Wirtschaftsrecht, 1985, S. 1233
(zit.: Hanisch, ZIP 1985)

ders. Buchbesprechung in: Rabels Zeitschrift für ausländisches und internationales Privatrecht 56,1992, S. 179
(zit.: Hanisch, RabelsZ 56)

ders. Einheit oder Pluralität oder ein kombiniertes Modell bei grenzüberschreitenden Insolvenzverfahren?, Zeitschrift für Wirtschaftsrecht, 1994, S. 1
(zit.: Hanisch, ZIP 1994)

ders. Stellungnahme zu der Frage, ob und gegebenenfalls in welcher Weise ein in seiner Wirkung territorial beschränktes Sonderinsolvenzverfahren über das Inlandsvermögen eines Schuldners vorzusehen ist, wenn dieser den Mittelpunkt seiner hauptsächlichen Interessen im Ausland hat, in Stoll: Vorschläge und Gutachten zur Umsetzung des EU-Übereinkommens über Insolvenzverfahren im deutschen Recht, 1997, S. 202
(zit.: Hanisch in Stoll, Vorschläge und Gutachten)

ders. Erlöse aus der Teilnahme an einem ausländischen Parallel-Insolvenzverfahren – Ablieferung an die inländische Konkursmasse oder Anrechnung auf die Inlandsdividende?, Zeitschrift für Wirtschaftsrecht 1989, S. 273
(zit.: Hanisch, ZIP 1989)

Haubold, Jens Europäisches Zivilverfahrensrecht und Ansprüche im Zusammenhang mit Insolvenzverfahren, Praxis des internationalen Privat- und Verfahrensrechts, 2002, S. 157
(zit.: Haubold, IPRax 2002)

ders. Mitgliedstaatenbezug, Zuständigkeitserschleichung und Vermögensgerichtsstand im Internationalen Insolvenzrecht, Praxis des internationalen Privat- und Verfahrensrechts, 2003, S. 34
(zit.: Haubold, IPRax 2003)

Heidecker, Hugo Über die materielle Rechtskraft ausländischer Urteile, insbesondere ausländischer Ehescheidungsurteile in Deutschland, Zeitschrift für Zivilprozeß 18, 1893
(zit.: Heidecker, ZZP 18)

Herchen, Axel International-insolvenzrechtliche Kompetenzkonflikte in der Europäischen Gemeinschaft, Zeitschrift für das gesamte Insolvenzrecht, 2004, S. 61
(zit.: Herchen, ZInsO 2004)

Hess, Harald Kommentar zur Konkursordnung, 5. Auflage, 1995
(zit.: Bearbeiter in Hess)

Hess, Harald / Weis, Michaela / Wienberg, Rüdiger Kommentar zur Insolvenzordnung mit EGInsO, Band 1, 2. Auflage, 2001
(zit.: Bearbeiter in Hess/Weis/Wienberg)

Heyers, Christian Bernhard Das französische Internationale Insolvenzrecht, 1997
(zit.: Heyers)

Homann, Stefan System der Anerkennung eines ausländischen Insolvenzverfahrens und die Zulässigkeit der Einzelrechtsverfolgung, 2000
(zit.: Homann)

Huber, Peter Internationales Insolvenzrecht in Europa, Zeitschrift für Zivilprozeß 114, 2001, S. 133
(zit.: Huber, ZZP 114)

Jaeger, Ernst Konkursordnung, 2. Band, 2. Halbband, 8. Auflage, 1973
(zit: Bearbeiter in Jaeger)

Junker, Abbo Die faktische Geschäftsführung in Frankreich und ihre Gefahren für deutsche Unternehmen, Recht der internationalen Wirtschaft, 1986, S. 337
(zit.: Junker, RIW 1986)

Kemper, Jutta Die Verordnung (EG) Nr. 1346/2000 über Insolvenzverfahren, Zeitschrift für Wirtschaftsrecht, 2001, S. 1609
(zit.: Kemper, ZIP 2001)

Kolmann, Stephan Kooperationsmodelle im internationalen Insolvenzrecht, 2001
(zit.: Kolmann)

Kropholler, Jan Europäisches Zivilprozessrecht,
6. Auflage, 1998
7. Auflage, 2002
(zit.: Kropholler)

Kübler, Bruno / Prütting, Hans Kommentar zur Insolvenzordnung, Band I und Band II, Stand: April 2002
(zit.: Bearbeiter in Kübler / Prütting)

Laut, Thomas Universalität und Sanierung im internationalen Insolvenzrecht, 1997
(zit.: Laut)

Leible, Stefan / Staudinger, Ansgar Die europäische Verordnung über Insolvenzverfahren, Zeitschrift für Insolvenzrecht, 2000, S. 533
(zit.: Leible/Staudinger, KTS 2000)

Leipold, Dieter Zum künftigen Weg des deutschen Internationalen Insolvenzrechts, in: Hans Stoll, Vorschläge und Gutachten zur Umsetzung des EU – Übereinkommens über Insolvenzverfahren, 1997, S. 185
(zit.: Leipold in Stoll, Vorschläge und Gutachten)

ders. Miniatur oder Bagatelle: das internationale Insolvenzrecht im deutschen Reformwerk 1994, S. 533
in: Festschrift für Wolfram Henckel zum 70. Geburtstag, 1995
(zit.: Leipold in FS Henckel)

ders. Inländische Zuständigkeit, inländische Einzelrechtsverfolgung trotz eines Auslandskonkurses, Auswirkungen eines ausländischen Konkurses auf im Inland anhängige Zivilprozesse, in: Hans Stoll, Stellungnahmen und Gutachten zur Reform des deutschen Internationalen Insolvenzrechts, 1992, S. 72
(zit.: Leipold in Stoll, Stellungnahmen und Gutachten)

ders. Zur internationalen Zuständigkeit im Insolvenzrecht, Festschrift für Gottfried Baumgärtel, 1990, S. 291
(zit.: Leipold in FS Baumgärtel)

ders.	Zuständigkeitslücken im neuen Europäischen Insolvenzrecht, S. 221 in: Festschrift für Akira Ishikawa zum 70. Geburtstag, 2001 (zit.: Leipold in FS Ishikawa)
Lemontey, Jacques	Bericht über das Übereinkommen über den Konkurs, Vergleiche und ähnliche Verfahren, in: Kegel, Gerhard / Thieme, Jürgen, Vorschläge und Gutachten über den Entwurf eines EG – Konkursübereinkommens, 1988, S. 93 (zit: Lemontey in Kegel/Thieme)
Liersch, Oliver	Sicherungsrechte im Internationalen Insolvenzrecht, Neue Zeitschrift für das Recht der Insolvenz und Sanierung, 2002, S. 15 (zit.: Liersch, NZI 2002)
ders.	Deutsches Internationales Insolvenzrecht, Neue Zeitschrift für das Recht der Insolvenz und Sanierung, 2003, S. 302 (zit.: Liersch, NZI 2003)
Loussouarn, Yvon / Bredin, Jean - Denis	Droit du Commerce International, 1969 (zit.: Loussouarn/Bredin)
Loussouarn, Yvon / Bourel, Pierre	Droit international privé, 7. Auflage, 2001 (zit.: Loussouarn/Bourel)
Lüderitz, Alexander	Anmerkung zum BGH Urteil vom 11.7.1985, Juristen Zeitung 1986, S. 96 (zit.: Lüderitz, JZ 1986)
Lüer, Hans-Jochem	Einzelzwangsvollstreckung im Ausland bei inländischen Insolvenzverfahren, Zeitschrift für Insolvenzrecht, 1978, S. 200 (zit.: Lüer, KTS 1978)
ders.	Deutsches Internationales Insolvenzrecht nach der neuen Insolvenzordnung, Kölner Schrift zur Insolvenzordnung, 2. Auflage, 2000, S. 297 (zit.: Lüer, Kölner Schrift)

ders. Art. 102 Abs. 3 EGInsO – eine verpasste Chance, in Festschrift für Wilhelm Uhlenbruck, 2000, S. 843
(zit.: Lüer in FS Uhlenbruck)

ders. Zur Neuordnung des deutschen Internationalen Insolvenzrechts, in: Hans Stoll, Stellungnahmen und Gutachten zur Reform des deutschen Internationalen Insolvenzrechts, 1992, S. 96
(zit.: Lüer in Stoll, Stellungnahmen und Gutachten)

Lüke, Wolfgang Das europäische internationale Insolvenzrecht, Zeitschrift für Zivilprozeß 111, 1998, S. 275
(zit.: Lüke, ZZP 111)

ders. Zur neueren Entwicklung im deutschen internationalen Konkursrecht, Zeitschrift für Insolvenzrecht, 1986, S. 1
(zit.: Lüke, KTS 1986)

Lupone, Angela La convenzione communitaria sulle procedure di insolvenza e la riforma des sistema italiano di diritto internazionale privato;
http://pgm.homestead.com/files/1_99/199saggi_1.htm
(zit.: Lupone)

Mankowski, Peter Anmerkung zu LG Heilbronn, Beschluss vom 15.8.1994, Recht der Internationalen Wirtschaft, 1995, S. 56
(zit.: Mankowski, RIW 1995)

ders. Konkursgründe beim inländischen Partikularkonkurs, Zeitschrift für Wirtschaftsrecht, 1995, S. 1650
(zit.: Mankowski, ZIP 1995)

ders. Anmerkung zu BGH, Urteil vom 27.05.2003, Neue Zeitschrift für das Recht der Insolvenz und Sanierung, 2003, S. 545
(zit.: Mankowski, NZI 2003)

Martin – Serf, Arlette La faillite international: Une réalité économique pressante, une enchevetrement juridique croissant, Journal du droit international, 1995, S. 31
(zit.: Martin-Serf, JDI 1995)

Martiny, Dieter	Handbuch des Internationalen Zivilverfahrensrecht, Band III/1, 1984 Band III/2, 1984 (zit.: Bearbeiter in Martiny)
Matscher, Franz	Grundfragen der Anerkennung und Vollstreckung ausländischer Entscheidungen in Zivilsachen, Zeitschrift für Zivilprozeß 103, 1990, S. 294 (zit.: Matscher, ZZP 103)
ders.	Einige Probleme der internationalen Urteilsanerkennung und –vollstreckung, Zeitschrift für Zivilprozeß 86, 1973, S. 404 (zit.: Matscher, ZZP 86)
Mayer, Pierre / Heuzé, Vincent	Droit international privé, 7. Auflage, 2001 (zit.: Mayer/Heuzé)
Merz, Franz	Probleme bei Insolvenzverfahren im internationalen Rechtsverkehr, Zeitschrift für Wirtschaftsrecht, 1983, S. 136 (zit.: Merz, ZIP 1983)
Metzger, Ingrid	Die Umsetzung des Istanbuler Konkursübereinkommens in das neue deutsche Internationale Insolvenzrecht, 1994 (zit.: Metzger)
Micklitz, Hans – W. / Rott, Peter	Vergemeinschaftung des EuGVÜ in der Verordnung (EG) Nr. 44/2001, Europäische Zeitschrift für Wirtschaftsrecht, 2002, S. 15 (zit.: Micklitz/Rott, EuZW 2002)
Mörsdorf-Schulte, Juliana	Internationaler Gerichtsstand für Insolvenzanfechtungsklagen im Spannungsfeld von EuInsVO, EuGVÜ/O und autonomem Recht und seine Überprüfbarkeit durch den BGH, Praxis des internationalen Privat- und Verfahrensrechts, 2004, S. 31 (zit.: Mörsdorf-Schulte, IPRax 2004)
Mohrbutter, Harro	Handbuch der Insolvenzverwaltung, 7. Auflage, 1997 (zit.: Bearbeiter in Mohrbutter)

Münchener Kommentar zur Insolvenzordnung	Band 1, §§ 1 – 102, 2001 Band 3, §§ 270 – 335, Internationales Insolvenzrecht, Insolvenzsteuerrecht, 2003 (zit.: Bearbeiter in MüKo, InsO)
Münchener Kommentar zum Bürgerlichen Gesetzbuch	Band 10, Art. 1 – 38 EGBGB, IPR, 3. Auflage, 1998 (zit.: Bearbeiter in MüKo)
Münchener Kommentar zur Zivilprozeßordnung	Band 1, §§ 1 – 354, 2. Auflage, 2000 Band 2, §§ 355 – 802, 2. Auflage, 2000 Band 3, §§ 803 – 1066, EGZPO, GVG, EGGVG, IZPR, 2. Auflage, 2001 (zit.: Bearbeiter in MüKo, ZPO)
Musielak, Hans-Joachim	Kommentar zur Zivilprozessordnung, 2. Auflage, 2000 (zit.: Musielak)
Nelle, Andreas	Anspruch, Titel und Vollstreckung im internationalen Rechtsverkehr: Einwendungen gegen einen titulierten Anspruch im deutschen und europäischen Zivilprozessrecht, 2000 (zit.: Nelle)
Niggemann, Friedrich / Blenske, Holger	Die Auswirkungen der Verordnung (EG) Nr. 1346/2000 auf den deutsch-französischen Rechtsverkehr, Neue Zeitschrift für das Recht der Insolvenz und Sanierung, 2003, S. 471 (zit.: Niggemann/Blenske, NZI 2003)
North, P.M. / Fawcett, J.J.	Cheshire and North`s Private International Law, 12. Auflage, 1992 13. Auflage, 1999 (zit.: North/Fawcett)
Otte, Karsten	Inländischer einstweiliger Rechtsschutz im Inland bei Auslandskonkurs – ein neuer internationaler Justizkonflikt ?, Rabels Zeitschrift für ausländisches und internationales Privatrecht, 58, 1994, S. 292 (zit.: Otte, RabelsZ 58)

Paulus, Christoph Die europäische Insolvenzverordnung und der deutsche Insolvenzverwalter, Neue Zeitschrift für das Recht der Insolvenz und Sanierung, 2001, S. 505
(zit.: Paulus, NZI 2001)

ders. „Protokolle" – ein anderer Zugang zur Abwicklung grenzüberschreitender Insolvenzen, Zeitschrift für Wirtschaftsrecht 1998, S. 977
(zit.: Paulus, ZIP 1998)

ders. Zuständigkeitsfragen nach der Europäischen Insolvenzverordnung, Zeitschrift für Wirtschaftsrecht 2003, S. 1725
(zit.: Paulus, ZIP 2003)

Pielorz, Michael Auslandskonkurs und Disposition über das Inlandsvermögen, 1977
(zit.: Pielorz)

Potthast, Klaus – Peter Probleme eines Europäischen Konkursübereinkommens, 1994
(zit.: Potthast)

Prütting, Hans Aktuelle Entwicklungen des internationalen Insolvenzrechts, Zeitschrift für Wirtschaftsrecht, 1996, S. 1277
(zit.: Prütting, ZIP 1996)

Putzo, Hans / Thomas, Heinz Zivilprozessordnung, 23. Auflage, 2001
(zit.: Bearbeiter in Putzo/Thomas)

Reinhart, Stefan Sanierungsverfahren im internationalen Insolvenzrecht, 1995
(zit.: Reinhart)

ders. Zur Anerkennung ausländischer Insolvenzverfahren, Zeitschrift für Wirtschaftsrecht, 1997, S. 1734
(zit.: Reinhart, ZIP 1997)

Reithmann, Christoph / Martiny, Dieter Internationales Vertragsrecht, 5. Auflage, 1996
(zit.: Bearbeiter in Reithmann/Martiny)

Rémery, Jean-Pierre La compétence juridictionelle pour ouvrir une faillite internationale: l'exemple du droit francais, Droit et pratique du commerce international, 1994, S. 553
(zit.: Rémery, D.P.C.I. 1994)

ders. La faillite internationale, 1996
(zit.: Rémery)

Riering, Wolfgang IPR-Gesetze in Europa, 1997
(zit.: Riering)

Ripert, Georges / Roblot, René Traité de droit commercial, Tome 2, 16 édition, 2000
(zit.: Ripert/Roblot)

Rosenberg, Leo / Gaul, Hans Friedhelm / Schilken, Eberhard Zwangsvollstreckungsrecht, 11. Auflage, 1997
(zit.: Rosenberg/Gaul/Schilken)

Rosenberg, Leo / Schwab, Karl Heinz / Gottwald, Peter Zivilprozessrecht, 15. Auflage, 1993
(zit.: Rosenberg/Schwab/Gottwald)

Roth, Herbert Auslandskonkurs und individuelle Rechtsverfolgung im Inland, Praxis des internationalen Privat- und Verfahrensrechts, 1996,
S. 324
(zit.: Roth, IPRax 1996)

Sabel, Oliver / Schlegel, Ursula Kurzkommentar zu: High Court of Justice Chancery Division Companies Court (England), Urt. v. 7.2.2003, In re BRAC Rent-A-Car International Inc., Entscheidungen zum Wirtschaftsrecht, 2003, S. 367
(zit.: Sabel/Schlegel, EWiR 2003)

Schack, Haimo Internationales Zivilverfahrensrecht, 3. Auflage, 2002
(zit.: Schack)

ders. Widersprechende Urteile: Vorbeugen ist besser als Heilen (Entscheidungsrezension zu EuGH, 8.12.1987), Praxis des internationalen Privat- und Verfahrensrechts, 1989, S. 139
(zit.: Schack, IPRax 1989)

Schlosser, Peter Doppelexequatur zu Schiedssprüchen und ausländischen Gerichtsentscheidungen?, Praxis des internationalen Privat- und Verfahrensrechts, 1985, S. 141
(zit.: Schlosser, IPRax 1985)

ders. Europäische Wege aus der Sackgasse des deutschen internationalen Insolvenzrechts, Recht der internationalen Wirtschaft, 1983, S. 473
(zit.: Schlosser, RIW 1983)

Schmidt, Jürgen System des deutschen internationalen Konkursrechts, 1972
(zit.: Schmidt, Jürgen)

Schollmeyer, Eberhard Gegenseitige Verträge im internationalen Insolvenzrecht, 1997
(zit.: Schollmeyer)

ders. § 240 ZPO und Auslandskonkurs, Praxis des internationalen Privat- und Verfahrensrechts, 1999, S. 26
(zit.: Schollmeyer, IPRax 1999)

ders. Partikularinsolvenzverfahren am Ort der Belegenheit von Massebestandteilen?, Praxis des internationalen Privat- und Verfahrensrechts, 1995, S. 150
(zit.: Schollmeyer, IPRax 1995)

Schütze, Rolf A. Die Geltendmachung von Einwendungen gegen die Klauselerteilung nach dem EG-Zuständigkeits- und Vollstreckungsübereinkommens durch eine Schutzschrift, in Festschrift für Arthur Bülow, 1981, S. 211
(zit.: Schütze in FS Bülow)

Schwarze, Jürgen EU-Kommentar, 2000
(zit.: Schwarze)

Scoles, Eugene / Hay, Peter / Borchers, Patrick / Symeonides, Symeon Conflict of Law, Third Edition, 2000
(zit.: Scoles/Hay/Borchers/Symeonides)

Siehr, Kurt Günstigkeits- und Garantieprinzip in: Recht und Rechtsdurchsetzung, Festschrift für Hans Ulrich Walder, 1994 (zit.: Siehr)

Smart, Philip Cross-Border Insolvency, 2. Auflage, 1998 (zit.: Smart)

Smid, Stefan Insolvenzordnung, 2. Auflage, 2001 (zit.: Smid)

ders. Vier Entscheidungen englischer und deutscher Gerichte zur europäischen internationalen Zuständigkeit zur Eröffnung von Hauptinsolvenzverfahren, Deutsche Zeitschrift für Wirtschafts- und Insolvenzrecht, 2003, S. 397 (zit.: Smid, DZWIR 2003)

Spahlinger, Andreas Sekundäre Insolvenzverfahren bei grenzüberschreitenden Insolvenzen, 1998 (zit.: Spahlinger)

Staehelin, Daniel Die Anerkennung ausländischer Konkurse und Nachlassverträge in der Schweiz (Art. 166 ff. IPRG), 1989 (zit.: Staehelin)

Stein, Friedrich / Jonas Zivilprozessordnung, 21. Auflage,
Band 1, §§ 1 – 90, 1993
Band 4, §§ 300 – 347, 1998
Band 6, §§ 704 – 863, 1995
(zit.: Bearbeiter in Stein/Jonas)

Streinz, Rudolf EUV/EGV, 2003 (zit.: Bearbeiter in Streinz)

Süß, Theodor Die Anerkennung ausländischer Urteile, S. 229, in: Festgabe zum 70. Geburtstag von Leo Rosenberg, 1949 (zit.: Süß in FG Rosenberg)

Summ, Cornelia Anerkennung ausländischer Konkurse in der Bundesrepublik Deutschland, 1991 (zit.: Summ)

Taupitz, Jochen Das (zukünftige) europäische Internationale Insolvenzrecht, Zeitschrift für Zivilprozeß 111, 1998, S. 315
(zit.: Taupitz, ZZP 111)

Thieme, Jürgen Dieter Inlandsvollstreckung und Auslandskonkurs, Rabels Zeitschrift für ausländisches und internationales Privatrecht, 37, 1973, S. 682
(zit.: Thieme, RabelsZ 37)

ders. Partikularkonkurs, in: Hans Stoll, Stellungnahmen und Gutachten zur Reform des deutschen Internationalen Insolvenzrechts, 1992, S. 212
(zit.: Thieme in Stoll, Stellungnahmen und Gutachten)

ders. Vermögensgerichtsstände, Inlandsbezug und Partikularkonkurs, Internationale Juristenvereinigung Osnabrück, Jahresheft 1995/96, S. 44
(zit.: Thieme, IJVO 1995/1996)

Trochu, Michel Conflits de lois et conflits de jurisdictions en matière de faillite, 1967
(zit.: Trochu)

Trunk, Alexander Internationales Insolvenzrecht, 1998
(zit.: Trunk)

ders. Regelungsschwerpunkte eines Ausführungsgesetzes zum Europäischen Insolvenzübereinkommen, in: Hans Stoll, Vorschläge und Gutachten zur Umsetzung des EU – Übereinkommens über Insolvenzverfahren, 1997, S. 232
(zit.: Trunk in Stoll, Vorschläge und Gutachten)

ders. Dogmatische Grundlagen der Anerkennung von Auslandskonkursen, Zeitschrift für Insolvenzrecht, 1987, S. 415
(zit.: Trunk, KTS 1987)

ders. Zur bevorstehenden Neuregelung des deutschen Internationalen Insolvenzrechts, Zeitschrift für Insolvenzrecht, 1994, S. 33
(zit.: Trunk, KTS 1994)

Uhlenbruck, Wilhelm Insolvenzordnung, Kommentar, 12. Auflage, 2003 (zit.: Bearbeiter in Uhlenbruck)

Vassalli, Francesco Diritto Fallimentare I, 1998 (zit.: Vassalli)

Virgos, Miguel / Schmit, Etienne Erläuternder Bericht zu dem EU Übereinkommen über Insolvenzverfahren, in: Hans Stoll, Vorschläge und Gutachten zur Umsetzung des EU – Übereinkommens über Insolvenzverfahren, 1997, S. 32 (zit.: Virgos/Schmit in Stoll, Vorschläge und Gutachten)

Weber, Friedrich Zur Zulässigkeit eines Vergleichsverfahrens über das deutsche Vermögen eines ausländischen Schuldners, Zeitschrift für Insolvenzrecht, 1965, S. 95 (zit.: Weber, KTS 1965)

Wehdeking, Silke Reform des Internationalen Insolvenzrechts in Deutschland und Österreich, Deutsche Zeitschrift für Wirtschafts- und Insolvenzrecht, 2003, S. 133 (zit.: Wehdeking, DZWIR 2003)

Wenner, Christian Ausländisches Sanierungsverfahren, Inlandsarrest und § 238 KO, Zeitschrift für Insolvenzrecht, 1990, S. 429. (zit.: Wenner, KTS 1990)

von Wilmowsky, Peter Internationales Insolvenzrecht – Plädoyer für eine Neuorientierung, Zeitschrift für Wirtschafts- und Bankrecht, 1997, S. 1461 (zit.: v. Wilmowsky, WM 1997)

Wimmer, Klaus Die Besonderheiten von Sekundärinsolvenzverfahren unter besonderer Berücksichtigung des Europäischen Insolvenzübereinkommens, Zeitschrift für Wirtschaftsrecht, 1998, S. 982 (zit.: Wimmer, ZIP 1998)

ders. Vorüberlegungen zur Umsetzung des Europäischen Insolvenzübereinkommens und zum deutschen Internationalen Insolvenzrecht, in: Hans Stoll, Vorschläge und Gutachten zur Umsetzung des EU – Übereinkommens über Insolvenzverfahren, 1997, S. 179
(zit.: Wimmer in Stoll, Vorschläge und Gutachten)

ders. Die UNCITRAL – Modellbestimmungen über grenzüberschreitende Insolvenzverfahren, Zeitschrift für Wirtschaftsrecht, 1997, S. 2220
(zit.: Wimmer, ZIP 1997)

Witz, Claude / Zierau, Britta Französisches internationales Konkursrecht – Neue Tendenzen und Entwicklungen in der Rechtsprechung des Cour de Cassation, Recht der internationalen Wirtschaft, 1989, S. 929
(zit.: Witz/Zierau, RIW 1989)

Yamamoto, Katsumi Japanisches internationales Insolvenzrecht,in: Andreas Heldrich und Toshiyuki Kono, Herausforderungen des Internationalen Zivilverfahrensrechts, 1994, S. 137
(zit.: Yamamoto in Heldrich/Kono)

Zöller, Richard Zivilprozessordnung, 23. Auflage, 2002
(zit.: Bearbeiter in Zöller)

STUDIEN ZUM VERGLEICHENDEN UND INTERNATIONALEN RECHT

Herausgeber: Bernd von Hoffmann, Erik Jayme und Heinz-Peter Mansel

Band 1 Ferdinand Henke: Die Datenschutzkonvention des Europarates. 1986.

Band 2 Peter Czermak: Der express trust im internationalen Privatrecht. 1986.

Band 3 Peter Kindler: Der Ausgleichsanspruch des Handelsvertreters im deutsch-italienischen Warenverkehr. Eine rechtsvergleichende und kollisionsrechtliche Untersuchung. 1987.

Band 4 Wilhelm Denzer: Stellung und Bedeutung des Engineers in den FIDIC-Bauvertragsbedingungen. 1988.

Band 5 Marijan-Maximilian Lederer: Die internationale Enteignung von Mitgliedschaftsrechten unter besonderer Berücksichtigung der französischen Enteignungen 1982. 1989.

Band 6 Rainer Esser: Klagen gegen ausländische Staaten. 1990.

Band 7 Chang Jae-Ok: Auf dem Weg zu einer Materialisierung des Immateriellen ? Personen-, Persönlichkeitsschutz und Geldersatz des immateriellen Schadens in rechtsvergleichender Hinsicht am Beispiel des koreanischen und japanischen Zivilrechts unter besonderer Berücksichtigung des deutschen Rechts. 1990.

Band 8 Paul-Frank Weise: Lex mercatoria. Materielles Recht vor der internationalen Handelsschiedsgerichtbarkeit.1990.

Band 9 Werner Born: Der Auftrittsvertrag für Musikgruppen im Bereich der Rock- und Popmusik. 1990.

Band 10 Ralf Erich Jürgens: IPR und Verfassung in Italien und in der Bundesrepublik Deutschland. 1990.

Band 11 Rainer Gildeggen: Internationale Schieds- und Schiedsverfahrensvereinbarungen in Allgemeinen Geschäftsbedingungen vor deutschen Gerichten. 1991.

Band 12 Klaus Grabinski: Die kollisionsrechtliche Behandlung des Durchgriffs bei rechtlich verselbständigten Unternehmen in privater oder öffentlicher Hand. 1991.

Band 13 Dieter Stummel: Konkurs und Integration. Konventionsrechtliche Wege zur Bewältigung grenzüberschreitender Insolvenzverfahren. 1991.

Band 14 Joachim Güntzer: Die Rechtsstellung des Geschäftsführers im spanischen Aktienrecht. Die Neuregelung des spanischen Aktienrechts nach dem Beitritt Spaniens zur EG. 1991.

Band 15 Sabine Isenburg-Epple: Die Berücksichtigung ausländischer Rechtshängigkeit nach dem Europäischen Gerichtsstands- und Vollstreckungsübereinkommen vom 27.9.1968. Untersuchungen zum Anwendungsbereich von Art. 21 EuGVÜ unter schwerpunktmäßiger Behandlung der Frage nach der Bestimmung eines europäischen Streitgegenstandsbegriffs. 1992.

Band 16 Ulrich Nickl: Die Qualifikation der culpa in contrahendo im Internationalen Privatrecht. 1992.

Band 17 Theo Rauh: Leistungserschwerungen im Schuldvertrag. Eine rechtsvergleichende Untersuchung des englischen, US-amerikanischen, französischen und deutschen Rechts unter besonderer Berücksichtigung der gerichtlichen Praxis. 1992.

Band 18 Bernadette Chaussade-Klein: Vorvertragliche "obligation de renseignements" im französichen Recht. 1992.

Band 19 Josef Sievers: Verbraucherschutz gegen unlautere Vertragsbedingungen im französischen Recht. Vom Code civil zum "Code de la consommation" – die Entstehung eines Sonderprivatrechts für Verbraucher. 1993.

Band 20 Achim Schäfer: Grenzüberschreitende Kreditsicherung an Grundstücken, unter besonderer Berücksichtigung des deutschen und italienischen Rechts. 1993.

Band 21 Eugenio Hernández-Breton: Internationale Gerichtsstandsklauseln in Allgemeinen Geschäftsbedingungen. Unter besonderer Berücksichtigung des deutsch-südamerikanischen Rechtsverkehrs (dargestellt am Beispiel Argentinien, Brasilien und Venezuela). 1993.

Band 22 Ingo Reng: Unterhaltsansprüche aufgrund nichtehelicher Lebensgemeinschaft – Internationales Privatrecht und ausländisches materielles Recht. 1994.

Band 23 Stefanie Roloff: Die Geltendmachung ausländischer öffentlicher Ansprüche im Inland. 1994.

Band 24 Katharina Ludwig: Der Vertragsschluß nach UN-Kaufrecht im Spannungsverhältnis von Common Law und Civil Law. Dargestellt auf der Grundlage der Rechtsordnungen Englands und Deutschlands. 1994.

Band 25 Malte Diesselhorst: Mehrparteienschiedsverfahren. Internationale Schiedsverfahren unter Beteiligung von mehr als zwei Parteien. 1994.

Band 26 Manfred Kost: Konsensprobleme im internationalen Schuldvertragsrecht. 1995.

Band 27 Wolff-Heinrich Fleischer: Das italienische Wettbewerbsrecht und die Probleme des selektiven Parfümvertriebs unter Berücksichtigung der Rechtslage in Frankreich und Deutschland. 1995.

Band 28 Angelika Fuchs: Lateinamerikanische Devisenkontrollen in der internationalen Schuldenkrise und Art. VIII Abschn. 2 b) IWF-Abkommen. 1995.

Band 29 Jacques Matthias Aull: Der Geltungsanspruch des EuGVÜ: "Binnensachverhalte" und Internationales Zivilverfahrensrecht in der Europäischen Union. Zur Auslegung von Art. 17 Abs. 1 S. 1 EuGVÜ. 1996.

Band 30 Hartmut Ost: EVÜ und fact doctrine. Konflikte zwischen europäischer IPR-Vereinheitlichung und der Stellung ausländischen Rechts im angelsächsischen Zivilprozeß. 1996.

Band 31 Stefan Wagner: Die Testierfähigkeit im Internationalen Privatrecht. 1996.

Band 32 Wolfgang Jakob Hau: Positive Kompetenzkonflikte im Internationalen Zivilprozeßrecht. Überlegungen zur Bewältigung von *multi-fora disputes*. 1996.

Band 33 Markus Schütz: UN-Kaufrecht und *Culpa in contrahendo*. 1996.

Band 34 Volker Geyrhalter: Das Lösungsrecht des gutgläubigen Erwerbers. Ein "vergessener" Kompromiß und die Auswirkungen auf das heutige deutsche Recht unter besonderer Berücksichtigung des internationalen Sachenrechts. 1996.

Band 35 Andreas Kramer: Abwicklungsstörungen bei Kaufverträgen. Die Lieferung vertragswidriger Sachen im deutschen und italienischen Recht. 1996.

Band 36 Petra Krings: Erfüllungsmodalitäten im internationalen Schuldvertragsrecht. 1997.

Band 37 Tonja Gaibler: Der rechtsgeschäftliche Irrtum im französischen Recht. 1997.

Band 38 Dirk Otto: Rechtsspaltung im indischen Erbrecht. Bedeutung und Auswirkungen auf deutsch-indische Nachlaßfälle. 1997.

Band 39 Gregor W. Decku: Zwischen Vertrag und Delikt. Grenzfälle vertraglicher und deliktischer Haftung dargestellt am Beispiel der Berufs- und Expertenhaftung zum Schutze des Vermögens Dritter im deutschen und englischen Recht. 1997.

Band 40 Ulrike Höpping: Auswirkungen der Warenverkehrsfreiheit auf das IPR unter besonderer Berücksichtigung des Internationalen Produkthaftungsrechts und des Internationalen Vertragsrechts. 1997.

Band 41 Andreas Bartosch: Die vermögensrechtlichen Beziehungen der Ehegatten bei bestehender Ehe im englischen Recht – Eigentum, Besitz, Schuldvertrag. 1997.

Band 42 Helene Boriths Müller: Die Umsetzung der europäischen Übereinkommen von Rom und Brüssel in das Recht der Mitgliedstaaten. Dargestellt am Beispiel Deutschlands und Dänemarks. 1997.

Band 43 Bernd von Hoffmann / Myong-Chang Hwang (eds.): The Public Concept of Land Ownership. Reports and Discussions of a German-Korean Symposium held in Seoul on October 7-9, 1996. 1997.

Band 44 Oliver Heeder: Fraus legis. Eine rechtsvergleichende Untersuchung über den Vorbehalt der Gesetzesumgehung in Deutschland, Österreich, der Schweiz, Frankreich und Belgien unter besonderer Berücksichtigung des Internationalen Privatrechts. 1998.

Band 45 Heinrich Schütt: Deliktstyp und Internationales Privatrecht. Dargestellt an grenzüberschreitenden Problemen der Arzthaftung. 1998.

Band 46 Axel Steiner: Die stillschweigende Rechtswahl im Prozeß im System der subjektiven Anknüpfungen im deutschen Internationalen Privatrecht. 1998.

Band 47 Martina Schulz: Der Eigentumsvorbehalt in europäischen Rechtsordnungen. Rechtsvergleichende Untersuchung des deutschen, englischen und französischen Rechts unter besonderer Berücksichtigung von Erweiterungen und Verlängerungen. 1998.

Band 48 Karin Dreher: Die Rechtswahl im internationalen Erbrecht. Unter besonderer Berücksichtigung des italienischen IPR-Reformgesetzes N. 218 vom 31. Mai 1995. 1999.

Band 49 Giuliano Gabrielli: Das Verhältnis zwischen der Anfechtung wegen Eigenschaftsirrtums und den Gewährleistungsansprüchen im deutschen, österreichischen und italienischen Recht. 1999.

Band 50 Bernd von Hoffmann / Myong-Chan Hwang (eds.): Developments in Land Law. Reports and Discussions of a German-Korean Symposium held in Berlin and Trier on July 21-24, 1997. 1999.

Band 51 Volker Heidbüchel: Das UNCITRAL-Übereinkommen über unabhängige Garantien und Standby Letters of Credit. Vergleiche mit den Richtlinien der Internationalen Handelskammer, dem deutschen, englischen und US-amerikanischen Recht. 1999.

Band 52 Jan Christoph Nordmeyer: Pflichtteilsansprüche und Wiedervereinigung. Eine systematische Analyse der Ausgleichsansprüche nach BGB-Pflichtteilsrecht unter besonderer Berücksichtigung der durch den Wiedervereinigungsprozeß eingetretenen Wertveränderungen. 1999.

Band 53 Bettina Linder: Vertragsabschluß beim grenzüberschreitenden Verbraucherleasing. 1999.

Band 54 Almontasser Fetih: Die zivilrechtliche Haftung bei Vertragsverhandlungen. Eine rechtsvergleichende Studie zum deutschen, französischen, ägyptischen und islamischen Recht. 2000.

Band 55 Sona Rajani: Die Geltung und Anwendung des Gemeinschaftsrechts im Vereinigten Königreich von Großbritannien und Nordirland. Der Grundsatz der Parlamentssouveränität im Wandel. 2000.

Band 56 Joachim Kayser: Gegenmaßnahmen im Außenwirtschaftsrecht und das System des europäischen Kollisionsrechts. Eine Analyse der EU-Abwehrverordnung gegen die Auswirkungen extraterritorialer Rechtserstreckung eines Drittlandes. 2001.

Band 57 Albrecht Conrad: Qualifikationsfragen des Trust im Europäischen Zivilprozeßrecht. 2001.

Band 58 Bernd Borgmann: Die Entsendung von Arbeitnehmern in der Europäischen Gemeinschaft. Wechselwirkungen zwischen Kollisionsrecht, Grundfreiheiten und Spezialgesetzen. 2001.

Band 59 Aleksandar Jaksic: Arbitration and Human Rights. 2002.

Band 60 Islamisches und arabisches Recht als Problem der Rechtsanwendung. Symposium zu Ehren von Professor Emeritus Dr. iur. Omaia Elwan. Veranstaltet vom Institut für ausländisches und internationales Privat- und Wirtschaftsrecht der Universität Heidelberg und der Gesellschaft für Arabisches und Islamisches Recht e.V. Herausgegeben von Herbert Kronke, Gert Reinhart und Nika Witteborg. 2001.

Band 61 Patrick Fiedler: Stabilisierungsklauseln und materielle Verweisung im internationalen Vertragsrecht. 2001.

Band 62 Werner Mangold: Die Abtretung im Europäischen Kollisionsrecht. Unter besonderer Berücksichtigung des spanischen Rechts. 2001.

Band 63 Eike Dirk Eschenfelder: Beweiserhebung im Ausland und ihre Verwertung im inländischen Zivilprozess. Zur Bedeutung des US-amerikanischen discovery-Verfahrens für das deutsche Erkenntnisverfahren. 2002.

Band 64 Bernd Ehle: Wege zu einer Kohärenz der Rechtsquellen im Europäischen Kollisionsrecht der Verbraucherverträge. 2002.

Band 65 Heiko Lehmkuhl: Das Nacherfüllungsrecht des Verkäufers im UN-Kaufrecht. 2002.

Band 66 Jochen Nikolaus Schlotter: Erbrechtliche Probleme in der Société Privée Européenne. IPR-Harmonisierung im einheitlichen Europäischen Rechtsraum. 2002.

Band 67 Konrad Ost: Doppelrelevante Tatsachen im Internationalen Zivilverfahrensrecht. Zur Prüfung der internationalen Zuständigkeit bei den Gerichtsständen des Erfüllungsortes und der unerlaubten Handlung. 2002.

Band 68 Tobias Bosch: Die Durchbrechungen des Gesamtstatuts im internationalen Ehegüterrecht. Unter besonderer Berücksichtigung deutsch-französischer Rechtsfälle. 2002.

Band 69 Ursula Philipp: Form im amerikanischen Erbrecht. Zwischen Formalismus und harmless error. 2002.

Band 70 Christian Stefan Wolf: Der Begriff der wesentlich engeren Verbindung im Internationalen Sachenrecht. 2002.

Band 71 André Fomferek: Der Schutz des Vermögens Minderjähriger. Ein Vergleich des deutschen und des englischen Rechts unter Berücksichtigung des schottischen und irischen Rechts. 2002.

Band 72 Nicolas Blanchard: Die prozessualen Schranken der Formfreiheit. Beweismittel und Beweiskraft im EG-Schuldvertragsübereinkommen in deutsch-französischen Vertragsfällen. 2002.

Band 73 Markus Dreißigacker: Sprachenfreiheit im Verbrauchervertragsrecht. Der Verbraucher im Spannungsfeld zwischen kultureller Identität und Privatautonomie. 2002.

Band 74 Vassiliki Myller-Igknay: Auskunftsansprüche im griechischen Zivilrecht. Auswirkungen im deutsch-griechischen Rechtsverkehr sowie im deutschen internationalen Privat- und Verfahrensrecht. 2003

Band 75 Stefan Bruinier: Der Einfluss der Grundfreiheiten auf das Internationale Privatrecht. 2003.

Band 76 Nika Witteborg: Das gemeinsame Sorgerecht nichtverheirateter Eltern. Eine Untersuchung im soziologischen, rechtsgeschichtlichen, verfassungsrechtlichen, rechtsvergleichenden und internationalen Kontext. 2003.

Band 77 Peter Stankewitsch: Entscheidungsnormen im IPR als Wirksamkeitsvoraussetzungen der Rechtswahl. 2003.

Band 78 Jan Wilhelm Ritter: Euro-Einführung und IPR unter besonderer Berücksichtigung nachehelicher Unterhaltsverträge. Eine Untersuchung mit Blick auf das deutsche, französische und schweizerische Recht. 2003.

Band 79 Wolf Richard Herkner: Die Grenzen der Rechtswahl im internationalen Deliktsrecht. 2003.

Band 80 Ira Ditandy: Internationale Zuständigkeit. Neuregelung durch die LOPJ 1985. Vergleich mit dem europäischen Vorbild und Auswirkungen auf das spanische internationale Zivilverfahrensrecht. 2003.

Band 81 Andrea Verena Schefold: Werbung im Internet und das deutsche Internationale Privatrecht. 2004.

Band 82 Klaus Herkenrath: Die Umsetzung der Richtlinie 93/13/EWG über missbräuliche Klauseln in Verbraucherverträgen in Deutschland, dem Vereinigten Königreich, Frankreich und Italien. Auswirkungen nationaler Umsetzungstechniken auf dem Harmonisierungserfolg. 2003.

Band 83 Alexander Thünken: Das kollisionsrechtliche Herkunftslandprinzip. 2003.

Band 84 Barbara v. Daumiller: Die Rechtswahl im italienischen internationalen Erbrecht: und ihre Auswirkungen im deutsch-italienischen Rechtsverkehr. 2003.

Band 85 Robert Mödl: Macht, Verantwortlichkeit und Zurechnung im Konzern. Eine rechtsvergleichende Untersuchung auf der Grundlage des deutschen, spanischen und US-amerikanischen Rechts. 2003.

Band 86 Ursula Kerpen: Das Internationale Privatrecht der Persönlichkeitsrechtsverletzungen. Eine Untersuchung auf rechtsvergleichender Grundlage. 2003.

Band 87 Barbara Ploeckl: Umgangsrechtsstreitigkeiten im deutsch-französischen Rechtsverkehr. Bestehende internationale und nationale Regelungen und der geplante *europäische Besuchstitel*. 2003.

Band 88 Katrin Wannemacher: Die Außenkompetenzen der EG im Bereich des Internationalen Zivilverfahrensrechts. Der räumliche Anwendungsbereich des Art. 65 EGV am Beispiel der EuGVO und der EheVO. 2003.

Band 89 Maren B. Eilinghoff: Das Kollisionsrecht der ungerechtfertigten Bereicherung nach dem IPR-Reformgesetz von 1999. 2004.

Band 90 Patrick Niehr: Die zivilprozessuale Dokumentenvorlegung im deutsch-englischen Rechtshilfeverkehr nach der deutschen und der englischen Prozessrechtsreform. 2004.

Band 91 Anna Christina Gördes: Internationale Zuständigkeit, Anerkennung und Vollstreckung von Entscheidungen über die elterliche Verantwortung. Die VO(EG) Nr. 1347/2000, ihre geplanten Änderungen und das Verhältnis beider zum Minderjährigen- und Kinderschutzabkommen. 2004.

Band 92 Martin Rädler: Rechtsbehelfe des Käufers eines Unternehmens oder einer unternehmerischen Beteiligung gegen den Verkäufer im deutschen und französischen Recht. 2004.

Band 93 Marc-Yngve Dietrich: Rechtsstellung und Beteiligung der Gläubiger im französischen Insolvenzverfahren. 2004.

Band 94 Katia Niemann: Die rechtsgeschäftliche und organschaftliche Stellvertretung und deren kollisionsrechtliche Einordnung. Deutschland und England im Vergleich. 2004.

Band 95 Daniel Ludwig: Neuregelungen des deutschen Internationalen Insolvenzverfahrensrechts. Eine Untersuchung unter vergleichender Heranziehung der Europäischen Insolvenzverordnung. 2004.

FSC
www.fsc.org
MIX
Papier | Fördert gute Waldnutzung
FSC® C083411

Kolibri 360 GmbH
Ferdinand-Jühlke-Straße 7
99095 Erfurt, Deutschland
produktsicherheit@kolibri360.de

Druck:
CPI Druckdienstleistungen GmbH
im Auftrag der
Kolibri 360 GmbH
Ferdinand-Jühlke-Str. 7
99095 Erfurt